KB061111

주요국 사회보장제도 1

네덜란드의 사회보장제도

한국보건사회연구원
Korea Institute for Health and Social Affairs
나남
nanam

《주요국 사회보장제도》 총서 기획진

노대명 한국보건사회연구원 선임연구위원
김근혜 한국보건사회연구원 연구원
정희선 한국보건사회연구원 연구원

주요국 사회보장제도 1

네덜란드의 사회보장제도

2018년 12월 10일 발행
2018년 12월 10일 1쇄

지은이 강신욱 · 강희정 · 고숙자 · 김동헌 · 김원섭 · 남원석 · 배화옥
이삼식 · 정영호 · 정은희 · 정홍원 · 최경호 · 최효진
발행자 趙相浩
발행처 (주) 나남
주소 10881 경기도 파주시 회동길 193
전화 (031) 955-4601 (代)
FAX (031) 955-4555
등록 제 1-71호(1979. 5. 12)
홈페이지 www.nanam.net
전자우편 post@nanam.net

ISBN 978-89-300-8943-2
ISBN 978-89-300-8942-5 (세트)

책값은 뒤표지에 있습니다.

주요국 사회보장제도 1

네덜란드의 사회보장제도

강신욱 · 강희정 · 고숙자 · 김동헌 · 김원섭 · 남원석 · 배화옥
이삼식 · 정영호 · 정은희 · 정홍원 · 최경호 · 최효진

한국보건사회연구원
Korea Institute for Health and Social Affairs
나남
nanam

머리말

네덜란드는 사회보장제도 혹은 보건복지제도 측면에서 우리에게 그리 잘 알려지지 않은 나라이다. 흔히 인용되는 복지국가의 유형구분에서 대륙형 조합주의 복지국가로 분류되고는 하지만 그 가운데 대표적인 사례를 들 경우 프랑스나 독일의 제도를 소개하는 것이 일반적이다. 하지만 조금 더 들어가 보면 네덜란드의 사회보장제도를 주목해야 할 여러 가지 이유를 쉽게 찾을 수 있다.

네덜란드는 다른 나라들에 비해 복지국가의 역사가 짧아 뒤늦게 틀을 갖추기 시작했으면서도 빠른 속도로 제도 발전을 이룩했다. 그 과정에 이른바 '네덜란드 병'이라는 오명을 감수해야 할 만큼 경제·사회적 문제를 경험하기도 했으나, 복지 개혁을 통해 질곡을 헤쳐 나온 역사도 갖고 있다. 바세나르 협약으로 알려진 사회적 협약의 경험이나 시간제 근로의 비율이 매우 높으면서도 전일제 근로자와 시간제 근로자의 임금격차가 예외적으로 작다는 사실 등이 네덜란드 사회경제체제의 특징적 면모로 거론되기도 한다. 그리고 그러한 특징의 배경에는 네덜란드의 사회보장제도가 자리 잡고 있다. 무엇보다 우리나라처럼 대외의존도가 높은 경제구조하에서 국민들의 삶을 안정적으로 유지하는 데에 사회보장제도가 어떤 역할을 하는지 살펴보는 것만으로도 네덜란드의 사회보장제도에 주목할 이유는 충분하다고 할 수 있다.

이 책은 2012년 한국보건사회연구원이 발간한 《주요국의 사회보장제도: 네덜란드》의 개정판이다. 초판에 참여했던 필진이 개정 작업을 직접 담당했으나, 일부 장에서는 새로운 필자가 참여하기도 하였다(제5, 7, 9, 10, 12장). 개정판은 대체로 초판의 구성을 따랐으나 소득분배는 일반적 경제상황과 같은 장에서 다루었고, 사회보장재정은 별도의 장으로 독립시켰다. 각 장에서는 초판이 발행된 이후의 제도적 변화를 반영하고 각종 통계자료를 가능한 한 최신의 것으로 대체하고자 했으며, 그밖에도 초판에서 충분히 다루거나 강조하지 못했던 내용들을 담고자 하였다. 개정판 집필 작업에 참여한 필진의 노고에 감사한다.

다른 나라의 제도를 이해하는 일은 그 제도의 내용이나 집행구조, 재원 규모 등을 아는 것에 국한되지 않을 것이다. 어느 제도든 마찬가지이겠지만, 사회보장제도를 살펴볼 때에는 그 사회의 정치적, 경제적 특징은 물론 역사적, 문화적 배경을 이해하여야만 온전한 지식을 얻었다고 할 수 있을 것이다. 이번 개정판이 그러한 지식을 제공하는 단계에 이르렀다고 말하기는 어려울 것이다. 그러나 개별 제도에 대한 좀더 풍부한 정보를 제공함으로써 연구자들이나 정책 담당자들 그리고 사회보장제도에 관심을 지닌 일반 독자들이 우리나라의 제도를 발전시키는 데 필요한 답을 찾도록 도와줄 수 있다면 기쁜 일일 것이다.

한국보건사회연구원

강 신 욱

주요국 사회보장제도 1

네덜란드의 사회보장제도

차 례

제 1 부 사회보장 총괄

01
사회보장의 역사적 전개*

1. 네덜란드 사회보장체제의 특징

네덜란드의 복지국가체제는 일반적으로 혼합 유형(*hybrid type*)이라고 평가된다. 에스핑-안데르센(Gøsta Esping-Andersen)의 복지국가 모형에 따른 보수적 조합주의의 특징을 많이 지녔지만, 동시에 탈상품화 지수가 높아 사회민주주의체제와 유사한 특성도 함께 드러내기 때문이다.[1)] 보수적 조합주의 복지국가로서의 특징은 사회보장체제가 직업군에 따른 제도 배

---

* 이 글은 2012년 《주요국의 사회보장제도: 네덜란드》(한국보건사회연구원, 2012)에서 필자가 작성한 "제 1부 제 1장 역사적 전개과정"을 수정 보완한 것이다.

1) 에스핑-안데르센은 탈상품화 지수를 근거로 복지국가를 분류하는데, 네덜란드는 덴마크, 노르웨이, 스웨덴 등의 스칸디나비아 국가와 더불어 탈상품화 정도가 가장 높은 그룹에 속한다. 네덜란드가 유럽대륙형 복지국가이면서도 탈상품화 지수가 높은 것은 좌파 정당 및 노동조합의 정치적 동원과 보수주의적 가톨릭의 개혁주의가 함께 네덜란드의 사회보장제도에 영향을 끼쳤기 때문이다. 즉, 네덜란드의 특징적 사회보장체제는 사회보장 발전 초기에 오랜 역사적 유산을 바탕으로 높은 수준의 탈상품화된 사회정책을 발전시킨 가톨릭 개혁주의와, 이후 강력한 정치적 위상을 갖게 된 노동운동을 통해 설명할 수 있다.

열 및 비스마르크형 사회보험 형태로 구성되어 있다는 점, 그리고 직역연금 등과 같은 사적 제도의 비중이 크다는 점을 들 수 있다. 그러나 전체 시민을 포괄하는 보편적 보장제도로서 기초연금과 공공부조가 존재하며, 사회보장급여의 수급 조건이 관대하고 급여 수준이 비교적 높다는 점에서 보편적 복지를 추구하는 사회민주주의체제의 특성을 함께 보여 준다.

자본주의국가 및 복지체제의 특징을 설명하는 방식으로는 생산체제, 시장경제체제 등의 관점이 유용한데, 이러한 시각은 자본주의의 다양성이라는 측면과 관련 있다. 네덜란드의 경제는 생산체제 유형(Soskice, 1999)[2]에 의하면 조정 시장경제(*coordinated market economy*),[3] 시장경제체제 유형(Pontusson, 2005)에 따르면 사회적 시장경제(*social market economy*)[4]로 분류할 수 있다. 조정 시장경제는 다시 대륙형의 산업부문별 조정 시장경제와 북유럽형의 국가차원 조정 시장경제로 구분할 수 있는데, 네덜란드는 대륙형 조정 시장경제에 속한다. 생산체제 유형과 복지국가 유형을 연결한다면, 국가차원 조정 시장경제는 사회민주주의체제, 부문별 조정 시장경제는 보수적 조합주의 복지국가체제, 비조정 시장경제는 자유주의 복지국가체제와 연계될 수 있을 것이다(Sockice & Hall, 2001). 한편 시장경제체제는 사회적 시장경제와 자유시장경제로 구분하며, 전자는 다시 노르딕 사

---

2) 생산체제란 시장 및 시장 관련 제도에 의한 생산조직을 의미한다. 생산체제는 자본주의체제의 미시주체들, 즉 기업, 고객, 근로자, 자본가 등이 인센티브와 제약의 틀에서, 또는 미시주체들로 구성된 시장 관련 제도에 의해 만들어진 게임의 규칙 틀에서 그들의 상호관계를 조직화하고 구조화하는 방식을 지칭한다(Soskice, 1999). 생산체제의 제도적 틀에서 중요한 것은 금융시스템, 노사관계제도, 교육 및 훈련시스템, 기업 간 시스템 등이라 할 수 있다.

3) 조정 시장경제체제에서 조정이란 시장기구 외의 비시장적 조절양식 또는 전략적 조정을 의미한다.

4) 사회적 시장경제란 조정 자체보다 제도적 형태, 즉 노동과 자본의 조직 수준, 제도화된 단체교섭, 공적 사회보장제도, 고용보호제도 등을 의미한다.

회적 시장경제와 대륙형 사회적 시장경제로 나뉜다. 시장경제체제론은 에스핑-안데르센의 복지국가 유형론과 유사하다고 할 수 있으며, 네덜란드는 사회적 시장경제 중에서 대륙형 사회적 시장경제체제로 분류된다.

사회조합주의가 강한 국가들은 노사 간, 노동 간, 자본 간의 강력한 조정을 통하여 완전고용 및 성장 등의 경제적 성과를 이루는 동시에 복지국가를 발전시켜 왔다(Cameron, 1984; Pontusson, 2005). 일반적으로는 이 과정에서 중앙집중화된 노동조합과 좌파 정당의 집권이 중요한 변수로 작용하지만, 네덜란드에서는 좌파 정당의 정치적 힘이 약하였고 노조 조직도 강력한 영향력을 발휘하지 못하였다. 그럼에도 네덜란드는 '합의주의' 전통을 바탕으로 강한 사회조합주의를 발전시킨 국가라고 평가된다(김인춘, 2005). 실제로 네덜란드의 노조조직률은 다른 유럽대륙 국가들과 유사한 수준인 반면 단체협약 적용률은 북유럽과 비슷한 정도에 이른다. 1980년대 이후의 경제위기 중에는 사회조합주의가 한층 강화되어 임금인상 자제, 일자리 나누기, 급여축소를 주 내용으로 하는 복지 개혁 등을 실현하기 위해 사회적 합의를 도출하려는 노력이 지속되었다.

네덜란드의 정치는 대공황, 파시즘의 출현, 제 2차 세계대전 등을 거치면서 근본적으로 재구조화되었는데, 이 시기에 노사 간 타협에 의한 사회조합주의가 정착되었다. 이후 사회조합주의는 경제적 조정, 복지제도의 발전 및 정치적 안정에 긍정적인 영향을 미쳤다. 특히 네덜란드와 같이 대외의존도가 높은 개방경제에서는 집단 간 합의의 필요성이 강조되었고, 따라서 노사협력을 기반으로 하는 사회조합주의는 1960년대까지 비교적 안정적으로 작동할 수 있었다(Katzenstein, 1985). 또한 1980년대 이후의 경제위기를 극복하기 위하여 사회협약을 체결하는 과정에서 사회조합주의는 다시 강화되었으며, 이러한 맥락에서 사회조합주의는 네덜란드의 경제성장과 복지체제 발전에 핵심적 역할을 담당하였다.

2. 네덜란드 사회보장의 역사적 전개

1) 네덜란드 복지체제의 역사적 변천과 시대적 구분

다른 유럽 국가들과 비교해, 네덜란드는 복지국가 발전 및 사회복지체제의 역사적 전개과정에서 특별히 극적인 변화를 경험한 국가라 할 수 있다.

처음에 네덜란드는 다른 유럽 국가들에 비해 복지 면에서 상대적으로 뒤처져 있었다. 1901년에서야 최초의 사회보험제도를 도입함으로써 복지제도 도입의 역사가 비교적 늦었으며 1940년대 초반까지 기여(*contribution*)와 급여(*benefit*)의 연계라는 보험원칙을 강조하는 자유주의적 복지국가체제를 유지하였다. 또한 제2차 세계대전 직후까지도 전 국민 차원의 사회복지제도를 시행하지 못하다가 1950년대에 들어서면서 비로소 보편적이고 포괄적인 복지제도를 발전시키기 시작하였다. 이렇듯 네덜란드의 초기 사회보장제도 도입 및 발전은 뒤처졌으나, 1960~1970년대에 이르러 네덜란드의 복지체제는 높은 수준의 급여와 관대한 급여 조건이라는 측면에서 국제적인 주목을 받게 되었다. 1977년 〈파이낸셜타임스〉는 다소 과장된 표현을 섞어 네덜란드가 "세계에서 가장 번영한 선진 복지국가로서 세계최고 수준의 최저임금, 높은 생산성, 낮은 노사분규, 광범위하고 보편적인 사회보장체계를 갖고 있다"며 찬사를 보냈다. 1948~1958년에 네덜란드의 사회보장지출은 GDP의 10% 정도였으나, 1960년대에 20%, 1974년에는 24%로 급격하게 증가하였다.

1970년대 초, 석유위기에 뒤따른 경기침체로 네덜란드의 경제와 산업은 심각한 타격을 입었다. 농업부문의 고용은 대규모로 감소하였고, 가족소유의 소규모 사업체는 절반 정도로 줄어들었으며, 신발제조·섬유·조선업 등 전통산업은 사실상 사라졌다. 대규모 경제침체로 인해 사회복지지출은 가파르게 증가하였는데, 사회복지급여 대상자의 비율 또한 100명당 46

명(1970년)에서 85명(1990년)으로 크게 증가하였다. 경기침제와 실업의 급증은 노동시장과 사회복지정책의 근본적 변화를 불가피하도록 이끌었고, 네덜란드는 바세나르(Wassenaar) 협약이라고 불리는 사회적 대타협을 통해 문제해결을 모색하였다.

1980년대 후반 이후 네덜란드 경제는 회복세로 상당히 돌아섰고, 사회복지제도도 어느 정도 안정을 찾았다. 이 시기에 네덜란드 사회복지체제는 사회민주주의체제 유형에서 보수적 조합주의 모형 혹은 비스마르크적 사회보험체제 요소가 강화되는 방향으로 전환되었다. 즉, 집합적·사회적 연대가 아닌 개인의 책임을 강화하는 쪽으로 제도 개혁이 이루어졌으며, 그 결과 사회보장지출은 두드러지게 감소하였다.

이상의 네덜란드 사회보장제도의 변천과정은 시대별로 구분해서 살펴볼 필요가 있다. 첫 번째 시기는 제 2차 세계대전 이전으로 근대적 복지국가의 형성기라 할 수 있다. 두 번째 시기는 제 2차 세계대전 이후부터 1970년대까지의 기간으로 복지국가의 발전 및 제도 확대기이다. 이 시기에 네덜란드는 다른 국가에 비해 압축적인 성장을 경험하였고, 관대하고 급여 수준도 높은 사회보장제도를 구축하였다. 마지막 시기는 1980년대 이후로 경제위기와 더불어 복지국가가 재편된 시기이다.

이제 사회보장의 역사적 변천과정을 앞서 제시한 3개의 시대로 나누어 살펴보겠다.

2) 근대적 복지국가 형성기: 제 2차 세계대전 이전

네덜란드에서 근대적 의미의 복지국가가 시작된 것은 1874년, 12세 이하 아동의 노동을 금지하는 법률이 제정, 시행되면서부터였다. 19세기 말에 실시된 전국 조사(*national survey*)에 의하면, 전체 인구 중 상당한 비율이 극단적(*dire*) 상황에 처해 있었음을 알 수 있다. 노동인구가 겪는 광범위한 빈곤과 비참한 상황을 놓고 벌인 많은 논의 끝에, 의회는 첫 번째 결과물로서 1901년, 산재보험제도인 〈노동자보상법〉(Worker's Compensation Act)을 제정하였다. 이 법은 비스마르크의 사회보장법령에 직접적인 영향을 받았는데, 네덜란드에서는 노동자의 권익을 위한 3가지 사회보험 중에서 가장 먼저 도입되었다(다른 두 사회보험인 상병보험과 장애보험은 집행과 운영의 권한을 누구에게 귀속할 것인지 합의가 이루어지지 않아 도입이 지연되었다). 〈노동자보상법〉은 강제보험 형태로 시행되었으며, 제도 운영 측면에서는 오스트리아의 영향을 받았다. 반(半) 공공적 성격의 고용주 단체가 아니라 중앙정부가 관리하는 국립보험은행(National Insurance Bank)[5] 이 보험제도를 운영하였으며, 보험료 산정과 관련하여 추가적인 부담금은 업종별로 재해 위험도를 고려하여 산정하였다. 한편, 법률을 제정하는 과정에서 일부 개신교 정당과 사용자 단체들의 반대운동이 있었고, 그 과정에서 네덜란드 최초의 고용주 단체가 결성되었다.

〈장애법〉(Disability Act) 또는 〈임의적 퇴직연금법〉(Voluntary Retirement Insurance Act)은 1919년에 제정되었으나 70세 이상의 노령인구만을 대상으로 범위를 제한하여 시행되었다. 또한 장애수당 명목으로 지원되는 노령연금의 수준은 매우 낮았으며, 퇴직 전 소득과 연계되어 있었다. 사회당과 "국민연금을 위한 연합"은 국가가 보장하는 광범위한 노령연금 시행을 추진하였으나 실패하였다. 한편 제 1차 세계대전 이전부터 사회정책을 담당해 온 개신교 정당은 지역별 노동위원회에 연금제도 운영을 위임하였는데, 지역별 노동위원회를 총괄하는 이사회에는 노조와 고용주의 대표가 각각 같은 수로 참여했으며, 이사회 의장은 정부가 임명하였다.

---

5) 네덜란드의 사회보험 운영기구는 은행(*bank*)이라는 명칭을 사용하며, 오늘날에도 '사회보험은행'(SVB)이 제도 운영을 담당한다. 고용주 단체 및 노조는 제도 도입 초기부터 국가 개입보다는 자치적 운영을 선호하였다. 이러한 맥락에서 사회보험 운영기구를 국가가 주도해 관리하더라도, 기구의 명칭은 중립적 의미를 띤 '은행'으로 정착된 것이다.

〈표 1-1〉 제 2차 세계대전 이전에 도입된 네덜란드의 사회보장제도

영역	법률 및 제도의 명칭	시행년도
연금	임의적 퇴직연금법(Voluntary Retirement Insurance Act)	1919
공공부조	빈곤법(Poor Law)	1854
	신 빈곤법(New Poor Law)	1912
장애	노동자보상법(Worker's Compensation Act)	1901
	질병법(Illness Act)	1913
실업	실업보험기금법(Unemployment Insurance Fund Act)	1935
아동수당	노동자아동수당법(Wage-earner's Children's Allowance Act)	1940

〈질병법〉(Illness Act)은 1913년에 제정되었으나 운영의 책임소재를 둘러싸고 논쟁이 격화되어 실질적인 시행은 17년이나 미루어졌다. 1921년에 정부와 양해각서를 체결한 이후, 고용주 및 노조는 사회보험제도가 산업보험연합(IIAs)에 의해 운영되기를 강력하게 희망하였다. 산업보험연합은 강제보험에서 탈퇴한 기업들을 위해 산업재해보험 운영에 관여하고 있었다. 이러한 상황에서 지역별 노동위원회가 장애보험도 원활하게 운영하지 못한 채 오스트리아 모델을 따라 〈질병법〉의 운영책임도 맡고자 하였다. 결국 사회적 논란이 지속되었으며, 1930년에 이르러서야 비로소 산업보험연합과 지역별 노동위원회가 공동으로 운영에 참여한다는 조건으로 〈질병법〉이 시행될 수 있었다. 최초 〈질병법〉의 내용은 독일의 1883년 〈질병보험법〉과 유사하였으나, 의료종사자들의 강력한 반대에 부딪히면서 상병치료와 관련된 비용은 제외하고 상병 발생으로 인한 소득상실분에 대해 보험급여를 지급하도록 개정되었다. 치료비용에 대한 보험급여는 무기한 연기되었으며, 1942년 네덜란드를 점령한 나치에 의해 급여에 포함되었다.

1901년 산재보험제도 도입 이후 제 2차 세계대전까지의 시기에 도입된 네덜란드 사회보험제도의 특징은 몇 가지로 요약할 수 있다. 먼저 이 시기의 사회보험은 공통적으로 기업의 이익을 우선하면서 사회보장비용 대부분을 노동자가 부담하였으며, 급여 수준도 낮았다. 또한 강제가입을 원칙

으로 하였으나, 고용주가 원하는 경우 개별기업 혹은 기업 간 연합의 형태로 강제보험을 탈퇴하고 별도 제도를 운영할 수 있었다. 따라서 사회보장제도가 개별기업 단위 또는 산업별 제도로 조직화됨으로써 이른바 파편화된(*patchy*) 제도적 배열이 구성되었다. 이와 함께, 사회보험의 가입 대상은 현재 근로를 하는 혹은 임금을 받는 노동자(*just waged worker*)로 한정되었기에 노동자를 위한 보장제도 이상으로 확장되지는 못하였다.

특히 이 시기에 도입된 사회보험은 공통적으로 국가 개입을 가능한 축소하는 방식으로 제도화되었다. 재정 측면에서 사회보험의 재원은 별도 사회보험료로 충당되었으며, 사적연금의 원리를 충실하게 반영하였기에 연대성에 기반을 둔 재분배의 수준은 제한적이었다. 사회보장제도에 대한 정부의 재정적 기여는 최소한의 수준을 보증하는 데에 한정되어, 〈신 빈곤법〉(New Poor Law, 1912)이 정하는 정도의 급여를 제공하는 역할만을 담당하였다. 국가의 공적 제도에 의한 사회보장급여를 받지 못하는 빈곤계층은 교회, 자선단체 등 사적 영역에 의존해야 했다.

이렇게 국가의 개입이 제한된 데에는 몇 가지 이유가 있다. 시행 초기, 네덜란드 사회보장체계는 성장 및 발전이 크게 지체되었는데, 이는 서로 다른 종교적·정치적 배경을 바탕에 둔 다양한 사회세력 간에 정책의 내용과 운영에 관한 분쟁이 지속되었기 때문이다. 이 사회세력들은 국가건설을 위한 강력한 수단으로서 임금인상 억제 전략을 사용하는 데에는 공감대를 형성하였으나 사회보장급여 등의 보상 영역에서는 관리 및 운영을 두고 의견 분열이 이어졌다. 이러한 갈등은 결과적으로 국가의 통제 및 정책 수행에 걸림돌이 되었다.

더욱이 가톨릭 정당의 '보충성의 원칙',[6] 자유당의 '자유방임 원칙' 그리

6) 외부효과가 작은 문제, 정치공동체의 일반 이익과 직결되지 않는 모든 문제는 가능한 낮은 수준이나 낮은 단계에서 해결되어야 한다는 원칙이다.

고 개신교 정당의 '칼뱅주의 원칙'[7]은 국가가 사회정책에 개입하기 어렵도록 제어하는 강력한 이념적 무기로 활용되었다. 이러한 원칙들은 고용주들이 자연스럽게 결집하는 기반도 마련하였다. 기업들은 사회보장제도에서 국가의 역할을 제한하는 동시에 기업이 제도 운영을 위임받는다면 자신들이 사회보장비용을 적절한 수준에서 통제할 수 있게 되리라 기대하였다. 이를 실현하기 위해 고용주들은 독일의 사례를 본받아 산업보험연합을 결성하였다. 사회당과 동일한 입장에 선 사회주의 계열 노조들은 국가가 운영하는 사회보험제도를 통해 노동자 권익을 실질적으로 증대하고 기업을 통제하는 동시에 사회보장의 수혜범위도 확대할 수 있을 것이라 생각하고 국영 사회보험을 선호하였으나 이들의 세력은 강하지 않았다. 네덜란드 노동조합운동 역사에서 이들 사회주의 계열 노조가 주도적 역할을 한 것은 사실이나, 1918~1960년의 기간에는 가톨릭 혹은 개신교 계열 노조가 사회주의 계열 노조보다 수가 더 많았다.

1921년에 고용주 단체와 사회주의 노조연합 간에 체결된 양해각서에서 사회주의 계열 노조는 국가 운영 사회보험을 주장한 자신들의 입장을 양보하는 대신, 사회보험제도를 운영하는 이사회에 고용주들의 산업보험연합과 노조가 같은 비율로 참여한다는 조건에 합의하였다. 1921년 양해각서는 이후 네덜란드 사회정책 입법의 기본방향을 제시하였다.

3) 복지국가 확대 · 발전기: 제 2차 세계대전 이후~1970년대

제 2차 세계대전 이후, 네덜란드 사회보장체제가 발전하게 된 가장 중요한 계기는 1945년에 런던 망명정부가 작성한 국가자문위원회 보고서였다. 반레인위원회(Van Rhijn Commission)의 이 보고서는 영국에서 1942년에 발

7) 가족, 기업, 교회는 자신의 영역에서 독자적인 주권을 보유한다는 원칙이다.

간된 〈베버리지 보고서〉의 영향을 받아, 전쟁 이후 구성되는 첫 번째 정부를 위해 새로운 사회보장체계의 청사진을 제시하고 이와 관련한 여러 가지 사항을 권고하려는 목적으로 발간되었다. 보고서는 우선 노동자에서 전체 시민(*all citizens*)으로 사회보장체계의 제도적 대상을 확대해야 한다고 제안하였다. 그리고 노령, 사망(유족), 장애 등 포괄적인 위험에 대응하는 보장제도로서 이른바 국민보험(*people's insurances*)을 수립해야 한다고 권고하였다. 또한 각 사회집단이 참여하는 3원적 운영체제가 제도의 기반이 되는 것이 적절하지만, 전반적인 감독과 제도 운영을 위한 기본적 책임은 국가가 져야 한다고 주장하였다.[8)]

반레인위원회의 보고서가 제안한 내용은 이후 수년간 순차적으로 입법과 제도화의 과정을 거쳤다. 이렇듯, 제 2차 세계대전 당시 망명정부가 제안한 사회복지 개혁안은 네덜란드가 전 국민을 대상으로 한 보편적, 정률주의 방식의 사회보험제도들을 도입하는 계기가 되었다.

네덜란드 복지국가 확장의 또 다른 중요한 계기는 중도우파의 가톨릭 정당이 복지 개혁노선을 지지하게 된 일이다. 1946~1958년에 집권한 노동-가톨릭 연립정부가 사회보장체제를 확대하려는 제도 개혁을 위해 노력을 쏟았음에도 불구하고, 새로운 제도는 대부분 1960년대에 들어서서 시행되

---

8) 노동재단(STAR)에 참여한 사회집단들은 1921년 양해각서의 원칙에 근거하여 사회보장제도의 운영책임과 권한을 국가에 귀속시키는 것을 반대하였다. 1948년, 국가자문위원회는 산업보험연합이 제도 운영을 담당하는 것에 반대하며 새로운 중앙행정기관(*central administration office*)의 설립을 제안하였다. 이러한 제안은 개신교 정당의 반대로 의회를 통과하지 못하였고, 이후 사회보장 영역의 국가 개입을 축소한 스타펄캄프(Stapelkamp)의 수정안 〈사회보장기구에 관한 법률〉(OSV)이 입법되었다. 이 법에 의해 중앙행정기관 설립은 무산되었으며, 감독 권한은 새로 설치된 사회보장위원회(SVR)에 위임되었다. 사회보장위원회는 정부의 참여 비중을 상대적으로 작게 제한하는 것을 전제로 각 사회집단이 공동으로 참여하였다. 이 법률로 네덜란드 사회보장제도의 이원적 운영체제는 종결되어, 산업보험연합이 노동자보험의 운영 및 시행 권한을 독점적으로 위임받았다.

었다.[9] 이는 국가 주도의 보편주의적 사회보장체제를 반대하는 사회세력에 의해 주도되었던 조합주의기구가 이러한 제도 개혁을 거부하였기 때문이었다.

제 2차 세계대전 후 네덜란드 사회보장제도는 '국민보험', '노동자보험', 그리고 '공공부조'라는 3개 영역의 체계로 발전한다. 일반 국민을 대상으로 한 국민보험은 재분배를 통한 사회연대성 원칙을 중심으로 하였으며, 정부의 조세수입으로 재원을 조달하였다. 또한 노동시장 참여 여부와 관계없이 모든 시민에게 최저 수준의 소득을 보장하는 것을 목표로 하였다. 국민보험의 일환으로 1947년에 〈노령연금에 관한 긴급조치〉가 발령되었는데, 이는 전후 네덜란드 사회정책에 있어서 매우 획기적인 사건 중 하나였다. 이어 1951년, 네덜란드 정부는 공적연금 시행에 관하여 사회경제협의회의 동의를 얻었다. 〈노령연금에 관한 긴급조치〉는 1956년에 65세 이상의 모든 시민을 대상으로 정액의 공적연금을 보장하는 〈공적퇴직연금법〉(Public Retirement Pension Act)으로 전환되도록 입법되어, 1957년 1월부터 시행되었다. 〈공적퇴직연금법〉은 네덜란드 최초의 보편적 사회보험제도로, 사회보장정책에 공적 사회보험의 개념이 처음 도입된 사례이다. 개신교 및 가톨릭 고용주 단체와 노동조합은 보편적 사회보험의 제도화를 반대하였으나, 노동당의 주도적 노력과 포괄적 사회보험에 대한 국민적 지지는 공적 퇴직연금제도의 시행을 가능하게 한 원동력이 되었다.

1959년에는 미망인 및 고아를 지원하기 위한 공적연금법이 제정되었고,

---

9) 반레인위원회 보고서에서 사회보장에 대한 기본원칙을 제시한 이후, 1963년에 사회부장관인 벨드캄프(Veldkamp)의 주도로 네덜란드의 사회보장에 대한 새로운, 그리고 포괄적인 원칙이 확립되었다. 새로운 원칙의 내용은 '모든 시민은 자기실현과 기회의 평등에 대한 권리를 갖는다'는 것이다. 이후에 빈곤층을 위한 국가의료보험, 국립학교 및 수업수당(*allowances*), 세입자를 위한 주거급여, 주택소유자를 위한 세금공제(*tax credits*) 등 많은 제도가 신설되었다.

〈표 1-2〉 제 2차 세계대전 이후 네덜란드에서 제 · 개정된 사회보장 법률

영역	법률	년도
연금	공적퇴직연금법(Public Retirement Pensions Act)	1956
	공적미망인 · 고아(지원)법(Public Widows And Orphans Act)	1959
공공부조	일반사회부조법(Public Assistance Act)	1965
장애	장애보장법(Disability Security Act)	1967
	공적장애급여법(Public Disability Act)	1976
실업	실업법 / 실업자사회급여법 (Unemployment Act/Social Provisions For Unemployed)	1952
	부가실업급여법(Extra Unemployment Provisions Act)*	1965
의료	질병예방기금법(Preventative Illness Fund Act)	1950
	질병기금법(Illness Fund Act)**	1965
	공적부가의료비지원법(Public Exceptional Medical Expense Act)	1968
아동수당	자영업아동긴급수당법 (Emergency Children's Allowance For The Self-Employed)	1952
	공적아동수당법(Public Children's Allowance Act)	1963
	신 아동수당법(New Children's Allowance Act)***	1980

* 실업자사회급여법(1952)을 대체.
** 질병예방기금법(1950)을 대체.
*** 기존 3개의 아동수당법을 통합.

이어 1963년에 〈공적아동수당법〉이 제정되었다. 제 2차 세계대전 중 나치 독일의 점령기에 설치되었던 질병기금은 1965년에 새로운 법적 근거를 마련하였으며, 1968년에는 예외적 의료비(특별의료비) 지출과 장기입원비용을 포괄하도록 확대되었다. 국민보험은 국세청에서 재원을 조달하고 노동위원회에서 급여를 지급하는 등 정부기관에 의해 집행 · 관리되었다. 의료비용기금은 종교적 · 이념적 기반이 서로 다른 다양한 집단이 참여하는 사적 연합단체가 운영하였다.

네덜란드 사회보장체제의 또 다른 영역인 노동자보험제도는 보험원리를 기반으로 구성되었다. 질병, 사고, 실업 등 위험에 직면한 노동자에게 임금 수준과 연계하여 급여를 지급하는 것을 원칙으로 하였다. 재원은 고용주와 노동자가 공동으로 부담하는 기여금에서 충당되었으며, 제도의 가입

조건은 신청자의 근무경력에 따라 좌우되었다.

노동자보험 중 실업보험의 경우, 제 2차 세계대전 이전의 네덜란드에서는 희망자에 한하여 가입하도록 하였고 일정 비율을 국가가 보조하는 노동조합 소유의 특별기금에 의해 운영되었다. 그러나 독일 점령기간 동안 노조활동이 금지되면서 실업보험기금의 운영도 중단되었다. 전쟁이 끝난 후, 〈대서양헌장〉(1941)과 〈베버리지 보고서〉에서 제시한 원칙에 따라 실업보험은 정부의 책임하에 운영하게 되었다. 〈실업법〉(1952)은 실업 후 26주 동안 직전 임금의 80%에 해당하는 소득을 보장하였다. 실업보험급여 신청자는 비자발적 실업자이여야 하며 적극적 구직활동이 전제되었다. 이후 1965년에 제정된 〈부가실업급여법〉은 실업급여의 지급기간을 2년으로 연장하였으며, 연장된 기간 동안 추가적인 조사 없이 직전 소득의 75%에 해당하는 급여를 지급하였다.

1967년에 제정된 〈장애보장법〉은 1901년의 〈노동자보상법〉을 대체하였다. 〈장애보장법〉의 운영은 산업보험연합이 담당하였으며, 장애보상급여는 직전 임금의 80% 수준이었다. 또한 1년 동안 상병수당을 받는 근로자는 자동적으로 장애보험급여의 신청자격을 얻을 수 있었으며, 근로 중 사고에 의한 장애자와 사업장 이외 지역에서 발생한 사고로 인한 장애자 간의 차별을 철폐하였다. 따라서 질병이나 장애가 직업상 이유에서 발생했는지 여부에 관계없이 급여를 지급하는 네덜란드 사회보장제도의 특성이 이 법의 도입과 함께 시작되었다. 1976년에 시행된 〈공적장애급여법〉은 적용범위를 자영업자, 공무원 그리고 선천적 장애인까지 확대하였다.

네덜란드 사회보장체제의 세 번째 영역인 공공부조는 소득, 여타 사회보장급여, 생계수단이 없는 모든 시민을 위한 사회안전망을 담당하였다. 예를 들어 실업보험급여의 지급기간이 종료한 이후에도 실업이 지속되는 경우 공공부조를 통해 생계를 보장한 것이다. 1965년에 제정된 〈일반사회부조법〉은 1854년과 1912년의 〈빈곤법〉을 대체하였다. 공공부조의 재원은 정부 예산에서 충당되었고, 각 지방정부의 사회정책 대행기관에 의해서 운영되었다. 공공부조의 급여 수준은 1974년 이후부터 성인 1인당 최저임금의 70%로 결정되었다. 공공부조급여의 지급은 자세한 소득·자산조사를 전제하였으며, 수급자는 의무적으로 고용센터에 등록해야 하고, 근로능력이 있는 사람에 한해서 급여를 지급하였다. 공공부조 지급의 책임은 각 지방정부의 사회지원국이 맡았다.

1960~1970년대 네덜란드 사회보장체제는 관대한 수급 조건과 상대적으로 높은 급여 수준 등, 북유럽 국가들과 같은 사회민주주의체제의 특성을 드러낸다. 또한 사회보장제도의 배열이나 급여의 종류 등과 관련해서는 전형적인 보수적 조합주의 복지국가로서 대륙형 모델의 특징을 보여 준다. 대륙형 모델은 사회보험 중심의 사회보장체제로서 직업 수행과정에서 직면하는 사회적 위험에 대응하는 보험 방식의 사회보장, 고용주와 노동자의 사회보장 기여금(보험료)을 통한 재원조달, 전통적 개념의 가족 유지, 남성 부양자의 중요성 강조, 준정부·준민간기구에 의한 제도 운영, 기존 소득과 연계되는 급여 등의 특징을 가지고 있다.

유럽대륙형 복지국가 중에서 네덜란드 사회보장체제의 가장 두드러진 특징은 남성 부양자 모델의 원칙이 고용, 소득보장 등 사회정책 전반에 강하게 투영되었다는 것이다. 복지국가 범주에 포함되는 국가 중에서 네덜란드처럼 기혼여성 노동자에 대해 차별적인 사회보장제도를 가진 국가는 없다. 네덜란드의 남성 부양자 모델은 기혼여성이 가정에서 자녀를 양육하고 가사노동을 전담해야 한다는 신념을 강조한 것이다. 미혼모에 대한 사회보장급여, 아동부양수당, 공공주택의 공급 등도 이러한 남성 부양자 원칙에 입각한 제도적 선택의 결과이다.

네덜란드 사회보장체제는 1960년대부터 급속하게 발전하였는데, 여기에는 가톨릭의 영향을 많이 받았던 조합주의도 큰 역할을 하였다. 가톨릭 정부하에서 대표적인 보편적, 포괄적 사회복지제도[10]가 도입·시행되었다. 1960년대의 경제적 번영에 힘입어 비사회주의적인 중도적 종교 정당에 의해 복지국가의 발전이 가속화된 것이다. 한편 노조 간 연대가 이루어지면서 네덜란드 정치에서 계급적 요소의 중요성이 커졌으며, 노동과 자본의 대립은 종교의 역할이 컸던 기존의 조합주의적 정책결정 방식을 약화시켰다. 이는 행정부와 의회의 힘을 강화시키고, 이익집단 등 시민사회 조직을 활성화시키는 결과를 낳았다. 즉, 1960년대에 정책결정과정의 주도권이 조합주의적 기제에서 의회와 행정부로 넘어왔으며, 이에 따라 복지제도가 급격하게 팽창된 것이다.

네덜란드에서는 대공황, 제 2차 세계대전을 거치면서 노사 간 타협에 의한 사회조합주의가 뿌리를 내렸다. 사회조합주의는 자본주의적 세계경제라는 외부적 압력으로 강화되었으며, 경제성장과 민주주의의 확장에 기여해 왔다. 대외의존도가 높은 개방경제는 이익집단 간 합의의 필요성을 대두시켰고, 노사협력에 기반한 사회조합주의는 1960년대까지 경제재건과 성장, 사회통합에 기여하면서 안정적으로 작동하였다(Katzenstein, 1985). 제 2차 세계대전 이후 경제성장과 복지국가 발전의 원동력이 된 사회조합주의의 핵심에는 노사관계가 있다. 조합주의적 사회정책 전통은 초기 복지제도의 발전을 억제하는 요인이 되었으나, 시간이 경과하면서 역설적으로 네덜란드 복지제도가 통제하기 어려울 정도로 팽창한 요인이 되었다.

4) 경제위기와 복지국가 재편기: 1980년대 이후

1973년에 구성된 중도좌파 연합정부는 재분배정책을 더욱 강화하였다. 그러나 1973년의 석유위기 이후 실업이 증가하고 경제성장률이 저하되면서

10) 〈공적미망인 · 고아(지원)법〉(1959), 〈공공부조법〉(1965), 〈장애보장법〉(1967), 〈부가실업급여법〉(1965), 〈질병기금법〉(1965), 〈공적아동수당법〉(1963) 등이 있다.

경제가 급속도로 침제하기 시작하였다. 이와 함께 공공지출이 급격히 증가하여 GDP 대비 공공지출이 61%(1983년)까지 상승하자 이를 감당하기 위해 조세부담률도 GDP 대비 55%까지 상승하면서 경제활력을 약화시키는 결과를 초래하였다. 기업이윤과 투자가 축소되고, 이에 따른 경제활동인구의 감소는 정부의 재정 부담을 가중시켰다.

유가 상승에서 비롯된 경제위기는 집합성과 연대성을 기반으로 지속적으로 팽창해 왔던 네덜란드 사회보장체제의 근본적 변화를 요구하였다. 근본적 변화란 정부지출의 실질적 감축과 경제위기로 제기된 문제들을 해결하기 위한 제도적 순응을 포괄하였다. 비경제활동인구의 높은 비율, 성 역할의 패턴 변화, 인구고령화 현상 등으로 인해 복지급여 지출의 감축을 넘어선 사회보장체제의 구조적 개혁을 모색하는 것이 불가피하게 된 것이다. 이에 네덜란드는 노동과 연계된 복지를 강조하면서 집합적 연대를 원칙으로 하는 기존 모형을 근본적으로 비판하는 동시에 새로운 개념의 사회보장체제를 재편하려는 노력을 지속하게 된다.

(1) 재정지출 감축을 위한 사회복지 개혁

이른바 '네덜란드병'[11]을 극복하고자 1982~1989년의 루버스(Lubbers) 정부, 1989~1994년의 기민당·노동당 연립정부, 1994~2002의 사민당·우파 정당 연립정부(보라색 연합) 등이 지속적으로 추진한 복지 개혁의 핵심은 예산 건전성 제고이다.

---

11) 네덜란드 사회복지 개혁의 시발점은 장애보험제도이다. 네덜란드의 장애보험은 직업상의 위험요소와 사회적 위험요소를 동시에 보장하는 포괄적인 제도라는 특징이 있다. 1980년에 장애보험의 수급자는 66만 명에 달했고, 1980년대 말에는 600만 명의 경제활동인구 중 100만 명에 달하는 노동자가 수급자가 될 것이라는 전망으로 사태가 심각해졌다. 이러한 상황에 대해서 당시 수상인 루버스는 "네덜란드는 병든 국가이다"라고 선언하였다. 이런 맥락에서 장애급여 수급자 문제는 단지 재정적 차원이 아닌 통치권의 문제로 인식되었다.

1970년대까지 네덜란드 정부는 임금과 사회보장급여를 연동하는 것이 임금인상을 억제하기 위한 필수 조건이며, 경쟁적으로 사회보장 확대를 요구하는 다양한 집단에 대해서는 제동장치의 역할을 할 수 있다고 판단하였다. 그러나 임금인상을 억제하는 조합주의적 협상체제가 실효성을 상실하면서, 임금과 사회보장급여의 연동체계는 오히려 사회보장지출을 급격하게 증가시키는 원인이 되었다. 즉, 네덜란드의 실업급여, 연금, 장애급여 등이 퇴직 전 최종임금에 연동되어 물가상승률을 반영하였기 때문에 만성적인 적자요인으로 작용하였던 것이다. 두 차례의 석유파동이라는 외부적 충격으로 악화된 경제 때문에 네덜란드의 사회보장체계는 비용증가에 대처할 수 있는 적절한 정책적 수단을 확보하지 못하였다.

이러한 상황에서 복지 개혁은 과도한 재정 부담을 완화하고 실업률을 축소하기 위해 급여 수준의 동결 및 하향 조정, 수급자격 조건의 강화, 수급기간 단축, 운영의 민영화 등을 중심으로 추진되었다. 복지급여 축소는 재정건전성을 확보하는 동시에 복지 의존도를 줄여 노동시장에서의 구직활동을 촉진하려는 목적에서 이루어졌다.

실업급여는 지급액의 수준을 최종 임금의 80%에서 70%로 하향 조정하였고, 수급 조건도 강화하여 실직 이전에 12개월 동안 26주 이상 노동을 한 사람에게만 급여를 제공하였다. 지급기간은 수급 대상자의 근무경력이나 연령에 따라 6개월에서 최장 5년까지였다. 구체적으로, 1985년에 22세 미만의 노동자는 실업급여 지급기간 연장을 지원할 수 없었고, 1년에 6개월을 초과하는 급여도 신청이 불가능했다. 그러나 1984년부터 57세 이상이 된 노동자는 구직자 등록 의무를 면제받았고, 법정 퇴직연령 65세까지 특별수당을 지급받았다. 또한 상병수당 대상 노동자들의 임금을 고용주가 일정 기간 부담하도록 함으로써 상병수당 신청을 억제하는 효과를 낳도록 하였다.

장애급여(WAO)는 복지급여 축소를 위한 개혁의 핵심이라 할 수 있었다. 네덜란드에서는 노동자의 해고가 어려웠으므로, 이를 우회하는 방편으로 장애급여가 활용되었다. 또한 네덜란드는 경제위기를 극복하는 과정에서 산업 구조조정 및 이에 따른 인력 재배치를 위한 정책수단으로 장애급여를 활용하였다. 1970년대 이후로 북유럽 국가들이 노동시장에 진입할 때에 보조금을 주고 시장 퇴출을 막음으로써 가능한 많은 국민이 노동시장에 참여하도록 유인하는 전략을 추진한 반면, 유럽대륙 국가들은 보조금을 지급하여 노령 근로자들의 조기퇴직을 유도하고, 여성들의 노동시장 진입을 억제하여 실업률을 억제하는 정책을 사용하였던 것이다.

1980년대 후반 네덜란드 경제는 노동시장, 노동투입을 줄이기 위한 합리화 정책 그리고 사회보장체제가 서로 악영향을 주는 악순환에 빠져 들었다. 고임금 경제에서 기업은 필수적으로 노동생산성을 높여야 하고, 이를 위해서는 노동투입을 줄이기 위해 시설에 투자하는 한편, 생산성이 낮은 노동자를 정리해고 하는 것이 불가피하다. 하지만 이는 순소득을 낮추고 사회보장지출 및 세금 부담을 증가시켜 다시 추가적인 정리해고를 발생시킴으로써 노동 없는 복지의 악순환 구조를 더욱 심화시켰다.

네덜란드는 노동공급을 축소하기 위한 극단적 전략을 실시하였다. 독일, 프랑스는 조기퇴직제도를 노동시장 퇴출을 위한 주요 수단으로 삼았으며, 벨기에는 실업급여의 지급기간을 연장하였다. 반면 네덜란드는 질병 및 장애보험제도에 의존하였다. 그 결과 1980년대 중반에 네덜란드의 55~64세 인구집단에서 장애급여 수령자가 취업자 수를 상회하였다. 장애급여 수급자 중 상당수가 장애인이 아니었으며,[12] 장애급여는 사실상 고령층 장기실업자를 위한 사회안전망의 역할을 담당하게 되었다.

---

12) 네덜란드는 장애를 평가하는 데 있어서 장애로 인하여 노동시장 참여 가능성이 낮아지는 것을 고려해야 한다는 '노동시장 요건'을 활용하였다. 즉, 장애란 노동자의 생산성이 자신의 과거 소득에 비해 상대적으로 저하되는 것을 의미하였다. 의사들은 장애를 판정하며 노동시장 요건을 폭넓게 적용하였다. 노동시장 요건은 1987년 개혁으로 폐지되었다.

이러한 맥락에서 장애급여 개혁을 두고 논의가 지속되고, 제도적 개선도 시도되었다. 1992년 3월, 〈장애수당 청구자 수의 축소에 관한 법률〉이 시행되었고, 기업들이 장애보험과 질병휴직을 억제하도록 하는 수단도 강구되었다. 예를 들어 지정된 최소기간 이상 부분장애 노동자를 고용한 기업에게 해당 노동자의 반년 치 임금에 상당하는 보조금을 지급하였다.

1993년에는 질병휴직과 장애보험의 수급 요건을 강화하는 개혁이 시행되었다. 급여 수준의 산정 기준도 과거 임금이 아닌 향후 소득창출능력으로 변경되었다. 50세 이상 노동자의 자격 요건은 그대로 유지되었으므로 상대적으로 젊은 연령층이 개혁의 영향을 더 크게 받았다. 50세 미만에게 장애수당은 대폭 축소되었는데, 지급기간이 단축된 것은 물론, 급여 수준도 이전 소득의 70%에서 법정 최저임금의 70%로 낮아졌다. 또한 장애판정 시에도 노동시장 요건이 아닌 새로운 의학적 기준에 근거하도록 정하였고, 이에 따라 수급자는 전면적 신체검사를 받아야 했다. 그리고 실업보험과 장애보험 중 선택하여 지원받을 수 있던 부분장애 근로자에 대한 법적 기준 역시 강화되었다.

1998년 장애급여 개혁안은 노동자의 5년간 급여수급 이력에 대하여 해당 고용주가 정부 혹은 민간 보험사업자에게 보험료를 지불하도록 함으로써 사용자가 작업장 내 장애의 발생을 예방하고 장애인 노동자의 재활에도 적극적으로 노력하도록 유인을 강화했다. 또한 수급자의 교육훈련을 강화하고 구직활동을 촉진하는 등의 조치를 통하여 재취업 가능성이 강화되도록 제도를 개선하였다. 이러한 조치들은 단기적으로 어느 정도 성과를 거두었지만, 장애급여는 여전히 주요 개혁과제로 남아 있다. 2000년대에 들어선 이후로도 장애급여 개혁을 둘러싼 논의는 지속되고 있으나, 개혁의 실천은 그리 쉽지 않은 상황이다.

한편 임금·물가 연동제는 1983년부터 축소되기 시작하여 1985년에는 거의 완전히 폐지되었다. 퇴직 전 최종 급여의 80%까지 보장되던 복지급여를 하향 조정하고 수급 조건을 엄격하게 제한하는 등의 조치와 더불어, 실질임금이 감소하자 최저연금과 연동된 여러 복지급여의 금액 또한 실질적으로 하락하였다.

복지급여의 축소는 단순히 급여의 양적 감소만을 의미하는 것이 아니었으며, 네덜란드 사회복지체계의 성격 변화를 동반하였다. 보편적 사회권의 성격을 가졌던 복지급여가 수급 조건을 강화하면서 선별적 성격이 강화되었고, 실업자에 대한 사회안전망을 확충하기보다는 노동시장에 남아 있도록 유도하였다. 1980년대 이후 네덜란드의 실업률 감소는 복지급여를 축소하고 시장 기제를 강화한 조치에 기인하였다고 할 수 있다.

(2) 공공부문의 축소와 시장역할 확대

복지급여가 축소되면서 소득계층 간 격차가 확대된 것은 사실이나, 네덜란드는 빈곤율과 불평등 수준이 가장 낮은 나라로 평가된다. 그러나 시장 메커니즘의 강화와 더불어 개인의 책임을 확대하는 방식의 개혁은 현재도 지속된다. 실업보험과 장애보험 운영을 민영화하려는 시도가 강화되어 왔으며, 노후소득보장제도에서도 공적연금의 비중이 감소하는 추세이다. 네덜란드 공적연금은 보편적 기초연금의 성격을 가지므로 중산층 이상의 소득계층에게는 소득대체율이 낮은 편이다. 이러한 이유로 네덜란드에서는 유럽의 다른 국가에 비해 직역연금이 광범위하게 발달하였고 그 적용범위도 넓다. 노후소득에서 공적연금이 차지하는 비중은 1980년과 1998년 사이에 25%가 감소하였으며, 1990년대 말을 기준으로 전체 연금소득 중 공적연금의 비중이 45%, 직역연금이 30%, 개인연금(저축)이 25%를 차지한다.

공적연금의 비중이 감소하고 직역연금과 개인저축의 비중이 증가하는 것은 사회복지 영역에서 시장의 역할이 확대됨을 의미한다. 특히 산업민주주의를 강화하기 위하여 도입된 1993년의 〈임금완화촉진법〉에 따라 시행된 세제혜택은 개인저축 프로그램을 촉진하는 결과를 낳았다. 이러한 현상은 네덜란드 복지체계의 민영화, 시장화 추세를 잘 보여 주는 것으로서, 사회적 연대의 약화와 함께 인금인상 요구를 억제하는 요인으로도 작용하였다.

(3) 남성 부양자 모델의 약화

네덜란드는 탈상품화 수준, 복지급여의 보편주의적 속성 및 사회통합의 정도가 높음에도 불구하고, 남녀 간의 노동분업체계를 통해 사회적 재생산이 이루어지고 남성 가장을 중심으로 한 급여체계가 갖춰진, 남성 부양자 복지국가의 특성이 강한 국가이다. 그러나 최근 복지국가가 재구조화되면서 네덜란드의 전통적 남성 부양자 모델은 두드러지게 약화되고 있다.

1980년대 이전까지 네덜란드의 여성 경제활동 참가율은 다른 국가에 비해 매우 낮은 수준이었다. 즉, 결혼 후에 남성이 가계부양, 여성은 가정 내 재생산 노동을 담당함으로써 전형적인 성별 노동분업에 기초한 남성 부양자 모델로서의 특성을 보였다. 전통적으로 아동은 가정에서 양육되어야 한다는 관념이 지배적이었으며, 네덜란드가 비교적 오랫동안 경제적 풍요를 향유했다는 점 또한 여성들로 하여금 가사노동을 맡는 역할에 안주하도록 하였다. 또한 취업 여성의 경우에도 시간제 노동자의 비율이 높았는데, 이는 여성 노동자들이 아동을 양육하는 등 무급 가사노동을 제한적 유급노동과 병행하였음을 의미한다. 이러한 맥락에서 여성은 남성과 국가에 의존하는 존재였으며, 경제활동 참여를 전제로 하는 사회복지 수급권에서도 여성의 배제가 정당화되었다.

네덜란드의 조세, 임금, 복지급여 관련 제도는 남성 가구주에게 유리하도록 구축되어 있었다. 예를 들어 조세제도의 경우 1973년까지 부부 합산과세가 이루어졌고, 1984년까지는 남성 가장에게만 세액공제가 적용되었다. 1985년 연금 개혁 이전에는 기혼여성이 개별적인 연금 수급권을 갖지 못하였다. 또한 1987년 이전에는 여성이 실업보험의 연장급여를 수급하기 위해서는 가계부양자라는 조건을 충족하여야 했다. 1980년대 중반 이전에 네덜란드의 사회보험은 보험료 산정과 기여가 가구 단위로 이루어졌는데, 이는 사회정책이 남성 부양자 가구를 전제하며, 가부장적 가족의 유지와 보호가 정책의 핵심 목표였음을 의미한다.[13]

네덜란드의 남성 부양자 모델은 노동시장의 변화와 사회복지에서의 여성 수급권 확대라는 두 가지 측면에서 크게 변화하였다. 노동시장 개혁은 시간제 취업을 창출하고 활성화함으로써 여성의 경제활동 참여율을 높이고 결과적으로 평균 노동시간을 감소시키는 결과로 이어졌다. 주목할 점은 여성의 노동시장 참여율이 증가하면서 더불어 시간제 노동자의 비중도 상대적으로 높아졌으며, 이는 취업한 여성의 상당수가 시간제 노동자임을 시사한다는 것이다. 이러한 구조적 변화는 일정 정도 네덜란드의 국가정책에 의해 유도된 것이다. 전형적 남성 부양자 모델에서 탈피하여 부부가 동시에 직장노동과 가사노동을 병행한다는, 이른바 결합시나리오(*combination scenario*)가 근간이 되었던 것이다. 결합시나리오는 남녀 부부 모두 유급노동과 가정 내 무급노동을 병행한다는 가정하에, 남녀 모두에게 동등한 기회를 부여하기 위해 주당 최대 32시간의 노동시간을 설정하고 있다. 이는 명백하게 남성 부양자 모델이 폐기됨을 의미하는 것이다. 이러한 정책적

---

13) 남성 부양자 모델에서 특히 문제가 되는 것은 남성 부양자가 부재한 독신모 집단이다. 이 경우 국가가 스스로 남성 부양자의 역할을 담당할 것인가 하는 문제가 제기되는데, 네덜란드는 독신모도 기혼여성과 동일하게 가정에서 자녀양육의 역할을 담당할 수 있도록 지원하였다. 예를 들어 1965년 도입된 공공부조제도에서 독신모는 노동의 의무에서 제외되었고, 자녀가 16세가 될 때까지 최저임금의 70%에 해당하는 급여를 받을 수 있었다. 특히 모성을 강조한 네덜란드 사회의 전통적 이념은 생계부양자가 없는 여성이 비교적 후한 급여를 수급할 수 있도록 하였다. 즉, 독신모들은 재생산노동 제공자라는 지위로 복지급여 수급권을 획득한 것이다. 이러한 정책은 독신모에 대한 사회적 보호가 기본적으로는 기혼여성이 배우자에게 강하게 의존해야 한다는 논리의 연장선에 놓여 있으므로 강한 남성 부양자 모델의 전형적 예라 할 수 있다.

노력의 결과로 어린 자녀가 있는 기혼여성의 취업률이 1990년대 들어서면서 크게 증가하였으며, 이 중에서 시간제 노동을 하는 기혼여성의 비율이 급격하게 증가하였다.

노동시간 유연화 경향은 유럽 국가에서 보편적으로 나타나는 현상으로서 네덜란드만의 특성이라고 보기는 어렵다. 그러나 시간제 노동의 활성화를 통한 남녀의 동등한 노동시간 분배와 유급 생산노동과 무급 재생산노동 간의 동등한 시간 분배를 강조한다는 점은 네덜란드만의 독특한 관점이다. 다른 국가들이 여성 경제활동 참가율이 상승함에 따라 전통적으로 여성이 담당하던 재생산노동을 사회화 혹은 시장화하는 전략을 선택한 반면, 네덜란드는 남녀의 유급 노동시간을 재편성하는 독특한 전략을 추구하였다. 이는 가정 내 재생산노동의 책임을 공적 부문이 아닌 사적 부문이 담당함으로써 정부의 재정지출을 절감하려는 사회복지 개혁의 방향과 일치하였기 때문이다.

여성의 사회복지 수급권에서 일어난 변화는 네덜란드 사회보험의 기본 단위를 가구에서 개인으로 바꿈으로써 여성 수급권의 기반을 강화하였다는 것으로 요약할 수 있다. 1980년대 이후 네덜란드 사회보장 개혁의 핵심 내용 중 하나는 사회보험의 기혼여성에 대한 차별을 단계적으로 철폐해 온 것이다. 여성의 복지 수급권을 강화하기 위한 대표적 조치는 1985년 연금 개혁과 1987년 실업보험 개혁이다. 1985년 연금 개혁은 남녀 동등한 연금권을 규정함으로써 기혼여성에게도 독립적인 연금 수급권을 주어 남성 배우자와 동등하게 50%의 연금을 받도록 하였다. 1987년 실업보험 개혁에서는 연장급여의 수급 요건에서 가계부양자이어야 한다는 조건을 폐지하고, 아동양육기간을 취업기간과 동일하게 취급하도록 정하였다. 또한 1985년 의료보험을 제외한 사회보험에서 가입 및 보험료 기여의 단위를 가구에서 개인으로 바꿈으로써 개인별 수급권을 위한 기반을 마련하였다.

부모휴가제도는 1989년에 공공부문, 1991년에는 민간부문에까지 도입되었는데, 이 제도는 남녀의 역할 변화에 중요한 영향을 미쳤다. 부모휴가를 양도할 수 없는 개인적 권리로 규정함으로써 남성이 자녀양육 등 무급 가사노동에 참여하도록 강제하였다. 또한 부모휴가에 시간제 휴가 방식을 적용함으로써 근로의 단절을 방지하였다. 즉, 부모휴가를 이용하는 노동자는 완전한 휴직을 하는 것이 아니라 6개월 동안 노동시간을 주 20시간으로 단축하도록 하였다. 이러한 시간제 휴가 방식은 유급 생산노동과 무급 가사노동 사이의 재분배를 가능하게 하였으며, 동시에 여성이 노동시장에 재진입하는 장벽을 완화하였다.

사회보험 영역에서 여성 수급권 강화, 부모휴가제도 도입 등이 남성 부양자 모델을 약화시킨 것은 사실이나, 양성평등이라는 관점에서는 제한적 효과만 나타났다. 부모휴가제도는 무급으로 6개월 동안 시간제로 이용해야 했으므로 남성이 무급 가사노동에 참여하는 데 한계가 있었다. 가사노동의 부담을 경감할 수 있는 충분한 사회서비스가 공급되지 않는 상황에서 가사노동의 책임은 결국 여성에게 귀결되는 양상이 생겼다.

네덜란드 복지 개혁은 재정위기를 해결하기 위한 목적에서 시작되었기에 근본적 한계를 가지고 있다. 즉, 재정을 절감하는 동시에 실업률을 제고하기 위하여 시간제 노동을 촉진하고 가사노동은 가구의 사적 책임 영역으로 귀속시킨 비용 절약형 방식이기 때문이다. 남녀 모두 전일제 노동을 할 수 있도록 하기 위해서는 가사노동에 대한 공적 개입을 극대화해야 한다. 그러나 실업률이 높고 노동시장 유연화가 진행되는 상황 속에서 이른바 '부모-노동자'(*parent-worker*) 모델을 지향하는 전략은 사실상 불가능하다. 이러한 맥락에서 네덜란드의 결합시나리오는 실용적이고 현실적인 선택의 결과라 할 수 있다.

3. 네덜란드 사회복지 개혁의 의미와 향후 전망

복지국가의 전망은 사실 그리 낙관적이지 않다. 복지국가의 기본적 속성인 노동시장 경직성은 외부 변화에 대한 적응과 기술혁신을 가로막아 경제발전과 고용증가를 저해한다는 설득력 있는 지적도 제기된다. 그러나 1980년대 이후 네덜란드의 복지 개혁 사례를 보면 복지국가가 직면한 많은 도전에도 불구하고, 향후 상당한 기간 동안은 복지국가의 역할과 그 가치가 유지될 것으로 보인다.

네덜란드의 사회보장체계는 비스마르크 모형에 근거한 남성 가장 중심적 모델이자 조합주의에 기반한 유럽대륙형의 전형으로서 변화하기 가장 어려운 유형이다. 특히 사회복지 개혁은 많은 장애요인과 불확실성을 안고 있으며, 보장된 권리로서의 사회권을 재조정하는 등의 정치적 모험까지 요구한다. 그럼에도 불구하고 이들은 사회적 대화와 협상을 통한 복지 개혁, 그리고 사회보장체계의 현대화가 가능함을 직접 입증하고 있다.

네덜란드 복지 개혁은 복지지출 감축을 위한 급여 수준 축소, 수급 조건 강화에서 더 나아가 사회정책의 기본원칙을 변화시키는 동시에 제도의 관리・운영을 구조적으로 효율화하는 등 폭넓은 범위에서 이루어졌다. 네덜란드 복지 개혁의 성과로서 가장 중요한 것은 사회보장지출을 실질적으로 감소시켰다는 점이다. 〈표 1-3〉에서 알 수 있듯이 네덜란드의 사회보장지출은 1990년 이후 감소하고 있으며, 특히 실업과 장애부문의 지출이 큰 폭으로 감소하였다. 두 번째 성과로서 일자리 창출과 고용증가가 이루어졌음을 들 수 있는데, 이는 결코 과소평가할 수 없다. 세 번째는 네덜란드 노동시장의 구조 변화를 이끌어 냈다는 점이다. 남성 노동자는 물론 여성 노동시장 참여율의 급격한 증가, 서비스부문의 팽창에 따른 시간제 근로의 급성장은 두드러진 변화이다. 이러한 결과는 후기 산업사회의 생활양식과 가족구조의 변화에 대응하여 사회보장체제가 효과적으로 적응한 사례라고

〈표 1-3〉 네덜란드의 GDP 대비 사회보장지출 추이

(단위: %)

영역	1980	1985	1990	1995	2000	2005
노령연금	6.1	5.9	6.3	5.5	5.3	5.5
유족	0.8	0.7	0.9	0.7	0.4	0.3
장애	6.5	5.5	6.3	5.0	3.9	3.5
질병	5.1	5.2	5.4	5.9	5.0	5.9
가족	2.5	2.1	1.7	1.3	1.5	1.7
고용지원	0.5	1.3	1.3	1.4	1.5	1.3
실업	1.6	3.3	2.5	2.8	1.3	1.6
주거	0.3	0.3	0.3	0.4	0.4	0.3
기타	1.3	0.9	0.8	0.7	0.6	0.6
합계	24.8	25.3	25.6	23.8	19.8	20.7

자료: OECD Social Expenditure Database(SOCX), 1998~2001.

할 수 있다. 마지막으로 주목해야 할 네덜란드 복지 개혁의 성과는 유럽대륙형의 사회보장체계도 큰 혼란과 갈등 없이 개혁을 달성할 수 있음을 보여 준 것이다.

네덜란드는 1980~1990년대에 걸쳐 효과적으로 사회복지 개혁을 수행하였다. 그 결과, 2000년대 들어서 사회보장체제의 현대화와 경제성장이라는 놀라운 성과를 거두었다. 그러나 네덜란드 사회보장체제의 미래가 그리 낙관적인 것만은 아니다. 네덜란드 사회보장체제는 전 지구적 경쟁의 심화, 인구고령화, 이민자 문제 등 중요한 도전에 직면하고 있다. 국제적 차원 경쟁의 심화에서는 기업 경쟁력 확보가 중요한 관건이며, 이를 위해서는 기술혁신과 더불어 노동비용 절감이 필요하다. 노동비용 절감은 사회보장비용의 경감 및 급여 지출의 축소와 연계된다. 한편 인구고령화는 사회보장비용의 증가를 초래하며, 부과식의 연금제도는 경제활동세대의 부담을 가중시킨다. 이민자 증가는 새로운 차원에서 사회통합의 문제를 제기한다. 사회보장체제가 기존의 시민에게는 적절한 서비스와 급여를 보장할 수 있을지 모르지만, 이민자들에게는 사회보장체계 접근성이 낮아 이들이

빈곤에 처할 위험은 커진다. 결론적으로 경쟁력 심화, 인구고령화, 이민자 증가는 공통적으로 사회보장지출을 증가시키는 요인인 동시에 사회보장비용 부담을 감소시킬 필요성을 강화하는 이중적 압력으로 작용한다.

네덜란드 복지 모델은 전형적으로 높은 수준의 고용에 의존한다. 임금노동자의 조세 부담에 과도하게 의존하는 복지체계는 실업의 증가에 매우 취약하며, 특히 장기실업자나 근로무능력자의 증가는 문제의 심각성을 더한다. 따라서 향후 네덜란드 사회보장체제의 지속 가능성에는 높은 수준의 경제활동 참가율 달성이 핵심적 영향을 미칠 것이다. 또한 사회조합주의 전통이 강한 배경에서 평화적 노사관계를 유지하고 사회적 대화를 이어나가 지속적으로 제도를 개혁하는 것만이 유일한 문제해결 방안일 것이다.

■ 참고문헌

국내 문헌

김인춘(2005). "네덜란드의 코포라티즘과 복지국가의 발전". 〈국제지역연구〉, 14권 4호, 63~102.

______(2007). "2차 대전 후 네덜란드와 덴마크의 복지국가와 생산체제". 〈대한정치학회보〉, 15집 2호, 299~331.

김학노(2004). "'네덜란드 모델'의 성과와 한계". 〈한국정치학회보〉, 38집 3호, 411~498.

______(2006). "임금억제전략과 유연안정성: 네덜란드 모델에 대한 비판적 평가". 〈국제지역연구〉, 15권 2호, 157~195.

류만희(2002). "네덜란드의 '기적'의 실체와 그 의미". 〈상황과 복지〉, 12호, 255~278.

송원근·전창환(2003). "네덜란드 경제모델의 제도적 조응과 그 시사점". 〈시민과 세계〉, 3호, 212~241.

한국보건사회연구원(2012). 《주요국의 사회보장제도: 네덜란드》.

해외 문헌

Arts, W., & Gelissen, J. (2002). Three worlds of welfare capitalism or more? A state-of-the-art report. *Journal of European Social policy*, *12*(2), 89~116.

Cameron, D. (1984). Social democracy, corporatism, labour quiescence, and the representation of economic interest in advanced capitalist society. In Goldthorpe, J. H. (ed.). *Order and Conflict in Comtemporary Capitalism*. Oxford: Clarendon Press.

European Commission (2009). *The Netherlands Minimum Income Scheme: Work and Social Assistance Act*.

______(2015). *Your Social Security Rights in Netherlands*.

Esping-Andersen, G. (1990). *The Three Worlds of Welfare Capitalism*. Cambridge Polity Press.

Goodin, R., & Smitsman, A. (2000). Placing welfare state: The Netherlands as a crucial test case. *Journal of Comparative Policy Analysis: Research and Practice* 2(1), 39~64.

Katzenstein, P. (1985). *Small State in World Markets: Industrial Policy in Europe*. Ithaca: Cornell University Press.

Ministerie van Sociale Zaken en Werkgelegenheid (2011). *The State of Affairs of Dutch Social Security*. Review 1 January 2011.

______(2011). A short survey of social security. Overview on 1 July 2011.

______(2014). *The State of Affairs of Dutch Social Security*. January 2014.

MISSOC (2011). *Social Protection in the Member States of the European Union*. Situation on 1 January 2011, Brussels: European Commission.

OECD (2014). *Ageing and Employment Policies: Netherlands 2014*. Paris: OECD.

Pontusson, J. (2005). *Inequality and Prosperity: Social Europe vs. Liberal America*. Ithaca: Cornell University Press.

Soskice, D. (1999). Divergent production regimes: Coordinated and uncoordiated market economies in the 1980s and 1990s. In Kitschelt, H., Lange, P., Marks, G., & Stephens, J. D. (ed.). *Continuity and Change in Contemporary Capitalism*, Cambridge: Cambridge University Press.

Soskice, D., & Hall, P. (2001). *Varieties of Capitalism: The Institutional Foundations of Comparative Advantage*. Oxford: Oxford University Press.

The Netherlands Institute of Social Research (2012). *The Social State of The Nether-*

lands 2011. The Hague: SCP.

______(2015). *Pensions in The Netherlands: Solidarity and Choice*. The Hague: SCP

Van Oorschot, W. (2006). The Dutch welfare state: Recent trends and challenges in historical perspective. *European Journal of Social Security*, *8*(1), 57~76.

Van Oorschot, W., & Boos, C. (2001). The battle against numbers: Disability policies in the Netherlands. *European Journal of Social Security*, 2(4), 343~361.

02
사회보장제도의 기본구조*

1. 사회보장 관리·운영의 시대적 변천

1) 초기 사회보장 관리체계의 형성과 그 특징

네덜란드 사회보장제도는 국민보험, 노동보험 그리고 공공부조라는 3원적 체제로 구성되어 있다. 국민보험은 사회적 연대라는 원리를 바탕으로 전 국민에게 최저수준의 소득을 보장하는 목표를 갖는다. 1947년 〈노령연금에 관한 긴급조치〉와 1956년 노령연금에 관한 일반법의 제정으로 65세 이상의 모든 국민들을 대상으로 일정한 수준의 소득을 보장하는 공적연금제도가 본격적으로 시행되었다. 1959년에 미망인 및 고아를 지원하기 위한 일반법, 1963년에 가족수당에 관한 일반법이 각각 제정됨으로써 국민보험 영역의 사회보장체제가 기본 골격을 갖추었다. 국민보험제도의 재원 조달

---

* 이 글은 2012년 《주요국의 사회보장제도: 네덜란드》(한국보건사회연구원, 2012)에서 필자가 작성한 "제 1부 제 2장 사회보장 관리체제"를 수정 보완한 것이다.

은 국세청에서, 지급은 사회보험은행과 같은 공공기관에서 담당하였으며 이러한 관리운영체제의 기본 틀은 현재까지도 유지된다.

사회보장체제의 두 번째 영역인 노동보험은 사용자와 노동자의 기여금을 재원으로 하며 노동자의 질병, 사고, 실업 등의 위험을 보장하기 위한 제도이다. 이러한 노동보험은 수지균형이라는 보험원리에 기반하여 근로소득을 기준으로 급여 수준이 결정되는 소득비례 방식 급여가 일반적이다. 노동보험 영역의 사회보장제도는 제도가 시행된 초기부터 자율적 민간기구인 산업보험연합(IIAs)에 의해서 운영되었다. 단, 실업보험의 경우에는 1941년 대서양 헌장과 1942년 〈비버리지 보고서〉에서 제시한 원칙에 따라 정부가 관리운영을 책임지게 되었다. 이는 1930년대 실업의 급격한 증가로 지불해야 할 급여가 많아져 운영에 어려움을 경험하였고, 이로 인하여 노조나 고용주단체가 실업보험을 정부가 책임지는 것을 반대하지 않았기 때문이다. 1901년에 제정된 〈노동자보상법〉은 1967년에 〈장애보장법〉에 의해서 대체되었다. 〈장애보장법〉은 업무수행 중의 사고에 의한 장애와 작업장 이외에서 발생한 사고로 인한 장애의 차별을 철폐함으로써 직업상의 위험과 사회적 위험을 동등하게 취급하였다. 1976년에는 장애보험의 적용범위를 자영자, 공무원 그리고 선천적 장애인까지 확대하였다. 이렇듯 네덜란드 사회보장체계는 질병이나 장애가 업무상의 이유에서 발생하였는지 여부를 구별하지 않고 급여를 제공한다는 독특한 특성이 있다. 장애보험이 피용자 중심으로 제한되지 않은, 전 국민을 대상으로 한 보편적 제도인 것이다. 일반적으로 전 국민을 대상으로 한 사회보장제도는 국가가 관리・운영한다. 그러나 네덜란드에서는 장애급여를 포함한 노동보험의 관리운영을 정부가 아닌 자율적인 민간기구가 담당하였으며, 현재에도 이러한 역사적・문화적 전통이 지속되고 있다.

네덜란드 사회보장체제의 세 번째 영역인 공공부조는 최후의 사회안전망으로, 전체 국민을 대상으로 하여 다른 소득이나 생계수단이 없는 경우에도 최저수준 이상의 소득을 보장하기 위한 제도이다. 공공부조는 제도 도입 초기부터 조세수입을 기반으로 국가재정에서 재원을 조달하고, 지방정부가 제도의 운영과 관리를 담당하였다. 공공부조의 급여는 소득조사를 전제로 하며, 수급자는 지역의 고용센터에 구직자로 등록하도록 되어 있다. 특히 1980년대 이후 강조된 근로연계복지는 공공부조와 노동보험 영역의 제도 간 연계를 중시하였다. 그 결과 노동보험의 관리·운영 담당기구와 노동사무소의 역할이 확대되었고, 동시에 이들 기구가 단순한 민간기구가 아닌 공공기구로서 가진 성격이 강조되었다.

2) 사회보장 관리체계 개혁과 시대적 변화

사회복지제도 발달 초기의 네덜란드 사회보장 관리운영체계는 분산적, 이원적이었다. 예를 들어 1920년대 산재보험의 경우, 국가의 강제보험에서 탈퇴한 기업들은 산업보험연합이 운영하는 제도에 편입되었다. 또한 장애보험에서는 1930년부터 지역 노동위원회와 산업보험연합이 제도 운영에 공동으로 참여하였다. 이러한 이원적 운영체제는 1952년까지 지속되었다.

제 2차 세계대전 이후, 분산적, 이원적 관리운영체제를 개선하려는 노력이 진행되었다. 앞서 보았듯, 1948년에 국가자문위원회는 제도의 관리운영을 산업보험연합이 담당하는 방식을 반대하며 이를 일원화하여 관리할 중앙행정기관 설립을 제안하였다. 그러나 산업보험연합의 이사회, 노동재단, 사회경제협의회에 참여한 노동자 및 경영자 대표들이 자문위원회의 제안에 조직적으로 반대하고 나섰고, 기독교 정당의 반대와 사회민주당의 모호한 태도 등으로 인하여 관련 개혁 법안은 의회를 통과하지 못하였다. 이후 1952년, 중앙행정기관을 대신하여 사회보장위원회(SVR)에 관리감독 권한을 위임하도록 법이 제정되었다. 사회보장위원회에는 정부, 노동자와 경영자 대표가 공동으로 참여하였으며, 그중에서도 정부 대표는 소수를 차지하는 방향으로 제도가 구체화되었다.

네덜란드의 사회보장 관리운영체계는 20세기 초에 형성된 이래 크게 바뀌지 않고 지속되다가 1990년대 중반에 들어서며 많은 변화를 겪었다. 1970년대 이후 석유파동으로 초래된 경제위기를 경험하면서, 네덜란드는 이른바 네덜란드병으로 대표되는 '노동 없는 복지'의 악순환으로 빠져들었다. 사회보장체계의 위기는 제도나 정책의 수준을 넘어 국가 통치력의 위기로까지 연결되었고, 이를 극복하기 위한 다양한 개혁이 시도되면서 복지급여 축소와 더불어 노동조합, 경영주 단체 등의 복지제도 운영 권한 및 행태에 관심이 집중되었다. 1992년 3월에 국가 감사기구가 발표한 보고서는 네덜란드가 사회보장 관리운영체계를 본격적으로 개혁하게 된 계기였다. 보고서는 3원적 구조의 사회보장위원회가 제도를 운영하는 역할을 제대로 하지 못하였으며, 이는 관리운영에 관계된 책임 및 권한이 모호하기 때문이라고 주장했다. 이에 사회민주당이 주도한 하원은 특별위원회를 구성하고 양원 합동청문회를 실시하였다. 이듬해에 발간된 청문회 결과보고서는 사회보장제도, 특히 장애보험의 운영 권한을 가진 조직들이 각자의 이익을 위해 제도를 자의적으로 운영했음을 공식적으로 확인하였다. 또한 보고서는 산업보험연합과 사회보장위원회의 역할을 거세게 비판하였다. 비판의 핵심 내용은 산업보험연합이 조직의 유지·확대를 위해 급여 수급자 증가를 용인한 탓에 근로능력 판정을 위한 신체검사가 실효성을 상실한 것, 만성질병 및 장애를 가진 수급자에게 재활서비스 등을 제공해 노동시장 복귀를 촉진하려는 노력이 소홀한 것, 정부는 이러한 행태를 지속적으로 묵인한 것 등이었다.

이러한 맥락에서 청문회 보고서는 사회보장제도의 집행을 사회집단 및 이익단체들로부터 완전히 독립된 공공기관이 담당해야 하고, 집행과 관리감독의 책임도 명확하게 분리되어야 한다고 요구하였다. 구체적으로는 정부가 통제할 수 있는 집단 및 단체로 구성된, 독립적으로 운영되는 새로운 조직이 3원적 구조의 사회보장위원회를 대체하여야 하며, 장기적으로는 산업보험연합도 지역 집행기구로 전환되어야 한다고 권고하였다. 이러한 제안은 소득보장정책과 적극적 노동시장정책의 긴밀한 연계를 가능하게 하며, 나아가 복지급여와 직업훈련 및 구직활동을 모두 통합한 일괄적 지원체계의 정립을 촉진하는 것이었다.

특별청문위원회의 결론은 정치권과 국민들의 광범위한 지지를 받으며 네덜란드 사회보장 관리운영체계의 근본적 변화를 이끌었다. 뒤이은 선거로 새롭게 구성된 '보라색(*purple*) 연립 내각'은 특별위원회의 제안을 대부분 수용하였다. 1995년에 사회보장위원회는 두 개의 새로운 기구로 대체되었다. 사회보장위원회의 권한은 관리이사회(CTSV)에게 위임되었는데, 이사회는 정부가 임명한 3명의 독립적인 위원들로 구성되었다. 또한 사회보장위원회가 담당했던 조정 기능은 1997년에 개정된 〈사회보장조직에 관한 법률〉에 의해 신설된 국립노동보험기구(Lisv)로 이관되었다. 국립노동보험기구는 고용주 대표, 노조 대표 및 이들과는 독립적인 위원들로 구성되며 의장은 정부가 임명하였다. 산업보험연합은 정부대행기구로서 공공기관의 성격을 가진 종속적 지위의 기구로 바뀌었다.

2000년대 이후로도 관리운영체계 개혁은 계속되었다. 개혁의 핵심은 사회보장정책에서의 '국가 중심주의'를 강화하는 것이었다. 2002년에 피용자보험공단(Uitvoeringsinstituut Werknemersverzekeringen: UWV)이라는 단일기구가 노동보험 영역의 사회보장정책 집행기구를 통합하면서 출범하였다. 2009년에는 지역의 고용센터(WERKbedrijf)가 피용자보험공단에 통합되었다. 동시에 공공부조 영역에서 근로연계복지의 성격을 강화하는 제도(WWB, 근로사회부조법)를 도입하여 지역의 고용센터와 지방정부의 사회복지 담당부서 간의 연계를 강화하였다. 2011년, 국민보험과 노동보험 및 공공부조 영역의 개별 관리·감독기구를 통합하여 단일 관리·감독기구(Inspectorate SZW)를 조직하였다.

결론적으로 최근 네덜란드의 사회보장 관리운영체계 개혁은 조직의 효율성을 제고하는 한편, 조직을 통합함으로써 제도 운영의 통합성을 촉진하기 위한 것이라 할 수 있다.

2. 사회보장 관리체계의 현황과 내용

1) 사회보장 관리체계 개요

네덜란드 사회보장 관리체계는 사회보장제도와 동일하게 국민보험, 노동보험 공공부조라는 3개의 영역으로 구성된다. 사회보장정책을 총괄해 관리・운영을 담당하는 정부기관은 사회고용부(Ministerie van Sociale Zaken en Werkgelegenheid: SZW)다. 2011년까지는 가족수당(AKW)과 아동부조(KGB) 업무를 담당하는 청년가족부(Ministry of youth and family)가 사회고용부와는 별도로 존립했다. 그러나 2012년에 들어서면서 청년가족부와 사회고용부가 통합되고, 사회복지 업무는 사회고용부로 일원화하였다. 한편 상병보험, 장기요양 등 의료보장의 운영은 보건복지체육부(Ministerie van Volksgezondheid, Welzijn en Sport: VWS)가 담당한다.

관리・운영을 맡는 정부기관과는 별도로, 사회보장체계의 영역별로 집행을 담당하는 기관이 있다. 국민보험제도에는 노령연금(AOW), 유족연금(ANW), 가족수당(AKW), 아동부조(KGB) 등이 있으며, 이 중 노령연금, 유족연금, 가족수당은 사회보험은행이, 아동부조는 국세청이 집행을 담당한다. 노동보험제도에는 상병수당(ZW), 출산급여(WAZO, 현금), 장애급여(WIA, WAO, Wajong), 실업급여(WW), 그리고 부가급여(TW) 등이 있으며, 이들의 집행 업무는 피용자보험공단이 맡고 있다. 공공부조 영역은 사회부조(WWB, WIJ)와 특정계층을 위한 최저소득보장제도(IOAW,

〈그림 2-1〉 2011년 네덜란드 사회보장 관리운영체계

〈그림 2-2〉 2015년 네덜란드 사회보장 관리운영체계

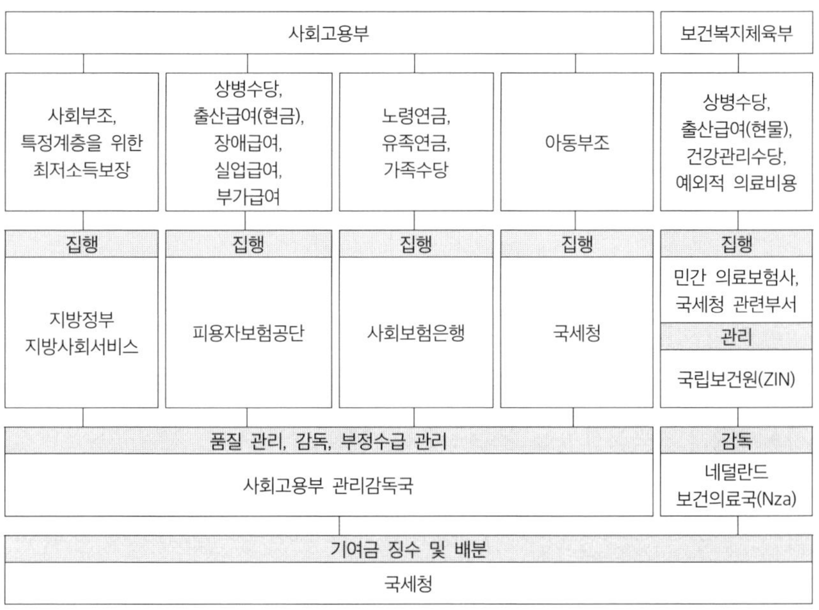

IOAZ)가 있으며, 집행은 지방정부의 사회보장 담당부서와 지역의 고용센터가 담당한다. 의료보장의 경우 상병보험, 출산급여(현물), 장기요양(Wlz), 건강관리수당(Wzt) 등의 제도가 있으며, 이 중에서 진료, 요양, 돌봄 등의 현물급여는 민간 의료보험회사들이, 그리고 현금수당지급은 국세청의 관련부서가 담당한다.

네덜란드의 사회보장제도를 총괄하는 사회고용부는 노동 관련 업무와 함께, 각종 급여 및 노동시장 재진입을 위한 재활 제공, 소득보장, 일과 양육의 조화 그리고 노동 조건 등과 관련된 관리・감독을 수행한다. 사회고용부의 조직구조는 장관 산하에 차관 및 3개의 국으로 구성되며, 2012년 이후 별다른 변화 없이 현재까지 유지되어 왔다. 또한 대내외 의사소통, 예산, 입법 업무를 각각 담당하는 장관 직속 3개의 과가 있으며, 차관 산하에는 운영지원 및 자문・보좌 담당 부서, 급여지급 집행 업무와 RSO(*Rijksschoonmaakorganisatie*, 시설관리)를 담당하는 부서를 각각 두고 있다. 사회보장・통합국은 〈근로사회부조법〉(WWB) 및 〈노령 및 부분장애 실업근로자를 위한 소득보조법〉(IOAW), 〈노령 및 부분장애 실업자영자를 위한 소득보조법〉(IOAZ) 등과 관련된 공공부조 업무 그리고 국민보험 업무를 담당한다. 고용국은 상병수당, 장애급여, 보충급여 등의 노동보험 영역 사회보장제도와 관련한 업무를 맡는다.

사회고용부의 조직에서 가장 두드러진 특징을 갖는 것은 관리감독국이다. 관리감독국은 2012년 1월에 근로소득감독기구(IWI), 공공부조감독기구와 사회고용부 내 관리감독부서를 통합한 조직이다. 이전에 별도의 독립기관 및 각 영역별로 분산되어 있던 관리감독 기능을 통합함으로써 정부의 사회보장제도 관리감독을 강화하려 한 개혁의 산물이다. 관리감독국의 업무는 크게 3가지로 구분할 수 있는데, 첫째는 근로 조건에 대한 관리감독이다. 관리감독국은 노동시간, 최저임금 등 근로 조건과 관련된 법률 및 규정을 준수하는지 여부를 관리・감독하는 것은 물론, 산업재해 예방을 위

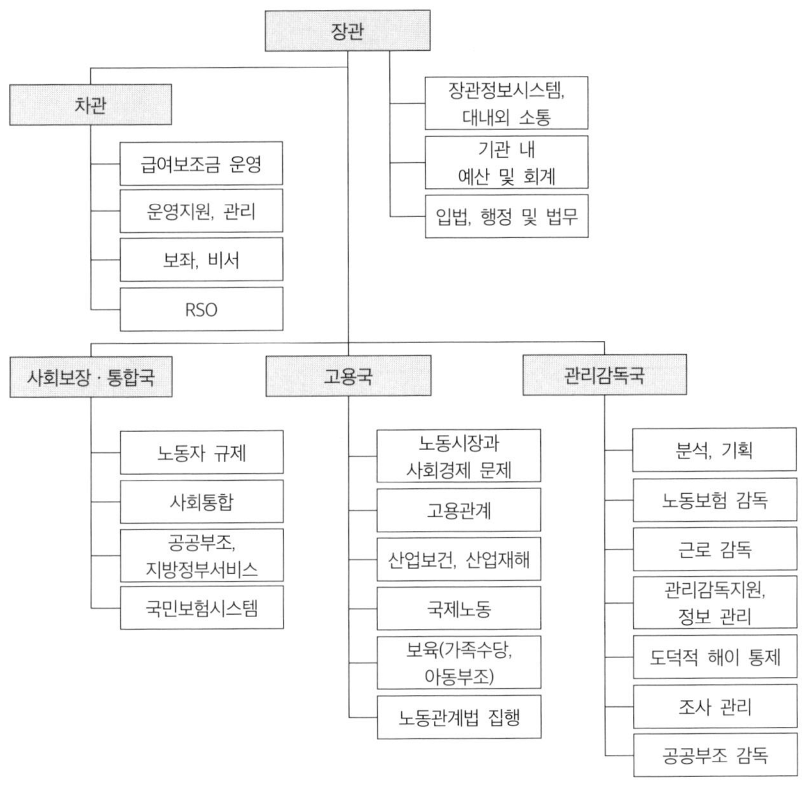

〈그림 2-3〉 사회고용부의 조직구조(2016년)

한 작업장의 안전 관리도 감독한다. 두 번째는 국민보험 및 노동보험 영역의 제도 집행을 담당하는 피용자보험공단과 사회보험은행, 그리고 공공부조를 담당하는 지방정부의 사회복지부서를 감독하는 업무이다. 기관에 대한 관리감독은 준법성 감시뿐 아니라 기관 운영의 효율성을 제고하기 위한 다양한 제도개선 노력을 포함한다. 마지막으로 사회보장급여의 부정수급, 부당청구, 횡령 및 조직적 기만행위 등에 대한 조사 업무이다. 조사 업무는 국가 검찰기관의 지휘하에서 수행되는 것이 일반적이다. 3개 조직을 통합한 관리감독국의 출범은 사회보장과 노동 전 분야에 걸친 준법성 및 제도 운영에 대한 효과적 관리감독을 가능하게 하였다.

또한 직접적으로 제도를 집행하는 기관들의 효율성을 높이고 사회보장 급여와 서비스의 품질을 높이기 위한 다양한 조사·분석을 수행한다. 이러한 노력은 노동시장 참여와 재취업을 촉진하도록 제도를 설계하여 사회보장급여 지출을 절감하는 동시에 전체 국민의 기초소득보장이라는 사회보장제도의 목표를 좀더 효과적으로 달성하려는 것이다.

2) 사회보험은행: 국민보험 영역의 정책집행기구

사회보험은행은 1901년 설립되었으며 본부는 암스테르담 근교의 암스텔베인(Amstelveen)에 있다. 네덜란드 사회보장 관리체계의 핵심기구 중 하나로서 국민보험 영역의 노령연금, 유족연금, 가족수당 등의 집행을 맡은 기관이다. 직원은 약 4천 명으로, 비교적 전문성을 갖추고 숙련된 인력으로 구성되며, 노령연금 340만 명, 가족수당 191만 명 등 약 540만 명의 수급자를 대상으로 급여지급 및 관리 업무를 담당한다.

사회보험은행은 독립적 위상을 가진 기관이며 정부가 임명한 3인의 이사로 구성된 이사회가 기관 운영을 책임진다. 3명의 이사는 이사회의 구성원인 동시에 사회보험은행의 업무를 각각 독립적으로 관장한다. 이사회 의장은 기관의 행정과 전략분야 업무를, 다른 이사 중 한 사람은 급여와 관련된 정보제공서비스와 정보관리 업무를 총괄하며, 또 다른 이사는 재정과 법률 업무를 총괄한다.

이사회 의장이 담당하는 행정 및 전략분야는 회계감사, 홍보, 관리 통제, 인사 및 시설의 관리, 전략, 대외협력 업무와 보충연금보험재단(Supplementary Pension Insurance Foundation: FVP) 운영을 포괄한다. 보충연금보험재단은 40세 이후에 실업상태에 처한 사람들이 노령연금의 수급연령에 도달하였을 때 노령연금을 수급할 수 있도록 지원한다. 한편 정보관리 업무를 맡은 이사는 국민보험 관련 정보제공서비스, 정보체계 관리 및

〈그림 2-4〉 사회보험은행의 조직구조

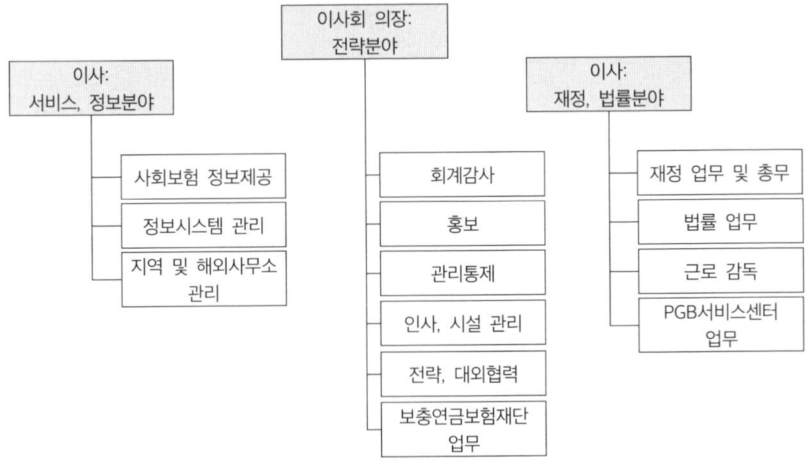

11개의 지역사무소(*kantoor*) 및 해외사무소 관리를 담당한다. 11개 지역사무소 중 9개는 네덜란드 국내에 거주하는 수급자를 대상으로 서비스를 제공하며, 브레다(Breda)와 네이메헨(Nijmegen) 사무소는 각각 벨기에와 독일과 관련된 국민보험 업무를 맡는다. 예를 들어, 독일에 거주하는 네덜란드 노령연금 수급자, 혹은 네덜란드에 거주하는 독일 연금 수급자는 네이메헨 사무소를 통해 서비스를 제공받는 것이다. 이러한 지역사무소 이외에도 앙카라(Ankara, 터키), 라바트(Rabat, 모로코), 마드리드(Madrid, 스페인) 등에 해외사무소가 설치되어 있다. 재정 및 법률 업무를 담당하는 이사의 산하 조직은 재정 및 총무 담당 부서, 법률 담당 부서, 그리고 PGB서비스센터로 구성된다. 그중에서 PGB서비스센터는 예외적 의료비용 보상(Wlz, 이전의 AWBZ)과 만성질병, 정신질환, 장애를 가진 노인들을 위한 사회지원제도(WMO)의 수급자를 대상으로 비용 부담을 완화하고 적절한 요양서비스를 공급하기 위해 자문 및 정책적 지원을 담당한다.

3) 피용자보험공단: 노동보험 영역의 정책집행기구

피용자보험공단은 노동보험 영역 사회보장제도의 집행업무를 담당하는 조직으로 장애급여, 출산·양육급여, 실업급여, 보충급여 그리고 상병급여 등의 제도를 집행한다. 또한 고용지원을 위한 등록 업무, 구인·구직서비스 및 관련 정보를 제공하는 역할도 맡는다. 피용자보험공단은 2002년에 기존의 5개 노동보험 업무대행기관(Cadence, Gak, GUO, SFB, USZO)을 통합한 조직이며, 2009년 1월에는 고용센터(WERKbedrijf)를 추가로 통합하였다. 고용센터와 피용자보험공단의 통합은 지방정부와 사회보장부서 간의 긴밀한 업무연계를 가능하게 하였으며, 또한 피용자보험공단이 공공기관으로 편입되는 계기가 되었다.

피용자보험공단의 업무는 크게 4가지로 구분할 수 있다. 그중 가장 핵심적인 기능은 고용지원이다. 공단은 구직자들이 직업을 구할 수 있도록 체계적으로 지원하며, 특히 장애인이나 만성질환자 등과 같이 노동시장 참여가 비교적 어려운 사람들의 재취업에 초점을 맞춘다. 고용 관련 업무는 주로 네덜란드 전역의 약 100개소 고용센터가 담당한다.

보험공단이 담당하는 또 다른 업무는 상병급여의 지급 및 이와 관련된 보건의료서비스 제공이다. 질병으로 일을 계속할 수 없을 경우에 소득보장을 위한 상병급여를 지급하고, 일정 기간이 경과한 이후에는 수급자가 업무에 복귀할 수 있는지 여부를 판단한다. 질병으로 인해 이전의 직무로 복귀하기 어렵다면 적합한 일자리를 구할 수 있도록 지원을 하며, 필요한 경우 재활서비스를 제공한다.

세 번째로, 피용자보험공단은 노동보험 영역의 사회보장급여를 결정, 지급한다. 급여지급에는 신속성과 정확성을 확보하는 것이 중요하며, 급여신청에 대한 심사를 완료하지 않은 경우에도 우선 급여를 지급하는 것을 원칙으로 한다. 최근 급여청구에 대한 심사가 강화되면서 부당·허위청구

〈그림 2-5〉 피용자보험공단의 조직구조

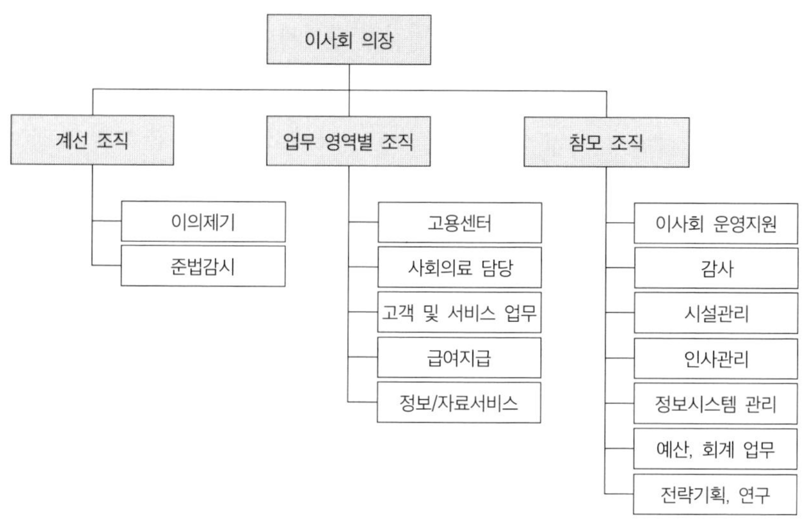

에 따른 급여 재산정을 강조하는 추세이다.

마지막으로 협회가 담당하는 업무로는 정보의 수집과 제공이 있다. 노동보험 가입자와 수급자의 고용, 임금 및 급여에 관련된 정보를 수집, 관리 및 제공하는 것이다. 고용 및 급여 관련 서비스가 온라인화되면서 정보의 축적, 제공의 중요성이 커지고 있다. 기업주 및 구직자에게는 고용 관련 정보를, 정부에게는 급여 관련 정보를 제공하며, 축적된 정보를 분석함으로써 더 철저한 급여 관리가 가능하도록 역량을 집중하는 상황이다.

피용자보험공단은 정부(사회고용부)가 임명한 3명의 이사가 운영책임을 맡는다. 이사회 구성 원리는 사회보험은행과 동일하며, 이는 1990년대 중반 이후 시행된 사회보장 관리체계 개혁의 결과이다. 보험공단의 조직구조는 업무 영역별 조직(*divisions*), 계선 조직(*line management*) 그리고 참모 조직(*staff management*) 등 3부분으로 구성된다.

참모 조직은 공단의 운영을 위한 부서로 이사회 운영지원, 감사, 시설관리, 인사관리, 정보시스템 관리, 예산·회계 및 전략기획·연구를 맡는 부서들로 구성된다. 계선 조직은 수급자 및 기업이 제기하는 이의를 수리하거나 재심을 담당하는 부서 및 준법감시 부서가 있다. 피용자보험공단의 구성에서 가장 핵심적인 조직은 업무 영역별 조직으로 고용센터, 사회적-의료담당(Social-Medical Affairs) 및 고객·서비스, 급여지급 그리고 정보서비스를 담당하는 부서 등 5개 조직으로 구성된다.

2002년의 노동보험 대행기구 통합 이후 2003~2008년 동안 공단은 약 8천 명의 직원을 감축하였으나, 2009년 고용센터와 통합하며 직원 수가 다시 증가하였다. 2011년에는 2015년까지 19,529명의 직원 중 약 5천 명을 감축할 예정이었으나 2016년 직원 수는 총 19,437명으로, 전체 규모에 큰 변화는 없었다.

3. 맺음말: 사회보장 관리체계의 특징

네덜란드 사회보장 관리체계의 구조는 비교적 단순하며 기관의 수도 적다. 그러나 20세기 초 사회보장제도 발달 초기단계에는 분산적, 이원적 구조가 형성되어 약 90년 동안 지속되었다. 제2차 세계대전 이후 중앙정부 차원의 통합적 사회보장 관리체계를 구축하기 위한 노력이 있었으나 좌절되었고, 네덜란드 특유의 조합주의에 의해 분산적, 이원적 관리운영체계가 오히려 강화되었다. 이후 복지국가의 위기를 경험하면서 사회보장급여 감축을 위한 노력을 경주하며 관리운영체계에 효율성을 제고하고 책임과 권한을 명확히 하는 것이 중요함을 인식하였고, 이는 사회보장 관리체계의 근본적 개혁을 촉발하는 계기가 되었다. 1990년대 중반 이후, 사회보장 관리체계는 관련단체와 이익집단의 권한을 축소하고 정부가 주도하는 방향으로 재편되었으며, 분산적인 구조 또한 지속적인 조직 통합을 통해 해소되었다. 특히 노동보험과 관련된 집행기구 통합은 주목할 만한 변화이다.

이러한 맥락에서 네덜란드 사회보장 관리체계 개혁의 가장 두드러진 특징은 사회보장의 각 영역별로 단순화된 구조와 명확한 역할 분담이다. 사회보장제도 전체를 총괄하는 정부기관은 사회고용부로 단일화되었고, 국민보험은 사회보험은행, 노동보험은 피용자보험공단 그리고 공공부조는 지방정부가 집행을 담당한다.

네덜란드 사회보장 관리체계의 두 번째 특징은 정책 및 제도 운영에 대한 관리감독기구의 강화된 통합과 역할이다. 2012년 1월에 기존의 노동감독기관, 공공부조 관리감독기구 그리고 사회고용부 관리감독 부서를 통합하여 사회보장 전체를 감독하는 기구가 사회고용부 내부 조직으로서 출범하였는데, 이는 정부의 권한과 책임을 강화한 것으로도 이해할 수 있다.

세 번째 특징은 집행기관 사이의 수평적 연계가 강화되었다는 점이다. 공공부조(WWB, WIJ, IOAW, IOAZ) 급여는 피용자보험공단 고용센터에서 신청하되, 신청자는 이와 함께 구직자 등록도 해야 한다. 고용센터는 공공부조급여 신청서를 지방정부에 이관하고, 지방정부는 심사를 통하여 수급 여부를 결정한다. 이때 사회보장급여와 고용지원서비스는 통합적으로 제공되며, 고용센터와 지방정부 간 업무연계가 긴밀히 이루어진다.

■ 참고문헌

국내 문헌

한국보건사회연구원(2012). 《주요국의 사회보장제도: 네덜란드》.

해외 문헌

European Commission, Directorate-General for Employment, Social Affairs and Equal Opportunities(2009). *MISSOC: Mutual Information System on Social*

Protection in the Member States, the European Economic Area and Switzerland. Manuscript completed in September 2009.

______ (2012). *Organisation of Social Protection Charts and Descriptions.* Situation on 1 July 2011.

Ministry of Social Affairs and Employment (SZW) (2010). *A Short Survey of Social Security in the Netherlands.* Overview on 1 January 2010.

______ (2014). *State of Affairs of Social Security.* January 2014.

Sociale Verzekeringsbank (2008). *The Dutch State Pension: Past, Present and Future.* Amstelveen: SVB.

Visser, J., & Hemerijck, A. (1997). *A Dutch Miracle: Job Growth, Welfare Reform and Corporatism in the Netherlands.* Amsterdam: Amsterdam University Press.

기타 자료

네덜란드 고용센터 홈페이지. https://www.werk.nl/werk_nl/werknemer/home.

네덜란드 사회고용부 홈페이지. http://www.rijksoverheid.nl/ministerie-van-sociale-zaken-en-werkgelegenheid.

네덜란드 사회고용부 관리감독국 홈페이지. http://www.inspectieszw.nl.

네덜란드 사회보험은행 홈페이지. http://www.svb.nl.

네덜란드 피용자보험공단 홈페이지. http://www.uwv.nl.

03 경제여건과 소득분배구조

1. 머리말

네덜란드는 1970~1980년대 초에 걸쳐 마이너스 경제성장, 극심한 실업률(최대 13%), GDP의 60%에 달하는 정부의 방만한 재정지출과 그에 따른 막대한 재정적자 그리고 사회보장제도의 운영과 그에 따른 높은 복지 의존성 등으로 이른바 '네덜란드병'이라는 이름을 얻을 정도의 심각한 경제위기에 직면하였다. 특히 복지확충에 따른 재정지출 증가, 임금 및 물가상승, 실업률 증가 및 경제성장 저하, 복지 및 국가재정의 악화 등으로 이어지는 악순환을 경험하고 있었다. 그런데 이러한 어려움을 겪던 나라가 1990년대 이래로 탄탄한 경제성장, 고용의 기적, 국가재정의 안정 등을 달성함으로써 '네덜란드의 기적'을 성취하며 세계적으로 부러움의 대상이 되었다(주OECD대표부, 2006).

미국발 글로벌 경제위기 여파가 한창이었던 2009년 7월에 네덜란드의 실업률은 유럽 국가 중에서 가장 낮았다. 우리나라의 실업률 3.8%과 비교해도 0.4%p가 적은 3.4%에 그쳐 거의 완전고용 수준에 도달하여 있었다. 특히 미국에서 시작된 금융위기의 한파가 한창 몰아쳤던 2009년에 그 정도의 실업률을 기록했다는 것은 놀라운 사실이다. 당시 OECD 평균 실업률이 8.3%였다는 점을 감안하면 더욱 놀랍다. 당시 네덜란드의 고용률은 75.8%로 한층 더 경이로운 수준을 자랑하였다. 이는 OECD 평균보다 거의 9%p 더 높은 수준이었기 때문이다.

네덜란드는 경제성장률에서도 유럽 국가 중 가장 선두이며, 최근 20년간 거의 지속적인 성장세를 기록하였다. 정부의 재정적자가 낮은 국가로도 손에 꼽히는데, 유럽 경제통합 당시에도 EU의 경제통합 기준 중 정부재정적자 기준(GDP의 3%)과 국가부채 기준(GDP의 60%)을 가장 먼저 충족한 국가였다. 네덜란드가 1970~1980년대에 '네덜란드병'에서 벗어나 1990년대 이후로 '네덜란드의 기적'을 구가하며 명성을 얻게 된 것은 단순한 행운이 아니었다. 이는 과감한 노동시장 개혁 및 복지 개혁, 정부재정 축소, 미래 경쟁력 확보를 위한 투자 등 뼈아픈 노력을 기울인 결과였다.

이 장에서는 먼저 네덜란드 경제의 특징을 간략하게 살펴보고, 네덜란드 경제의 기적적 회생과정을 정책 및 역사적 관점에서 정리할 것이다. 나아가 그 과정에서 정부재정이 어떻게 변화되었는지 정리하고, 네덜란드에게 남은 과제가 무엇인지 언급하면서 장을 마무리하고자 한다.

2. 네덜란드 경제의 특징

1) 경제 일반

네덜란드는 '작지만 강한 나라'로 불린다. 네덜란드의 물리적 영토는 작은 편으로, 국토 면적은 대한민국의 40% 수준, 인구는 3분의 1 수준(2016년 기준 1,698만 명)인 소국인 것이다. 하지만 국제적, 경제적 지위로 볼 때는 결코 무시할 수 없는 강국이다. 또한 과거 베네룩스 삼국의 경제통합 경험으로 유럽통합의 선구주자이자 가장 강력한 지지자이기도 하다.

2016년 네덜란드의 GDP는 7,026억 유로로, 1인당 GDP는 46,295달러(2010년 불변가격 기준)를 기록하여 최고 부국 중 하나임을 재확인하였다. 실질GDP 증가율에서도, 2012년과 2013년에는 마이너스의 성장률을 보였으나 2014년과 2015년에는 각각 1.42%, 1.95%의 성장세를 나타내었다. 실업률은 약 7%, 빈곤율은 EU에서 가장 낮은 수준인 8.4%이다.

또한 국제무역이 GDP에서 차지하는 비중이 150%가 넘을 정도로 매우 개방적인 국가이다. 그러나 그만큼 경제 상황이 대외경제에 민감하게 반응하는 구조이다. 네덜란드는 해안을 접한 지리적 위치를 이용하여 동인도회사 등을 통해 일찍부터 세계무대에 진출하였으며, 근대에는 유럽 내륙과 다른 대륙을 잇는 해상무역, 오늘날에는 가공 및 중개무역을 통해 발전하여 왔다.

2) 주요 특징

오늘날 네덜란드의 경제는 고도의 개방경제, 효율적인 산업구조, 신뢰와 타협의 노사문화 등을 바탕으로 안정적인 성장과 번영을 구가하고 있다. 먼저, 네덜란드 경제는 우리나라처럼 대외무역에 크게 의존적이다. 총교역량(수입+수출)이 GDP를 훨씬 넘어설 정도로 대외무역이 경제성장의 원동력이다. 물론 이것이 가능한 것은 높은 국가경쟁력 덕분이다. 기업에 대한 정부의 규제가 강하지 않은 것에 더하여, 안정적인 노사관계와 임금 수준, 질적으로 우수한 인적자원 등이 네덜란드 국가경쟁력의 원천이 된다. 이를 통해 높은 경상수지 흑자(약 500억 달러)를 유지할 수 있는 것이다. 또한 네덜란드는 지리적으로도 교통 및 물류의 요충지이며, EU 국가 중 최고의 경제 대국인 독일을 핵심적인 무역파트너로 두었다.

효율적인 산업구조도 네덜란드 경제의 안정적인 성장을 위한 중요한 기틀이다. 2014년에는 서비스 산업(금융, 도소매 등)이 전체 경제의 77.0%, 제조업이 21.2%, 농업이 1.8%를 각각 차지하였다(OECD, 2016). 일찍부터 중개무역이 발달하였으니만큼, 도소매업과 물류업, 나아가 대규모 다국적 기업을 통한 금융서비스업(대표적으로 ING, AMRO) 등의 서비스 산업이 크게 발달하였다. 제조업에서도 식품가공, 화학, 석유정제, 전기기계, 조선업 등에 있어 높은 국제경쟁력을 갖추었다. 특히 화학 및 석유정제 산업은 다른 선진국에서는 사양 산업이지만 네덜란드에서는 높은 친환경기술 등을 바탕으로 세계 최고 수준의 경쟁력을 자랑하는 산업으로 자리 잡고 있다. 아울러 네덜란드의 농업 국제경쟁력 또한 대단하다. 전체 노동인구의 약 2%만 농업에 종사하지만, 농산물 무역을 통해 벌어들이는 흑자는 엄청난 규모이다. 이에 더하여 네덜란드 경상수지 흑자에 큰 기여를 하는 것 중 하나가 1960년대에 발견된 북해산 천연가스이다. 북해의 천연가스는 세계 9위 매장량을 자랑하는데, 생산량의 3분의 2는 국내에서 소비되고 나머지는 수출되어 외화 획득에 큰 보탬이 된다.

신뢰에 기반을 둔 노사 간 타협의 문화는 네덜란드가 경제위기에 처할 때마다 이를 극복하는 데에 결정적인 역할을 해 왔다. 네덜란드는 원래부터 신용과 신뢰를 바탕으로 형성된 튼튼한 시민의식과 신용이 사회의 토대를 이룬 나라이다. 시민 상호 간의 믿음 및 노사정 사이의 신뢰가 임금삭감, 구조조정 등의 고통 분담을 쉽게 받아들이는 기반이 되는 것이다. 이는 다시 주기적인 경제위기를 극복할 수 있는 토대가 되어 주었으며, 오늘날 네덜란드가 세계적인 경쟁력을 가지고 세계 7위 규모의 해외투자(2009년 기준 6,610억 달러)를 끌어들이는 든든한 배경이 되었다. 이러한 네덜란드의 안정적 노사문화는 흔히 폴더모델(*polder model*) 및 튤립모델(폴더는 간척지라는 뜻이며, 튤립과 함께 네덜란드를 상징한다)로 불리며 우리나라를 비롯한 많은 다른 국가들이 닮고 싶은 노사협력모델이 되고 있다.

3) 최근의 경제 동향

네덜란드는 유럽 국가 중 비교적 높은 성장률을 보여 왔다. 그러나 2008년 미국발 금융위기 및 2010년 EU 국가의 부채위기 등으로 수출증가율이 둔화되면서 성장률이 저하하고 실업률도 증가하는 추세이다. 2008년의 금융위기 이후 네덜란드의 실질 GDP 증가율은 감소하였고, 그 결과 2008년 위기 당시와 2012년, 2013년에는 마이너스의 성장률을 기록하기도 하였다(〈표 3-1〉 참조).

〈그림 3-1〉에서 보듯이 2008년 이후 네덜란드의 경제 성장세가 다소 주춤하기는 하였으나 최근 다시 성장세를 이어가는 중이다. 2015년 기준 1인당 GDP는 OECD 국가 중 6위에 이르렀다. OECD 국가 중에 네덜란드보

〈표 3-1〉 네덜란드의 주요 거시경제지표

(단위: USD, %)

연도	1인당 GDP (USD)	실질 성장률	산업 비중			수출/GDP	수입/GDP	소비자 물가 상승률	물가 수준*	구매력 평가**	장기 이자율
			농업	제조업	서비스업						
1980	10,648	3.25	3.7	-	-	50.8	49.6	6.5	-	1.15	10.21
1985	14,181	2.58	4.0	-	-	60.3	54.8	2.3	-	1.04	7.33
1990	18,905	4.18	4.3	-	-	54.8	49.8	2.5	-	0.92	8.92
1995	23,094	3.12	3.4	-	-	57.6	50.8	1.9	-	0.91	6.90
2000	31,580	4.24	2.5	19.3	78.2	66.5	60.0	2.4	88.0	0.89	5.40
2005	37,272	2.16	2.0	18.5	79.5	66.6	57.9	1.7	109.0	0.90	3.37
2010	44,595	1.40	1.9	16.8	81.3	72.0	63.6	1.3	110.0	0.85	2.99
2011	46,067	1.66	1.7	17.2	81.2	77.4	68.8	2.3	111.0	0.84	2.99
2012	46,716	-1.06	1.8	17.4	80.9	81.9	72.3	2.5	104.0	0.82	1.93
2013	48,723	-0.19	1.9	16.9	81.2	82.0	71.3	2.5	107.0	0.80	1.96
2014	49,061	1.42	1.8	15.9	82.2	82.6	71.7	1.0	109.0	0.80	1.45
2015	49,610	1.95	1.8	15.4	82.8	82.5	71.7	0.6	101.0	0.81	0.69

* 물가수준은 OECD를 100으로 두었을 때의 수치.
** 구매력 평가는 미 달러화(USD) 대비 수치.
자료: OECD Stat. 2017.12.28. 인출.

〈그림 3-1〉 주요 OECD 국가의 1인당 GDP 변화 추이

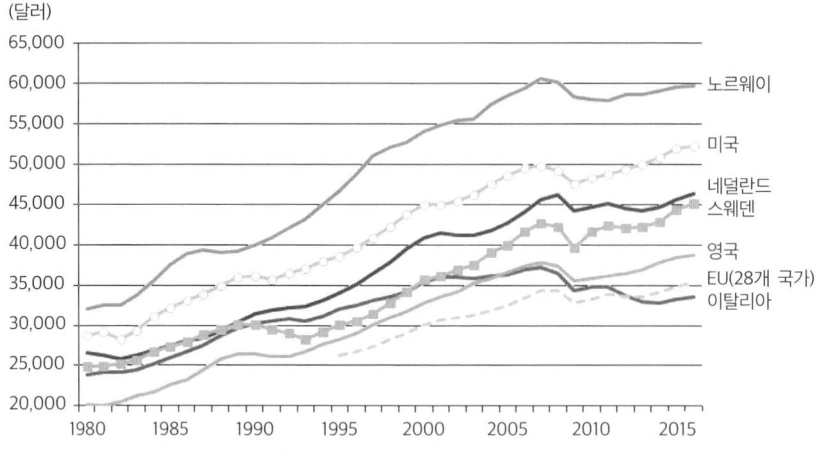

자료: OECD Stat. 2017.12.28. 인출.

〈그림 3-2〉 주요 OECD 국가의 시기별 평균 경제성장률

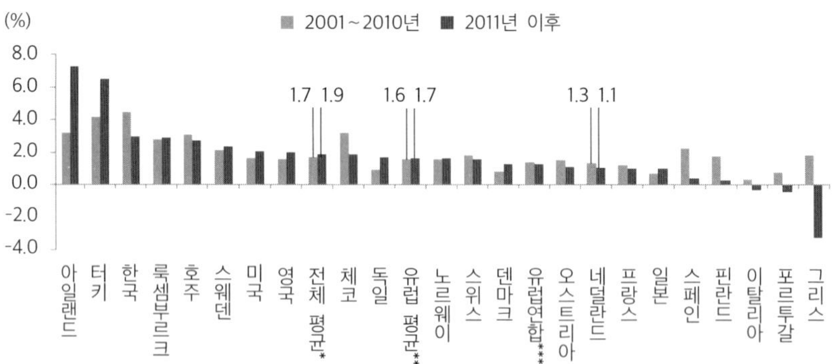

* OECD 국가 전체의 평균치.

** OECD 국가 중 유럽 국가의 평균치.

*** 유럽연합(EU) 28개 국가의 평균치.

자료: OECD Stat. 2017.12.28. 인출.

다 일인당 국민소득이 높은 국가는 룩셈부르크, 아일랜드, 노르웨이, 스위스, 미국(높은 순) 등이다.

네덜란드의 2011년 이후 경제성장률 평균은 약 1.1%인데, 이는 OECD 전체 평균인 1.9%는 물론, OECD 내 유럽 국가 평균 경제성장률 1.7%에 비하여서도 0.6%p 낮은 값이다.

4) 고용

경제위기는 고용에도 영향을 미쳤다. 〈표 3-2〉에서 보듯이 2000년의 실업률은 2.9%에 불과하여 거의 완전고용 수준의 실업률을 기록하였다. 그러나 그 이후로 지속적으로 실업률이 증가하였고, 2011년 이후에는 5.0%를 넘어섰다. 2014년에는 실업률이 7.4%까지 높아졌다. 최근 들어 실업률의 증가와 함께 장기실업률도 악화되는 양상이다. 2010년 장기실업률은 27.6%로 예외적으로 낮아지기도 하였으나 이후 다시 상승하였고, 최근 들어서는 40%를 넘어섰다.

이와 같이 실업률이 상승하였으나 고용률과 실업률 모두 OECD 국가들이나 EU 국가들에 비해 양호한 편이라고 할 수 있다. 〈그림 3-3〉에서 보듯이 OECD 국가의 고용률이 거의 정체되어 있음에도 불구하고, 네덜란드의 고용률은 1990년대 이후 장기적으로는 상승 추이를 보여 준다. 2008년 경제위기를 거치면서도 네덜란드의 고용은 다른 국가에 비해 양호한 상황이었다고 할 수 있다.

장기적인 관점에서 보면 2000년대 초반 네덜란드의 실업률은 그 이전 시기에 비해 크게 낮아진 상태였다. 2000년대 중반에, 그리고 최근 수년간 실업률이 다시 높아지기는 하였으나 이러한 경향은 유럽의 전반적인 추세를 따른 것이다. 다른 유럽 국가의 평균적 실업률에 비해 네덜란드의 실업률은 약 5%p 낮은 수준이었으나 최근에 들어 그 격차는 줄어들었다.

네덜란드의 고용 상황에서 한 가지 특징적인 점은 시간제(*part-time*) 근로자의 비중이 매우 높다는 것이다. 〈그림 3-5〉는 2015년 기준 각 나라의 시간제 근로자 비율을 비교한 것이다. 시간제에 대한 정의는 각 나라의 노동시장별로 다를 수 있기 때문에, 이 그림에서는 공통된 정의를 적용하여 주 30시간 미만 일하는 근로자를 일괄적으로 시간제 근로자로 정의하였다.

〈표 3-2〉 네덜란드의 주요 고용지표

(단위: %)

구분		2000	2005	2010	2011	2012	2013	2014	2015
실업률	남성	2.3	4.4	4.4	4.6	5.5	7.2	7.1	6.5
	여성	3.8	5.1	4.5	5.4	6.2	7.3	7.7	7.3
	전체	2.9	4.7	4.5	5.0	5.8	7.2	7.4	6.9
장기실업률		-	40.2	27.6	33.2	33.5	35.6	39.9	43.6
고용률	남성	82.1	79.9	80.0	79.4	79.3	78.2	78.2	79.0
	여성	63.5	66.4	69.3	68.9	69.4	69.0	68.1	69.2
	전체	73.0	73.2	74.7	74.2	74.4	73.6	73.1	74.2
시간제 비중		32.1	35.6	37.1	37.0	37.6	38.5	38.3	38.5
자영업 비중		11.2	12.4	15.0	15.2	15.4	16.1	16.6	16.8

자료: OECD Stat. 2017.12.28. 인출.

〈그림 3-3〉 네덜란드의 고용률 변화

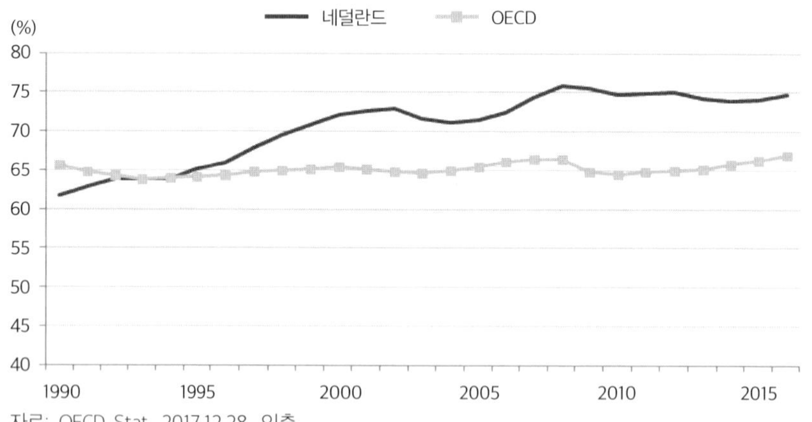

자료: OECD Stat. 2017.12.28. 인출.

네덜란드의 시간제 근로자 비율은 38.5%로 OECD 국가 평균인 16.8%에 비해 2배 이상이며, 2위인 스위스의 27.0%에 비해서도 10%p 이상 높은 수준이다. 이러한 차이는 장기적으로 지속되어 온 현상이다.

이와 같이 네덜란드의 시간제 근로자 비중이 높은 것은 1980년대 경제위기를 거치면서 노사 간에 체결한 바세나르 협약(Wassenaar Accord)의 결과

〈그림 3-4〉 네덜란드의 실업률 변화

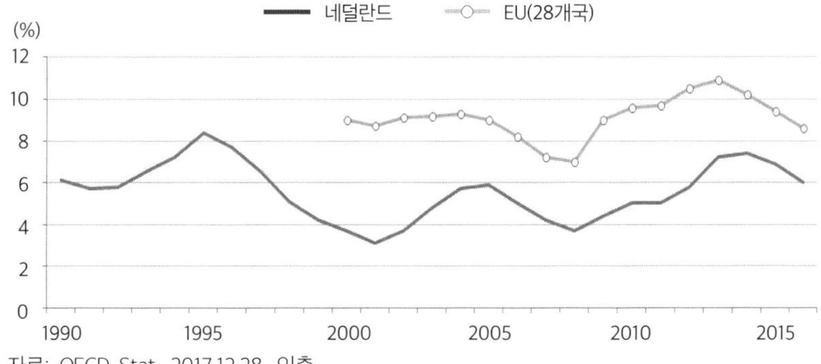

자료: OECD Stat. 2017.12.28. 인출.

〈그림 3-5〉 OECD 국가의 시간제 근로자 비율(2015년)

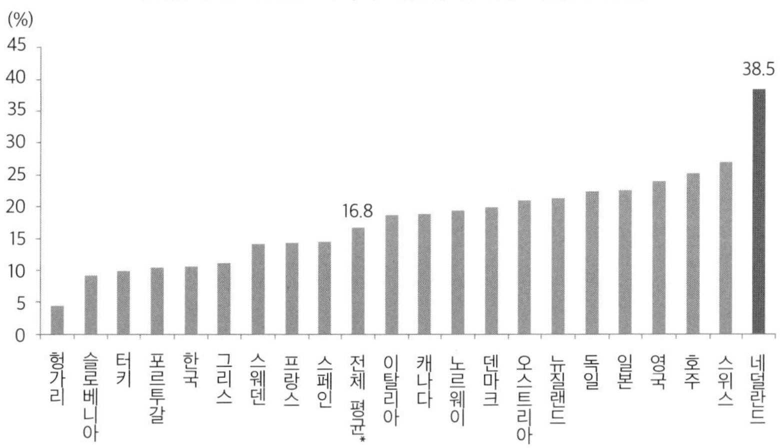

* OECD 국가 전체의 평균치.

자료: OECD Stat. 2017.12.28. 인출.

와 연관이 깊다.[1] 노사는 이 협약을 통해 임금인상을 억제하는 대신 근로시간을 단축하는 데에 합의하였다. 시간제 일자리의 확대는 여성의 경제활동 참가를 용이하게 하는 중요한 방법이기도 했다. 시간제 근로자 비율이 높으면서도 전일제와 시간제 간의 시간당 임금 불평등은 거의 없으므로, 시간제 근로 확산이 시간당 임금의 불평등에 미치는 효과는 크지 않다.[2]

3. 소득분배

1) 소득분배 현황

이 장의 3에서는 주로 OECD가 공개한 자료를 중심으로 네덜란드의 소득분배 현황을 간략히 살펴보고자 한다. 네덜란드는 1980년대 초반부터 주기적으로 소득분배 상태를 알 수 있는 주요 지표 관련 자료를 제공해 왔다. 〈그림 3-6〉은 1990년대 이후 네덜란드의 주요 소득불평등지표 추이를 보여 준다. 대표적 불평등 지표인 지니계수를 보면, 2015년에 시장소득으로 측정한 지니계수는 0.457, 가처분소득으로 측정한 지니계수는 0.303이었다. 가처분소득 지니계수는 같은 해의 한국(0.295)보다 높은 편이며 비슷한 시기의 프랑스(0.295, 2015년)나 독일(0.289, 2014년)에 비해서도 높은 편이다. 영국(0.360)이나 미국(0.390)보다는 낮은 수치이다.

상위 소득계층과 하위 소득계층의 소득 비율을 보여 주는 분위수 배율(P190/P10)은 약 3.4배, 그리고 하위 20%의 소득점유율 대비 상위 20%의 소득점유율의 비율(S80/S20)은 약 4.6배인 것으로 나타난다.

1) 바세나르 협약의 자세한 내용에 대해서는 이 장의 4를 참조하기 바란다.

2) 네덜란드에서 시간제 근로의 확산이 불평등에 미친 영향에 대해서는 김현경 외(2015)를 참조하기 바란다.

〈그림 3-6〉 네덜란드의 소득불평등지표 변화

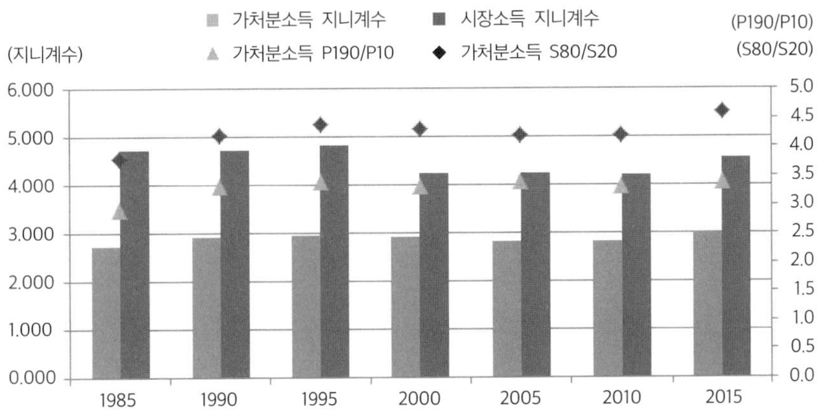

주: 2015년의 소득분배 관련 지표는 새로운 소득정의 방식에 따라 산출.
자료: OECD Stat. 2017.12.28. 인출.

〈그림 3-7〉 유럽 주요 국가의 지니계수(가처분소득) 변화

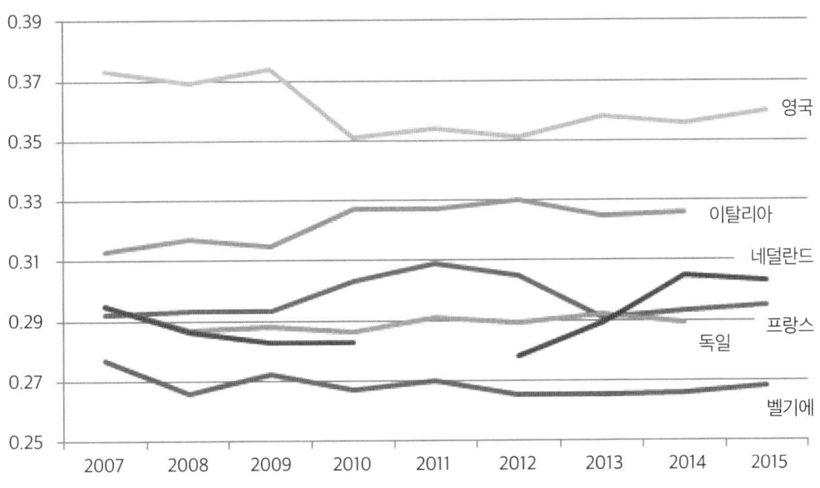

자료: OECD Stat. 2017.12.28. 인출.

소득불평등의 장기적인 변화 추이를 보면 네덜란드의 시장소득 불평등은 1990년대 중반까지 다소 상승하다가 이후 하락하는 추이를 보였으나 최근 들어서는 2010년에 비해 다시 증가한 양상이다. 가처분소득을 이용하여 측정한 불평등 역시 최근 들어 증가한 양상을 보인다. 〈그림 3-7〉에서 보듯이 2012년 이후 네덜란드의 불평등 증가 추이는 다른 유럽 국가에 비해 다소 이례적인 모습이다.

2) 빈곤 현황

중위소득값의 50% 선을 빈곤선으로 설정하였을 경우, 2015년 현재 네덜란드의 빈곤율은 시장소득 기준 26.8%, 가처분소득 기준 7.9%이다. 같은 시점의 한국의 빈곤율(13.8%)과 비교하면 매우 낮은 수준이다. OECD 국

〈그림 3-8〉 네덜란드의 빈곤지표 변화

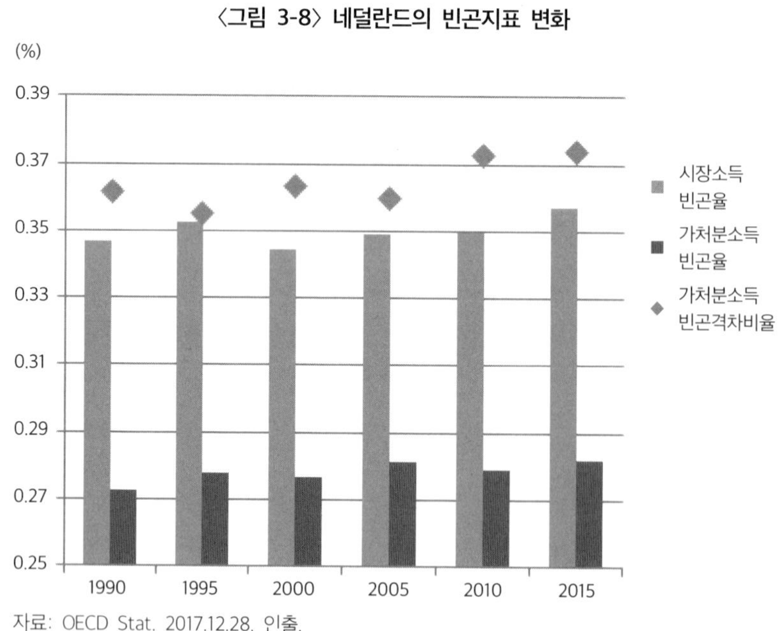

자료: OECD Stat. 2017.12.28. 인출.

가 가운데에서도 최하위권에 속한다. 네덜란드의 아동 및 노인의 빈곤율 역시 OECD 국가들과 비교하여 가장 낮은 수준이다. 18세 미만 아동의 빈곤율은 10.2%, 66세 이상 노인의 빈곤율은 3.7%이다. 한편 빈곤층이 경험하는 빈곤의 심각함을 나타내는 빈곤격차비율(*poverty gap ratio*)은 2015년 현재 약 30.9%인데, 이는 OECD 국가 중에서 중간 정도에 해당되는 수치이다.

비록 네덜란드 빈곤율의 절대적 수준 자체가 낮기는 하지만, 변화 추이를 보면 최근 들어 다소 증가하였음을 알 수 있다(〈그림 3-8〉 참조). 특히 빈곤의 깊이를 나타내는 빈곤격차비율은 2005년 이후 지속적으로 증가하는 양상이다.

3) 재분배정책의 불평등 및 빈곤 완화 효과

전체적으로 네덜란드의 빈곤율이 낮은 이유는 잘 발달된 재분배정책의 영향이 크다. 〈그림 3-8〉에서 볼 수 있듯이 시장소득 빈곤율과 가처분소득 빈곤율 간에 큰 차이가 나타나는데, 이는 1990년대 초부터 지속적으로 드러나는 현상이다.

실제로 재분배정책의 빈곤율 완화 영향력을 OECD 국가 간에 비교하여 보더라도 네덜란드의 재분배정책의 효과성이 상당히 높다는 것을 알 수 있다. 〈그림 3-9〉와 〈그림 3-10〉은 재분배정책이 각각 지니계수와 빈곤율을 얼마나 낮추었는지 국가 간에 비교한 것이다. 비교 시점은 2014~2015년이다.

〈그림 3-9〉에서 볼 수 있듯이, 네덜란드 재분배정책의 소득불평등 완화 효과는 약 33.7%이다. 이는 OECD 전체 국가 중에서는 중간에 다소 못 미치는 수준이지만 한국(13.5%)과 비교한다면 5배 이상의 수치이다.

빈곤율의 경우, 네덜란드 재분배정책의 영향력은 약 70.5%로 추정되는

〈그림 3-9〉 재분배정책의 소득불평등 완화 효과 비교(2014~2015년)

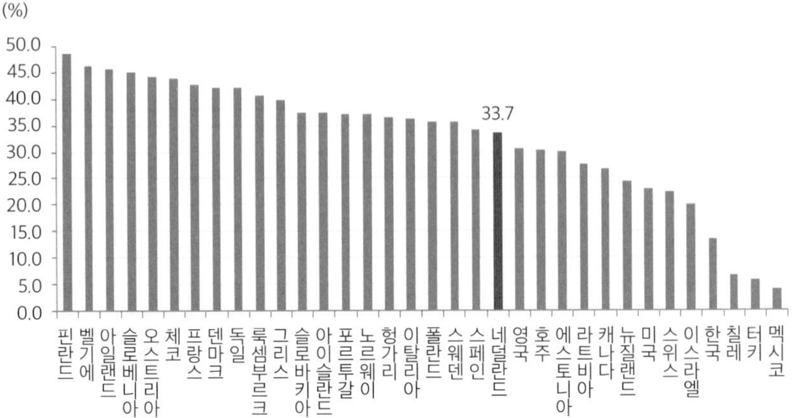

주: 재분배정책의 소득불평등 완화 효과는 아래의 식으로 계산함.
(시장소득 지니계수 - 가처분소득 지니계수) / 시장소득 지니계수 × 100
자료: OECD Stat. 2017.12.28. 인출.

〈그림 3-10〉 재분배정책의 빈곤율 완화 효과 비교(2014~2015년)

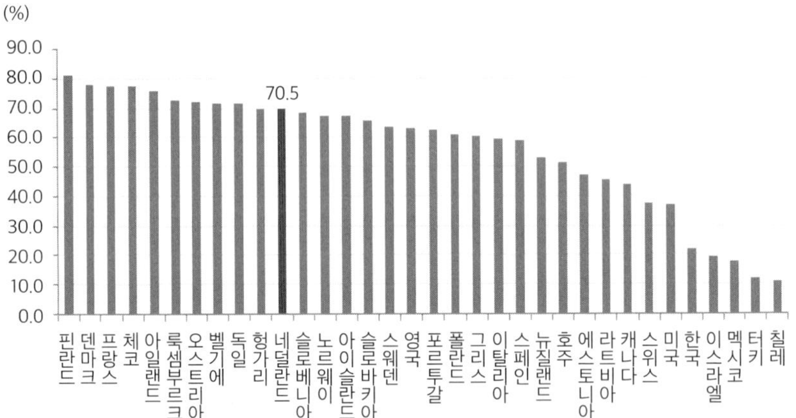

주: 재분배정책의 빈곤율 완화 효과는 아래의 식으로 계산함.
(시장소득 빈곤율 - 가처분소득 빈곤율) / 시장소득 빈곤율 × 100
자료: OECD Stat. 2017.12.28. 인출.

데, 이는 OECD 국가 중에서도 중간 이상의 순위에 이를 수 있는 값이다. 또한 한국(22.0%)에 비해서는 3배 이상의 수치이다. 시장소득을 기준으로 할 때 네덜란드는 비교 대상 OECD 국가 중에 빈곤율이 19번째로 높지만, 가처분소득을 기준으로 하면 30번째가 되면서 크게 하락한다.

4. 경제위기 극복과정에서 사회적 협약의 역사

1) 네덜란드병

인근 연안에서 발견된 대규모 천연가스 자원에 심취한 네덜란드는 1960년대 말부터 1980년대 초반까지 실질임금의 폭발적인 인상과 방만한 재정 운영 및 복지 지출을 지속하였다. 그러나 1970년대 후반부터 석유위기로 거품이 빠지자 1980년대 초에는 고인플레이션을 맞이하였고, 실업률도 평균 10%에 달할 정도로 치솟았다. 이러한 경기침체 속에서 사회보장재정을 포함한 국가재정은 GDP의 12%에 달하는 대규모 적자를 기록하였고, 기업경쟁력 또한 크게 약화되어 마치 치유하기 어려운 병을 앓는 것 같은 상황에 빠지고 말았다.

당시 네덜란드의 이러한 상황은 과도한 복지 확대, 방만한 국가재정 운영, 임금을 둘러싼 팽팽한 노사 간 대립과 그로 인한 노동시장의 경직 등에서 기인했다. 이에 네덜란드는 1980년대 중반부터 사회적 대타협을 통한 노동시장 개혁, 사회보장 축소, 정부재정 건전화 등 일련의 경제 및 복지 개혁을 실시하였다. 그 결과로 경제적 거품이 제거되자 1980년대 후반에는 1인당 실질 국민소득이 오히려 크게 감소하는 등의 고통도 수반되었다(〈그림 3-11〉 참조). 그러나 1990년대 초반부터 경제가 서서히 회복된 네덜란드는 위기를 탈출하여 지금까지 번영을 이어오고 있다.

〈그림 3-11〉 1인당 국민소득의 변화

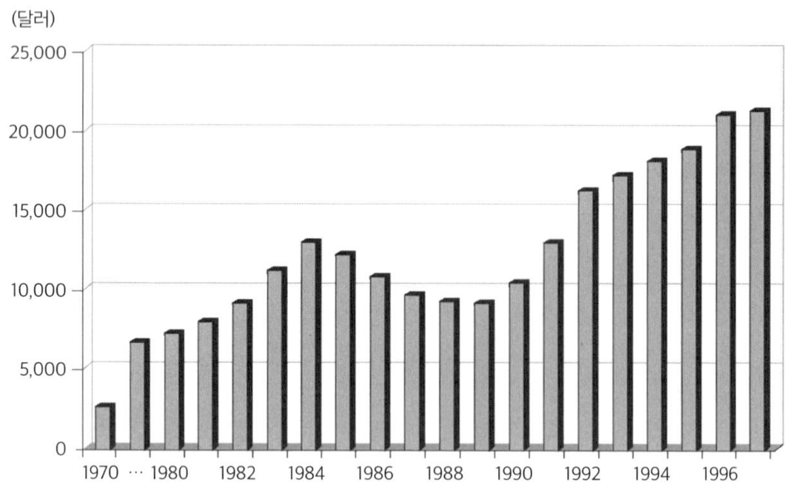

자료: EU 통계청; 한국보건사회연구원(2012)에서 재인용.

2) 사회적 협약의 전개

(1) 바세나르 협약

네덜란드병을 치유하기 위한 첫걸음이 된 것이 바로 1982년 노사정 합의기구에 의해 체결된 바세나르 협약이다. 당시 네덜란드에서는 정부와 노동계가 팽팽하게 맞서 긴장과 대립이 심화된 상황이었다. 이러한 위기 속에서 마침내 노사정이 전통적인 사회파트너십을 함께 발휘함으로써 '대량 실업을 극복하기 위한 임금삭감과 근로시간 단축을 통한 일자리 창출'에 중점을 둔 바세나르 협약이 체결되었다.

이 협약에서 특히 중요한 것은 노동시간 단축을 통한 '일자리 나누기 정책'(*part-time work policies*) 이었다. 근로시간을 줄여 한 사람이 하던 일을 두 사람 이상이 나눠서 하되, 근로시간이 짧은 시간제 노동자를 적극적으로 활용함으로써 고용창출을 극대화하는 전략을 구사한 것이다. 근로시간을 단축시켜 일자리를 나눠 가졌기 때문에 더 많은 일자리를 창출할 수 있었고, 실업 문제를 해결할 길을 얻게 되었던 것이다.

일자리 나누기와 함께 임금삭감 또한 1980년대의 고용 및 경제위기 극복을 위해 시행된 중요한 정책이었다. 바세나르 협약에서 노동조합단체가 근로시간 단축과 함께 임금조절에 동의하면서 임금삭감이 시작되었으며, 그 결과 1996년까지 최저임금은 평균소득 대비 20%까지 삭감되었다. 최저임금의 하향 조정은 이와 연동된 사회보장급여의 축소로 이어졌으며(각종 연금을 비롯한 네덜란드 사회보장급여의 대부분은 최저임금에 연동된다), 근로시간 단축과 함께 사회보험료 부담 및 그에 따른 노동비용이 감축됨에 따라 기업의 투자확대와 성장으로 선순환이 이어졌다(주OECD대표부, 2006).

기업은 해고를 가능한 한 자제하되, 절제된 임금과 탄력적인 근로시간 조정을 통해 고용의 유연성을 유지하면서 적극적인 투자에 힘썼다. 그리고 국가는 시장에서 도태된 근로자에게 적절한 사회안전망을 제공하여 사회적 불안을 최소화하도록 노력하는 한편, 사회보험료 및 세금 등 국민 부담을 낮추는 동시에 국가재정의 건전화를 약속하였다. 이때 최저임금의 삭감과 그에 따른 사회복지지출의 축소는 자연히 국가재정의 안정화에 크게 기여하였다.

종합하면, 바세나르 협약은 임금과 복지지출의 삭감, 노동시간의 유연화를 골자로 한 경제회생정책이었으며, 이는 노사 간, 정부와 이익단체 간 타협과 협력의 산물이었다.

(2) 신노선 협약

바세나르 협약에 기초한 경제 및 복지 개혁의 영향으로 1990년대에 들어서면서 네덜란드의 경제와 고용은 회복되기 시작했다. 그러나 그 정도의 상승세만으로는 새로운 도약을 위하여 충분하지 않은 상황이었다. 때마침 찾아온 세계경기의 회복세와 함께 네덜란드 경제의 회복에 박차를 가할 추가적인 개혁이 요구되었던 것이다. 이러한 맥락에서 1993년, 노사정 합의기구에 의해 신노선 협약(New Course Accord)이 체결되었는데, 이는 바세나르 협약에서 규정한 개혁의 각 내용을 더욱 구체화하고 심화시킨 것이었다(주OECD대표부, 2006).

신노선 협약은 소득보장보다는 일자리보장을 우선으로 하였으며, '노동 없는 복지'의 악순환을 끊기 위한 복지 개혁, 사업주 및 국가의 적극적인 고용정책, 노동시간 단축 활성화를 통한 일자리 나누기, 시간제 근로 장려(국고보조금의 지급 등) 등의 원칙과 정책을 담았다. 복지 개혁과 시간제 노동의 강화를 통해 노동시장 유연성을 더욱 강화하고, 대신 그에 따른 실업 및 빈곤의 증가와 같은 부작용은 적극적 노동시장을 통해 보완한다는 것이 신노선 협약의 골자였던 것이다. 사용자에게 해고의 자유를 주기보다는 노동시장 유연화와 복지 간의 상호 보완을 통해 노동 및 고용 문제를 함께 해결하고자 한 노력과 고민의 산물이라고 볼 수 있다.

특히 이 시기에 접어들면서 사회보장급여가 실질적으로 축소되고, 일부 사회보장제도가 민영화되는 등 복지국가의 재편이 본격적으로 이루어지기 시작했다. 실업급여의 수급 요건이 크게 강화되었고, 일할 수 있는 자는 누구나 근로복귀를 위한 노력을 해야 급여를 지급받을 수 있도록 제도가 변경되었다. 실업급여 수준은 과거소득의 80%에서 70%로 삭감되었으며, 사회부조도 독신 기준으로 최저임금의 70%에서 50%로 축소되었다. 이와 함께 적극적 노동시장정책을 실시하였는데, 특히 일자리를 알선하는 역할을 공공부문에서 분리, 민영화함으로써 서비스의 효율성을 높였다.

이러한 시장친화적 사회보장 개혁은 2000년대 들어서 사회보장 전반에 걸쳐 획기적으로 이루어졌다. 즉, 2006년의 의료보험 민영화, 조기퇴직이나 기업 구조조정의 통로로 이용되었던 상병 및 장애급여의 과감한 민영화, 실업보험급여의 축소 개편, 조기퇴직연금(기업연금)의 세제혜택 폐지 등 사회보장 전반을 대상으로 개혁이 추진된 것이다. 이는 인구고령화 등으로 장기적 지속가능성이 낮고 근로 유인을 저해하는 과도한 복지제도를 혁신함으로써 국가재정을 건실화하고 동시에 미래 경제성장의 동력을 확보하기 위한 조치였다.

(3) 유연-안정성 협약

바세나르 협약과 신노선 협약은 다시 1996년의 '유연-안전성 협약'으로 더욱 정교하게 구체화되었다. 이 협약은 임금, 복지 등에서 정규직과 비정규직(시간제) 간의 차별을 철폐하여 시간제 고용을 활성화함으로써 노동의 유연성을 공고히 하고, 또한 시간제 노동의 법적인 보호를 제도화함으로써 노동의 안전성을 확보하여 유연성과 안전성 양자 간의 균형을 강조하자는 것이 그 골자였다.

유연-안전성 협약의 결과로 1996년에 제정된 〈유연안전성에 관한 법률〉은 정규직 근로자 보호의 완화(기업의 정규직 해고 규제완화 등), 비정규직 시간제 노동의 보호 및 사회안전망 강화, 시간제 근로자에게 정규직 근로자와 동등한 법적 권리 보장(법정 최저임금, 유급휴가, 시간당 임금, 사회보험 가입 등 임금과 복지에 있어 정규직과의 차별을 금지), 고용주 해고 예고기간의 축소 및 해고 절차의 간소화 등의 내용을 담았다.

여기서 시간제 근로자와 정규직 근로자 간 임금 및 복지에 있어 차별을 폐지한 일은 매우 획기적인 것이었다. 또한 이 유연-안전성 협약은 노사 간의 타협일 뿐만 아니라 '노-노' 간의 타협이기도 했다. 그러므로 비정규직, 시간제 노동자로 전환될 상황에 놓인 당사자들도 반발이나 저항을 거의 하지 않았으며, 이로써 노동시장 유연화가 순조롭게 달성될 수 있었다. 네덜란드 노동시장의 유연안정성(*flexicurity*)은 네덜란드의 경제위기 극복 및 뒤이은 경제적 번영에 결정적인 역할을 하였고, 노사 간 합의와 타협에 의해 이루어진 노동 및 복지 개혁모델의 핵심이었다(한국경제TV, 2011).

3) 노사정 합의기구

네덜란드의 경제위기 극복에 크게 기여한 것은 바로 위기 상황에서 타협과 협의를 중요시하는 원만한 노사관계 및 이를 뒷받침하는 노사정 합의기구이다. 이를 빼놓으면 네덜란드의 개혁모델과 최근의 발전상을 설명하기 쉽지 않다. 네덜란드에서 사회적 합의는 오랜 전통을 자랑하는 노사 및 노사정 합의기구의 틀 속에서 이루어져 왔다. 노동재단(Labor Foundation: FL)과 사회경제협의회(Social and Economic Council: SEC)라는 사회적 합의기구가 그 틀이다. 노동재단은 나치점령기에 레지스탕스 운동으로부터 노동과 자본 간에 은밀히 기획된, 노사 간 자율적인 민간협력기구에서 유래하였다. 1945년에는 노동단체와 사용자단체가 노동 및 경제 관련 이슈에 대해 실질적으로 협의하는 민간협력기구로 발전하였다.

그리고 이 노동재단의 권유에 따라 1950년에 설립된 것이 바로 사회경제협의회이다. 사회경제협의회는 우리나라의 노사정위원회와 유사한 기구로서 노사정협의체의 역할을 맡는다. 노동재단이 사법상의 협의기구라면, 사회경제협의회는 공법상의 협의기구이자 정부의 자문기구이다. 사회경제협의회에는 정부 대표 11명, 노사 대표 11명, 공익전문가 11명이 참여한다. 정부는 새로운 경제 및 사회 입법안을 의회에 상정하기 전에 이 협의회의 자문을 얻어야 하는 법적 의무를 가진다. 두 협의기구에서 정부는 협의가 원만하게 이루어지도록 중립적으로 보조하는 역할에 머무르며, 노사의 자율적 결정을 최대한 존중한다. 실례로 1996년의 〈유연안정성에 관한 법률〉이 전적으로 노동재단의 권고에 따라 제정되었다.

이처럼 노동재단과 사회경제협의회는 중앙 차원에서 노조와 사용자단체, 정부의 각 대표가 함께 만나 의견을 조율함으로써 노사의 상생과 협력을 끌어내는 사회협의체, 정책협의체이다. 노동재단 및 사회경제협의회의 상호 연계된 이사회에서는 자본계와 노동계의 대표자, 사회부 및 경제재정부의 각료가 모여 경제정책의 목표와 방향을 두고 중요한 결정을 내린다. 노사협의체 및 노사정협의체는 고용, 사회보장, 의료보험, 직장에서의 안전, 직업훈련, 환경, 보건, 공공주택, 교통, 사회간접자본 확충을 비롯한 사회 및 산업정책 등 국정 전반의 광범위한 사회경제적 이슈를 다룬다. 이렇듯이 노동재단과 사회경제협의회의 설치로 네덜란드에서는 사회파트너십이 제도화되고 하나의 경제운영 틀로서 자리 잡게 되었다.

이러한 사회파트너십 시스템은 이른바 폴더모델로 불리는데, 이는 사회적 이해관계자 간의 협의와 타협을 통해 운영되는 경제를 의미한다. 즉, 시민사회의 이익단체들 간의 혹은 그들과 정부 간의 소통과 타협, 정책협의를 통해 여러 사회경제적 아젠다를 사회적 협약으로 끌어내는 과정을 의미하는 것이다. 따라서 정책의 시행 여부나 내용을 정부가 일방적으로 밀어붙이는 관료 전문가 중심의 국정운영과 반대되는 형태로 이해할 수 있다. 이렇듯 네덜란드에서는 사회파트너십을 바탕으로 사회 저변층의 정책관련 이해관계자들이 의사결정에 참여하고, 소통·타협·협상·협의에 따라 사회경제적 이슈를 조율한다. 이를 통하여 여러 사회경제정책의 절차적 정당성을 담보하게 되고, 노사 대립과 갈등을 잠재움으로써 사회통합과 화합의 길로 나아갈 수 있었던 것이다.

4) 성과

경제위기 초기에 실시된 거시적·미시적 차원의 노동·고용정책은 경제위기 극복에 큰 역할을 하였지만 사실 당시 고용 자체에는 큰 영향을 미치지 않았다(김득갑, 2009). 그러나 이는 네덜란드 경제 회복에 초기 동인을 제공해 주었고, 1990년대 중반부터는 세계경제의 회복과 함께 시너지 효과를 일으키기 시작하였다. 아울러 본격적 회복이 이루어지기 전인 1992~1993년에 걸친 임금동결 등도 경제위기의 극복에 큰 영향을 미쳤다.

1990년대 후반부터 지금까지, 유럽연합의 평균 실업률이 10%에 달할 때에도 네덜란드는 그 절반 수준의 실업률을 유지하였다. 미국발 금융위기 이후에도 실업률은 4% 미만으로, 오히려 더 많은 노동력을 필요로 할 정도로 노동시장이 안정되었다. 1990년대 초반에는 50% 정도였던 여성고용률은 70% 이상으로 향상되었다. 복지제도의 합리화 및 적극적 노동시장 정책 등으로 고령노동자와 장애인의 노동시장 참여율도 눈에 띄게 증가하였다. 특히 네덜란드의 1인당 주당 노동시간은 짧음에도 불구하고, 1인당 생산성은 유럽 25개국 평균보다 약 15% 높다.

오늘날 네덜란드 노동시장은 비정규직의 천국이다(정희정, 2007). 2004년을 기준으로 근로자의 3분의 1(여성 60%, 남성 15%)이 시간제 근로자이다. 시간제 근로자의 비중이 선진국 중에서 가장 높지만 오히려 이들에 대한 차별은 전혀 없다. 특히 여성의 경제활동 참가율이 크게 상승했는데, 이는 많은 여성이 시간제 근로자로 활동한 덕분이다. 그에 따른 여성해방, 일과 가정의 양립 및 경제적 만족감이 크게 증대되었으며, 아울러 고령근로자의 고용 유지 및 촉진, 근로와 비근로 간의 공평한 사회적(복지) 제고, 궁극적인 실업률 하락 등이 이어졌다.

임금조절과 시간제 노동의 활성화만으로는 사실 실업자나 구직자의 일자리를 확충하는 데에 충분하지 않았다. 1980년대와 1990년대에 걸쳐 여전히 청년 및 고령실업자, 장애인 및 구직의사가 있는 전업주부 등 상당수의 유휴인력이 존재했던 것이다. 이러한 다양한 집단의 근로를 활성화하기 위한 일련의 미시적 고용정책이 도입되었다.

첫째, 이들을 고용하는 것이 사용자에게 좀더 매력적일 수 있도록 만들고자 이러한 유휴인력의 직업적 기술과 능력을 향상시키기 위한 조치가 이루어졌다. 이와 함께 직접적 개입으로서 임금보조, 간접적으로는 조세지원 등도 이루어졌다. 둘째, 이들 집단이 적극적으로 구직활동에 참여하고 주어진 일자리를 수용하도록 하는 데에 초점을 둔 조치가 취해졌다. 예를 들어 적극적 인식전환(*re-orientation*)을 위한 개별면담, 보너스와 벌칙의 강화, 사회보장급여의 삭감, 취업소득에 대한 추가적 조세혜택 부여 등이 그것이다. 셋째, 장기실업자(*job-pools*)나 청년실업자 등 특정한 계층에게 추가적인 일자리가 공급되도록 촉진하는 데에 목적을 둔 제도가 도입되었다. 그 예로 〈청년근로보장법〉(Youth Work Guarantee Scheme: TWG)의 제정을 들 수 있을 것이다.

일반국민을 대상으로 한 고용촉진정책과 복지 수급자를 위한 근로활성화 대책은 긴밀하게 연계되었고, 1990년대 중반부터는 근로(소득)가 사회보장급여보다 더 나은, 최고의 사회보호라고 여겨지기 시작했다. 이러한 근로복지(*welfare to work*)의 관점은 이제 네덜란드 복지국가의 가장 큰 특징으로 자리 잡았다.

5) 부작용 및 과제

보수적인 단기 및 장기 장애보장제도는 사용자로 하여금 건강에 문제를 가진 근로자를 고용하는 것을 꺼리게 만들었다. 이는 장애인의 노동시장 접근을 더욱 어렵게 하는 요인으로 작용한다(Dutch Government, 2008). 나아가 사회보장 긴축정책으로 인해 소득분배 상황은 지난 20년간 지속적으로 악화 중이며, 최근에는 빈곤가구 비중 및 노동빈곤층(*working poor*)의 비중도 계속적으로 늘어나는 추세이다. 한편, 네덜란드 역시 유럽의 다른 선진국과 마찬가지로 세계화, 고령화 및 이민자 문제에 직면하여 분배 및 빈곤 문제의 악화와 같은 악영향에서 크게 벗어나지는 못하였다.

이러한 환경의 변화는 사회보장 위축을 불가피하게 초래할 전망이다. 최저한의 보장을 넘어서는 영역에서는 집단으로부터 개인에게로 책임을 전가하는 등과 같은 자유주의적 노선에 더욱 치우치지 않을 수 없기 때문이다. 그럼에도 네덜란드는 영미권과 같은 잔여적 복지국가로의 길을 따르는 극단적 선택은 하지 않을 것으로 예상된다. 건전하고 공정한 복지국가에는 광범위하고 두꺼운 중산층이 필요하기 때문이다. 다만 세계화와 고령화에 직면하면서, 네덜란드는 복지국가의 구조를 개편함으로써 현금급여를 줄이는 한편 근로활성화에 더욱 초점을 둘 것이라 전망된다. 고령화에 대비해 생산력을 강화하기 위해 일할 수 있는 모든 사람이 근로를 하도록 만들어야 한다는 것은 네덜란드 경제의 제 1원칙이 되고 있기 때문이다.

■ 참고문헌

국내 문헌

김득갑(2009). "루드 루비스와 네덜란드 경제개혁". 〈계간시대정신〉, 2009년 봄호.

김현경·강신욱·장지연·이세미·오혜인(2015). 《시간제 일자리 확산이 소득불평등과 빈곤에 미치는 영향》. 한국보건사회연구원.

대외경제정책연구원(2009). "유럽 주요국의 재정적자와 재정건전화 전망". 〈KIEP 지역경제포커스〉, 9권 49호.

산업정책연구원(2010). 〈2010 국가브랜드 가치평가〉. 도시브랜드연구소.

정희정(2007). "유연안정성의 나라, 네덜란드의 노동시장 유연성과 안정성 실태". 〈국제노동브리프〉, 2007년 9월호, 한국노동연구원.

주OECD대표부(2006). 《네덜란드 폴더모델과 노동사회개혁추진의 시사점》.

한국경제TV(2011). "고용정책포커스-네덜란드의 고용정책".

한국보건사회연구원(2012). 《주요국의 사회보장제도: 네덜란드》.

한국은행(2011). "유로지역 내 경제력 불균형 현황과 과제". 〈국제경제정보〉, 제 2011-21호.

해외 문헌

OECD(2016). *OECD Economic Surveys: Netherlands 2016*. Paris: OECD.

Dutch Government(2008). *National Reform Programme for the Netherlands in Context of the Lisbon Strategy*.

기타 자료

네덜란드 통계청 홈페이지. https://www.cbs.nl/nl-nl.

박병국(2011). "네덜란드 경제, 예상보다 빠른 회복세". Kotra 해외시장뉴스, https://news.kotra.or.kr. 2018. 4. 1. 인출.

임성아(2011). "네덜란드 2012년 예산안 재정건전성 확보에 주력". Kotra 해외시장뉴스, https://news.kotra.or.kr. 2018. 4. 1. 인출.

CIA, the World Factbook. https://www.cia.gov/library/publications/the-world-factbook.

EU 통계청(EuroStat) 홈페이지. http://ec.europa.eu/eurostat.

IMF, World Economic Outlook Database 웹페이지. http://www.imf.org/external/ns/cs.aspx?id=28.

04
인구구조의 변화와 전망*

1. 인구 상황의 동향

1) 출산 동향

네덜란드의 합계출산율[1]은 지속적으로 낮아져 1973년에는 처음으로 인구대체수준 미만(1.90명)으로 떨어졌다. 1983년에는 1.47명으로 최저점에 도달하였으며 그 이듬해에도 1.49명이라는 매우 낮은 수치에 머물렀다. 그러나 합계출산율은 이 두 해에만 1.5명 미만으로 나타났을 뿐, 이후에는 다소의 불규칙성에도 불구하고 대체적으로 증가세를 보였으며 1990년대에 1.5~1.6명, 2000년대 초·중반 1.7명 수준 그리고 2010년에는 1.8명으로까지 높아졌다. 하지만 그 이후 합계출산율은 다시 감소세로 전환하여

---

* 이 글은 2012년 《주요국의 사회보장제도: 네덜란드》(한국보건사회연구원, 2012)에서 필자가 작성한 "제 1부 제 3장 인구구조 및 인구문제"를 수정 보완한 것이다.

1) 합계출산율(*Total Fertility Rate*)이란 한 사람의 가임여성 1명이 일생 출산할 것으로 예상되는 평균 출생아 수를 나타낸 지표이다.

2015년에는 1.7명 미만 수준(1.66명)인 것으로 조사되었다.

출생아 수는 합계출산율과는 그 추이가 조금 다르다. 1980년대 전반에 17만 명 정도였던 출생아 수는 1980년대 중반부터 1990년대 후반까지는 약 19만 명으로, 1999~2003년에는 20만 명 수준(2000년에 20만 7천 명으로 최고점)으로 증가하였다. 그러나 이후 감소세가 지속되어, 2000년 초반 20만 명 정도였던 출생아 수가 2015년에는 15% 정도 감소하여 17만 명으로 줄어들었다(〈그림 4-1〉 참조).

네덜란드의 출산율은 2015년 기준으로 OECD 중간 정도 수준(남미의 멕시코와 칠레 제외)이다(〈그림 4-2〉 참조). 출산율이 높지 않고 최근에는 출생아 수까지 감소하고 있기에, 네덜란드의 인구학적 상황은 위축될 가능성이 높다. 출생아 수가 감소하는 원인은 가임여성인구가 줄어드는 것과 더불어 이들의 출산이 감소하는 데에 있다.[2] 2010년 이후 경제위기 등으로 가족형성이 지연된 탓에 합계출산율 감소가 심화되었을 가능성도 제기된다(CBS, 2014; Geijtenbeek, 2015). 구체적으로, 초산연령은 1990년 27.5세, 2000년 29.1세, 2015년 29.6세 등 지속적으로 증가해 왔고(〈그림 4-3〉 참조), 35세 이상 고연령 여성의 출산도 증가하고 있다. 한편 전체 출생아 중 셋째 아이 이상의 비율은 감소하고 있다(〈그림 4-4〉 참조).

출생아 수 및 출산율의 변화는 혼외출산 비율의 추이와도 관계가 있다. 네덜란드의 혼외출산 비율은 1990년 11.4%에서 2000년 24.9%, 2005년에는 34.9%로 급격하게 높아졌다. 이후 2010년 41.1%, 2015년 44.2% 등 지속적으로 증가하였으나, 그 폭은 현격하게 줄어들었다(91면의 〈그림 4-5〉 참조). 이러한 변화는 출생아 수는 2000년대 초, 합계출산율은 2010년까지 증가한 이후 감소세로 전환된 것과 관련이 있다고 간주할 수 있다.

---

2) 네덜란드 통계청의 홈페이지를 참고하기 바란다. https://www.cbs.nl/en-gb/news/2016/40/more-first-time-mothers-beyond-the-age-of-35.

〈그림 4-1〉 네덜란드의 출생아 수 및 출산율 추이(1970~2015년)

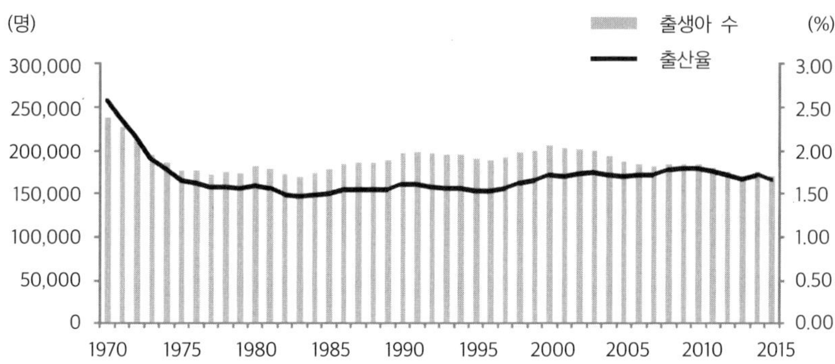

자료: 출생아 수는 네덜란드 통계청. http://statline.cbs.nl.
출산율은 OECD Family Database. http://www.oecd.org/els/family/database.htm.

〈그림 4-2〉 OECD 각 국가의 합계출산율, 2015년

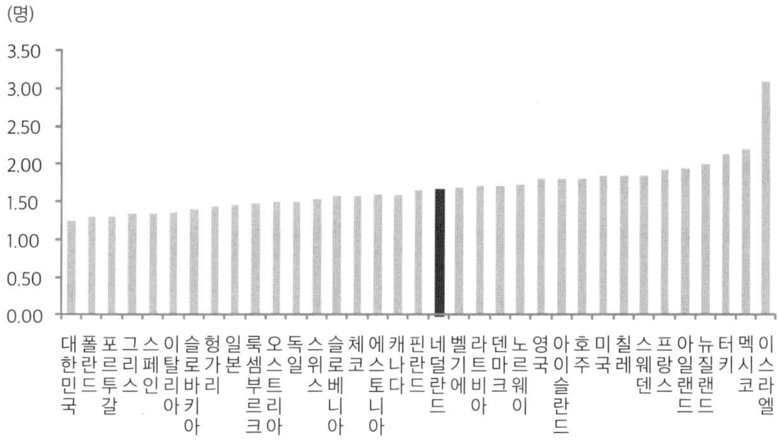

주: 캐나다는 2013년, 칠레는 2014년 수치.
자료: OECD Family Database. http://www.oecd.org/els/family/database.htm.

〈그림 4-3〉 연도별 네덜란드 출산여성의 연령 분포 변화(%)

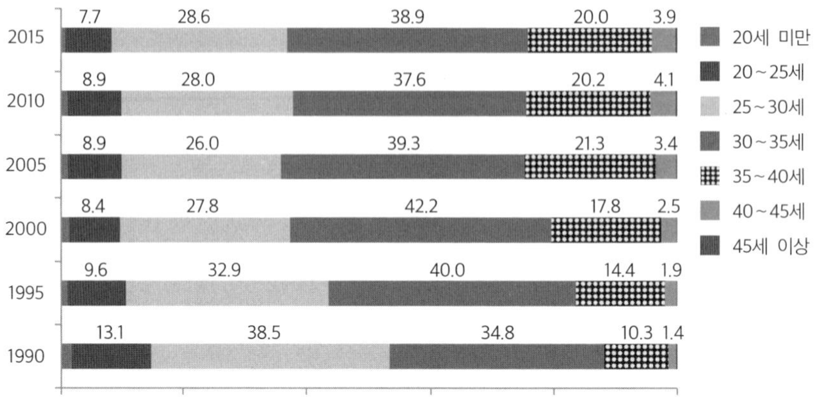

자료: 네덜란드 통계청. http://statline.cbs.nl.

〈그림 4-4〉 네덜란드의 출산순위별 출생아 분포 변화(%)

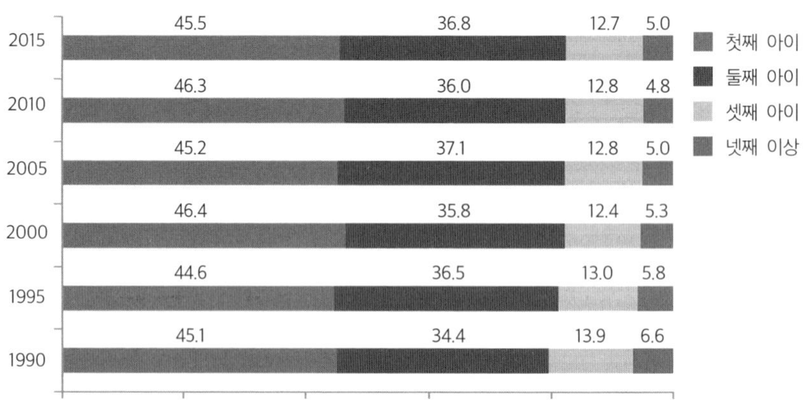

자료: 네덜란드 통계청. http://statline.cbs.nl.

〈그림 4-5〉 네덜란드의 혼외출산 비율 추이(1990~2015년)

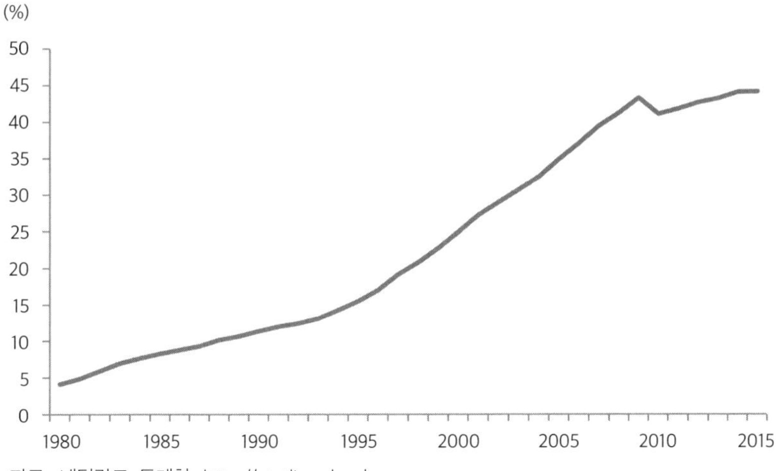

자료: 네덜란드 통계청. http://statline.cbs.nl.

2) 사망 동향

1990년 네덜란드의 평균수명(0세에서의 기대여명)은 남성 73.8세, 여성 80.1세였다. 이후 2000년에는 남성 75.5세, 여성 80.6세, 2010년에는 남성 78.8세, 여성 82.7세 그리고 2015년에는 남성 79.7세, 여성 83.1세로 꾸준히 증가하였다. 2000~2010년 동안 남성의 평균수명은 4.2세, 여성 평균수명은 2.5세 증가한 것이다(〈그림 4-6〉 참조).

평균수명이 긴 반면 건강수명이 짧다면 그만큼 각 개인은 물론 가족 및 국가 모두에게 보건의료 지출 등의 부담이 클 수밖에 없다. 네덜란드의 경우, 현재 65세에 도달한 인구를 대상으로 주관적 건강상태 및 신체적 제약이 없는 정신적 건강상태 등 다양한 조건하에서 측정한 결과, 평균수명 증가와 함께 남녀 모두의 건강수명도 증가하는 것으로 나타났다. 다만 만성질환이 없는 경우의 건강수명은 기대여명이 증가할수록 줄어들었다(〈표 4-1〉 참조). 기대여명과의 차이를 고려하면, 이는 거꾸로 만성질환을 가진

채 사는 기간이 길어짐을 의미한다. 이러한 통계를 근거로 본다면, 네덜란드 국민의 평균수명은 앞으로도 계속 길어지겠지만, 만성질환이 만연하여 개인적 고통은 물론 사회적 보건의료비 부담도 함께 증가할 것으로 전망할 수 있다.

〈그림 4-6〉 네덜란드의 평균수명 추이

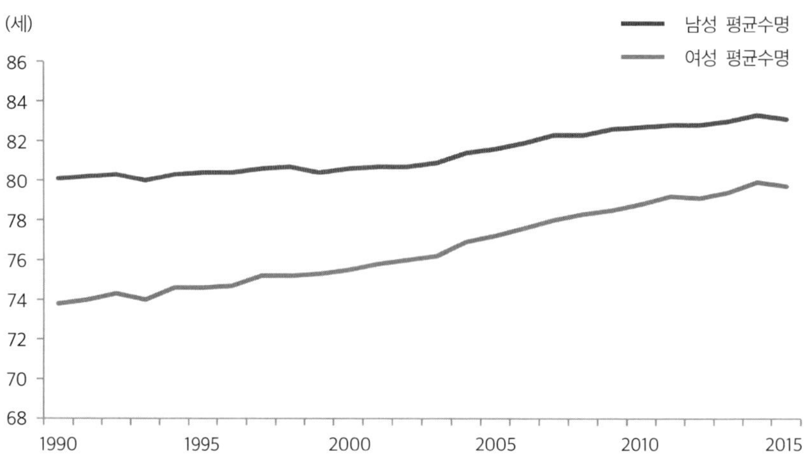

자료: 네덜란드 통계청. http://statline.cbs.nl.

〈표 4-1〉 네덜란드 노인(65세 인구)의 기대여명과 건강수명 추이

(단위: 세)

연도	65세에서의 기대여명		건강수명							
			주관적으로 건강한 상태의 기대여명		신체적 제약이 없는 상태의 기대여명		만성 질환이 없는 상태의 기대여명		정신적으로 건강한 상태의 기대여명	
	남성	여성	남성	여성	남성	여성	남성	여성	남성	여성
1991	14.89	19.39	8.4	10.7	10.5	9.1	5.4	5.6	-	-
2001	15.90	19.72	9.2	10.4	10.9	10.6	4.5	4.9	13.5	15.3
2011	18.30	21.30	10.9	11.3	13.9	13.4	3.8	3.6	16.9	18.1
2014	18.85	21.60	11.5	11.9	13.6	12.1	3.9	3.6	17.4	18.6
2015	18.64	21.36	11.7	12.2	14.0	11.9	3.7	3.4	17.5	18.7

자료: 네덜란드 통계청. http://statline.cbs.nl.

3) 국제이동 동향

네덜란드의 이입자 수(*immigrants*)와 이출자 수(*emigrants*)는 다소 불규칙적이지만 장기적으로는 둘 모두 증가하는 추세이다. 이입인구와 이출인구 간에는 성, 연령 등 인구학적 특성은 물론 교육 수준, 직업능력, 건강 등 사회경제적 특성 역시 차이가 있기 마련이다. 양적인 측면만을 고려한다면 1981~1985년, 1995~1996년, 2003~2007년, 2012~2013년에는 순이동 규모가 이입 2만 명 이하로 줄어들었으며, 심지어 1982~1983년과 2003~2007년에는 이출자의 수가 더 많았다. 이외의 시기에는 순이동 규모가 이입 5만 명 이하에서 변동해 왔다(〈그림 4-7〉 참조). 이러한 변화는 네덜란드는 물론 유럽 전체의 경제적 상황 등과 연계하여 이해해야 할 것이다.

〈그림 4-7〉 네덜란드 이입자, 이출자 및 순이동인구 변동 추이(1980~2015년)

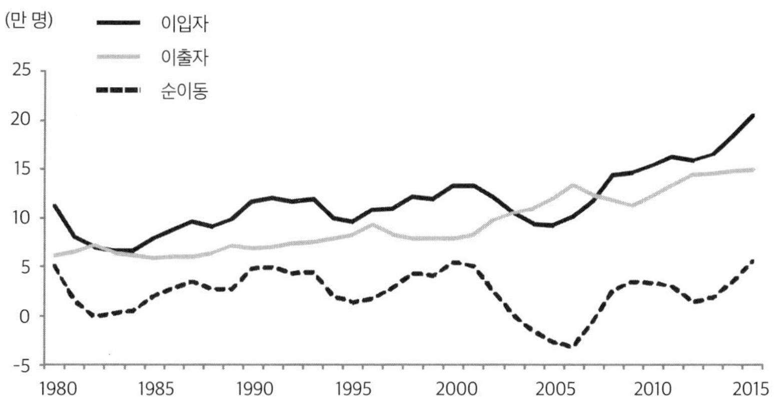

자료: 네덜란드 통계청. http://statline.cbs.nl.

2. 인구 규모 및 구조

1) 인구 규모

네덜란드의 총인구는 1980년 1,409만 명, 1990년 1,489만 명, 2000년 1,586만 명, 2010년 1,657만 명 그리고 2015년 1,690만 명으로 지속적으로 증가해 왔다. 그러나 인구증가폭은 다소 변화가 심하다. 구체적으로 1992년의 전년 대비 인구증가폭은 11만 8천여 명이었으나 이후 감소하여 1996년에는 약 7만 명이었다. 다시 증가세로 돌아선 인구증가폭은 2001년에 12만 3천여 명을 기록하며 정점에 도달하였고, 그 이후로 최근까지 지속적으로 감소하여 2015년에는 7만 1천여 명이 증가하는 데 그쳤다. 여기서 볼 수 있듯이, 1990년대 초와 2000년대 초에는 상대적으로 인구성장이 가팔랐으나 금세기에 들어서는 인구 변화가 크지 않음을 알 수 있다.

인구성장률 자체는 자연증가율(조출생률-조사망률)[3] 보다는 순이동률과 유사한 양상을 보여 준다. 자연증가율은 안정적·점진적으로 낮아지는 추세인데, 이는 출생아 수가 줄어들고 인구고령화에 따라 사망자 수가 감소하고 있기 때문으로, 이러한 경향은 향후에도 지속적으로 나타날 것으로 전망할 수 있다. 한편 순이동률은 자연증가율과는 달리 1990년대 초에 높은 수준을 유지하며 인구증가율과 비슷한 양상을 드러내었다. 2000년대 초에 정점에 이르렀던 순이동률은 2000년대 중반에 이르러서는 0 이하로 떨어졌다. 최근 순이동률이 다소 빠르게 상승 중인데, 자연증가율의 감소에도 불구하고 인구성장률이 반등세를 기록하는 것도 이러한 순이동률 상승에 기인한 것으로 해석할 수 있다.

---

3) 조출생률은 인구 1천 명당 1년간 태어난 출생아 수, 조사망률은 인구 1천 명당 1년간 사망한 인구 수이다.

〈그림 4-8〉 총인구, 인구성장률, 자연증가율 및 순이동률 변동 추이(1980~2015년)

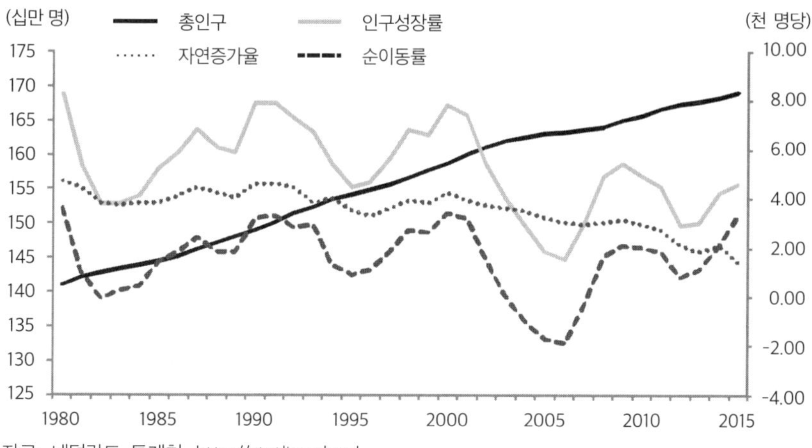

자료: 네덜란드 통계청. http://statline.cbs.nl.

〈표 4-2〉 총인구, 인구증가, 자연증가 및 순이동 변동 추이

(단위: 명)

연도		1980	1990	2000	2010	2015
총인구		14,091,014	14,892,574	15,863,950	16,574,989	16,900,726
총인구증가		117,572	117,871	123,125	80,810	78,394
자연증가		67,015	69,141	66,092	48,339	23,376
	출생 수	181,294	197,965	206,619	184,397	170,510
	사망 수	114,279	128,824	140,527	136,058	147,134
순이동		50,556	48,411	53,873	33,081	55,106
	이입자 수	112,504	117,350	132,850	154,432	204,615
	이출자 수	61,948	68,939	78,977	121,351	149,509
	기타	1	319	3,160	-610	-88

자료: 네덜란드 통계청. http://statline.cbs.nl.

〈표 4-3〉 네덜란드 총인구 및 연령별 인구 변동 전망(2014년 추계)

연도	인구 규모(만 명)				총인구 대비 비율(%)		
	총인구	0~19세	20~64세	65세 이상	0~19세	20~64세	65세 이상
2015	1,690	383	1,007	301	22.6	59.6	17.8
2020	1,725	378	1,006	340	21.9	58.4	19.7
2025	1,752	374	998	381	21.3	57.0	21.7
2030	1,775	378	974	423	21.3	54.9	23.8
2035	1,791	386	947	458	21.6	52.9	25.6
2040	1,798	389	934	475	21.6	51.9	26.4
2045	1,800	386	941	473	21.4	52.3	26.3
2050	1,801	382	951	468	21.2	52.8	26.0
2055	1,802	380	956	466	21.1	53.0	25.9
2060	1,806	383	954	469	21.2	52.8	26.0

자료: 네덜란드 통계청. http://statline.cbs.nl.

네덜란드 통계청에서 2014년에 실시한 인구추계 결과에 따르면, 총인구는 2030년 1,775만 명, 2044년 1,800만 명, 2060년 1,806만 명 등 지속적으로 증가할 전망이다. 그러나 증가폭은 빠르게 둔화되어 초장기적으로는 1,800만 명 수준에서 안정적으로 유지될 것이라고 네덜란드 통계청은 내다보았다(〈표 4-3〉 참조).

2) 인구구조

일반적으로 인구구조는 세 가지 유형의 연령대, 유소년인구(0~14세), 생산가능인구(15~64세) 및 노인인구(65세 이상)를 통하여 분석된다. 또는 15~19세 인구 대부분이 학령기(한국에서는 고등학생과 대학생)라는 점에 주목하여 이들을 생산가능인구가 아닌 유소년인구로 간주하기도 한다.

네덜란드 통계청에서 제공하는 연령별 인구자료는 0~19세, 20~64세 그리고 65세 이상으로 연령대를 구분한다. 네덜란드의 0~19세 인구는 1972년 469만 5천 명으로 정점을 기록한 후 지속적으로 감소하였으며

〈그림 4-9〉 네덜란드 연령집단별 인구 추이와 전망(1970~2060년)

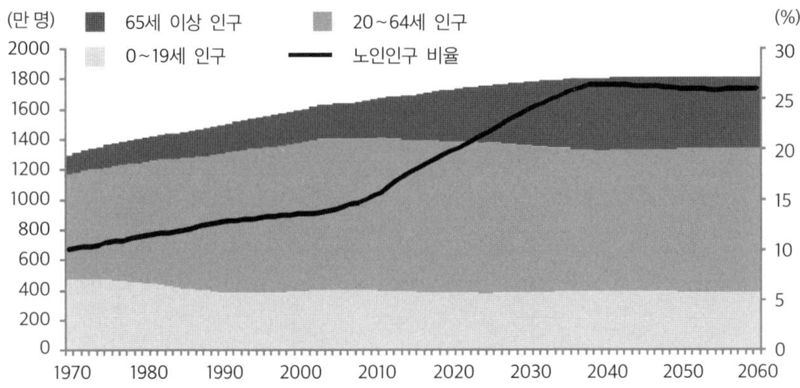

주: 2014년까지는 실측치, 2015년부터는 2014년에 실시한 추계 자료의 전망치.
자료: 네덜란드 통계청. http://statline.cbs.nl.

2016년에는 381만 8천 명이었다. 합계출산율이 1.75명에서 유지될 것으로 가정한 2014년도 인구추계 결과에 의하면, 0~19세 인구는 가임여성인구 변화에 따른 다소간의 변동을 전제하더라도 대체적으로 380만 명 수준을 유지할 전망이다. 한편 총인구 중에서 0~19세 인구가 차지하는 비중은 1970년부터 2015년까지 점차 감소해 왔다(1970년 35.7%, 1990년 25.7%, 2015년 22.7% 등). 인구추계에 따르면 총인구와 0~19세 인구가 안정적으로 유지됨에 따라 총인구 대비 0~19세 인구의 비율도 이후 21% 수준에서 안정적으로 유지될 것으로 전망된다(〈그림 4-9〉 참조).

한편 20~64세 인구는 1970년(698만 9천 명)부터 2011년(1,014만 7천 명)까지 증가하였으나 2012년부터 감소세로 전환하여 2016년에는 1,007만 5천 명을 기록하였다. 인구추계 결과에 의하면 네덜란드의 20~64세 인구가 2025년에는 1천만 명 미만으로, 2040년에 934만여 명으로까지 줄어든 이후 다시 증가세로 전환되어 2050년에 950만 6천 명, 2060년 953만 9천 명이 될 전망이다. 총인구 대비 20~64세 인구의 비중은 1970년(53.9%)에서 1994년(62.5%)까지 증가하였으나, 그 이후로는 감소하기 시작하여

2016년에는 59.3%가 되었다. 20~64세 인구의 비중은 2040년(51.9%)까지 감소한 이후 다소 상승하면서 장기적으로는 52~53% 수준을 안정적으로 유지할 것으로 전망된다.

65세 이상 인구는 1970년(131만 1천 명)부터 꾸준히 증가하여 2016년에는 308만 5천 명에 이르렀다. 인구추계에 의하면, 65세 이상 인구는 2040년 475만 3천 명까지 증가한 후 2050년(468만 3천 명)과 2060년(469만 3천 명)에 다소 감소할 전망이다. 한편 총인구 대비 노인인구 비율이 1970년 10.1%에서 2005년 14.0%로 증가하면서 네덜란드는 고령사회에 진입하였다. 2016년에 노인인구의 비율은 18.2%로 늘어났으며 이후에도 빠른 속도로 인구고령화가 진행될 전망이다. 2021년에는 노인인구 비율이 20%를 넘어 초고령사회로 진입할 것이며, 2040년에 26.4%를 기록하여 정점에 이른 노인인구 비율은 이후 26% 수준에서 유지될 것으로 예측된다.

네덜란드 통계청에서는 20~64세 인구 대비 0~19세 인구의 비율을 통하여 유소년부양비인 Green Pressure를 측정한다. Green Pressure는 전반적으로 감소추세를 나타내어 1970년 66.6%, 2000년대 약 39% 그리고 2016년에는 37.9%로 조사되었다. 2014년 인구추계에 의하면 0~19세 인구에는 큰 변동이 없는 반면 20~64세 인구가 감소하는 영향으로 Green Pressure가 조금 증가할 것으로 예상된다. 2030년대 중반 이후로는 40% 수준을 유지할 전망이다(〈그림 4-10〉 참조).

한편 노인부양비인 Grey Pressure는 20~64세 인구 대비 65세 이상 인구 비율로 측정된다. Grey Pressure는 1980년에 처음으로 20%를 상회하였으며 이후에도 꾸준히 증가하였다. 2000년대 중반부터는 상승 속도가 빨라져 2016년에는 30%를 상회하였다. 인구추계 결과에 따르면 Grey Pressure는 2027년에 40%, 2037년에 50.0%를 돌파하고 2040년에는 50.9%로 정점에 이른 후에 감소세로 전환, 2060년에는 49.2%가 될 것으로 예측된다(〈그림 4-10〉 참조).

〈그림 4-10〉 네덜란드 인구부양비율 변동 추이와 전망(1970~2060년)

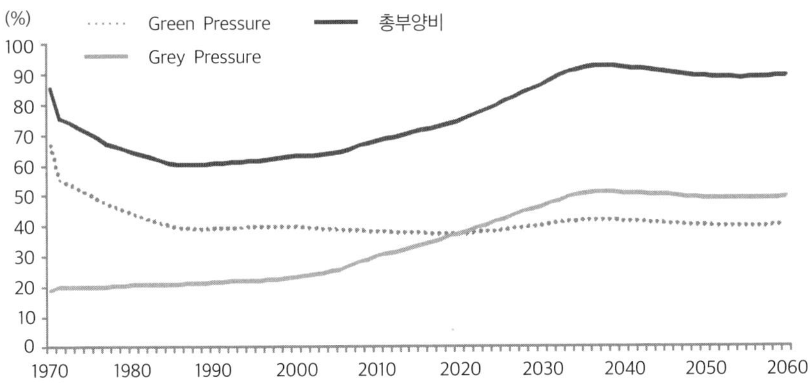

주: 2014년까지는 실측치, 2015년부터는 2014년에 실시한 추계 자료의 전망치.
자료: 네덜란드 통계청. http://statline.cbs.nl.

총부양비(*total demographic pressure*)는 Green Pressure와 Grey Pressure를 합한 것이다. 1970년부터 1994년까지, 0~19세 인구의 감소로 Green Pressure가 줄어들자 총부양비는 빠르게 낮아졌다. 1994년의 총부양비는 60.1이었다. 그러나 인구고령화가 본격화되어 Grey Pressure가 급상승하자 총부양비도 상승하였고, 2016년에는 68.5를 기록하였다. 인구추계에 의하면 이후로도 총부양비는 계속 높아져 2040년에 92.6에 이를 것으로 예상된다. 이는 20~64세 인구 1인이 0~19세 및 65세 이상 인구를 1인 가까이 부양해야 함을 의미한다. 총부양비는 2040년 이후 다소 감소하여 89 내외에서 안정될 전망이다(〈그림 4-10〉 참조).

네덜란드의 혼인상태별 인구구조 역시 빠르게 변화하고 있다. 총인구 중 미혼인구의 비율은 1980년 43.9%에서 2016년 47.8%로 높아졌다. 이는 경제활동 참가 및 가치관 변화 등으로 인해 네덜란드 청년층의 만혼 및 비혼 경향이 최근 지속적으로 높아졌음을 보여 준다. 변화의 또 다른 특징으로는 총인구 중 이혼인구의 비율도 빠르게 높아진다는 것이다. 이혼인구 비율은 1980년만 해도 2.2%로 아주 낮았으나 점차 높아져 2016년에는

1980년의 3배 이상인 7.5%가 되었다. 반면 사별인구의 비율은 5%대로 큰 변동 없이 안정적으로 유지되었다. 그 결과, 미혼 및 이혼인구의 비율이 증가함에 따라 유배우인구의 비율은 빠르게 낮아졌다(〈그림 4-11〉 참조). 네덜란드의 혼외출산 비율이 높기 때문에 유배우인구 비율의 감소가 출산율에 미치는 영향은 어느 정도 감쇄될 수 있을 것이다. 그러나 동거생활의 불안정성 등을 고려하면 장기적으로는 가정 안정성 및 출산율에 직간접적 영향을 미칠 것으로 판단된다.

〈그림 4-11〉 네덜란드 혼인상태별 인구 구성 변동

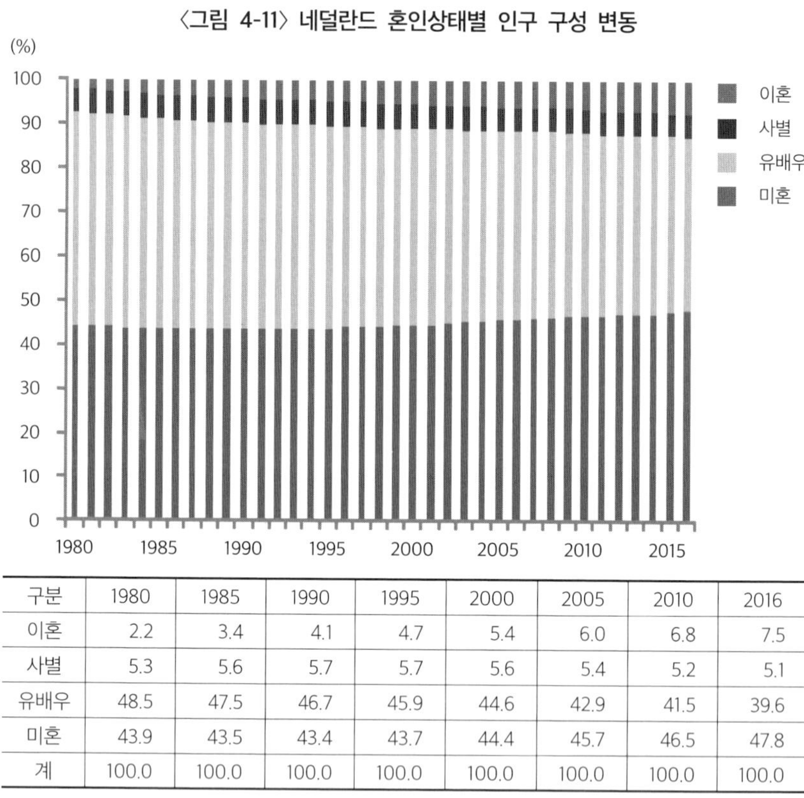

구분	1980	1985	1990	1995	2000	2005	2010	2016
이혼	2.2	3.4	4.1	4.7	5.4	6.0	6.8	7.5
사별	5.3	5.6	5.7	5.7	5.6	5.4	5.2	5.1
유배우	48.5	47.5	46.7	45.9	44.6	42.9	41.5	39.6
미혼	43.9	43.5	43.4	43.7	44.4	45.7	46.5	47.8
계	100.0	100.0	100.0	100.0	100.0	100.0	100.0	100.0

자료: 네덜란드 통계청. http://statline.cbs.nl.

3. 인구 이슈

네덜란드 인구의 동태적 및 정태적 변화와 전망을 분석한 결과, 4가지의 인구 이슈를 제시할 수 있다.

첫째, 합계출산율은 비교적 안정적으로 1.7명 정도를 유지하고 있으나 여전히 인구대체수준인 2.1명에는 못 미친다는 점이다. 평균수명이 꾸준히 증가하는 한편 출산율은 인구대체수준에 미치지 못하는 상황이 지속되면서 순수한 자연증가(*natural increase*)는 줄어들고 있다. 이러한 추이가 앞으로도 계속된다면 인구 규모가 급격하게 감소하면서 구조적 고령화는 더욱 심화될 것이다. 인구추계 결과에서도 출생아 수(합계출산율이 장기적으로 1.75명에서 유지되는 것으로 가정)는 지속적으로 감소하는 반면, 인구가 계속 고령화되어 2037년에는 사망자 수가 출생아 수가 더 많아지는 역전현상이 발생할 전망이다(〈그림 4-12〉 참조). 현재 네덜란드에서는 평균수명

〈그림 4-12〉 네덜란드 출생아 수와 사망자 수 변화 전망(2015~2060년)

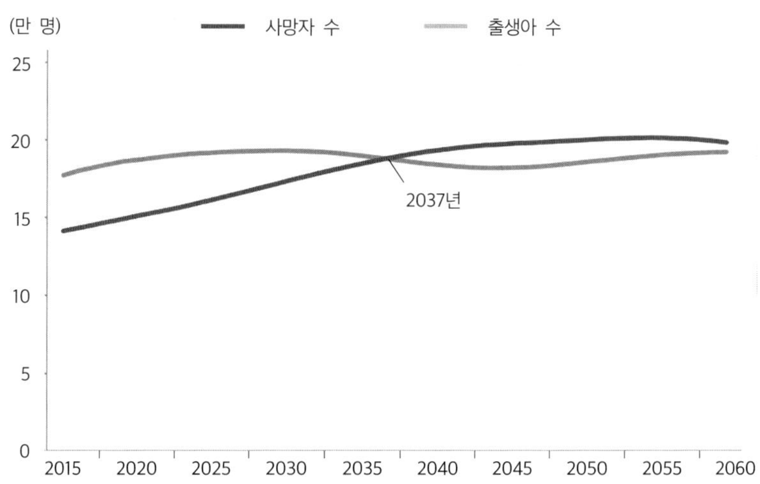

주: 합계출산율이 1.75를 유지한다고 가정한 추정치.
자료: 네덜란드 통계청. http://statline.cbs.nl.

이 계속 상승하고 베이비붐세대가 노년층에 진입함으로써 불가피하게 인구고령화가 발생하고 있다. 아직 네덜란드 인구가 계속 증가세이고 고령화 수준도 비교적 완만하게 상승하고 있는 것은 그동안 이입자가 이출자보다 많은 플러스 순이동이 지속되었기 때문이다. 그러나 외국인의 유입은 국제적 상황에 따라 변동하기 쉬우므로 앞으로도 인구의 유출보다 유입이 많으리라는 보장은 있을 수 없다. 더욱이 전체 국민 중 외국 출신 인구의 비중이 점차 높아지면 사회보장 부담 심화나 사회적 갈등 격화 등 사회 문제가 생길 가능성도 더 커질 것이다.

둘째, 통계에서 쉽게 확인할 수 있듯이, 네덜란드에서는 만산이 증가하고 있다. 만산은 산모와 신생아의 건강에도 부정적인 영향을 미친다. 이러한 상황은 인구자질을 낮추는 동시에 보건의료 부담을 증가시킬 가능성이 높다.

셋째, 혼외출산 비율이 45% 수준으로 아주 높다. 이는 합계출산율이 1.7명 정도로 유지되는 데에 크게 기여하고 있지만, 다른 측면에서 보면 동거부부나 미혼모 등이 증가하는 영향으로 가족구조의 불안정 문제가 발생할 수도 있는 것이다. 만일 이로 인해 자녀들이 불안정한 상태로 성장하게 된다면 아동복지 및 건강에도 부정적인 영향을 미칠 것이다.

넷째, 전체 인구 중 미혼인구와 이혼인구 비율이 증가하고 있다. 미혼인구 비율이 확대되면 향후 출산율 전망을 어둡게 할 수 있다. 그 결과 인구추계에서 예측한 것보다 인구의 감소 및 고령화가 더 심각하게 진행될 가능성도 존재한다. 또한 이혼인구 비율의 증가는 가족구조의 불안정화를 의미할 수도 있는데, 이러한 불안정화는 각종 사회 문제와 연결될 가능성이 높다.

끝으로, 네덜란드의 생산가능인구는 2012년부터 꾸준히 줄어드는 반면 노인인구는 급격하게 증가함으로써 인구고령화가 빠르게 심화되고, 이에 따라 Grey Pressure가 빠르게 증가할 전망이다. 그 결과, 인구고령화의 일반적 결과인 노동력 부족 및 사회보장 부담의 증가 등이 발생하며 각종 고령사회 특유의 문제가 생겨날 것이다. 특히 네덜란드 인구의 평균수명이 빠르게 높아지는 반면, 만성질환이 없는 건강수명은 상대적으로 더디게 상승한다는 점을 주목할 만하다. 이는 만성질환을 가진 상태에서 생존하는 기간이 길어짐을 의미하며 노인인구의 건강 상황이 보건의료 지출 부담 및 부양 부담을 초래하면서 중요한 사회 문제로 떠오를 것임을 시사한다.

■ 참고문헌

국내 문헌

한국보건사회연구원(2012). 《주요국의 사회보장제도: 네덜란드》.

해외 문헌

CBS(2016). More first-time mothers beyond the age of 35. https://www.cbs.nl/en-gb/news/2016/40/more-first-time-mothers-beyond-the-age-of-35. 2017. 10. 1. 인출.

Geijtenbeek, L. (2015). Marriages and births in the Netherlands: Why marry? Marital status and childbirth in the Netherlands. Eurostat Statistics Explained. http://ec.europa.eu/eurostat/statistics-explained/index.php/Marriages_and_births_in_the_Netherlands. 2017. 10. 1. 인출.

기타 자료

네덜란드 통계청 홈페이지. http://statline.cbs.nl.

OECD Family Database. http://www.oecd.org/els/family/database.htm.

05 정부재정과 사회보장재정

1. 정부재정

1) 정부수입 및 지출의 규모와 구성

2015년 현재 네덜란드의 일반 정부수입 규모는 1인당 약 2,144만 달러로 GDP의 약 42.8%에 해당된다. 일반 정부지출의 규모는 2,247만 달러로 GDP 대비 약 44.7%이다. GDP 대비로 보면 정부수입에서는 〈표 5-1〉의 비교 대상 국가 중에 14위이며, 정부지출에서는 13위이다. 네덜란드의 정부 크기는 비교 대상 국가 중에서 중간 정도에 이른다고 볼 수 있다.

네덜란드의 GDP 대비 정부지출은 1990년대 초반에는 50%를 넘는 수준에 이르렀다. 지속적으로 정부지출의 비중을 축소해 온 결과, 2000년대 들어서는 2008년의 세계적인 경제위기 이전까지 45%미만의 정부지출 수준을 유지하였다. 그러나 2008년에는 약 48.2%로 다시 상승하였는데, 최근 정부지출 비중이 다소 감소하는 추이를 보이고는 있으나 여전히 경제위기 이전의 수준으로 되돌아가지는 못하는 상황이다.

〈표 5-1〉 OECD 국가의 정부수입 및 지출 규모 비교(2015년)

국가	정부 수입		정부지출	
	1인당(천 달러)	GDP 대비(%)	1인당(천 달러)	GDP 대비(%)
호주	16,115	34.3	17,483	-
오스트리아	25,010	49.9	25,543	50.9
벨기에	23,558	51.3	24,710	53.8
캐나다	17,584	39.8	18,167	-
체코	13,987	41.1	14,202	41.6
덴마크	26,203	53.3	26,861	54.8
핀란드	22,928	54.2	24,084	57.0
프랑스	21,908	53.1	23,387	56.6
독일	21,441	44.5	21,110	43.8
그리스	12,725	48.1	14,289	55.2
헝가리	12,821	48.2	13,231	49.6
아이슬란드	20,053	42.0	20,451	42.9
아일랜드	18,885	26.9	20,232	28.7
이탈리아	17,795	47.7	18,795	50.1
일본	14,606	35.9	16,037	39.5
한국	11,681	33.6	11,193	32.3
룩셈부르크	44,485	42.8	43,010	41.4
멕시코	4,232	23.7	4,391	-
네덜란드	**21,439**	**42.8**	**22,474**	**44.7**
뉴질랜드	14,881	-	14,891	-
노르웨이	33,977	54.9	30,263	48.8
폴란드	10,345	38.9	11,026	41.5
포르투갈	13,051	43.8	14,346	48.3
슬로바키아	12,809	42.5	13,630	45.4
스페인	13,416	38.5	15,195	43.6
스웨덴	24,136	49.8	24,003	50.0
스위스	21,850	34.7	21,181	33.5
터키	8,371	34.4	8,053	-
영국	16,094	38.1	17,910	42.4
미국	18,791	33.4	21,157	37.6

자료: OECD Stat. 2017.12.28. 인출.

〈표 5-2〉 네덜란드 정부수입의 구성

(단위: %)

구분	2012년	2013년	2014년
조세	48.6	48.6	50.8
사회보장 부담금	35.2	35.2	35.0
판매	8.1	7.9	7.8
기부 및 기타	8.0	8.4	6.4

자료: OECD Stat. 2017.12.28. 인출.

〈표 5-3〉 네덜란드 중앙정부지출의 구성

(단위: %)

구분	2012년	2013년	2014년
일반 공공서비스	27.3	28.3	28.2
국방	4.3	4.5	4.2
공공질서, 안전	6.4	6.8	6.4
경제	10.8	9.5	10.7
환경보호	0.6	0.6	0.4
주거	0.4	0.5	0.5
보건의료	7.0	6.0	6.0
문화, 종교	1.3	1.1	1.1
교육	17.1	18.2	17.5
사회보호	24.9	24.4	25.0

자료: OECD Stat. 2017.12.28. 인출.

〈표 5-2〉에서 볼 수 있듯이 정부의 수입에서 가장 큰 비중을 차지하는 수입원은 조세이다. 최근 조세가 정부수입에서 차지하는 비중은 증가하는 양상을 보였으며, 2014년에는 전체 정부수입의 50.8%를 차지하기도 하였다. 네덜란드의 사회보장체계가 기여에 근거한 사회보험을 중심으로 구축된 만큼, 사회보장 부담금이 정부의 재정수입에서 차지하는 비중 또한 적지 않다. 2014년의 정부수입 중에서 사회보장 부담금이 차지한 비중은 약 35.0%에 이른다.

한편 〈표 5-3〉에서 확인할 수 있듯이 네덜란드 중앙정부의 지출에서 가장 큰 비중을 차지하는 것은 일반 공공서비스, 그 다음이 사회보호(*social protection*)다. 2014년 전체 중앙정부의 지출에서 일반 공공서비스 관련 지출이 차지한 비중은 28.2%, 사회보호부문 지출이 차지한 비중은 25.0%였다.

2) 재정수지와 국가부채

1990년대 중반 이래로 경제가 크게 회복되면서 네덜란드 정부의 재정건전성도 크게 강화되었다. 특히 1999년 유럽경제통합(EMU) 출범 시에 정부 재정적자(3%)와 부채(60%)에 대한 유럽연합의 가이드라인을 가장 먼저 충족시킨 국가가 될 정도였으므로, 네덜란드는 재정건전성 면에서 유럽 국가 중 최고 수준을 자랑하였다. 이러한 상황은 2000년대 중반까지 이어졌는데, 안정된 경제성장과 높은 고용률 덕분에 2000년대의 정부재정은 대체로 흑자를 기록하였다.

그러나 2008년에 글로벌 경제위기를 맞이하면서 정부의 지출이 증가하였고, 재정수지는 다시 적자로 돌아섰다. 2008년에는 GDP 대비 0.2%의 흑자를 기록하였던 정부재정은 2009년 5.4% 적자로 전환되었다. 이후 적자의 규모는 점차 감소하였지만 2015년까지도 흑자 전환은 달성하지 못하였다(〈그림 5-1〉 참조).

재정적자로 정부부채의 비중도 늘어나기 시작하였다. 〈그림 5-2〉에서 볼 수 있듯이, 1990년대 이후로 정부부채의 비중은 꾸준히 감소하기 시작하여 2007년에는 48.5%까지 떨어졌으나, 2008년에 다시 61.3%로 증가하였다. 그 뒤로 2010년 이후까지 지속적으로 70% 이상의 부채비율이 나타났다.

〈그림 5-1〉 1995년 이후 GDP 대비 정부재정수지

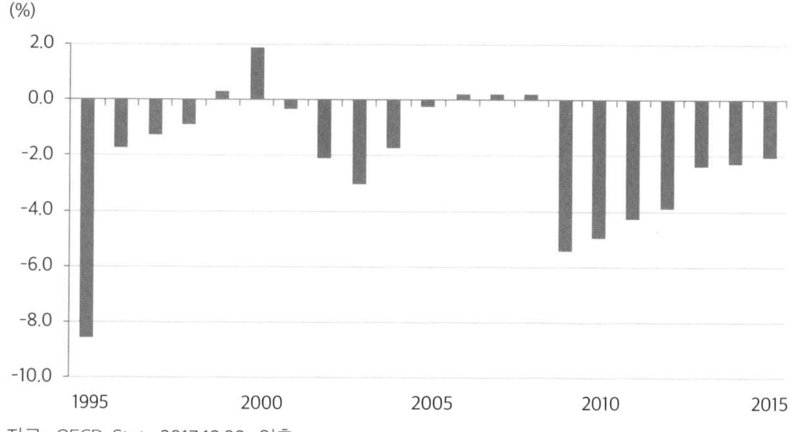

자료: OECD Stat. 2017.12.28. 인출.

〈그림 5-2〉 1995년 이후 GDP 대비 정부부채 비율

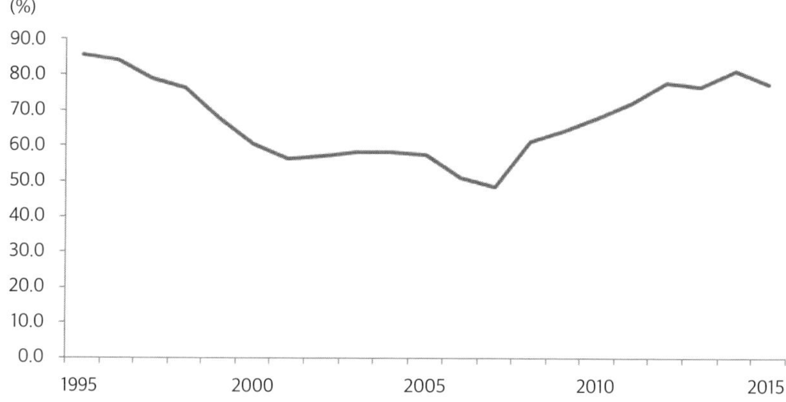

자료: OECD Stat. 2017.12.28. 인출.

3) 조세부담률과 국민부담률

네덜란드의 총조세부담률은 2015년 현재 GDP의 37.4%이다. 사회보험료 납부 등 사회보장 기여금의 GDP 대비 비율은 14.1%이다. 이 두 수치 모두 OECD 평균(34.0%, 11.5%)에 비해 높은 수치이다.

네덜란드의 조세부담률은 스웨덴 등 북구 국가에 비해서는 낮은 편이지만 독일, 스위스 등에 비해서는 높다. 사회보장부담률의 경우, 프랑스(16.8%)에는 미치지 못하지만 OECD 국가 가운데 상위권에 속하는 편이다. 이와 같이 사회보장 부담률이 상대적으로 특히 높은 수준인 것은 사회보험제도가 보험 방식으로 운영되는 데에서 비롯된 측면이 크다고 볼 수 있을 것이다.

네덜란드의 조세부담률과 사회보장부담률은 2010년 이후 다소 증가하는 추이를 보였다. 그러나 장기적인 변화를 보면, 〈그림 5-4〉에서 보듯이 총조세부담률은 35~38%, 사회보장부담률은 12~15% 사이에서 큰 변화를 보이지 않는다.

〈그림 5-3〉 OECD국가들의 GDP 대비 조세부담률 및 사회보장부담률(2015년)

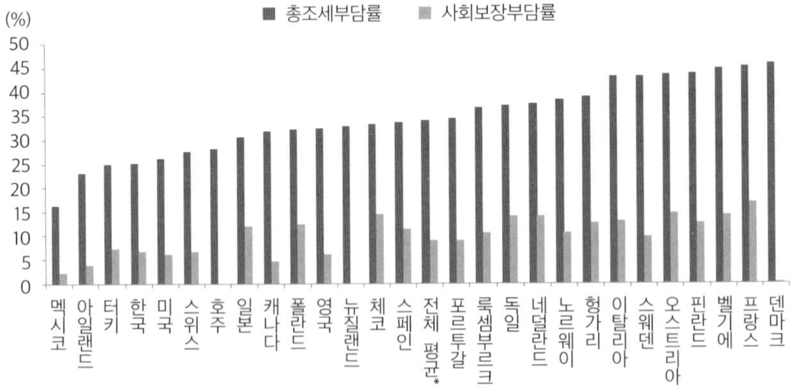

* OECD 국가 전체의 평균치.

자료: OECD Stat. 2017.12.28. 인출.

〈그림 5-4〉 네덜란드의 GDP 대비 조세부담률 및 사회보장부담률 변화

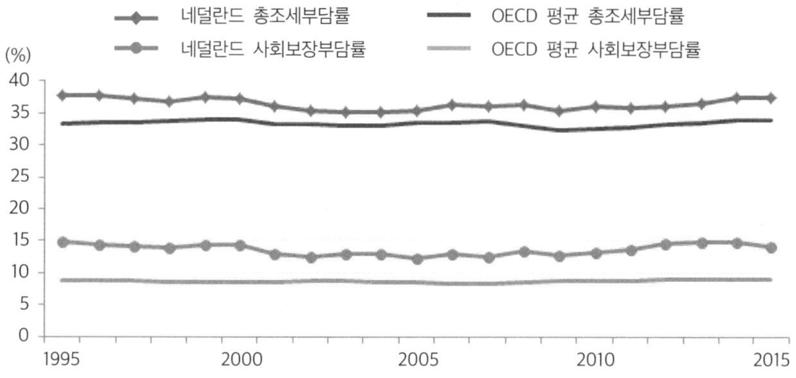

자료: OECD Stat. 2017.12.28. 인출.

2. 사회보장지출

일반적으로 사회보장 분야의 재정규모는 GDP 대비 공적 사회지출 비중으로 표현된다. 2015년 네덜란드의 GDP 대비 공적 사회지출 비중은 22.3%로 OECD 국가의 평균값인 21.0%에 비하면 다소 높은 편이다(〈그림 5-5〉 참조). 같은 해 한국의 사회지출 비중이 10.1%인 것에 비하면, 네덜란드의 사회지출 규모는 한국의 두 배가 넘는 셈이다.

〈그림 5-6〉은 공적 사회지출 비중의 장기적 추이를 보여 준다. OECD 국가의 평균 사회지출 비중이 1980년대 이후로 지속적인 증가세를 보이는 것과는 달리, 네덜란드는 2000년대 초반 사회지출 비중이 크게 감소한 시기가 있었다. 그러나 그 시기의 사회지출 비중도 OECD 국가의 평균치보다는 상회하였다.

이후 네덜란드의 사회지출 비중은 다시 증가하였고, 특히 2008년 경제위기 직후인 2010년에는 22.1%까지 상승하였다. 2013년 이후에는 그러한 증가세가 다소 꺾인 모습이다.

〈그림 5-5〉 OECD 국가의 GDP 대비 공적 사회지출 비중 비교(2015년)

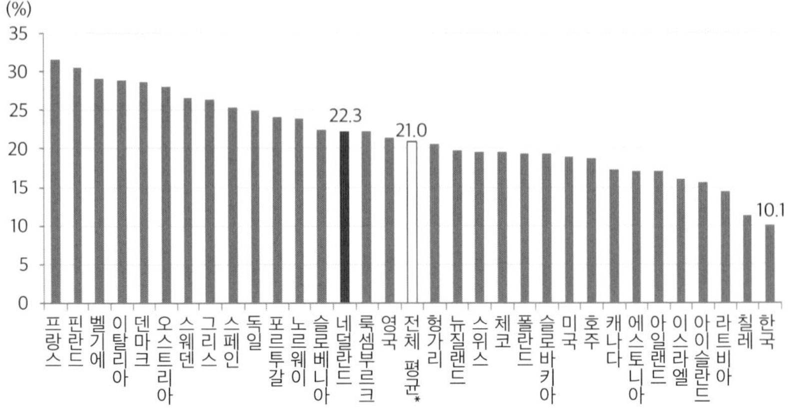

* OECD 국가 전체의 평균치.
자료: OECD Stat. 2017.12.28. 인출.

〈그림 5-6〉 네덜란드의 공적 사회지출 비중 변화

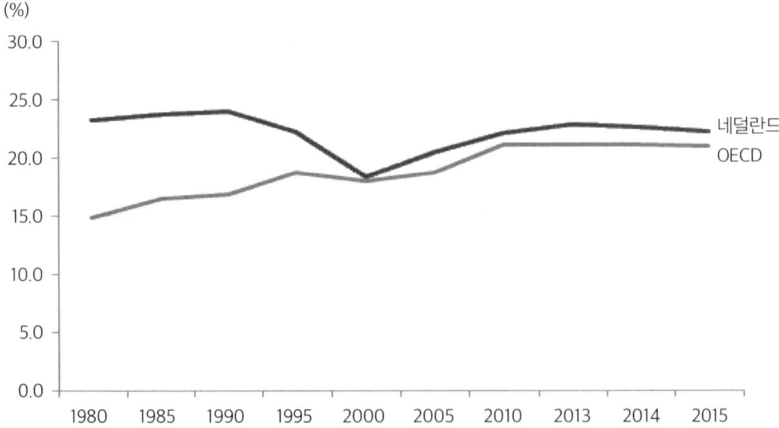

자료: OECD Stat. 2017.12.28. 인출.

〈표 5-4〉 네덜란드의 공공 사회지출 구성 변화(1980~2013년)

(단위: %)

구분	1980	1985	1990	1995	2000	2005	2010	2013
노령	24.5	23.5	24.6	23.3	26.6	25.4	25.8	27.1
유족	3.4	2.9	3.8	3.1	2.2	1.5	0.9	0.4
장애, 질병	26.2	21.8	24.6	21.1	19.6	16.1	14.0	13.5
보건의료	20.6	20.6	20.8	25.1	25.5	32.7	34.4	34.5
가족, 아동	9.9	8.4	6.7	5.4	7.6	7.3	6.8	5.7
적극적 노동시장	2.1	5.0	5.0	5.8	7.1	5.9	5.0	3.5
실업	6.4	13.0	10.0	12.1	6.5	7.3	6.8	7.0
주거	0.9	1.3	1.3	1.8	1.6	1.5	1.8	1.7
기타	5.2	3.8	3.3	3.1	3.3	2.4	5.0	5.7

자료: OECD Stat. 2017.12.28. 인출.

〈표 5-4〉는 네덜란드 공적 사회지출의 부문별 구성이 어떻게 변했는지 보여 준다. 각 부문별 지출이 전체 공적 사회지출에서 차지하는 비중의 변화를 정리한 것이다. 2013년을 기준으로 보면 가장 큰 비중을 차지하는 것은 보건(34.5%), 다음으로는 노령(27.1%), 장애(13.5%) 순이다. 장기적인 변화를 보면 노령 관련 지출의 비중은 1980년대 이후 일정한 수준을 유지하는 양상이다. 반면 보건 관련 지출의 비중은 1990년대 중반에 증가하였고, 2005년에 다시 한 번 크게 증가하였다. 장애 관련 지출의 비중 역시 2000년대 들어 감소하는 추이이다. 실업과 적극적 노동시장과 관련된 지출의 비중은 2000년대 들어 감소하였고, 2008년의 위기를 거치면서도 크게 증가하지 않은 모습을 보여 준다.

네덜란드는 재정수입이나 지출의 상대적 규모, 사회보장지출의 비중 측면에서 OECD 국가 중 평균 이상의 건전성을 보여 준다. 한편 2008년의 경제위기는 재정 및 사회보장지출의 장기적 추이에 변화를 초래하였으며, 일부 지표는 여전히 위기 이전의 상태로 회복되지 못하고 있다. 이러한 현재 네덜란드의 상황이 향후 어떤 모습으로 변화할 것인지 주목된다.

■ 참고문헌

OECD(2017). *Government at a Glance 2017*. OECD Publishing.

OECD Stat 웹페이지. http://stats.oecd.org/.

제 2 부 소득보장제도

06
공적연금제도*

1. 공적연금제도 개관

1) 공적연금의 역사

네덜란드 연금제도의 효시는 1836년에 도입된 공무원연금제도이다. 일반 국민을 대상으로 한 연금제도는 1919년 〈노령연금법〉의 제정으로 시작되었다. 이 법은 보험 방식에 기초하여 연금을 제공하였으나 연금의 수급 요건(70세 이상)이 엄격한 데다 급여액이 낮고 적용범위도 좁아 제대로 된 노후보장을 제공하지 못했다. 현대적인 노후보장은 제 2차 세계대전 직후인 1947년 〈노령연금에 관한 긴급조치〉이 제정되면서 비로소 실현되었다. 이는 당시 빈곤에 처한 노인의 생계를 긴급히 보호하기 위한 비상조치였다. 1957년에 보편적 노후소득보장을 지향하는 〈일반노령연금법〉(Gen-

* 이 글은 2012년 《주요국의 사회보장제도: 네덜란드》(한국보건사회연구원, 2012) 에서 필자가 작성한 "제 2부 제 2장 연금제도"를 수정 보완한 것이다.

eral Old Age Pensions Act, Algemene Ouderdomswet: AOW)이 제정되면서 1919년의 〈노령연금법〉과 1947년의 〈노령연금에 관한 긴급조치〉가 흡수·통합되어 오늘에 이른다(SVB, 2008a).

노령연금제도와는 별개로 사망위험에 대한 공적 소득보장제도로서 1959년 〈일반유족연금법〉(General Surviving Dependants Pensions Act: ANW)이 도입되었다. 〈일반노령연금법〉과 〈일반유족연금법〉은 그 명칭의 '일반'이라는 단어에서 알 수 있듯이 전 국민을 대상으로 한 제도인데, 사실상 다른 국가와 비교가능한 통상의 연금제도이기도 하다. 즉, 네덜란드의 연금체계는 대한민국, 독일, 미국 등에서 볼 수 있는, 노령이나 장애, 사망위험을 하나의 제도로 보장하는 전형적 연금보험체제와는 구조가 다르다.

특히 네덜란드는 장애위험을 보장하는 공적연금(WAO, WIA 등)을 별도로 운영하는데, 역사적으로 볼 때 가장 오래된 제도이다(1919년에 처음 도입). 장애급여는 피용자를 주 대상으로 하고 소득비례급여를 제공한다는 점에서 전체 국민을 대상으로 기초연금을 제공하는 일반연금제도와는 성격 및 기능을 달리한다(SVB, 2008a). 특히 이 장애보험제도는 전적인 사용자 부담으로 재원을 마련한다는 점에서 산업재해보험의 성격이 있지만, 산업재해와 일반재해를 구분하지 않고 보장한다는 특징 또한 띠고 있다.

네덜란드에서 연금제도라 함은 통상적으로 장애급여를 제외한 〈일반노령연금법〉과 〈일반유족연금법〉에 의한 소득보장제도를 의미하는바, 뒤에서는 이 두 제도를 중심으로 살펴보고자 한다. 한편 장애보험은 산업재해보험의 범주에서 살펴볼 것이다.

2) 공적연금의 체계

네덜란드는 OECD나 IMF 등의 보고서에서 3층적 혹은 다층적 노후보장제도를 갖춘 모범적 국가로 자주 언급된다(IMF, 2016). 공적연금이 본격화되기 이전인 1952년, 〈연금저축법〉(Pension Savings Act)이 제정되면서 네덜란드에서도 기업연금(*occupational pension*)이 본격적으로 발달하기 시작했다. 이 제도는 거의 강제가입제도[1]로 운영됨에 따라 오늘날 전체 피용자의 90%에게 적용될 정도로 보편화되어 있다. 아울러 적립 방식 비례연금의 성격을 갖춘 기업연금은 부과 방식인 보편적 기초연금으로서의 공적연금과 유기적으로 연계되어 상호 보완함으로써 균형과 조화를 이루도록 설계되었다.

네덜란드는 이 두 제도, 공적연금과 기업연금을 통해 퇴직 전 소득의 70%를 보장하고자 한다(MSZW, 2008). 보장 수준 내에서 공적연금이 비대해지면 자동적으로 사적연금(기업연금)이 축소되도록 규정한 것이다. 현재 기업연금은 네덜란드 국민의 노후보장에 가장 큰 역할을 하는 핵심적 제도 중 하나로서, 기타 사적연금과 함께 공적연금인 기초연금을 보완하는 기능을 맡는다.

한편, 노령연금과 유족연금은 제1층의 공적연금과 제2층의 기업연금에서 모두 보장하는 점(*dual system*)도 특징적이다. 대부분의 국가에서는 기업연금의 영역이 노령위험의 보장에 국한되지만, 네덜란드는 사망위험(유족연금)이나 장애위험(장애급여)까지 기업연금을 통해 보장한다. 〈표 6-1〉은 네덜란드의 연금체계를 다층체계 개념으로 분류하여 개괄적으로 보여 준다. 제2층의 기업연금은 중요한 제도이므로 공적연금과 함께 살펴볼 필요가 있다. 이외에도 노인 등을 위한 제0층 제도로서의 최저소득보장제도(우리나라의 기초생활보장제도에 해당) 또한 공적연금을 기술하면서 간단하게나마 살펴볼 것이다.

1) 기업연금은 법적으로 강제되지 않지만, 산업별 노사단체협약에 참여한 기업이나 산업은 협약으로 결정된 사항을 당연히 따라야 한다. 그러므로 경우에 따라 기업연금에서 제외되는 근로자도 있을 수 있다.

<표 6-1> 네덜란드의 연금체계 개관

층(Pillar)	주요 내용
1층 강제로 적용되는 공적연금	· 일반노령연금법(AOW)과 일반유족연금법(ANW). · 노령과 사망위험 보장(각 위험에 대해 별도의 법으로 연금제도 제정). · 노령연금은 '거주조사'에 기초한 보편적 기초연금, 유족연금은 '소득조사'에 기초한 사회부조형 연금. · 재원은 세금(사회보장세)으로 부과하여 조달. · 급여 수준은 가처분 최저임금에 따라 연동.
2층 단체협약을 통한 직역연금	· 연금 및 저축기금에 관한 법률에 근거. · 공무원연금제도(ABP), 산업연금기금(BPFs), 개별기업연금(OPfs), 직접보험제도 등. · 노령, 사망, 장애위험 보장(단, 사망과 장애위험은 임의). · 단체협약에 의한 의무가입. · 노사가 비용을 분담(대개 사업주 50% 이상 부담)하여 재원조달. · 적립 방식, 소득비례 및 고용연계 급여,
3층 임의가입을 통한 개인연금	· 민간 보험사 등이 제공하는 개인연금. · 세금공제혜택 등을 통해 가입 유인을 부여. · 기업연금의 혜택에서 제외된 자영자 등이 가장 주요한 대상자.

2. 공적연금(제 1층)

1) 제도의 성격

공적연금은 <일반노령연금법>과 <일반유족연금법>에 의거하여 규정된 급여로서 모두 정액의 기초연금을 제공하는 점이 특징이다. 이 제도는 내외국인을 막론하고 네덜란드에 거주하는 모든 사람에게 부여되는 보편적 연금이다(MSZW, 2011). 다만, 유족연금은 제도의 도입 당시에는 보편적 제도로 출발하였으나 1990년대에 개혁이 이루어지면서 소득조사를 전제로 급여를 지급하는 선별적 제도로 그 성격이 크게 변하였다. 노령연금은 도입 이래 보편적 사회수당형 기초연금의 성격을 계속 유지하였으나 유족연금은 사회부조형 기초연금으로 전환된 것이다.

또한 네덜란드의 기초연금은 대부분 거주 사실에 기반하여 급여를 지급하면서도, 재원은 보험료로 조달된다는 점도 특징적이다. 보험료는 소득이 있는 개인에게 부과되며, 부과소득의 범위는 근로소득과 자영소득, 사회보장급여 등이다. 이때, 각 위험별로 보험료율과 회계가 분리된다. 즉, 소득이 있는 누구나 연금보험료를 납부해야 하지만, 기여금 납부 수준이 급여 수준과 거의 연계되지 않는다. 따라서 기초연금의 기여금은 사실상 사회보장세금(*social security tax*)의 개념에 더 가깝다.

공적연금(기초연금)의 마지막 특징으로는 보장 대상 위험의 범위를 노령과 사망위험에 국한한다는 것, 그리고 이 두 위험을 각각 개별적인 법률로 보장한다는 점이다. 통상적으로 연금제도는 노령 및 사망위험과 함께 장애위험도 포괄하지만 네덜란드의 제도는 예외적이다. 더욱이 네덜란드의 장애보험은 적용범위가 피용자에게 국한된 피용자연금이고, 급여도 비례연금이라는 점에서 다른 연금제도와 성격을 완전히 달리한다. 이처럼 보장위험에 따라 서로 다른 성격의 제도를 도입・운영하기 위해, 네덜란드는 각 연금별 제도를 개별 법률로 규정한다.

2) 가입 대상

15세 이상 65세 미만이며 네덜란드에 거주하는 모든 국민은 소득활동 여부와 관계없이 기초연금(일반노령연금과 일반유족연금)의 강제가입 대상자가 된다. 근로자와 실업자, 피용자와 자영업자 그리고 비경제활동인구까지, 누구든 강제가입 대상자이다. 네덜란드 내에 살지는 않지만 국내에서 소득활동을 하는 외국인도 강제가입 대상자가 되어 보험료 납부의 의무를 진다(MSZW 2011).

네덜란드의 공적연금은 당연가입제도 외에도 임의가입제도를 두고 있다. 먼저, 1년 이상 가입하고 해외에 거주하거나 혹은 해외로 이주한 국민은 이주 후 1년 이내에 임의가입을 신청하고 해당 보험료를 납부함으로써 가입이 인정된다. 단, 이러한 경우에는 최대 10년까지만 임의가입이 가능하다. 아울러 2011년 1월 이후로는 해외에 거주하다가 귀국한 국민이 해외 거주로 인해 공적연금에 가입하지 못한 기간(15세 이후부터의 가입공백기간)에 대해 사후 납부(추납) 할 경우 가입이 인정된다. 추납은 귀국 후 4년 이내에 연금 등 국민보험을 관리하는 기관인 사회보험은행(SVB)에 신청하여야 한다.

한편, 현행 노령연금이 도입되었던 1957년에 이미 15세를 넘은 인구는 완전 수준의 연금을 수급하기 어려웠다. 15세부터 65세까지 50년간을 네덜란드에 거주하거나 기초연금에 기여해야 완전연금을 수급할 수 있도록 제도상 규정되었기 때문이다. 따라서 제도 도입 당시 이미 15세를 초과한 사람들에 대하여 15세부터 제도 도입 당시 연령까지의 기간을 가입인정기간(*credit period*, 크레디트 기간)으로 하여 적절한 노후보장을 제공받을 수 있도록 배려하였다(MSZW, 2011).

3) 재원조달

노령 및 유족기초연금은 부과 방식으로 운영되므로, 재원은 기본적으로 보험료로 충당된다. 노령연금의 보험료는 2015년 기준, 부과 대상자 소득의 17.9%, 유족연금은 0.6%이다(SSA, 2016). 노령연금 보험료는 18.25%를 초과할 수 없도록 법제화되어 있다. 유족연금 보험료율은 지급액이 감소함에 따라 계속 하락 중이다. 보험료 부과 대상이 되는 소득의 상한은 근로자 평균소득의 1배 수준(2015년에는 연 33,715유로)이다. 우리나라나 기타 선진국에서는 근로자(혹은 가입자) 평균소득의 2배 전후이므로, 상대적으로 낮은 수준이다.

15세 이상 65세 미만으로서 근로소득이 있는 사람은 모두 보험료를 납부해야 한다. 그러나 모든 사람이 의무적으로 보험료를 납부하여야 하는 것은 아니며, 임금 및 자영소득 그리고 사회보장급여(실업급여, 상병수당, 장애급여 등) 등 근로소득 혹은 근로소득과 연계된 급여가 있을 경우에만 보험료를 납부하면 된다. 취업근로자나 사회보장급여 수급자의 보험료는 고용주 및 사회보험관리기관(사회보험은행)이 원천징수하여 국세청에 납부한다. 자영업자의 경우에는 국세청에 의해 결정된 과표(자영소득)에 의거하여 개별적으로 납부해야 한다(SSA, 2016).

보험료 외에도 국고로부터의 보조가 기초연금 재원조달에 중요한 역할을 한다. 네덜란드의 기초연금제도는 경기변동이나 인구고령화 등의 요인으로 최고보험료(18.25%)를 넘어선 보험료 인상 압박(즉, 재정적자)이 있으면 이를 국고가 부담하도록 규정한다(MSZW, 2008). 이와 아울러 인구고령화 등으로 심화되는 적자 상황을 사전에 보완하고자 2001년부터 미리 국고의 일부를 적립금으로써 모으고 있다(European Commission, 2013).

4) 급여

앞서 보았듯이, 네덜란드에서 공적연금으로 제공되는 급여에는 노령연금(피부양배우자 보충수당 포함)과 유족연금 등이 있다. 그리고 이를 보충하는 급여로서 최저소득보장제도(*guaranteed minimum income*)도 있다. 최저소득보장제도는 우리의 최저생활보장제도와 유사한 성격을 가진 사회부조적 급여이다.

(1) 노령기초연금(AOW)

노령기초연금은 네덜란드에 1년 이상(단, 1950년 4월 출생부터) 거주한 이력이 있으면 누구나 수급할 수 있다(사회보험은행 홈페이지 참조). 노령연금은 65세부터 지급받을 수 있으며 그 이전에는 수급할 수 없다(SSA, 2016). 노령연금의 기본액 수준은 가구 상황에 따라 결정된다(〈표 6-2〉 참조). 그러나 과거의 소득은 기초연금 수준에 영향을 미치지 않는다.

노령기초연금의 완전연금액 수준(단신 기준)은 가처분 최저임금(최저임금에서 소득세 부담분을 제외한 부분)의 70%로 설정되며 정액이다. 이는 근로자 평균 임금 대비 30% 정도이며 기초연금을 운영하는 다른 국가에 비해 상대적으로 높게 설계된 것이다(SSA, 2016). 연금액은 매년 1월과 7월 두 번에 걸쳐 처분 가능한(*net*) 최저임금의 변화율에 따라 인상된다.

부부가 동시에 수급하는 경우의 완전연금액은 1인당 단신 기준 연금액의 70%(최저임금의 50% 수준과 동일)로 감액하여 지급한다. 다만 어느 한 쪽이 간호가 필요하거나 18세 미만의 아동을 부양하는 경우 감액하지 않는다. 앞서 언급했듯, 완전연금은 15세부터 65세까지(50년) 네덜란드에 거주했거나 보험료를 납부한 경우에 지급된다. 단순 거주한 경우에도 수급권이 주어지므로 전업주부 등 소득활동을 전혀 하지 않았던 사람이라도 50년을 거주했다면 완전연금 수급권이 부여된다. 그러나 15세부터 65세 사이에 네덜란드에 거주하지 않았거나(추납하거나 임의가입한 경우는 제외) 소득이 있었음에도 보험료를 납부하지 않은 경우(미납 및 체납한 경우)에는 그 1년당 2%가 감액되어 지급된다.

노령연금 수급권자의 배우자(동거인 포함)가 65세 미만이며 소득이 없거나 낮은 경우(소득조사를 통하여 배우자의 월 근로소득 및 사회보장급여 등의 소득이 일정 수준 미만임이 확인된 경우), 노령연금에 추가하여 피부양배우자 보충수당(*supplementary allowance*)이 지급되었다(European Commission, 2013). 배우자의 소득 수준에 포함되는 사회보장급여는 실업급여, 장애급여 및 상병수당 등이었다. 피부양배우자 보충수당은 단신 기준 부부지급률과 동률로 지급되었다. 그러나 해당 배우자가 외국에 거주했거나 일했다면 그 기간만큼 보충수당은 감액되었다(연 2%). 또한 해당 배우자가 65세에 도달하면 배우자 자신에게 노령연금 수급권이 발생하게 되므로 피부양배우자 보충수당 수급권은 자동으로 소멸하였다.

〈표 6-2〉 노령기초연금 완전연금액(2017년 1월)

구분	월기본액(유로)	휴가수당(유로)
단신	1,153.35	71.61
혼인 및 동거 부부(둘 다 65세 이상)	794.59	51.15
혼인 및 동거 부부(배우자가 65세 미만으로 피부양배우자 보충수당 수급권이 없는 경우)	764.59	51.15
혼인 및 동거 부부(배우자가 65세 미만으로 피부양배우자 보충수당 수급권이 있는 경우)	1,563.72	102.30

주: 1) 위의 지급률은 완전연금액을 의미.
2) 위의 연금액은 총지급액으로 사회보험은행이 조세나 기여금을 원천징수할 수 있으므로 순지급액은 더 낮을 수 있음.
3) 휴가수당은 매년 5월 한 번에 지급.
자료: 네덜란드 사회보험은행. https://www.svb.nl. 2017년 3월 인출.

배우자 보충수당은 소득에 따라 차별화되지 않았다. 다만, 2011년부터 부부의 합산소득이 일정 수준 이상인 가구에게는 기본액의 90%를 지급하였다. 그런데 재정안정화의 일환으로 2015년부터 배우자 보충수당제가 폐지되었다(MSZW, 2011). 이는 1950년 1월 이후 출생자(2015년에 65세가 되는 인구)부터 보충수당이 지급되지 않음을 의미한다.

이외에도 기초연금은 부가급여로서 휴가수당(*holiday allowance*)을 지급한다. 이 수당은 가족 상황 등에 따라 금액이 달라지지만 급여의 형태는 정액제이다. 휴가수당은 매년 5월에 1년 치가 한꺼번에 지급된다.

(2) 유족기초연금(ANW)

1950년대에 도입될 당시에는 노령연금과 동일하게 보편성을 지향하던 유족연금제도는 1996년에 큰 변화에 직면했다. 먼저, 남성 부양자 모델에 기초하여 유족연금의 급여 대상을 여성 배우자 유족(즉, 남성은 제외)과 혼인한 부부(즉, 비혼인 동거가족은 제외)로 한정하던 것을 남성 및 비혼인 동거가족까지 확대하였다. 비록 형식적인 대상의 범위는 확대되었지만 실질적인 수급 대상은 크게 축소되었다. 이는 1950년 이전에 출생한 사람, 18세 미만의 자녀를 부양하는 배우자, 근로능력을 45% 이상 상실한 장애인 등 요보호 대상의 범위를 축소함과 동시에 소득조사제도를 신규로 도입하였기 때문이다. 이러한 개혁을 통해, 유족기초연금은 노령연금과 달리 보편적 국민보험의 성격을 크게 잃어버렸다(Van Oorschot, 2006).

유족기초연금의 수급권은 가입자가 사망 당시 가입 중이었거나 노령연금을 수급 중이었을 때 그 유족에게 발생한다. 유족기초연금은 크게 배우자연금(*partner's pension*), 반고아연금(*half-orphan's pension*), 완전고아연금(*full orphan's pension*) 그리고 사망일시금(*death benefit*)으로 구분된다(SSA, 2016). 유족기초연금은 노령기초연금과 마찬가지로 가입자의 소득 수준과 관계없이 급여액이 결정되는 정액급여이다.

그러나 노령기초연금과 달리, 유족연금의 경우 급여액이나 수급 요건 등이 가입기간에 연계되지 않는다. 또 유족연금은 소득조사를 통과해야 수급이 가능하다는 점에서 엄격하다. 유족기초연금도 노령기초연금과 동일하게 연간 두 차례 조정되며, 최저임금 변동에 연동된다.

① 배우자유족연금

배우자유족연금을 수급하려면 유족인 배우자(혼인관계의 배우자뿐만 아니라 이성 및 동성 간 또는 형제·자매간의 동거인도 포함)가 65세 미만이어야 한다(European Commission, 2013). 아울러 배우자는 1950년 이전에 출생했거나, 그 이후 출생자라면 18세 미만 자녀를 양육하거나 혹은 근로능력을 45% 이상 상실한 장애인이어야 유족연금의 수급권을 얻을 수 있다. 네덜란드의 배우자유족연금은 유족배우자의 범위를 결혼관계하의 배우자를 넘어 사망 당시 동거 중이던 비배우자(형제자매 등)까지도 포괄한다는 점이 특징적이다. 별거 및 이혼수당을 받고 있는 이혼배우자도 유족배우자의 범위에 포함된다(MSZW, 2011).

또한 배우자유족연금은 소득조사(*income test*) 요건을 충족해야 수급권이 부여된다. 소득조사의 대상이 되는 소득에는 근로소득과 사회보장급여소득만 포함되며, 기타 자산 및 자산소득 혹은 기업연금 등은 소득조사 대상에서 제외된다. 또 최저임금의 50%에 상당하는 근로소득과 이 금액을 초과하는 모든 사회보장급여소득(실업급여, 장애급여, 상병수당 포함)의 3분의 1에 상당하는 금액은 공제 대상이다. 이 공제액을 초과하는 소득만큼 유족연금은 감액된다. 또 공제 후 총소득이 일정 수준(대략 근로자 평균소득)을 초과하면 유족연금 수급이 아예 불가능하다. 반면, 총소득이 최저임금 이하의 경우 완전연금액이 지급된다. 즉, 최저임금 이상의 소득이 있으면 최저임금 초과분의 유족연금은 감액하여 지급된다(MSZW, 2011).

배우자유족연금의 급여 수준은 노령기초연금과 동일하다(단신 기준 최저임금의 70% 상당의 정액). 유족배우자가 재혼을 하거나 공식 동반자관계(등록 필요) 및 동거관계를 형성하면 지급이 정지된다(동거는 6개월 이내에 종료될 경우 지급 재개가 가능함). 또한 18세 미만 피부양자녀의 파양, 장애상태의 회복 등의 경우에도 수급권을 상실한다. 수급자가 65세에 이르면 기초노령연금(AOW)이 지급되므로 배우자유족연금은 자동으로 수급권이 중단된다. 이러한 지급 정지 및 중단 사유가 발생하더라도, 배우자 본인에게 간호가 필요하거나 간호가 필요한 사람을 가정 내에서 돌볼 경우에는 유족배우자연금의 수급권은 정지되지 않는다. 다만, 이 경우에는 급여액의 50%가 감액된다.

② 반고아연금

반고아연금은 배우자연금 수급자에게 18세 이하의 피부양자녀가 있는 경우에 지급되며(SSA, 2016; European Commission, 2013), 자녀의 소득이나 자녀 수와는 관계없이 가구당 한 명의 자녀에 한해 반고아연금이 지급된다. 반고아연금은 최저임금의 20%에 상당하는 수준(휴가수당 별도)이며 유족배우자연금에 추가하여 지급된다.[2] 또한 배우자가 재혼 등으로 배우자연금 수급권을 상실하더라도 반고아연금의 수급권은 정지되지 않는다. 또 가구 내 부양자녀 중 최소한 한 명이라도 18세 이하의 자녀가 있다면 반고아연금 수급권은 지속될 수 있다.

피부양자녀가 자신의 부모가 아닌 다른 가정(후견인, *carer*)에 6개월 이상 장기간 위탁된다면 해당 후견인이 반고아연금의 수급권을 가지게 된다. 반고아연금의 수급권은 피부양배우자(혹은 후견인)가 65세에 도달하여 노령기초연금 수급권을 얻게 되면 중단된다. 이 경우 피부양자녀(18세 미만)가 있는 가구에 해당하는 기초연금액을 받게 되기 때문이다.

③ 완전고아연금

이 연금은 16세 이하의 완전고아, 즉 두 부모가 모두 사망한 아동에게 지급된다. 완전고아연금은 배우자유족연금과 달리 소득조사를 전제하지 않는다. 고아연금은 비록 수급자의 연령을 16세 이하로 제한하지만 대상자가 장애인이거나(18세까지, 18세부터 청년장애지원급여 수급권이 생기므로 보장의 공백기간이 없음) 고아연금 수급권을 가진 다른 형제자매와 함께 사는 경우, 혹은 학업 중인 상황(최대 21세까지)에서는 연장되어 지급될 수 있다. 고아연금의 급여 수준은 대상자의 연령에 따라 차등 지급되며 최고액 기준으로 유족연금의 3분의 1 수준(10세 미만 고아연금 기준, 휴가수당 별도 지급)이다.

2) 반고아연금을 수급하기 위해 반드시 혈연관계의 부모이어야 하는 것은 아니다. 18세 미만의 자녀를 입양하거나 돌보는 사람이면 지급 대상자가 될 수 있다. 반고아연금의 수급권은 배우자나 그 친권자가 가진다는 점에서 완전고아연금과 성격이 다소 다르다. 즉, 반고아연금은 일종의 피부양자수당이며 고아의 독립적인 수급권으로서는 인정되지 않는 것이다.

④ 사망일시금

사망일시금(*death benefit*)은 일종의 장례지원금의 성격을 가진다. 이는 피용자의 사망, 실업급여나 상병수당 및 장애급여 수급자의 사망, 노령연금 수급자 및 그 배우자의 사망, 유족연금 수급자 및 그 피부양자의 사망 시에 지급되는데, 각 상황에 따라 급여 수준을 조금씩 달리하는 점이 특징이다(SSA, 2016).

근로 중 피용자가 사망하는 경우에는 사망 직전 월 소득의 100%에 상당하는 금액을 일시금으로 지급한다. 장애급여, 실업급여 및 상병수당 등 피용자보험의 수급자가 사망할 시에는 수급자가 수급하던 월 급여액 100%에 상당하는 금액이 지급된다. 노령연금 수급자의 사망 시에는 월 노령연금액의 100%에 상당하는 일시금, 유족연금 수급자의 사망 시에는 유족자녀에게 월 유족연금액의 100%에 상당하는 금액이 지급된다.

(3) 최저소득보장급여

노령기초연금 등 사회보장급여를 받는 65세 이상 노인의 가용소득이 국민최저선(*social minimum standard*)에 미치지 못할 경우, 〈근로사회부조법〉(Wet Werk en Bijstand: WWB)의 노인부조규정(AIO)에 의거하여 사회부조급여를 수급할 수 있다(European Commision, 2013). 네덜란드의 국민최저선은 가처분 최저임금과 동일하여 다른 선진국에 비해 상대적으로 관대하다. 이로 인해 65세 이상 노인의 빈곤율은 매우 낮다.[3]

소유한 자산이 일정 수준 미만이어야 최저소득보장급여의 수급권자가 될 수 있다. 급여는 가구의 총소득(근로소득은 25%의 공제율 적용)과 국민최저선 간 차액 형태로 지급된다. 급여 신청은 지자체 및 사회보험은행 등

3) OECD(2015)에 따르면, 2012년 기준 네덜란드의 노인빈곤율은 2.0%로, OECD 평균 12.6%보다 크게 낮다.

을 통해 할 수 있다. 노인최저소득보장급여의 수급 여부는 기본적으로 지자체가 결정한다(MSZW, 2011). 재원은 전액 국고에서 조달된다.

5) 관리운영

노령기초연금 및 유족기초연금은 사회고용부가 관장한다. 그 산하에 한국의 국민연금공단 등에 해당하는 사회보험은행을 두어 관련 실무를 담당하도록 하였다. 사회보험은행 이사장 등 이사회 임원은 사회고용부장관이 임명하지만, 운영 자체는 상당히 독립적이다. 최근 사회보험은행은 최저소득보장급여 신청 접수 외에 급여 관리도 일부 함께 수행하게 되었다. 단, 급여지급 여부 등을 지자체가 결정하면, 사회보험은행은 이에 따른 지급만을 담당한다(MSZW, 2011). 또한 사회고용부 조직으로 관리감독국이 있는데, 사회고용부 산하 기관(SVB, UWV)의 급여를 관리하고 국세청의 보험료 징수 업무를 감독하며, 특히 부정수급 등을 체계적으로 감시한다.

한편, 네덜란드 국세청(The National Revenue Department)도 사회보험업무 수행에 일정 역할을 맡는다. 국세청은 소득세와 함께 연금보험료를 징수한다. 또한 대부분의 사회보험료를 징수하는 역할을 담당한다.

〈그림 6-1〉 네덜란드의 공적연금 관리체계

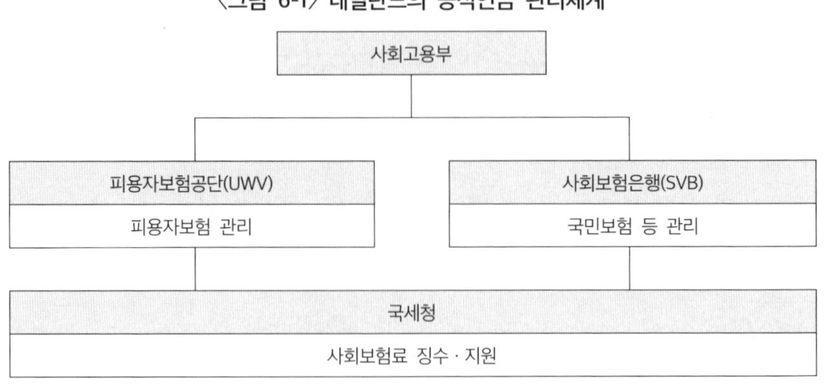

3. 기업연금(제 2층)

1) 제도 특성

네덜란드의 기업연금(*occupational pension*)은 보편적인 공적연금이 도입(1957년)되기 이전에 제정된 〈연금저축법〉(1952년), 이후에 제정된 〈산업별 기금 및 전문직자영자 기금의 강제가입법〉(2000년), 〈연금법〉(Pensions Act, 2007년) 등에 의해 체계화·현대화되었다(MSZW, 2011). 특히 2000년의 〈강제가입법〉에 의하면 산업별 단체교섭으로 (대상 기업 혹은 근로자의 60%가 동의하여) 가입이 확정되면 해당 산업에 속한 기업은 자동적으로 강제가입 의무를 진다. 이 경우 사용자는 소속 근로자에게 의무적으로 기업연금을 제공해야 한다(IMF, 2016).

여기서 볼 수 있듯이, 네덜란드의 기업연금은 강제연금에 가까운 제도(*quasi-mandatory occupational schemes*)이다. 강제가입규정으로 인해 기업연금은 네덜란드 전체 근로자의 90%가 가입해 있을 정도로 보편적이다(OECD, 2015). 네덜란드의 기업연금은 기초연금인 공적연금을 충실히 보완하는 제 2층의 제도로서 강제가입 비례연금의 성격을 띤다. 산업별 단체협약에 기초하므로 개인 단위의 저축에 비해 위험상쇄 기능이 강하다.

기업연금은 단체협약에 따라 확정급여형(*defined benefit plan*: DB)과 확정기여형(*defined contribution plan*: DC)으로 지급된다. 최근에는 두 형태의 혼합형(*hybrid*)인 단체확정기여형(*collective defined contribution*: CDC) 급여도 허용된다.[4] 또 확정급여형 연금제도는 연금액을 계산하는 방법에 따라

---

4) 혼합형은 기본형인 확정급여형(근로자가 받는 급여가 사전에 정해져 있어 급여가 안정적임)과 확정기여형(사용자가 부담하는 보험료 부담이 사전에 정해져 있어 재정이 안정적임)의 장점을 취한 것으로, 연금의 기금이 충분히 적립되었을 때에만 확정급여형 급여를 지급한다.

최종소득연계형(*final pay plan*)과 생애소득연계형(*career-average plan*)으로 구분된다. 어떤 형태의 기업연금이든 모두 퇴직연령에 도달하면 연금의 형태로 수급하여야 한다. 대부분의 기업연금은 아직 사용자가 위험부담을 지는 확정급여형 연금을 제공하지만(기업연금 가입 근로자의 94%에게 적용됨. OECD, 2015) 재정적 어려움으로 인해 최근 확정기여형이나 혼합형으로 약간씩이나마 전환되는 추세이다.

확정급여형 연금의 경우도 재정적 위험이 증가함에 따라 최종소득연계형에서 생애소득연계형으로 급속히 전환되고 있다. 2000년에는 최종소득연계형이 확정급여형 연금의 59%를 차지하였으나 최근에는 생애소득연계형이 거의 100%에 이를 정도로 전환이 이루어졌다(OECD, 2015). 생애소득연계형은 대부분 특정 연도까지는 소득상승률에, 그 이후에는 물가에 연동하여 재평가한 생애평균소득을 기준으로 연금을 산정한다. 또 최종소득연계형도 재정적 위험을 줄이기 위해 수정형(*moderate final pay scheme*)으로서 일정 연령까지는 소득상승에 연계되다 이후로는 연동되지 않는 형태의 급여로 운영되기도 한다. 그러나 통상적으로 모든 기업연금은 35년 혹은 40년 가입 기준 최종소득의 70%를 보장한다. 이 70%는 공적연금인 기초연금(완전)을 포함한 수준인데, 기업연금은 실질적으로 기초연금을 제외한 부분을 보장하는 것을 목표로 한다.

준강제연금, 집단적 위험상쇄라는 성격 외에 이동성(*portability*)이 잘 보장된다는 점도 네덜란드 기업연금의 특징이다. 이직 시, 기존 직장을 통한 수급권을 그대로 유지할 수도, 새 직장으로 수급권을 이전할 수도 있다. 물론 각 기업이 운영하는 연금제도에 따라 연금실질가치를 유지하는 방법(임금연동 혹은 물가연동 등)이 다르므로 수급권 이동에 따른 유・불리를 잘 따져야 한다.

2) 적용 대상

기업연금 당연적용 사용자 혹은 기업에 고용된 15세 이상 65세 미만의 모든 취업자는 당연히 기업연금 가입 대상이다. 산업별 단체협약에 가담한 모든 기업은 당연적용 대상이다. 공공부문 관련 여부, 사업장의 규모, 고용 형태, 성별 등에 따라 적용 대상이 제한되지 않는다. 다만, 동일기업에서 최소한 3개월 이상 고용이 지속되고, 소득이 최저임금(기초연금 산정의 기준이 되는 소득) 이상인 근로자만 수급권을 받을 수 있다.

산업별 단체협약에 적용을 받지 않는 기업이나 산업에 종사하는 근로자는 임의가입 대상이다. 이외에도 실업급여 수급자나 출산·상병·장애급여 등 사회보장급여 수급자는 본인 부담에 의거하여 임의가입을 할 수 있다. 자영업자의 경우는 의사, 변호사 등 전문직 종사자만이 법률에 의거하여 해당 연금기금(전문직 연금기금)의 의무가입 대상이 된다.

3) 재원

기업연금의 보험료율은 해당 기업별·산업별 단체교섭에 따른 합의로 결정된다. 2012년 기준, 보험료율은 평균적으로 임금(단, 최저임금을 공제한 소득이 실제 부과 대상소득)의 약 17.5%이다(OECD, 2015). 그러나 개별 보험료는 연금기금에 따라 8%에서 25%까지 차이가 크다. 이러한 보험료율 격차는 급여 형태의 차이, 연금제도 간 인구통계학적 구조와 기금운용 성과 등의 차이에 기인한다. 하지만, 동일 연금기금 내에서는 성, 연령 혹은 소득 등에 따라 보험료율(급여율 포함)에 차이를 둘 수 없다.

기업연금의 보험료는 노사 분담을 원칙으로 하나, 일반적으로 사용자가 더 많이 부담하는 경향이다. 이는 기업연금에 이연임금(*deferred wage*)의 성격도 있다고 보기 때문이다. 고용주와 근로자는 일반적으로 67 대 33의 비율로 보험료에 기여한다(MSZW, 2011). 사용자는 근로자 부담분을 임금에서 원천징수하여 기업연금사업자(연금기금 혹은 민간 보험사 등)에게 납부한다.

기업연금의 재정은 완전적립식으로 운영되며, 2014년에 적립기금의 규모는 GDP의 160%에 육박하였다(IMF, 2016). 거의 모든 연금기금은 기본적으로 적립률 100% 이상을 확보하고 있어 재정적으로 건전하게 운영된다. 연금 형태 중에서는 산업별 연금기금이 가장 크며 전체 기금의 3분의 2를 점유한다. 가입자는 550만 명 정도이며, 수급자는 300만 명에 달한다(IMF, 2016).

4) 급여

기업연금이 제공하는 급여는 크게 노령퇴직연금과 유족연금 그리고 장애급여로 구분된다. 노령연금은 강제사항이며 유족연금이나 장애급여는 임의사항이다. 그러나 연금기금은 일반적으로 유족연금이나 장애급여도 제공한다. 이러한 기업연금의 구체적인 내용은 노동조합단체와 사용자단체의 협의에 의해 결정된다(MSZW, 2011).

(1) 노령연금

한 사업장에 3개월 이상 재직하면 노령연금 수급권이 발생하며, 65세 도달 시점부터 지급된다. 급여 수준은 40년 근로 시 공적 기초연금 급여액과 합쳐 소득대체율(최종소득 대비 연금액)이 통상 70%가 되도록 설계되어 있다. 확정급여형 기업연금의 경우 세제혜택이 가능한 적격 가입연수당 지급률(*accrual rate*)은 최대 2%(최종소득연계형) 혹은 2%에서 2.25% 사이(생애소득연계형)로 제한된다. 그리고 65세 퇴직연령에 수급 가능한 연금액은 기초연금을 포함하여 최종소득의 100%를 초과할 수 없다. 실제로 최종소득연계형 연금의 경우 대개 1.75%의 지급률(40년 근로 시 소득대체율 70%)을 적용하며, 생애소득연계형은 1.75~2.2%를 제공한다(OECD, 2015).

이때 연금산정 기준소득(*pensionable earning*)은 총소득에서 공적연금(기초연금)의 기준이 되는 소득(최저임금 상당)을 공제한 소득으로 한다. 이 소득을 프랜차이즈(*franchise*)라고 부르는데, 이러한 명칭은 공적연금 도입에 반대하는 기업의 저항을 감안하여 기업연금의 역할 일부를 공적연금에 위임한 데서 비롯되었다. 이러한 구조를 통해 공적연금(기초연금)의 비중이 커지면 기업연금의 부담이 줄어드는 등 공사연금 간 역할 분담이 자동적으로 변화되도록 되었다. 이론적으로는 목표대체율 70% 중에서 기초연금이 30%, 기업연금이 40%를 보장한다. 오늘날 은퇴한 노인의 소득에서 두 급여는 유사한 비중을 차지한다.

앞서 제시하였듯이, 기업연금의 노령연금도 이직 시에 그 수급권이 보장된다(MSZW, 2011). 이직자는 자신의 수급권을 이직 전 연금기금에 그대로 유지하거나 이직한 직장의 연금기금으로 옮길 수도 있다. 모든 연금기금은 규정된 과거소득의 재평가(*valorization*) 및 연금 연동(*indexation*) 방식에 의거하여 실질가치가 유지되는 연금을 지급해야 한다. 재평가 및 연동 기준은 획일적으로 규정되어 있지 않으며 노사 간의 협의에 따른다. 기업연금의 90%는 과거소득을 소득상승률로 재평가하며, 55%는 수급 중 연금을 소득상승률만큼 인상하는 경향을 보인다(OECD, 2015).

(2) 유족연금 등

기업연금의 유족연금은 가입자가 사망 당시 취업상태에 있어야 수급권이 부여되며, 주로 유족배우자나 자녀에 한하여 제공된다. 유족연금은 공적노령연금(기초연금)과 연계되어 있는 경우(*pension on accrual basis*)와 그렇지 않는 경우(*pension on risk basis*)로 구분된다. 전자는 기초연금의 수급 여부, 소득 수준과 가입기간 등에 따라 유족연금의 수급권과 급여 수준을 정하는 것을 의미한다. 이때, 일반적으로 배우자유족연금은 예상되는 노령연금의 70%, 유족 자녀에게는 14%가 각각 지급된다. 반면 후자는 고용관계가 유지되는 동안 사망하였을 시에는 전자와 같이 정상적인 유족연금이 지급되지만, 고용관계가 종료된 이후 사망하였을 시에는 유족연금의 수급권을 부여하지 않는다. 비용 부담 때문에 최근 유족연금은 대개 후자에 기초하여 지급되는 추세이다(MSZW, 2011). 장애급여도 유족연금과 유사한 구조로 설계되었다.

5) 기금 조직 형태

기업 도산 등의 상황에서도 수급권을 보장하기 위해 기업연금 보험료는 반드시 연금기금이나 보험회사 등 회사 외부에 적립해야 한다. 어떤 형태로 기업연금을 운영할 것인지는 노사가 협의하여 결정한다. 대부분의 기업연금 운영 형태는 연금기금(*pension funds*)이다.

연금기금은 조직형태에 따라 하나 또는 그 이상의 특정 기업별 연금기금(*company-specific funds*, 그 예로 필립스, AHOLD & Heineken 등), 특정 산업별 연금기금(*industry-wide funds*, 동일 산업에 속하는 기업들이 연합하여 설립한 기금), 특정 직종별 연금기금(공무원, 철도직원, 공공운송, 철강, 전기, 건설 등), 전문직자영자단체 연금기금 등이 있다.

2014년 말 기준으로, 365개의 연금기금 중 284개는 특정 기업 연금기금, 69개가 특정 산업별 기금이다(IMF, 2016). 기금의 수 측면에서는 전자가 많으나 가입한 근로자 측면에서는 후자의 비중이 월등히 더 크다. 특정 기업별 연금기금이 전체 기업연금 가입 근로자의 12%를, 특정 산업별 연금기금이 76%를 각각 포괄하기 때문이다. 전체적으로 보면 연금기금은 시간이 갈수록 통폐합되며 그 수가 점차 줄어들고 있다. 특히 특정 기업별 연금기금 수의 감소폭이 큰데, 이는 규모의 경제 효과가 적어서 기금이 비

〈표 6-3〉 기업연금 주요 발달지표의 추이(2005~2014년)

구분		2005	2008	2010	2012	2014
연금기금의 총수(개)		800	656	514	414	365
	산업별기금	103	95	82	74	69
	개별기업기금	683	547	419	327	284
	전문직기금	14	14	13	13	12
가입자(천 명)		6,232	5,824	5,852	5,699	5,502
수급자(천 명)		2,438	2,609	2,767	3,009	3,187
평균적립률(%)		101	102	110	112	108

자료: IMF(2016).

용효과적이지 못하기 때문이다.

이외에도 개별 기업은 보험회사나 금융기관과 단체연금계약을 체결하여 기업연금을 운영할 수 있다(직접보험제도). 이러한 보험계약은 약 4만 개에 이르고 총 80만 명 이상의 근로자가 가입되어 있다(OECD, 2015). 이 중에는 소규모 기업이 연합하여 가입하는 연합기금제도라는 것도 있으며, 약 2만 2천여 개의 소규모 기업을 포괄한다. 마지막으로, 12개의 전문직자영자단체기금(*pension fund for professional groups*)이 있으며, 가입자는 전체 기업연금 가입자의 0.5%를 점한다.

연금기금은 노사 혹은 그 단체가 임명하는 대표자로 구성된 독립적 의사결정체로서의 이사회가 운영한다(EURACS, 2017). 이사회는 노동조합과 사용자단체의 대표자가 각 동수로 구성된다. 이사회는 가입자, 수급자 그리고 기업의 이해관계를 공평하게 보호할 의무를 가진다. 노동조합협회(Labour Foundation)는 연금기금의 지배구조에 대한 가이드라인을 제시하였다. 이 가이드라인은 이사회의 책임, 회계, 내부감독, 보고사항 등에 대해 규정한다. 이는 연금보험회사에게도 동일하게 적용된다. 이와 함께 수급자 대표성에 대한 규정도 있다. 이를 위해 연금기금에는 통상 참여자평의회(Council of Participants)를 두어 중요사항에 대해 자문과 심의를 거치도록 한다. 이 평의회는 가입자와 수급자의 대표자로 구성되는데, 그 비율은 현역 가입자와 수급자의 비율에 상응하여야 한다.

한편 〈연금법〉은 연금기금의 재정안정성을 확보하기 위해 엄격한 재정평가 기준(FTK)을 규정한다. 이는 비용효과적인 법정 기본적립률(100%)을 규정하는 동시에 예상치 못한 급격한 환경 변화에 대비하기 위해 추가적인 보충기금(*buffer fund*, 연금 부채의 20~30%)을 적립하도록 정한다. 특히 기본적립률 기준에 미달하는 기금을 보유한 연금기금은 재정적자 해소방법 및 부족기금의 보충 방법 등을 담은 정상화 계획(*recovery plan*)을 세우고 감독기관의 감독을 받아야 한다. 또 재정평가 기준에 따르면, 연금기금은 연금의 실질가치 유지 방법 내지 유지 가능성 등을 감독 당국에 주기적으로 보고할 의무가 있다.

6) 관리감독

기업연금의 전반적 감독은 네덜란드 중앙은행(DNB)과 금융감독원(AFM)의 연금시장 감독국이 담당한다(EURACS, 2017). 중앙은행은 건강한 재정상태 등 연금사업자에게 부과된 책임과 의무가 적정하게 충족되고 있는지 등을 감독하며, 금융감독원 연금시장 감독국은 기업연금 관련 정보가 근로자 및 수급자에게 제대로, 적절하게 제공되는지 등을 감독한다.

공적연금은 물론 사적연금을 포함한 노후보장체계에 대해 전반적 관리감독을 책임지는 기관은 사회고용부이다. 사회고용부는 기업연금의 설계, 운영 및 지배구조 등을 전반적으로 관할한다. 특히 강제가입 연금기금의 설립을 승인하고, 노사 간 연금협약이 합법적이고 효율적으로 이루어지도록 관리한다.

4. 최근의 개혁 동향

1) 공적연금

(1) 인구고령화와 연금재정

네덜란드도 다른 선진국들처럼 인구고령화에 직면하고 있다. 2060년까지 근로인구는 일정 수준 유지될 전망이지만, 연금 수급자의 수는 2030~2040년대 최대 수준으로 증가하면서 현재의 약 2배에 육박할 것으로 예상된다(〈그림 6-2〉 참조).

2007년 네덜란드의 공적연금 지출 규모는 GDP 대비 6.6%, 기업연금 지출은 5.2%에 달하였는데, 두 제도를 합산한 지출이 이미 OECD국가의 평균 지출을 넘어섰다. 이에 더하여 2060년경에는 인구고령화가 심화되는 등의 영향으로 공·사적연금 지출이 GDP의 20%에 육박할 것으로 예상되는 실정이다(SVB, 2008b).

〈그림 6-2〉 경제활동인구와 기초노령연금 수급자 수 전망

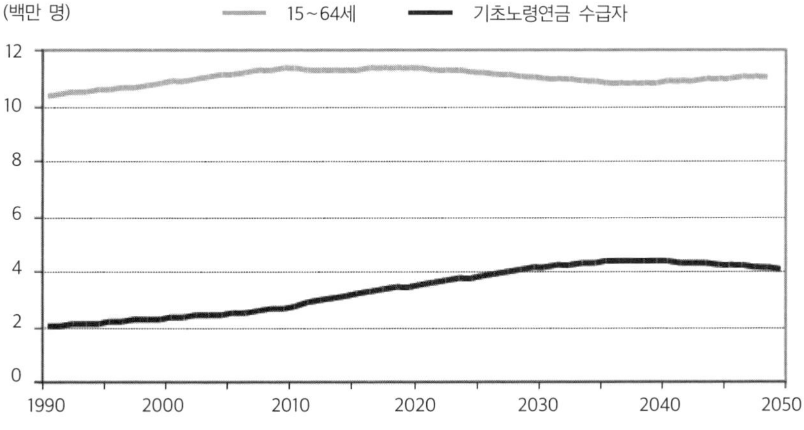

(백만 명) 15~64세 / 기초노령연금 수급자

y축: 0, 2, 4, 6, 8, 10, 12
x축: 1990, 2000, 2010, 2020, 2030, 2040, 2050

자료: SVB(2008b).

(2) 개혁 동향

공적연금 자체만 두고 본다면, 네덜란드는 사실 다른 EU 국가에 비해 연금재정 문제가 그리 심각한 상황은 아니다. 더구나 네덜란드의 연금제도는 다른 어느 선진국에 비해서도 공사연금의 균형적 발전이 잘 이루어진 사례이다. 그러나 기업연금이 사실상 공적연금에 준하는 제도라는 점과 장기적으로 연금 지출 규모가 상당 수준에 달한다는 점을 감안하면 인구고령화에 적극적으로 대응하지 않을 수 없는 실정이다. 이에 1990년대 말에 다양한 연금재정 안정화 개혁이 이루어졌다(SVB, 2008a).

먼저 1998년, 인구고령화 절정기에 대비하여 〈기초노령연금을 위한 국가 저축기금 조성법〉을 제정하였고, 이 법에 따라 2001년부터 정부는 저축기금(*savings fund*, 일종의 고령화 대비 완충기금)을 조성 중이다. 이는 고령화 절정기인 2035년 전후 시기의 국민 부담을 완화하고 미래 정부의 잠재적 부채를 덜어 주기 위한 것이다. 이 기금의 재원 전액이 정부의 일반재정에서 마련된다. 저축기금은 2020년까지 비축하여 그 이후로 사용, 2035년경에 최대 규모로 사용되다가(GDP의 0.8%, 기초노령연금 지출액의 12% 상당) 2045년경에 소진될 것으로 예상된다. 같은 해, 이와 함께 보험료율 상한선을 18.25%로 상향 조정하였고(현재 노령기초연금은 17.9%), 보험료율을 조정하여도 충족되지 않는 재정 부족분에 대해서는 국가의 일반재정을 확대 투입할 계획도 세웠다.

그 이후로도 재정안정화를 위한 다양한 대책이 논의되었다. 예를 들어, 추가적인 소득이 있는 연금 수급자에게 과세를 강화하거나 급여를 감액하는 것 등이었다. 그러나 이는 정치적으로 실현 가능하지 않았다. 보험료 부담 소득상한선을 상향 조정하는 것도 고려되었으나 실현되지 못했다.

한편 수급연령(가입하한 포함)의 점진적 상향 조정은 이미 오래전부터 논의되어 왔으며 기본적인 방향(2020년 66세, 2025년 67세로 상향)에서는 2012년에 사회적 합의가 이루어져 관련법도 개정되었다(박병국, 2011). 그러나 그 후 이러한 개혁이 인구고령화 추세에 비해 지나치게 느슨하다는 비판이 일어났고, 2014년에는 상향 조정을 가속화하기로 결정하였다. 즉, 2018년까지 66세, 2021년까지 67세로 수급연령을 올린 것이다. 또한 2021년 이후로는 수급연령이 기대수명과 자동적으로 연동되도록 하는 등의 안전장치도 도입하였다(OECD, 2015; IMF, 2016; MEA, 2014). 이와 함께 기초연금이 적용되는 최소연령도 15세에서 17세로 상향하기로 하였다. 그 외에도 2015년부터는 노령기초연금에서 피부양배우자 보충연금을 폐지하기로 결정하는(2010년) 등 다양한 대책이 실현되었다.

2) 기업연금

(1) 〈연금법〉의 제정

2007년 1월부터 시행된 〈연금법〉은 종전의 기업연금 관련법을 현대화한 것으로, 인구고령화 및 저금리 시대에 대비한 재정안정화 대책, 다양한 수급권 강화 대책, 근로자·사용자·연금사업자(기금) 간 명확하고 투명한 책임 분담 확립, 가입권과 수급권(보험료 및 지급 수준) 등에 있어 기업연금의 성별·고용 형태별(정규직/비정규직) 차별금지, 노후준비 의식의 강화 대책 등이 신규로 포함되었다. 이 중 수급권 강화 대책 등을 중심으로 살펴보면 다음과 같다(박병국, 2011 참조).

먼저, 기업연금은 늦어도 21세 이전부터 가입권을 부여하도록 하였으며, 노령 및 유족연금이 소액(2009년 기준 연간 417.74유로 미만)인 경우를 제외하고는 일시금 지급을 허용하지 않도록 하였다. 아울러 연금사업자에게는 매년 연금 수급권에 대한 정보(연금 형태, 연금액, 연금의 연동 방법 등)를 가입자와 수급자에게 반드시 제공해야 하는 정보제공 의무가 부여되었다. 이때 정보는 명확하고 간단한 언어로 구성되어야 한다. 이러한 정보는 개인이 이직 시 연금 수급권도 이전할 것인지 결정하는 데 중요한 근거가

되기 때문이다. 또한 직장 이동으로 이전 직장에서 쌓은 기업연금 수급권을 남겨 두었을 경우 사용자는 해당 수급권에 대한 정보를 5년에 한 번씩 이직한 가입자에게 제공하도록 하였다.

특히 2007년 〈연금법〉은 중도퇴직자와 계속가입자 간 수급 연금의 실질가치 유지 방법을 차별화할 수 없도록 하였다. 이러한 차별은 직장 이동을 저해하였는데, 이를 금지함으로써 이직 시 연금의 이동성을 강화한 것이다. 또한 여성과 남성, 정규직과 비정규직 그리고 전일제와 시간제 근로 등에 따른 기업연금 적용상의 차별을 완전히 금지했다. 특히 저소득 시간제 근로 여성의 기업연금 적용을 확대하고자 최저소득 기준도 낮추었다.

(2) 노후준비 의식 강화 대책

노후준비 의식(*pension awareness*) 제고와 관련된 〈연금법〉 규정은 2008년부터 시행되었다(EURACS, 2017). 네덜란드는 비록 노후연금제도가 잘 갖추어져 있지만, 정보의 부족으로 노후준비가 불완전한 경우가 여전히 많다. 따라서 가입자 등에게 연금 정보를 정기적으로, 또 적기에 제공하는 것은 국가적 최우선 과제로 여겨진다. 앞서 언급하였듯, 먼저 〈연금법〉은 가입 즉시 기업연금 정보를 가입자에게 제공하고, 수급권이 발생하기 시작하는 3개월 이내에 사용자는 가입자에게 그 사실을 알리도록(*starting letter*) 의무화했다. 또 중도에 제도의 내용이 변경된 경우에는 그 즉시 가입자에게 알려야 한다. 나아가 가입이력이나 적립되는 수급권 그리고 2009년부터는 연금 연동의 상황(현재와 미래 포함) 등에 대한 정보 또한 연금사업자는 가입자에게 정기적으로 제공해야 한다.

한편 정부, 민간 연금관리기관, 이해당사자 등 간의 파트너십(연금위원회)을 통해 다양한 연금 관련 교육 및 정보를 제공함으로써 고령화 대비 노후준비를 강화하기 위한 여러 가지 노력도 이루어지고 있다. 먼저, 온라인을 통해 공적·사적연금의 정보를 통합적으로 제공하기 위한 포털(*pension portal*)의 운영이다. 〈연금법〉에 의거하여서 '한눈에 보는 나의 연금'(My pension overview) 포털이 2011년부터 개설, 운영되고 있다.[5] 이는 모든 네덜란드 국민에게 연금 정보에 대한 접근권을 보장하고자 한 것이다.

나아가 노후준비 의식조사, 목표지향적이고 비상업적(중립적)인 홍보 및 금융 교육과 정보제공 등을 민관이 공동으로 실시하며, 이를 위한 전담 조직으로 연금관찰홍보재단(Pension Observer Foundation)[6]을 조직하여 운영 중이다. 이 재단은 중앙은행, 금융시장감독국, 사회고용부 등 정부 기관과 민간 사회단체가 공동으로 참여한다. 홍보재단은 전액 국고지원으로 운영되며, 객관적이고 비상업적인 연금 정보를 제공한다. 또한 각종 노후준비 정보를 얻고 스스로 노후준비를 계획할 수 있는 연금계산기도 운영한다. 재단의 목적은 네덜란드 국민의 노후준비 의식(연금 의식)을 연 단위로 모니터링하고 이를 제고하기 위한 대책을 발굴하는 것이다.

이처럼 네덜란드의 연금제도는 공사연금이 파트너십에 의거하여 공동으로 정보와 교육서비스를 제공하는 전형적인 선진 사례이다. 아울러 연금 정보제공과 교육서비스를 전담하는 기구(연금관찰홍보재단)를 설치하여 이를 조직적으로 제공하는 것도 특징적이다. 기업연금 등 사적연금을 중심으로 연금체계를 운영하는 상황에서도 네덜란드 정부는 국민의 노후준비를 제고하기 위해 적극적으로 움직인다. 네덜란드에서 정부가 정보제공 및 교육의 기능을 맡고 있다는 사실은 시사하는 바가 크다.

(3) 최근의 연금법 개정

네덜란드의 기업연금은 인구고령화와 저금리에 취약한 확정급여형을 기본축으로 하기에 장기적으로는 상당한 재정불안정 및 그에 따른 세대 간 갈

5) 웹 주소는 다음과 같다. www.mijnpensioenoverzicht.nl.

6) 웹 주소는 다음과 같다. https://pensioenkijker.nl.

등, 제도 불신 등에 노출되어 있다. 이미 평균 보험료율도 거의 한계선(20% 내외)에 도달하였다. 이러한 위기를 체감한 네덜란드는 2013년에 재차 축소지향적 개혁을 실시했다(IMF, 2016).

특히 2010년대 초반 유로 지역의 국가채무 위기에 직면하여 기업연금의 수익률이 급락하자 많은 연기금이 노사 합의하에 지급률을 하향 조정하거나 보험료율을 상향 조정했다. 아울러 정부는 2012년 〈연금법〉을 개정하여 2014년부터 기업연금(개인연금 포함)의 지급연령도 공적연금과 마찬가지로 65세에서 67세로 점진적으로 상향 조정(그 이후에는 기대수명에 연동)하도록 정하였다(MEA, 2014). 이와 함께 확정급여형 급여를 제공하던 연금기금 중 상당수는 고령화 등에 따른 재정적 위험부담을 궁극적으로 개인에게 전가시키는 혼합형 급여(단체확정기여형 급여)로의 전환을 모색 중이다(IMF, 2016). 또한 기업연금 세제지원에 따른 국가재정 부담을 줄이기 위해 2014년부터는 세제 적격 최대지급률이 최종소득연계형의 경우 2.0%에서 1.9%로, 생애소득연계형의 경우 2.25%에서 2.15%로 축소되었다(OECD, 2015). 2015년에는 적격 최대지급률이 1.875%(생애소득연계형) 및 1.657%(최종소득연계형)로 재차 축소되었다. 확정기여형 급여의 경우도 이에 상응하여 지급률이 축소되었다. 나아가 모든 급여 형태에서 연금산정에 반영되는 소득상한(10만 유로)이 신설되었다. 기업은 소득상한을 초과하는 소득에 대해서 기업연금을 제공할 수 있으나 과세혜택은 부여하지 않는다(MEA, 2014).

■ 참고문헌

국내 문헌

박병국(2011). 〈네덜란드의 국민연금제도 개정추진〉. Kotra.

한국보건사회연구원(2012). 《주요국의 사회보장제도: 네덜란드》.

해외 문헌

IMF(2016). *Kingdom of the Netherlands, Selected Issues.* Washington DC.: IMF.

OECD(2015). *Pensions at a Glance 2015.* Paris: OECD and G20 Indicators.

SSA(2016). *Social Security Programmes throughout the World: Europe, 2016.* Washington DC.: SSA Publication.

Van Oorschot, W. (2006). The Dutch welfare state: Recent trends and challenges in historical perspective. *European Journal of Social Security, 8*(1).

SVB(2008a). *The Dutch State Pension: Past, Present and Future.* Amstelveen: SVB.

______(2008b). *The Dutch State Pension: Facts and Figures.* Amstelveen: SVB.

기타 자료

EURACS(2017). The Netherlands pension system. http://euracs.eu/countries/the-netherlands. 2017. 11. 1. 인출.

European Commission(2013). Your social security rights in the Netherlands. http://ec.europa.eu/employment_social/empl_portal/SSRinEU/Your%20social%20security%20rights%20in%20Netherlands_en.pdf. 2017. 11. 1. 인출.

MEA(2014). National Reform Programme 2014: The Netherlands. https://www.rijksoverheid.nl/documenten/rapporten/2014/05/14/national-reform-programme-2014-the-netherlands-en. 2017. 11. 1. 인출.

MSZW(2008). The old age pension system in the Netherlands. http://www.iopsweb.org/resources/48238337.pdf. 2017. 11. 1. 인출.

______(2011). The state of affairs of Dutch social security, Review 1 January 2011. https://www.government.nl/documents/leaflets/2011/03/18/short-survey-of-social-security-in-the-netherlands. 2017. 11. 1. 인출.

07

고용보험제도 및 고용정책*

1. 머리말

1980년대에 네덜란드는 보수주의 복지체제에 속하는 다른 유럽대륙 복지국가들과 마찬가지로 매우 관대한 사회보장제도를 운영하였다. 당시 실업자들은 관대한 실업급여를 받았으나 공공고용서비스(PES)로부터 별다른 구직활동 관련 지원을 받지 못하였고, 실업급여에 대한 구직활동 요건도 느슨하게 적용되었다. 관대한 실업보험제도는 실제적으로 55세 이상 근로자의 조기퇴직을 유도하는 도구로 활용되어 고령 근로자의 노동시장 퇴장이 촉진되었다. 1980년대 초의 심각한 불황으로 인해 실업자 수가 급증하고 관대한 장애급여제도 역시 근로자의 노동시장 퇴장을 조장하는 수단으로 남용되어, 한때 네덜란드의 장애급여 수급자 수가 100만 명에 육박하기도 하였다. 이러한 현상을 당시에는 네덜란드병(Dutch disease)이라고 불

* 이 글은 김동헌(2011; 2015)의 기존연구를 토대로 최근 제도의 변화를 반영하고, 새로운 문헌과 자료를 참조하여 수정 보완한 것이다.

렀다(Visser & Hemerijck, 1997).

네덜란드가 1980년대에 걸쳐 시행하였던 전략, 즉 조기퇴직을 권장하거나 장애급여제도를 활용하여 눈에 드러나는 실업률을 낮추려고 했던 전략은 사회보장재정에 과도한 부담을 초래하여 결국 더 이상 지속할 수 없는 실패한 전략으로 판명되었다. 이를 인식한 네덜란드 정부는 사회보장지출을 통제하기 위해 노력하였지만 장기실업자와 장애급여 수급자 수를 줄이지는 못하였다. 결국 실직자의 규모를 줄이지 않고서는 관대한 사회보장제도를 더 이상 유지할 수 없다는 우려가 제기되었다(Sol et al., 2008).

네덜란드의 〈실업보험법〉(Werkloosheidswet: WW)은 1949년에 최초로 제정되었고, 1987년부터는 개정된 〈실업보험법〉이 기존 제도를 대체하여 시행되었다. 네덜란드의 실업보험제도는 1980년대부터 지속적으로 변화를 경험하였다. 특히 1980년대 전반기의 경제위기를 겪고 나서 1985년에는 모든 피용자 사회보험제도의 임금대체율이 기존 80%에서 70%로 삭감되었고, 이후에도 전반적으로 실업급여의 수급 요건이 엄격해지는 방향으로 제도가 개편되어 왔다(Van Oorschot, 2006). 지난 30년 동안의 제도 개편을 살펴보면, 실업급여의 수준은 이전 소득의 70% 정도를 계속 유지하는 반면에 지급기간은 지속적으로 줄어드는 경향을 보인다. 아울러 적극적인 구직활동과 적당한 일자리 수용 의무 등, 실업급여 수급자에 대한 구직활성화 정책은 한층 강화되었다.

1990년대에 들어 네덜란드는 복지급여 수급자의 취업을 지원하고 요구하는 능동적 복지국가로 정책의 방향을 선회하였다. 이에 네덜란드의 적극적 노동시장정책과 공공고용서비스의 전달체계는 1980년대부터 지속적으로 그리고 급격하게 변화를 경험한다.

특히 2002년에는 〈근로소득실행구조법〉(Structuur Uitvoering Werk en Inkomen: SUWI)이 시행됨에 따라 고용서비스 전달체계의 일대 전환이 이루어졌다. 이 법에 따라 기존의 5개 산업별 사회보험기관이 피용자보험공단(UWV)이라는 단일 사회보험기관으로 통합되었다. 피용자보험공단은 실업보험, 장애보험 등의 사회보험을 관장하고, 실업보험 수급자와 장애급여 수급자의 노동시장 재통합을 책임진다. 또한 〈근로소득실행구조법〉 개혁으로 인해 기존의 공공고용서비스 조직이 분할되어 사라지고, 직업중개를 담당하는 조직만 근로소득센터(CWI)라는 명칭으로 남아서 새롭게 출범하였다.

피용자보험공단은 사회보험 수급자, 지자체는 사회부조 수급자의 재통합을 각각 책임지지만, 재통합서비스의 실제적인 제공은 민간 재통합회사들이 위탁을 받아 시행한다. 2000년대에 들어서며 노동시장정책의 시장화가 본격화되어, 피용자보험공단과 지자체는 의무적으로 새로운 고용서비스시장에서 재통합서비스를 구매하도록 제도화되었다. 이런 제도적 지원 정책에 힘입어 네덜란드는 고용서비스의 민간위탁에 있어서 선도적인 국가로 발전하였다. 공공고용서비스의 민간위탁이 확대되면서 새로운 형태의 재통합서비스시장이 출현하게 된다.

2009년 1월 1일부터는 원스톱 서비스를 위해 근로소득센터 조직이 피용자보험공단에 통합되어, 네덜란드의 공공고용서비스 전달체계는 큰 변화를 겪게 된다. 근로소득센터와 피용자보험공단의 통합으로 인해 네덜란드에서는 최초로 사회보험 수급자 대상의 급여지급과 활성화 정책이 통합적으로 이루어지게 되었다. 또한 최근 정부는 통합된 피용자보험공단 조직과 지자체가 지역 수준에서 더욱 긴밀하게 협력하도록 하는 서비스 전달 전략을 추진하고 있다.

이런 배경하에서 제 7장에서는 네덜란드의 현행 실업보험제도를 개관하고, 실업급여 수급자 대상의 활성화 정책과 고용서비스 전달체계를 중점적으로 살펴보고자 한다.[1)]

1) 네덜란드의 취약계층 대상의 고용정책에 관해서는 김원섭(2012)를 참고하기 바란다.

제 7장의 구성은 다음과 같다. 우선 이 장의 2에서는 네덜란드의 주요 노동시장 지표들을 개관하고, 지난 3년간의 실업률 추이와 실업급여를 포함한 사회보장급여 수급자 수 추이를 살펴본다. 이 장의 3에서는 2000년대 실업보험제도 개편의 역사적 전개과정을 살펴본 후, 현행 실업보험제도의 내용을 기술한다. 이 장의 4는 고용서비스 거버넌스와 전달체계를 다룬다. 여기서는 고용서비스 전달체계 개혁의 역사적 전개과정을 구체적으로 살펴볼 것이다. 마지막으로 결론 부분인 이 장의 5에서는 실업보험제도 개혁과정을 노동시장정책의 3중 통합이라는 관점에서 조망하고, 최근 고용서비스의 전면적인 디지털화가 가진 정책적 함의를 살펴볼 것이다.

2. 노동시장과 사회보장 수급자 현황

〈표 7-1〉은 네덜란드의 주요 노동시장 지표들을 보여 준다. 2015년의 15~64세 고용률은 74.1%이다. 남성의 고용률은 79.0%, 여성의 고용률은 69.2%로, 남성과 여성의 고용률 격차는 9.8%p이다. 경제활동 참가율은 전체 79.6%이며, 남성 84.6%, 여성 74.7% 수준이다. 남녀 간 경제활동 참가율 격차는 9.9%p이다. 15~64세 경제활동인구 중에서 실업자 수가 차지하는 비중은 6.9%이다. 남성의 실업률은 6.6%, 여성의 실업률은 7.3%이므로, 여성의 실업률이 남성보다 더 높다. 청년층의 실업률에서도 유사한 특징이 나타나지만, 2015년에는 청년층에서 남성과 여성 간에 별다른 차이는 드러나지 않는다. 전체 고용 중 시간제 고용이 차지하는 비중은 38.5%이다. 전체 시간제 고용에서 여성이 차지하는 비중은 72.7%에 달한다.

한편 노동시장 프로그램에 대한 공공지출 비중을 보면, 2014년에 네덜란드는 국내총생산의 3.03%를 노동시장 프로그램에 지출하였다(OECD,

〈표 7-1〉 주요 노동시장 지표의 추이(2000~2015년)

(단위: %)

지표	2000	2007	2014	2015
고용률(15~64세)	72.1	74.4	73.9	74.1
남성	81.2	81.1	78.6	79.0
여성	62.7	67.5	69.1	69.2
경제활동 참가율(15~64세)	74.3	77.1	79.3	79.6
남성	83.2	83.8	84.6	84.6
여성	65.2	70.4	74.0	74.7
실업률(15~64세)	3.1	3.6	6.9	6.9
남성	2.5	3.2	7.0	6.6
여성	3.9	4.1	6.7	7.3
실업률(15~24세)	6.1	7.0	10.5	11.3
남성	5.3	6.3	9.7	11.3
여성	7.0	7.8	11.3	11.2
시간제 고용 비율(15세 이상)	32.1	35.9	38.3	38.5
남성	13.1	16.1	19.4	19.5
여성	57.3	59.9	60.6	60.7
시간제 고용에서 여성의 비중	76.7	75.5	72.6	72.7

자료: OECD(2016)의 통계 부록에서 재구성.

2016). OECD 평균 1.34%에 비해 훨씬 높은 수준이다. 적극적 대책에는 0.83%, 소극적 대책에는 2.20%를 지출하였는데, 적극적 대책 중에서 공공고용서비스 및 관리에 소요되는 지출이 국내총생산에서 차지하는 비중은 0.28%에 달한다.[2)]

네덜란드의 실업률은 2013년 7.3%, 2014년 7.4%, 그리고 2015년에는 6.9%로 하락하였다(Statistics Netherlands, 2016). 2015년의 실업자 수는 61만 4천 명이다. 이는 전년도와 비교하여 4만 6천 명이 줄어든 수치이다. 그중에서 청년층(15~24세)의 실업률이 가장 큰 폭으로 하락하였지만 11.3%로 여전히 높은 수준이다. 한편 네덜란드 내국인의 실업률은 5.6%인 반면, 서구 이민자 실업률은 8.6%, 비서구 이민자 실업률은 15.2%이다. 이민자 실업률이 내국인의 실업률에 비해 훨씬 높다(〈표 7-2〉 참조).

2) 우리나라는 공공고용서비스 및 관리에 소요하는 지출이 국내총생산 0.03%에 불과하다.

〈표 7-2〉 실업률 추이(2013~2015년)

(단위: %)

구분		2013	2014	2015
전체 실업률(15~74세)		7.3	7.4	6.9
성별	남성	7.2	7.2	6.5
	여성	7.3	7.8	7.5
연령별	15~24세	13.2	12.7	11.3
	25~34세	6.8	6.5	5.9
	35~44세	5.9	6.2	5.3
	45~54세	5.6	5.9	5.6
	55~64세	6.8	7.7	8.1
	65~74세	4.8	5.7	5.5
출신별	내국인	5.8	6.1	5.6
	서구 이민자	8.9	8.7	8.6
	비서구 이민자	16.5	16.5	15.2

자료: Statistics Netherlands(2016).

〈표 7-3〉 사회보장급여 수급자 수 추이(2013~2015년)

(단위: 천 명)

구분	2013	2014	2015
장애급여	787	791	776
실업급여(WW)	441	434	440
사회부조	460	481	497
IOAW	18	22	24
IOAZ	2	2	2
아동수당(AKW)	1,919	1,915	1,912
유족연금(ANW)	55	42	36
노령연금(AOW)	3,223	3,301	3,371

주: 각 연도의 12월 31일 수치.

장애급여에는 Wajong, WAO, WAZ, WIA 등이 포함.

IOAW는 노령 및 부분장애 실업근로자, IOAZ는 노령 및 부분장애 실업자영자를 위한 소득보조.

자료: Statistics Netherlands(2016).

1년 이상 장기실업자 비율은 2013년에는 38%였으나 2015년에는 42%로 상승하였다. 2015년의 장기실업자 수는 총 25만 9천 명을 기록하였다. 유럽연합 28개국의 2015년 평균 실업률은 9.4%이다. 이와 비교해 보면, 네덜란드는 11번째로 실업률이 낮은 국가이다.

실업급여 수급자 수는 2013년 44만 1천 명, 2014년에는 43만 4천 명으로 하락하였다. 2015년에는 전년도에 비해 6천 명이 증가하여, 실업급여 수급자 수는 총 44만 명이다. 한편 2015년의 사회부조 수급자 수는 49만 7천 명이다. 여기에는 노령연금 수급연령인 65세 이상 인구 4만 7천 명이 포함된다. 이들을 제외하면 사회부조 수급자는 45만 명으로, 실업급여 수급자 수와 비슷한 규모임을 알 수 있다. 네덜란드에서는 실업급여의 지급기간이 줄어들고 근로 유인이 강화되는 경향이 보인다. 또한 2015년부터는 〈근로사회부조법〉(WWB)을 대체하는 〈참여법〉(Participatiewet: PW)이 시행되었다. 이에 따라 장기실업자에 대한 사회부조의 역할이 더욱 확대될 것으로 예상된다. 이미 지난 3년간 사회부조 수급자는 꾸준히 증가하는 추세였다. 2015년 12월 말의 장애급여 수급자 수는 총 77만 6천 명이다. 이 중에서 청년장애지원급여(Wajong) 수급자 수는 23만 6천 명이다.

3. 실업보험제도

1960년대 이후 네덜란드는 선진국 중에서도 가장 포괄적이고 관대한 실업보상제도를 유지하여 왔다(Hoogenboom, 2011). 하지만 이러한 관대한 실업보상제도는 실업급여에 대한 의존성을 높이고 수급자의 노동시장 통합을 제약하는 부작용을 낳게 되었다. 특히 1980년대 초의 심각한 경제위기로 실업률은 급증하였고, 경제위기에 대응하는 과정에서 네덜란드 정부는 기존의 실업보상제도는 더 이상 지속가능하지 않다는 인식을 하게 된다.

네덜란드의 실업보험제도는 1980년대 중반부터 전반적인 개혁을 겪게 된다. 특히 1980년대 전반기의 심각한 경제위기를 겪은 후 1985년에는 실업급여의 수준이 이전 소득의 80%에서 70% 수준으로 낮아졌다. 그 후 30여 년 동안 여러 연립정부들은 이념적 성향을 떠나서 전반적으로 관대성을 줄이고 활성화 정책을 강화시키는 방향으로 실업보험제도의 개편을 추진하여 왔다.

1987년 이전까지 네덜란드의 실업보상제도는 실업보험과 실업부조로 이어지는 3층의 복잡한 구조로 구성되어 있었다(Hoogenboom, 2011). 그 제도의 중심은 1949년에 도입된 실업보험제도(WW)이다. 이 제도로 보호받는 근로자들은 실업에 처하게 되면 이전 소득의 80%(1985년부터는 70%)에 이르는 급여를 6개월 동안 수급할 수 있었다. 또한 실업급여를 소진한 자는 다시 자산조사를 거치지 않고 실업부조(WWV)를 신청할 수 있었다. 실업부조제도는 1964년에 도입되었고, 당시 지자체에서 운영을 하였다. 이 제도는 일반재정으로부터 재원을 조달하였고, 수급자에게는 이전 소득 75%(1985년부터는 70%) 수준의 급여를 최대 2년간 지급하였다. 더욱이, 최대 2년 6개월 동안 급여를 수급하였음에도 불구하고 여전히 실업상태에 있는 자는 자산조사를 거쳐 제 2의 실업부조(RWW)를 받을 수 있었다. 제 2의 실업부조 역시 일반재정에서 재원을 조달하였고, 지자체가 관리운영을 하였다. 이 실업부조제도는 수급자에게 사회적 최저기준의 소득을 보장하였고, 수급 요건을 충족하는 한 지급기간에 제한을 두지 않았다.

이러한 다층 실업보상제도는 1987년의 개혁 이후 급격한 구조적 변화를 경험한다. 1987년에 실업부조제도(WWV)가 폐지되고, 다시 1996년에는 제 2의 실업부조제도(RWW) 마저 폐지된 것이다.

네덜란드의 현행 실업자 사회안전망은 실업보험제도와 사회부조제도라는 2층의 구조로 되어 있다. 실업보험제도의 보호를 받는 실업자는 이전 소득의 70%에 해당하는 급여를 고용 이력에 따라 최소 3개월에서 최대 38

개월까지 수급할 수 있다. 지난 30년간 실업급여의 수급 요건이 더 엄격해졌고 지급기간도 줄어들었지만, 실업급여의 소득대체율은 70% 이하로 축소되지 않았다. 실업급여를 소진한 자나 수급 요건을 충족하지 못하는 자는 자산조사를 거쳐 사회부조를 수급할 수 있다.

1) 2000년대 실업보험제도의 변화

이전에 네덜란드의 실업보험제도에서 제공하는 실업급여는 다음과 같이 3가지 유형으로 구성되었다(Werner & Winkler, 2004). 여기서는 2003년의 실업보험제도를 기준으로 소개한다.

1. 단기급여(Kortdurende uitkering)
2. 소득관련급여(Loongerelateerde untkering)
3. 후속급여(Vervolguitkering)

실업자가 실직 전 39주 동안 적어도 26주 이상 일한 경력이 있다면 단기급여를 받을 수 있다. 단기급여의 급여액은 실직 전 소득과는 상관이 없이 법정 최저임금의 70%로 정해져 있다. 최대 지급기간은 6개월이다.

실업자가 ① 실직 전 39주 중 적어도 26주 이상 일한 경력이 있고, ② 지난 5년 중 4년 동안 적어도 매년 52일을 일한 경험이 있다면 소득관련급여와 후속급여의 수급자격이 주어진다. 소득관련급여 지급액은 실직 전 평균임금의 70%이다. 급여의 상한액은 법으로 규정되며, 최대 지급기간은 수급자의 고용 이력(*employment history*)에 따라 6개월에서 60개월까지이다.

후속급여는 자산조사를 거치지는 않지만 그 성격은 실업부조와 유사하다. 후속급여의 지급액은 법정 최저임금의 70%, 일급이 법정 최저임금보다 낮을 경우(예를 들어, 단시간 근로의 경우)에는 일급의 70%이다. 후속급여의 지급기간은 일반적으로 2년이었지만, 실업 당시 연령이 57.5세 이상인 실업자는 65세가 될 때까지 최대 7년 6개월 동안 후속급여를 받을 수 있어 조기퇴직의 수단으로 사용되었다. 후속급여는 2003년 12월의 실업급여 개혁으로 폐지되었다. 후속급여 폐지는 실업자의 실업 탈출을 촉진하기 위한 조치였다. 이 조치로 인해 2003년 8월 11일 이후에 실직한 실업자는 추가적인 후속급여를 받을 수 없게 되었다.

지난 1998~2003년 동안의 실업급여 유형별 수급자 수 비중을 살펴보면, 약 70~80%의 실업자가 소득관련급여를 수급하였다. 약 20%의 실업자(주로 청년층과 여성)는 이른바 '5년 중 4년'이라는 두 번째 요건을 충족하지 못해 단기급여만을 수급하였고, 소수의 실업자만이 후속급여를 수급한 것으로 나타났다(Schils, 2007).

네덜란드의 실업보험제도는 2006년에 다시 커다란 제도적 변화를 겪었다. 2006년 10월 1일부터 단기급여마저 폐지되어 기존에 3가지 유형이던 급여가 하나의 소득관련급여로 단순화된 것이다. 이렇게 단일 급여체제가 되자 새로운 실업급여의 단일성을 강조하기 위해 개정된 〈실업보험법〉에서는 기존의 "소득관련"(*income-related*)이라는 용어를 더 이상 사용되지 않게 되었다(Sol et al., 2008). 새로운 실업급여에 관한 새로운 제도가 2006년 10월부터 시행되면서, 경과조치의 일환으로 2006년 10월 이전에 실직한 근로자에게 한하여 기존의 단기실업급여제도가 적용되었다.

피보험 근로자가 실업급여를 신청하기 위해서는 비자발적으로 실직한 후 즉시 근로소득센터(CWI, 2009년 이후에는 피용자보험공단 고용센터)에 구직 등록을 해야 한다. 또한 실업자가 기본 실업급여를 수급하기 위해서는 실직 전 36주 동안 적어도 26주 이상 일한 경력이 있어야 한다. 이 수급 요건은 이른바 26주의 요건(*26 weeks condition*)이라고 한다. 이전에는 실직 전 39주 동안 적어도 26주 이상 일한 경력을 요구하였지만, 2006년 3월 30일부터는 실업보험제도로의 유입을 줄이기 위해 이직 전 '39주'를 '36주'로 바꾸어 요건을 한층 강화하였다. 실업자가 이 요건을 충족시키지 못하면 실업급여를 받을 수 없으며, 이 경우 사회부조 수급 요건을 충족하는 실업자는 지자체에서 운영하는 사회부조를 신청할 수 있다.

26주의 요건을 충족하는 실업자에게는 최대 3개월의 기본 실업급여가 지급된다. 기본 실업급여 지급액은 근로소득에 연동되는데, 처음 2개월 동안에는 실직 전 12개월 평균임금의 75%, 나머지 1개월 동안에는 70%이다. 또한 실업급여의 상한은 법으로 정해져 있다. 2010년의 실업급여 상한액은 일일 186.65유로이다. 만일 실업급여 지급액이 사회적 최저기준보다 적은 경우에는 자산조사를 거쳐 부가급여(Toeslagenwet: TW)가 지급될 수 있다.[3]

앞에서도 언급하였듯이 단기실업급여제도하에서는 실업급여가 최대 6개월 동안 지급이 되고, 지급액은 법정 최저임금의 70% 수준으로 정해져 있었다. 따라서 기존의 단기실업급여와 비교하여 새로운 기본 실업급여는 급여액은 높지만 지급기간은 짧아진 셈이다. 2006년의 실업보험 개혁으로 첫 두 달째의 실업급여 대체율이 75%로 인상된 이유는 실업자의 구직활동을 촉진하기 위해서이다. 이러한 제도적 변화로 인해 실업으로의 유입과 유출이 증가할 것으로 기대되었다(Schils, 2007).

실업자가 26주의 요건은 물론 5년 중 4년의 요건(*4 out of 5 condition*)도 충족한다면 실업급여 지급기간은 더 늘어나게 된다. 즉, 실업자가 지난 5년의 기간 중 4년 동안 적어도 연간 52일을 일한 경험이 있으면, 첫 세 달째의 급여 이후에는 매년 1년 근로 경험에 대해 1개월의 급여가 추가되어 최대 38개월의 급여를 받을 수 있는 것이다(〈그림 7-4〉 참조).

3) 〈부가급여법〉에 의하면 실업급여 수급자와 그 배우자의 총소득이 사회적 최저기준에 미달하는 경우에 추가적인 급여를 지급하여 최저소득을 보장하도록 규정한다. 더 구체적인 내용은 제 10장에서 소개된다.

〈표 7-4〉 실업급여 지급기간

고용 이력	1년	2년	3년	4년	5년	…	38년
지급기간	3개월	3개월	3개월	4개월	5개월	…	38개월

〈표 7-5〉 네덜란드 실업보험과 관련된 제도의 변화(2002~2009년)

연도	개편 내용
2002	· 〈근로소득실행구조법〉(SUWI)의 시행 · 단일 사회보험 관리기구(UWV)의 출범
2003	· 후속급여(Vervolguitkering)의 폐지 · 사회보험 기여금 징수 방식의 변화
2004	· 57.5세 이상 실업자에 대한 구직활동 요건 부과 · 〈근로사회부조법〉(WWB)의 시행 · 실업급여 수급자를 위한 개인재통합협약(IRO)의 도입
2005	· 6개월 이상 실업자의 경우 수급권을 유지하면서 3개월 동안의 시험 취업 허용 · 1998년부터의 실제 고용 이력으로 실업급여 지급기간을 결정하도록 조치 · 사회보험 기여금의 감면에 관한 새로운 입법과 사회보장법의 단순화
2006	· 단기급여(Kortdurende uitkering)의 폐지 · 소득관련급여의 최대 지급기간을 60개월에서 38개월로 단축 · 처음 2개월의 실업급여 소득대체율을 기존의 70%에서 75%로 인상 · 26주 요건의 강화(실직 전 39주 중 26주 근로 → 실직 전 36주 중 26주 근로)
2009	· 노령 실업근로자를 위한 소득보조(IOW)의 도입 · 근로자의 보험료 부담을 폐지하고, 일반조세에서 재원을 충당하는 방식으로 전환 · 근로소득센터와 피용자보험공단의 통합, 피용자보험공단 고용센터의 출범

자료: Hoogenboom(2011), Schils(2007)의 연구를 참조하여 재구성.

기본 실업급여의 경우와 동일하게, 두 가지 수급 요건을 모두 충족하는 실업자에게는 첫 두 달 동안에는 실직 전 평균임금의 75%, 세 번째 달부터는 실직 전 평균임금의 70%가 지급이 되었다.

실업보험의 재원은 2009년 이전까지 사업주와 피보험자인 근로자가 공동으로 부담하는 보험료를 통하여 조달하였다. 그런데 2009년에 네덜란드 정부는 근로자의 실업보험 보험료 부담을 폐지하였고, 대신 일반재정에서 해당 재원을 충당하는 방식으로 정책을 전환하였다(Hoogenboom, 2011). 이로써 실업보험의 재원은 사업주와 정부가 절반씩 부담하게 되었고, 실업보험제도 운영에서 정부가 맡는 역할이 한층 강화되었다. 〈표 7-5〉에는

2002~2009년 사이에 실업보험과 관련하여 제도가 개편된 주요 내용이 정리되어 있다.

2) 현행 실업보험제도

현행 실업급여 수급 요건은 다음과 같다(김원섭, 2012; SZW, 2014). 우선 65세 미만인 피보험자로서 주당 근로시간이 5시간 이상 감소하고(주당 평균 근로시간이 10시간 미만인 경우에는 주당 2분의 1 이상 근로시간이 감소) 비자발적으로 실직한 것이어야 한다. 또한 신청자가 실직 전 36주 동안 26주 이상 일한 경력이 있어야 한다는 '26주 요건'을 충족해야 한다. 물론 실업급여 신청자는 일할 의사와 능력이 있어야 하고, 피용자보험공단에 구직자로 등록을 해야 한다.

최근 네덜란드 의회는 재정적자를 줄이기 위해 〈실업보험법〉을 개정하였다(장지연, 2015). 이번 개정으로, 2016년 1월부터 2019년 4월 사이에 실업급여의 최대 지급기간이 38개월에서 24개월까지 단계적으로 축소될 계획이다. 따라서 2019년 4월부터는 최대 지급기간이 24개월로 바뀐다. 이전과 마찬가지로 실업급여의 지급기간은 신청자의 근로 이력에 의해 정해진다. 실업급여를 신청하기 위해서는 다음과 같은 두 가지 요건을 충족시켜야 한다.

첫째, 신청자가 실직 전 36주 동안 26주 이상 일한 경력이 있으면 3개월 동안 기본 실업급여를 받을 수 있다. 주중에 적어도 1시간 이상만 일해도 그 주에 일한 실적이 있는 것으로 인정된다. 따라서 26주 동안 매주 몇 시간을 일하였는지는 고려하지 않는다.

둘째, 신청자가 26주 요건은 물론 5년 중 4년의 요건도 충족할 경우에는 실업급여 지급기간이 늘어나게 된다. 즉, 신청자가 실직한 해 직전 5년의 기간 중 4년 동안 적어도 208시간(또는 208일) 이상 일한 경험이 있으면 연

〈표 7-6〉 실업급여 지급기간(2016년 이후)

고용 이력(년)	1	2	3	4	5	…	10	11	12	13	14	…	37	38
지급기간(개월)	3	3	3	4	5	…	10	10.5	11	11.5	12	…	23.5	24

장급여를 받을 자격을 가지게 된다.[4] 신청자의 고용 이력 중에서 처음 10년 동안에는 매 1년 근로 경험에 대해 1개월의 급여가, 그 다음부터는 2분의 1개월의 급여가 추가된다(〈표 7-6〉 참조). 예를 들어, 38년의 고용 이력을 가진 신청자는 이전 제도에서는 최대 38개월의 급여를 받을 수 있었다. 개정된 제도에 따르면 처음 10년간의 근로로 10개월, 나머지 28년의 근로로 14개월의 급여가 보장되어 최대 24개월의 급여를 받을 수 있다.

신청자의 고용 이력은 2개의 기간으로 계산된다. 첫 번째 기간은 신청자가 18세에 도달한 해부터 1997년까지의 기간이다. 이 기간 동안의 근로 여부는 고려하지 않는데, 이를 명목상의 고용 이력이라고 부른다. 두 번째 기간은 1998년부터 실제 근로를 한 기간이다. 실직한 해는 이 기간에 포함되지 않는다. 이를 실제 고용 이력이라고 한다. 2007년부터는 신청자가 근로를 하지는 않았지만 비공식적 양육(*informal care*)을 하였다면 고용 이력으로 인정이 된다. 신청자의 고용 이력은 이들 기간을 합산하여 결정된다(SZW, 2014).

최근 〈실업보험법〉의 개정에도 불구하고 급여 수준에는 변동이 없다. 이전과 동일하게 첫 두 달 동안에는 실직 전 1년간 평균 일급의 75%가 지급되고, 세 번째 달부터는 평균 일급의 70%가 지급된다. 실업급여의 상한은 법으로 정해져 있다.[5] 2016년 7월 1일의 실업급여 지급액의 상한은 하

4) 2013년 이전에는 지난 5년 중의 4년 동안 매년 적어도 52일 동안 일한 경험이 있어야 한다는 요건이 적용되었고, 2013년 이후부터는 이전 5년 중의 4년 동안 적어도 208시간(또는 208일) 이상 일한 경험이 있어야 한다고 요건이 변경되었다.

5) 피용자보험공단 홈페이지를 참고하기 바란다. www.uwv.nl/particulieren/bedragen/detail/maximumdagloon.

루 203.85유로이다. 실업급여 수급자에게는 휴가수당이 추가적으로 지급된다. 매월 실업급여의 8%에 해당하는 금액이 휴가수당으로 적립되며, 매년 5월에 일괄적으로 지급된다.

실업급여 신청자는 피용자보험공단 고용센터(UWV WERKbedrijf)에서 구직 등록을 하고 급여를 신청해야 한다. 구직 등록과 급여 신청은 온라인으로 하는 것이 원칙이다. 인터넷 접근이 어려운 신청자는 거주지역의 고용센터를 방문하면 된다. 일단 급여 신청을 하면 1주일 내에 담당 직원이 전화로 신청자와 접촉한다. 실업급여 신청은 이직(離職) 1개월 전부터 가능하며, 이직 후 하루를 넘기지 않아야 한다.

실업급여 수급자는 적당한 일자리를 제의받으면 이를 수용해야 한다. 이전 제도에서는 1년 이상 장기수급자에게는 모든 일자리가 적당한 일자리로 간주되었다. 개정된 〈실업보험법〉에 의하면 6개월 이상 수급자는 어떤 일자리 제의도 수용해야 한다.

또한 수급자는 적극적으로 구직활동을 하여야 한다. 실업 인정을 받기 위해 실업자는 4주 동안에 적어도 4번의 구직활동을 수행해야만 한다. 구직활동에는 이력서 송부, 구직 인터뷰, 직업적성검사, 유선상의 구직문의 혹은 직접 방문, 파견근로업체에의 등록, 자영업 준비 등이 포함된다. 구직자는 실업 인정을 위해 편지, 방문자의 이름과 전화번호 등 모든 구직활동에 대한 근거자료와 정보를 자신의 온라인 계정에 등록해야 한다. 피용자보험공단은 이 정보를 확인하고 급여지급 여부를 결정한다. 수급자가 구직활동 의무를 성실하게 수행하지 않으면 급여 삭감이나 정지 등의 제재를 받는다.

실업급여 수급자는 이사, 질병, 임신 등 개인 신상에 변화가 발생하면 이를 피용자보험공단에 통보하여야 한다. 수급자는 휴가를 갈 때에도 피용자보험공단에 통보를 해야 하며, 물론 취업을 하게 되면 즉시 그 정보를 제공해야 한다.

네덜란드에는 노령 실업근로자를 위한 소득보조(IOW)라는, 60세 이상 실업자의 실업급여를 보충하는 제도가 있다. 이 제도는 2009년 12월부터 한시적으로 도입되었다. 이 제도에 의하면 60세 이상인 자로 본인의 실업급여를 소진한 이후에도 실업상태에 처한 경우에 최저임금 70% 수준의 급여를 퇴직연령인 65세까지 받을 수 있다. 처음에는 IOW를 2016년 7월 1일에 종료할 계획이었지만, 고령자 취업의 어려움을 감안하여 정부는 2020년 1월 1일까지 시행을 연장하였다.

3) 소결: 노동시장정책의 삼중 통합

최근의 한 연구(Clasen & Clegg, 2011; 2012)는 유럽의 12개국을 분석하며 1990년대 초반 이후 유럽의 많은 국가에서 노동시장 변화에 대응하여 실업보상제도 개혁이 추진되어 왔음을 보여 준다. 이 연구에 의하면 적어도 네덜란드의 실업보상제도에서는 노동시장의 이중구조화 추세에 호응하는 변화가 나타나는데, 이는 노동시장정책의 삼중 통합이라고 불린다. 구체적으로, 노동시장정책의 삼중 통합과정은 세 가지 영역에서 이루어진다.

첫째, 실업급여의 동질화 또는 표준화이다. 이는 급여 수준 및 지급기간과 노동시장 지위 간에 존재하는 연계가 축소되는 경향을 뜻한다. 또한 실업급여의 층위가 축소되면서, 실업보험과 실업부조 간의 격차가 감소하고 두 제도 간의 제도적 경계가 모호해지게 된다.

둘째, 위험의 재범주화이다. 이는 1980년대 이후 유럽 국가들에서 실업의 범주가 보다 확대하는 경향을 의미한다. 서비스 경제로의 이행으로 인해 근로능력이 있는 비경제활동인구의 노동시장 참여가 시급한 정책 과제로 등장한다. 또한 근로빈곤이라는 새로운 사회적 위험이 대두되면서 실업의 위험과 고용의 비위험 사이의 경계도 줄어들었다. 이런 이유로 사회적 위험으로서 실업의 범주가 확대되어야 할 정책성 필요성이 제기되었다.

〈표 7-7〉 현대적 노동시장정책의 삼중 통합

통합과정	정책적 시사점
실업급여의 동질화	· 실업급여 층(tier)의 축소 · 지배적인 실업급여 프로그램의 출현 · 실업급여 층(tier) 간의 격차 감소
위험의 재범주화	· 실업급여와 다른 급여와의 자격 및 조건 부과의 격차 감소 · 다른 급여 수급자의 실업급여제도로의 이전 · 급여 프로그램 간의 통합 · 근로연령층을 대상으로 하는 단일 급여제도의 도입
활성화	· 고용서비스와 실업급여 제공의 통합 · 구직활동 참여 의무의 강화 · 원스톱 센터의 도입

자료: Clasen & Clegg(2011).

셋째, 급여의 활성화이다. 1990년대 들어 유럽의 복지국가들은 실업급여 및 복지급여 수급자 대상의 활성화 정책을 적극적으로 추진하였다. 활성화 정책이 본격적으로 추진되면서 기존의 소극적 정책과 적극적 정책 간 경계는 모호해지고 두 영역이 통합되는 추세를 보여 준다(Bonoli, 2010).

네덜란드 실업보상제도의 개혁과정은 노동시장정책의 삼중 통합의 관점에서 파악할 수 있다. 여전히 실업자 사회안전망은 실업보험과 사회부조라는 2개 층으로 구성되어 있지만, 1980년대와 비교하면 실업부조가 폐지되면서 다층의 실업보상제도가 실업보험으로 단순화되었다. 이제는 사회부조가 실업부조의 역할을 대신한다. 사회부조제도의 대상에는 장기실업자뿐만 아니라 다양한 범주의 저소득 실업자들이 포함된다. 특히 2004년의 〈근로사회부조법〉 도입으로 위험 재범주화의 과정이 공식화되었고, 2015년 〈참여법〉이 도입되어 부분장애를 가진 사람도 사회부조제도에 포함되면서 새로운 사회부조제도는 일할 능력이 있는 저소득 근로연령층을 대상으로 하는 단일 급여제도가 되었다. 마지막으로, 다음에서 살펴보듯이 2009년부터 실업급여 행정과 고용서비스가 피용자보험공단 고용센터로 통합되면서 구직자에게 원스톱 서비스를 제공하는 기반이 마련되었다. 지난

30년간 실험보험 수급자와 사회부조 수급자의 구직활동 의무 등 활성화 정책은 한층 강화되는 추세이다. 국제적 비교분석(Clasen & Clegg, 2011)에 의하면, 네덜란드는 영국, 독일, 덴마크, 벨기에 등과 함께 노동시장정책의 삼중 통합의 추세를 뚜렷하게 보여 주는 국가로서 분류된다.

4. 고용서비스 전달체계

1) 공공고용서비스 조직과 역할의 변화

네덜란드의 공공고용서비스 조직은 1990년대 초부터 지속적인 변화를 겪어 왔다(De Koning, 2007). 1991년 이전까지 네덜란드의 공공고용서비스 조직은 사회고용부의 한 부서로서 직업중개 역할에서 독점적 지위에 있었다. 1991년 새로운 〈공공고용서비스법〉이 시행되면서 공공고용서비스 조직과 관련하여 중대한 개혁이 이루어졌다.

첫째, 공공고용서비스 조직은 사회고용부와 분리되었고, 사회고용부와 사회적 파트너가 참여하는 노사정협의회에서 공공고용서비스를 운영하는 체제로 변경되었다.

둘째, 공공고용서비스 운영의 탈중앙화가 이루어지면서 28개의 지역 노사정협의회 조직이 공공고용서비스를 운영하게 되었고, 지역 노사정협의회는 지역 차원의 고용서비스 정책 시행에 있어 상당한 수준의 자율성을 보장받았다.

셋째, 1991년 이전까지는 공식적으로 공공고용서비스가 직업소개에 있어 독점적인 지위를 가지고 있었지만, 1991년 새로운 〈공공고용서비스법〉의 시행으로 민간기관도 수수료를 받으면서 직업중개서비스를 제공할 수 있도록 제도가 바뀌었다.

제정 당시에 새로운 공공고용서비스 제도를 향한 기대는 매우 높았다(De Koning, 2009). 우선 사업주단체가 공공고용서비스 노사정협의회에 참여함에 따라 사업주가 취약계층 구직자의 채용에 좀더 관심을 가질 것이라고 예상되었다. 지역 수준에서 고용서비스 정책 수행의 자율성이 제고되었기 때문에 각 지역의 수요에 맞는 적극적 노동시장정책이 추진될 수 있을 것이라고도 보았다. 또한 민간기관이 직업중개서비스를 제공할 수 있게 됨에 따라 고용서비스가 확대되고 민간기관과 공공기관 간의 경쟁으로 인해 공공고용서비스의 성과가 촉진될 것으로 기대되었다.

그러나 1995년에 발표된 연구보고서에서 노사정협의회 조직에 대한 평가는 매우 부정적이었다(De Koning, 2009). 당초 노사정협의회는 노사정 3자가 동등한 권한을 가지고 협력할 계획이었다. 하지만 여전히 사회고용부가 재원 거의 전부를 부담하였기 때문에 사회고용부의 발언권이 높을 수밖에 없었다. 이로 인해 노사정 3자 간의 긴장 관계가 지속되었고 의견이 조정되기보다는 정책 개발이 지연되는 상황이 전개되었다.

반면에 지역 노사정협의회 권한의 확대는 상대적으로 긍정적인 효과를 거둔 것으로 나타났다. 앞에서도 언급하였듯이 중앙 노사정협의회가 무기력한 모습을 보인 반면, 지역 노사정위원회에서는 지역 수요에 적합한 공공고용서비스를 제공하려는 새로운 시도가 이루어졌다.

마지막으로 민간 고용서비스에 대한 규제완화는 즉각적 효과를 보이지 못하였다. 민간기관의 직업중개를 공식적으로 금지하였던 1991년 이전에도, 네덜란드의 파견근로회사는 이미 직업을 중개하는 역할을 수행하였다. 네덜란드의 기업에게 파견근로는 채용수단 중 하나였다. 정규 근로자를 채용하기 원할 때에도, 기업들은 근로자의 생산성을 파악하기 위해 몇 달간 파견근로 형태로 근로자를 고용하곤 하였다. 그리고 파견 근로자의 성과가 만족스러울 경우에는 계약기간을 연장하거나 정규 계약으로 전환하였다. 네덜란드 정부나 노동조합도 이러한 관행을 암묵적으로 받아들여 왔다. 이러한 채용 관행은 구직자들에게 또 다른 구직방법을 제공한 셈이다. 당시 기업을 대상으로 한 실태조사에 의하면, 파견근로회사에 의한 취업알선이 공공고용서비스에 의한 취업알선과 비슷한 규모였던 것으로 파악되었다. 기업 입장에서 파견근로 형태의 고용은 수량적 유연성을 제고하는 하나의 방안이었고, 한편 파견근로회사는 성격상 공공고용서비스에 비해 기업의 요구에 좀더 부응할 수 있었다. 이런 이유로 기업들은 공공고용서비스로부터 받을 수 있는 무료 서비스를 대신하여 파견근로회사의 서비스를 구입하였던 것이다.

그러므로 1991년의 〈공공고용서비스법〉은 민간 고용서비스시장의 상황을 변화시킨 것이 아니라 이미 노동시장에 존재하던 관행을 승인한 셈이었다. 공식적으로 민간기관이 직업중개서비스를 제공할 수 있게 됨에 따라 공공고용서비스도 경쟁 압력을 받을 것으로 기대되었지만 현실적으로는 그런 효과가 나타나지 않은 것으로 나타났다. 다만 민간 고용서비스시장의 확대가 촉발되었음은 분명하다.

노사정협의회 조직이 실망스러운 평가를 받은 결과, 〈공공고용서비스법〉은 1996년에 개정되었고 1997년부터는 개정법이 시행되었다. 개정된 〈공공고용서비스법〉은 두 가지 중요한 변화를 가져왔다.

첫째, 기존의 노사정협의회가 폐지되고, 대신 공공고용서비스는 독립적인 행정 조직으로서의 역할을 하게 되었다. 독립적인 행정조직(Zelfstandig BestuursOrgaan: ZBO)이란 정부 부처는 아니지만 특정한 공공서비스의 실행을 담당하는 공적 기관을 말한다. 정부와 독립적인 행정조직 사이에는 주인과 대리인 간의 관계가 성립한다. 정부는 주어진 예산의 한도 내에서 공공고용서비스가 수행해야 할 임무와 목표를 설정한다. 공공고용서비스 조직을 독립적인 행정조직으로 변모시킨 것은 당시 네덜란드에서 신공공관리(New Public Management: NPM) 정책이 각광을 받으면서 다른 공공부문에서도 이러한 변화가 진행되었던 것과 무관하지 않다.

둘째, 개정된 〈공공고용서비스법〉에 의해 정부는 활성화 정책에 필요한 예산의 상당 부분을 공공고용서비스로부터 실업보험제도와 사회부조제도를 관장하는 기관으로 이관하였다. 이런 조치로 인해 실업보험과 사회부조를 관리하는 각 기관이 취업애로계층의 노동시장 진입을 책임지게 되었다. 이는 급여를 지급하는 기관이 수급자의 재통합을 책임지는 것이 더 효과적일 것이라고 정부가 판단하였기 때문이다. 한편 공공고용서비스는 직업중개서비스를 담당하기 위한 정도의 예산만 보유하게 되었다.

당시 네덜란드에는 실업보험을 관장하는 사회보험기관이 산업부문별로 5개(Cadans, Gak, Guo, Sfb, Uszo) 존재하고 있었다. 이들 사회보험기관을 UVIs(Uitvoeringsinstellingen) 라고 불렀다. 한편 사회부조는 지자체에서 관장하였다. 초기에는 각 사회보험기관과 지자체가 모든 재통합서비스의 실행을 공공고용서비스에 의무적으로 아웃소싱하도록 하였다. 그러나 공공고용서비스의 독점적 지위는 그리 오래가지 않았다. 민간기관들의 비판에 직면하자 UVIs와 지자체가 민간에 재통합서비스를 맡기는 것이 허용되었고, 이후에는 민간기관에게만 입찰과정을 거쳐 재통합서비스를 아웃소싱하도록 제도가 변경되었다. 이와 함께 공공고용서비스에서 재통합서비스부문이 민영화되었고, 민영화된 조직(Kliq)은 민간 재통합회사로서 다른 민간기관들과 함께 재통합서비스시장에서 경쟁하게 되었다. 첫 번째 전국적인 입찰은 2000년에 UVIs가 실시하였으며, 입찰을 통해 UVIs와 계약을 맺은 민간 재통합회사들은 2001년부터 서비스를 제공하였다. 이후 지자체들도 독자적인 입찰과정을 조직하였다.

재통합부문이 민영화되면서 공공고용서비스는 일자리 중개를 담당하는 인프라만 남았으며, 이 조직은 2002년의 〈근로소득실행구조법〉 개혁으로 근로소득센터(CWI) 로서 새롭게 출범한다. 〈표 7-8〉에는 네덜란드의 사회보장과 적극적 노동시장정책과 관련된 각 기관의 명칭과 임무가 정리되어 있다.

〈표 7-8〉 네덜란드의 사회보장과 적극적 노동시장정책 관련기관

명칭	임무	비고
공공고용서비스	· 노동시장의 투명성 제고 · 일자리 중개 · 적극적 노동시장정책 실행	현존하지 않음
근로소득센터(CWI)	· 실업자 프로파일링 · 노동시장의 투명성 제고 · 실업보험급여와 사회부조급여 신청지원 · 일자리 중개	피용자보험공단에 2009년 합병
산업별 사회보험기관(UVIs)	· 실업자, 장애인 대상 급여 제공 · 재통합서비스 민간기관에 아웃소싱	피용자보험공단에 2002년 합병
국립노동보험기구(Lisv)	· 사회보장 규제기관	
피용자보험공단(UWV)	· 실업자, 장애인 대상 급여 제공 · 기존 UVIs를 통합한 기관 · 재통합서비스 민간기관에 아웃소싱	사회적 파트너가 참여하는 기관
근로소득위원회(RWI)	· 적극적 노동시장정책에 대한 정부 자문	
지자체 사회서비스	· 사회부조급여 제공 · 재통합서비스 민간기관에 아웃소싱	
재통합회사	· 실업자, 장애인 대상 재통합서비스 제공	

주: 민간 재통합회사를 제외하고는 모두 공공기관.
자료: De Koning(2007), 226면에서 재구성.

2) 〈근로소득실행구조법〉 개혁 이후의 고용서비스 전달체계

네덜란드의 고용지원서비스 관련 조직은 체계가 매우 복잡하고 분권화되어 있다. 네덜란드에서는 2002년, 〈근로소득실행구조법〉 개혁이 실시됨에 따라 고용서비스 전달구조의 커다란 개편이 이루어졌고, 이른바 근로·소득연쇄(*chain of work and income*)라고 칭하는 고용서비스의 제도적 틀이 확립되었다. 또한 네덜란드 정부는 사회보장법의 실행에 있어 정부의 역할은 축소하고 시장의 역할은 확대하는 정책을 지속적으로 추진하였다. 새로운 법의 시행으로 인해 급여의 지급과 관리는 공공부문이, 활성화 정책의 실행은 민간부문이 역할을 분담하는 체계가 확립되었다.

근로연령층의 소득보장과 활성화 정책은 사회고용부가 책임진다. 하지

만 정책의 전달과 실행은 여러 기관이 나누어 담당한다. 급여지급은 피용자보험공단과 지자체가 맡는다. 피용자보험공단은 사회보험을, 지자체는 사회부조를 관장한다.

〈근로소득실행구조법〉에 따라 기존 5개의 산업부문별 사회보험기관들(UVIs)과 국립노동보험기구(Lisv)가 통합되어 피용자보험공단(UWV)이라는 단일 사회보험기관이 출범하게 되었다.[6] 피용자보험공단은 실업보험, 장애보험 등의 사회보험 프로그램을 관장하며, 수급자 대상의 활성화 정책을 책임진다. 피용자보험공단은 2005년까지는 사회보험 기여금 징수도 맡았지만, 2006년부터는 기여금의 통합 징수가 이루어지면서 국세청에서 그 역할을 담당한다.

또한 이 개혁으로 기존의 공공고용서비스 조직이 분할되고 새롭게 근로소득센터(CWI)가 전국적으로 설치되었다. 출범 당시 근로소득센터는 동일한 명칭의 중앙본부와 6개의 지역본부 그리고 131개의 지방조직으로 구성되었다. 네덜란드의 지자체 수가 467개에 달하기 때문에 대부분의 근로소득센터는 몇 개의 지자체와 협력을 하여야 했다.

근로소득센터는 모든 구직자에게 최초 관문이 되는 기관이며, 구직자 유형 분류, 사회보험 자료 수집, 취업가능계층에 대한 일자리 알선, 노동시장정보 관리 등이 주된 임무였다. 근로소득센터는 구직자를 두 가지 유형으로 구분하였는데, 취업이 용이한 구직자는 A 유형, 취업이 상대적으로 어려운 구직자는 B 유형으로 분류하였다. A 유형에 속하는 구직자는 6개월 이내 취업이 가능할 것으로 기대되는 자로서, 근로소득센터가 이들에 대한 기본적 고용서비스를 담당하였다. 반면에 B 유형 구직자나 실업기간

6) 네덜란드에서는 사회보험기구 개편과 함께 사회적 파트너의 사회보험 관리 역할이 축소되었다. 특히 이 영역에서의 노동조합의 역할은 현저하게 줄어들어, 현재는 자문 정도만 맡게 되었다. 1990년대 이전에는 사회보험 관리에서 노동조합이 중요한 역할을 수행하였다. 이에 관해서는 Schils(2007)와 Hoogenboom(2011)의 논의를 참조하기 바란다.

〈표 7-9〉 네덜란드의 고용서비스 전달체계 개관

역할	급여 수급자 유형		
	사회부조급여	실업보험급여	장애급여
급여 지급과 민간위탁 관할	지자체	피용자보험공단	
구직자의 구직 등록	근로소득센터(2009년 이전) → 피용자보험공단 고용센터(2009년 이후)		
취업 장애 구직자의 재통합	민간 고용서비스기관		

주: 근로소득센터는 2009년 1월부터 피용자보험공단에 통합.
자료: Bruttel & Sol(2006).

이 6개월 이상인 구직자는 실업급여 수급자인 경우에는 피용자보험공단, 사회부조 수급자인 경우에는 지자체에서 맡게 되었다.

피용자보험공단은 실업보험 수급자, 지자체는 사회부조 수급자의 활성화 정책을 책임지지만, 실제 업무는 민간 위탁기관이 수행한다. 초기에는 지자체의 경우 재통합서비스의 70%를 의무적으로 민간기관에 위탁하도록 되어 있었다. 그런데 2004년 새롭게 〈근로사회부조법〉이 시행되면서 지자체의 정책적 권한과 재정적 자율성이 증대되었고, 2006년에는 의무적 위탁이 폐지되었다. 이제 지자체는 재통합 프로그램을 자체적으로 제공할 것인지 아니면 민간기관에 위탁할 것인지 자유롭게 선택할 수 있다. 이런 조치로 인해 2006년 이후 지자체가 자체적으로 고용서비스를 제공하는 사례가 증가하였다.

2006년에 〈근로능력에 따른 근로·소득에 관한 법〉(WIA)이 시행됨에 따라 피용자보험공단의 역할도 변화를 겪게 된다. 이 법이 시행됨에 따라 사업주는 상병 혹은 장애 근로자에게 이전 임금의 70% 이상에 달하는 금액을 2년 동안 제공해야만 하고, 근로능력 상실이 35% 이하인 장애 근로자에 대해서는 노동시장 재통합에 대해 직접적인 책임을 지게 되었다. 사업주 또는 사업주가 위탁한 보험회사에게서 재통합서비스를 구매하는 새로운 방식이 도입된 것이다. 이 법의 취지는 피용자보험공단과 지자체와는 별도로 민간이 주도하는 재활부문 재통합서비스시장을 촉진하기 위한 것이다. 이로 인해 네덜란드에는 사업주가 구매자로서 역할을 하는 새로운 재통합서비스시장이 도입되었다.

사회보장기관들과 재통합시장의 기능을 감독하는 기관으로는 근로소득위원회(RWI)와 근로소득감독기구(IWI, 2012년에 사회고용부 관리감독국에 통합)가 있다. 근로소득위원회는 민간 위탁시장의 품질과 투명성 그리고 재통합 정책 일반에 책임을 지는 감독기관이다. 근로소득위원회는 독립적인 기관이지만, 사회고용부와는 긴밀한 관계를 유지한다. 한편 사회고용부의 내부 조직 중 하나인 근로소득감독기구는 피용자보험공단의 정책 수행과 지자체의 〈근로사회부조법〉 관련 정책 수행을 감독하는 기관이다.

네덜란드의 고용서비스 전달체계는 2009년 1월에 다시 한 번 커다란 변화를 겪게 된다. 기존의 근로소득센터가 피용자보험공단에 흡수되어 단일 기관으로 통합된 것이다. 두 기관이 통합되면서 피용자보험공단은 구직자에게 통합적인 원스톱 고용서비스를 제공하게 되었다. 또한 2010년부터는 우리나라의 고용복지플러스센터와 유사한 기능의 고용광장(werkpleinen)이 전국적으로 설립되었다. 고용광장에서는 고용센터와 지자체 사회서비스가 한 장소에 모여 실업급여 수급자와 사회부조 수급자를 위한 원스톱 서비스를 제공한다.

3) 소결: 전달체계 개혁의 역사적 전개과정

네덜란드에서는 1990년대부터 취업우선의 활성화 정책을 추구하면서 노동시장 개혁이 지속적으로 이루어졌고 이와 함께 고용서비스 전달체계도 급격한 변화를 경험하였다(김동헌, 2011: 70~73). 네덜란드의 고용서비스 전달체계의 개혁은 다음과 같이 6가지 단계로 구분하여 살펴볼 수 있다(Sol et al., 2008).

첫 번째 단계는 공공고용서비스 정책과 실행이 분리된 것이다. 1991년 이전까지 공공고용서비스는 사회고용부의 한 부서로서 존재하였다. 그런데 1991년 〈공공고용서비스법〉이 시행되면서 공공고용서비스 조직은 사회고용부와 분리되었고 노사정 3자가 참여하는 노사정협의회에서 공동으로 운영하는 체제로 변모하였다. 이렇게 공공고용서비스의 정책 기능과 실행 기능이 분리되고, 지역 수준의 노사정협의회 구성을 통해 고용서비스 실행의 탈중앙화도 시도되었다. 네덜란드에서는 1980년대의 경제위기 이후 공공고용서비스의 성과에 대한 비판이 줄기차게 제기되었다. 고용서비스 거버넌스 개혁의 배경에는 적극적 노동시장정책의 실행과정에 사회적 파트너를 참여시킴으로써 비판적 여론을 무마시키고 정책의 지지기반을 확대하자는 정부의 의도가 담겨 있었다.

두 번째 단계는 고용서비스 구매자와 제공자가 분리된 것이다. 노사정협의회가 기대와는 달리 실망스러운 성과만을 거두자, 1996년에 〈공공고용서비스법〉이 개정되었다. 이 개정법에 의해 기존의 노사정협의회 기반 구조가 폐지되고 공공고용서비스는 독립적인 행정조직으로 바뀌었다. 아울러 정부는 적극적 노동시장정책 예산의 상당 부분을 공공고용서비스로부터 UVIs와 지자체로 이관하였다. 이 조치로 인해 UVIs(2002년 이후 피용자보험공단)와 지자체는 취업이 어려운 수급자의 노동시장 재통합을 책임지게 되고, 재통합서비스의 구매자로서의 역할도 담당하게 된다. 당초 이들 기관은 재통합서비스의 80%를 의무적으로 공공고용서비스로부터 구매해야만 했다. 그러나 이런 규제에 민간 고용서비스기관들이 비판적인 입장을 취했고 진입제한 없는 자유로운 재통합시장에 대한 수요가 점증하였다. 결국 2000년에 의무적 공공고용서비스 구매가 철폐되었고, 이로 인해 공공고용서비스의 시장점유율은 상당한 타격을 받았다.

세 번째 단계는 민간위탁에 있어 공개입찰제도가 도입된 것이다. 네덜란드에서는 2002년 〈근로소득실행구조법〉이 시행되면서 사회보장과 적극적 노동시장정책의 틀이 확립되었고, 고용서비스 전달체계의 일대 변혁이 이루어졌다. 〈근로소득실행구조법〉 개혁으로 인해 공공고용서비스 조직은 분해되어 사라지고, 근로소득센터라고 하는 새로운 고용센터만이 남아 제한된 기능을 수행하게 되었다. 기존 5개 산업별 사회보험기관들은 피용자보험공단이라는 단일 사회보험기관으로 통합되었다. 〈근로소득실행구조법〉은 고용서비스의 민간위탁에 있어서도 획기적인 전환을 가져왔다. 이 법에 의하면 피용자보험공단은 '공개적이고 투명한 재통합시장'을 통해 고용서비스를 민간에 위탁해야 한다. 또한 지자체들도 자체적인 공개입찰 절차를 통해 민간위탁 계약자를 선정하도록 권고한다. 〈근로소득실행구조법〉의 시행으로 인해 고용서비스의 민간위탁이 활성화되면서 다양한 형태의 재통합서비스가 제공되는 새로운 시장이 출현하게 된다.

네 번째 단계는 지자체에 전면적인 재정적 자율성을 부여한 것이다. 사회부조 수급자에 대한 활성화 정책은 2004년에 〈근로사회부조법〉이 시행되면서 강화되었다. 기존의 사회부조제도는 취업우선 전략의 관점에서 많은 비판을 받았다. 특히 과거 중앙정부는 지자체가 지출한 사회부조비용을 90%까지 지원하였는데, 이는 지자체가 사회부조제도를 효과적, 효율적으로 운영하려는 유인을 약화한다는 비판이 줄기차게 제기되었다. 〈근로사회부조법〉은 기존의 방식에서 벗어난 정액보조금제도를 도입하여 지방정부가 사회부조 지출의 전부를 책임지고 운용하도록 체제를 바꾸었다. 이 법의 핵심은 지자체의 재정적 인센티브 구조를 획기적으로 개편한 것이고, 이를 통해 지자체가 취업우선 전략을 효과적으로 실행하는 조직으로 탈바꿈하도록 만들고자 한 것이었다.[7]

다섯 번째 단계는 사업주가 직접 구매를 하는 민간 재통합시장이 도입된 것이다. 〈근로능력에 따른 근로·소득에 관한 법〉이 2006년부터 시행되

7) 더 구체적인 논의는 "제 10장 공공부조제도"를 참고하기 바란다.

면서 사업주는 상병 혹은 장애 근로자에게 이전 임금의 70% 이상에 해당하는 임금을 2년 동안 제공해야만 하고, 이들의 노동시장 재통합에 대해서도 책임을 지게 되었다. 이제 사업주 직접 혹은 사업주가 가입한 민간 보험회사에서 재통합서비스를 제공하는 경로가 도입된 것이다. 이 법이 도입된 목적의 하나는 공공기관이 주도하는 재통합시장과는 별도로 민간이 주도하는 재활, 직업보건분야의 재통합시장을 촉진하기 위한 것이다.

여섯 번째 단계는 원스톱 고용서비스 전달체계의 구축이다. 2009년 1월부터 근로소득센터가 피용자보험공단에 통합되어 네덜란드의 공공고용서비스 전달체계는 또 하나의 커다란 변화를 겪는다. 근로소득센터 조직이 피용자보험공단 산하의 고용센터로 통합됨에 따라 사회보험 수급자에 대한 급여지급과 노동시장 재통합이 원스톱 서비스로 이루어지게 되었다. 또한 중앙정부는 고용센터와 지자체 간에 더욱 긴밀한 협력관계를 모색하였고, 이런 전략의 일환으로 2010년에는 고용광장이 전국적으로 설립되었다 (Dorenbos & Froy, 2011). 고용광장은 고용센터와 지자체가 전략적 파트너십을 맺고 한 장소에서 상주하면서 구직자와 고용주에게 원스톱 서비스를 제공하기 위해 설립된 조직이다. 여기에서는 실업보험 및 사회부조 수급자에 대한 고용서비스가 통합적으로 제공된다.

5. 맺음말: 쟁점과 함의

네덜란드는 1980년대 중반부터 실업보험제도의 개혁을 지속적으로 추진하였다. 1980년대 초반의 심각한 경제위기 이후 1985년에는 실업급여의 소득대체율이 이전 소득의 80%에서 70% 수준으로 삭감되었다. 그 후 지난 30년 동안 정부는 전반적으로 실업급여의 관대성을 낮추고 활성화 정책을 강화시키는 방향으로 실업보험제도 개편을 추진하였다. 2016년 1월부터 시행되어 온 개정 〈실업보험법〉에서도 실업급여의 지급기간이 짧아졌고, 근로 유인이 강화되었다. 기존의 실업급여 지급기간은 최대 38개월이었지만, 2016년 1월부터 2019년 4월 사이에 최대 지급기간이 38개월에서 24개월로 단계적으로 축소된다. 또한 이전 제도하에서는 1년 이상 장기수급자에게 모든 일자리를 적당한 일자리로 간주하도록 정하였지만, 개정된 〈실업보험법〉에서는 이 기준을 강화하여 1년이 아닌 6개월 이상 수급자부터 어떤 일자리 제의도 수용하여야 하도록 바꾸었다. 이를 거부할 경우 해당 수급자는 급여 삭감이라는 제재를 받게 된다.

네덜란드 실업보험제도의 개혁과정은 노동시장정책의 삼중 통합의 관점에서 파악할 수 있다(Clasen & Clegg, 2011). 노동시장정책의 삼중 통합은 실업급여의 동질화, 위험의 재범주화, 급여의 활성화를 의미한다. 1980년대와 비교하면 실업부조가 폐지되면서 다층의 실업보상제도는 실업보험으로 단순화되었다. 이제 네덜란드의 실업자 사회안전망은 실업보험과 사회부조의 2개 층으로 구성된다. 한편 실업보험제도의 포괄범위는 지속적으로 확대되었다. 실업보험제도의 수급 요건이 강화되고 지급기간이 축소됨에 따라 장기실업자에 대한 사회부조의 역할도 확대되었다. 지난 30년간 실험보험 수급자와 사회부조 수급자에 대한 활성화 정책은 한층 강화되는 추세이다. 2009년에는 고용서비스기관이 피용자보험공단으로 통합되어, 피용자보험공단을 통해 원스톱 고용서비스가 전달되게 되었다. 2010년부터 전국적으로 고용광장이 운영되면서 피용자보험공단 고용센터와 지자체 간의 협업이 강화되었다. 국제비교연구에 의하면, 네덜란드는 노동시장정책의 삼중 통합 추세를 뚜렷하게 보여 주는 국가로 분류된다(Clasen & Clegg, 2011).

네덜란드의 고용서비스 전달체계는 1980년대부터 지속적으로 변화하였다. 네덜란드는 유럽에서 고용서비스 개혁을 선도하는 국가이고, 2000년대에 들어 고용서비스의 실험실이라고 부를 정도로 급진적인 개혁이 시도되었다.

최근 네덜란드는 공공고용서비스의 디지털화를 급진적으로 추진하면서 다시 한 번 세계의 주목을 받고 있다(OECD, 2015). 공공고용서비스의 디지털화는 피용자보험공단의 예산 삭감으로 촉발되었다. 정부 차원의 예산 긴축정책이 추진되면서 피용자보험공단의 예산도 2012년부터 큰 폭으로 삭감된 것이다. 실제로 2011~2015년 사이에 공공고용서비스 예산은 절반으로 축소되었다. 이러한 정치적 결정으로 2012년에 〈근로소득실행구조법〉이 개정되었고, 피용자보험공단은 재설계 프로그램 계획을 세워 구직자 대상 온라인 서비스에 집중하는 전략을 시행하였다. 이에 따라 피용자보험공단은 실업급여 수급자 대상 업무의 90%를 디지털 채널을 통해 제공하고, 대면 서비스는 35개의 고용광장에서만 제공하게 된다(Oosi, 2014; Slotboom & Blommesteijn, 2015).

사용자 친화적인 디지털 서비스는 서비스 가용성과 접근성을 높인다는 측면에서 여러 국가에서 새로운 공공고용서비스 비즈니스 모형으로 주목받는다. 여기에는 디지털 서비스의 강화로 비용은 절감하면서 공공고용서비스의 성과를 제고할 수 있다는 기대감이 작용하고 있다. 또한 일상적인 업무가 자동화된다면 공공고용서비스 직원들은 취업지원이라는 본연의 업무에 집중할 수 있고 취약계층 구직자를 위한 서비스에 좀더 관심을 가질 것으로 기대된다.

하지만 고용서비스분야에서 디지털 서비스가 확산되는 현상이 구직자 및 사업주의 서비스 만족도 및 구직자의 노동시장 통합에 미치는 효과는 그리 긍정적이지 않은 것으로 보인다(OECD, 2015). 영국과 독일의 경험에 의하면, 전반적으로 전화 또는 온라인을 통해 실업 인정과 상담을 하는 방식은 구직자와 직접 대면하여 실업 인정과 집중상담을 하는 방식에 비해 성과가 낮은 것으로 나타났다.

네덜란드 실업급여 수급자의 9% 정도는 디지털 기술을 보유하지 못한 것으로 조사되었다. 또한 수급자의 14% 정도가 제한적인 디지털 기술을 가진 것으로 보인다.[8] 현행 제도에 의하면 구직자는 구직 등록을 한 후 처음 3개월 동안에는 거의 전적으로 온라인 채널을 통해서만 공공고용서비스에 접근을 할 수 있다. 대면 또는 전화를 통한 상담은 4개월, 7개월, 10개월째에 진행된다. 가장 취업이 힘들다고 예측되는 10% 정도의 구직자들만이 구직 등록 4개월 후부터 좀더 집중적인 지원을 받는다. 일반 구직자에게는 e-코칭 등의 온라인 서비스만 제공된다.

2012년부터 디지털 서비스가 전면적으로 도입되면서 피용자보험공단 고용센터의 서비스에 대한 고객 만족도는 전반적으로 하락하였다. 다른 나라의 경험에서도 확인할 수 있듯이, 평균적으로 실업급여 수급자는 디지털 서비스보다는 상담원과의 대면 서비스에 더 만족하는 것으로 보인다. 또한 이런 전면적인 디지털 서비스 적용이 구직자의 구직활동 강도와 취업에 미치는 효과는 아직 밝혀지지 않았다. 다만 공공고용서비스의 급진적인 디지털화가 고용서비스 예산의 대폭적인 삭감과 직원 감축으로 인해 시작되었다는 측면에서 볼 때, 그 효과는 제한적일 것으로 예상된다.

■ 참고문헌

국내 문헌

김동헌(2011). "네덜란드의 고용서비스 전달체계 혁신사례". 유길상・김동헌・어기구・강금봉・최석규, 《고용서비스 전달체계 해외사례연구》, 한국기술교육대학교 HRD연구센터.

______(2015). "고용서비스 민간위탁의 해외 사례연구". 김혜원・오민홍・김동헌・박

8) http://www.seo.nl/en/page/article/wordt-aan-gewerktnl.

혁, 《고용서비스 민간위탁 효과평가 및 개선방안 검토》, 2014년 고용보험평가 사업 연구시리즈, 한국노동연구원.

김승택 · 노상현 · Daniel Finn(2015). 《우리나라의 고용서비스 선진화 어디까지 왔나?》. 한국노동연구원.

김원섭(2012). "고용보험 및 고용정책". 한국보건사회연구원, 《주요국의 사회보장제도: 네덜란드》.

유길상 · 김동헌 · 강금봉 · 최석규 · 김하영(2010). 《국내외 공공고용서비스 민간위탁 추진실태 분석을 통한 효율화 방안 모색》. 노동부.

장지연(2015). 《실업보험 제도개편 및 역할변화 국제비교》. 한국노동연구원.

정홍원(2012). "공공부조". 한국보건사회연구원, 《주요국의 사회보장제도: 네덜란드》.

해외 문헌

Blommesteijn, M., Kruis, G., & van Geuns, R. (2012). Dutch municipalities and the implementation of social assistance: Making social assistance work. *Local Economy*, *27*(5~6), 620~628.

Blommesteijn, M., Mallee, L., & van Waveren, B. (2015). *ESPN Thematic Report on Minimum Income Schemes: The Netherlands, European Social Policy Network*. Brussels: European Commission.

Bonoli, G. (2010). The political economy of active labor-market policy. *Politics & Society*, *38*(4), 435~457.

Bredgaard, T., & Larsen, F. (2008). Quasi-markets in employment policy: Do they deliver on promises?. *Social Policy & Society*, *7*(3), 341~352.

Bruttel, O., & Sol, E. (2006). Work First as a European model? Evidence from Germany and the Netherlands. *Policy & Politics*, *34*(1), 69~89.

Clasen, J., & Clegg, D. (2011).(ed.). *Regulating the Risk of Unemployment: National Adaptations to Post-Industrial Labour Markets in Europe*. Oxford: Oxford University Press.

______(2012). Adapting labour market policy to a transformed employment structure: The politics of triple integration. In Bonoli, G., & Natali, D. (ed.). *The Politics of the New Welfare State*, Oxford: Oxford University Press, 135~157.

Davidse, E., & Kraan, A. (2008). *The Work and Social Assistance Act (WWB) in a Nutshell: From Social Assistance to Work in the Netherlands*. Ministry of Social

Affairs and Employment (SZW).

De Koning, J. (2007). The reform of the Dutch Public Employment Service. In de Koning, J. (ed.). *The Evaluation of Active Labour Market Policies*, Cheltenham: Edward Elgar Publishing.

______(2009). Reforms in Dutch active labour policy during the last 20 years: An evaluation. SEOR Working Paper No. 2009/2, SEOR.

Desczka, S. (2007). How to encourage municipalities to implement Work First Programmes — The Netherlands. Paper for the workshop on learning from the our neighbours: The organization, administration and effects of means-tested basic security benefits in selected countries, Berlin, September 19~20.

Dorenbos, R., & Froy, F. (2011). Building flexibility and accountability Into local employment services: Country report for the Netherlands, OECD Local Economic and Employment Development (LEED). Working Papers, 2011/13, OECD Publishing.

Finn, D. (2015). *Welfare to Work Devolution in England.* Joseph Rowntree Foundation.

______(2016). *The Organisation and Regulation of the Public Employment Service of Private Employment and Temporary Work Agencies: The Experience of Selected European Countries — The Netherlands, Denmark, Germany and the United Kingdom.* Learning and Work Institute.

Hoogenboom, M. (2011). The Netherlands: Two tiers for all. In Clasen, J., & Clegg, D. (ed.). *Regulating the Risk of Unemployment*, Oxford: Oxford University Press, 75~99.

Larsen, F., & van Berkel, R. (2009). (ed.). *The New Governance and Implementation of Labour Market Policies.* Copenhagen: DJOF Publishing Copenhagen.

OECD (2015). *Employment Outlook.* OECD Publishing.

______(2016). *Employment Outlook.* OECD Publishing.

Oosi, O. (2014). *International Peer Review of Labour Policy Service Structures.* Helsinki: Ministry of Employment and the Economy.

Schils, T. (2007). *Distribution of Responsibility for Social Security and Labour Market Policy, Country Report: The Netherlands.* Working Paper, Number 07/49, AIAS.

Slotboom, S., & Blommesteijn, M. (2015). ESPN Thematic Report on integrated support for the long term unemployed: Netherlands. European Social Policy Network, European Commission, Brussels.

Sol, E. (2008). It's the client, stupid! An active role for the client in Dutch employment services. In Lilley, P., & Hartwich, O. M. (ed.). *Paying for Success, Policy Exchange*, 71~82.

Sol, E. et al. (2008). Activation as a socio-economic and legal concept: Laboratorium the Netherlands. In Eichhorst, W., Kaufmann, O., & Konle-Seidl, R. (ed.). *Bringing the Jobless into Work? Experiences with Activation Schemes in Europe and the US*, Berlin: Springer.

Statistics Netherlands (2016). *Trends in the Netherlands 2016*. Statistics Netherlands.

SZW (2014). State of affairs of social security. January 2014, Ministry of Social Affairs and Employment.

Van Berkel, R. (2013). Triple activation: Introducing Welfare-to-Work into Dutch social assistance. In Brodkin, E. Z., & Marston, G. (ed.). *Work and the Welfare State: Street-Level Organizations and Workfare Politics*, Washington: Georgetown University Press, 87~102.

Van Berkel, R. & de Graaf, W. (2011). The liberal governance of a non-liberal welfare state? The case of the Netherlands. In van Berkel, R., de Graaf, W., & Sirovatka, T. (ed.). *The Governance of Active Welfare States in Europe*, Hampshire: Palgrave Macmillan, 132~152.

Van Oorschot, W. (2006). The Dutch welfare state: Recent trends and challenges in historical perspective. *European Journal of Social Security*, *8* (1), 57 ~76.

Visser, J., & Hemerijck, A. (1997). *A Dutch Miracle: Job Growth, Welfare Reform and Corporatism in the Netherlands*. Amsterdam: Amsterdam University Press.

Werner, H., & Winkler, W. (2004). *Unemployment Compensation Systems: A Cross-Country Comparison*. IAB Labour Market Research Topics No. 56.

08 산재보험제도*

1. 머리말

네덜란드는 사회보험 중 산업재해보험을 가장 일찍 도입했다(1901년). 그러나 1960년대에 산업재해와 일반재해의 구분을 없애면서 오늘날과 같은 재해보장제도로 전환했다. 현재 네덜란드의 재해보험은 다음과 같은 특징을 가진다. 먼저, 우리나라와 달리 오직 산업재해만을 보장하는 산업재해보험이라는 특수제도를 별도로 두지 않는다는 점이다(SSA, 2016; MSZW, 2011). 즉, 네덜란드는 산업재해와 일반재해를 구분하지 않고 동일하게 보장을 제공한다. 사고나 질병(재해)의 원인에 상관없이 동일한 보장이 이루어진다는 것이다.

네덜란드 재해보장의 두 번째 큰 특징은 사고나 질병으로 인한 사회적 위험에 대해 의료보험, 상병급여(의료보험 등 다른 제도와 분리하여 별도 법으

* 이 글은 2012년 《주요국의 사회보장제도: 네덜란드》(한국보건사회연구원, 2012)에서 필자가 작성한 "제 2부 제 2장 재해보험"을 수정 보완한 것이다.

〈표 8-1〉 산업재해 및 일반재해 관련 사회보장제도

<table>
<tr><th colspan="2">구분</th><th>제도/법</th><th>포괄 대상</th></tr>
<tr><td colspan="2">치료와 요양</td><td>의료보험법(ZVW/AWBZ)</td><td>전 국민</td></tr>
<tr><td colspan="2">단기적 소득보장</td><td>상병급여법/민법</td><td>피용자/단기(2년 이내)</td></tr>
<tr><td rowspan="3">장기적 소득보장</td><td rowspan="2">장애</td><td>장애보험(WIA)</td><td>피용자/장기(2년 초과)</td></tr>
<tr><td>청년장애지원(Wajong)</td><td>선천성장애 및 학생장애</td></tr>
<tr><td>사망</td><td>일반유족보험(ANW)</td><td>전 국민</td></tr>
</table>

자료: SVB(2008).

로 제정), 유족보험 및 장애보험(청년장애지원급여 Wajong 포함) 등 재해와 관련한 다양한 제도를 통하여 다원적이고 입체적으로 보장한다는 것이다(European Commission, 2013). 기능적 측면에서는 사고나 질병에 대한 요양 및 치료보장(현물급여)은 의료보험을 통해, 소득보장(현금급여)은 상병보험, 장애보험 그리고 일반유족보험을 통해 이루어진다. 그리고 각 분야별 보장기간을 기준으로 제도를 구분하는 경우, 의료보험은 기본요양급여보험(일반치료 및 1년 미만의 입원 등)과 특별요양급여보험(1년 이상의 입원과 요양, 간병 등)으로, 소득보장은 단기적 소득상실을 보장하는 상병급여(최대 2년)와 장기적으로 상실소득을 보전하는 장애보험(2년 이상의 상병) 및 일반유족보험으로 구분된다.

세 번째 특징으로, 치료와 요양보장은 국민보험 형태(즉, 전 국민에게 적용)를 취하며, 소득보장(상병급여, 장애보험)은 피용자보험 형태로 주로 피용자에게만 적용된다(일반제도인 유족보험은 제외). 특히 피용자보험제도는 사용자가 비용을 전액 부담하는 사용자 책임보험이라는 점에서 산재보험적인 특성을 강하게 띤다.

마지막으로, 이러한 재해 관련 보장제도가 처음에는 공적 제도로 출발했으나 1990년대의 개혁을 통해 민영화 내지 공사 혼합형으로 전환된 점도 특징이다. 특히 이러한 제도들은 단순히 치료 및 소득보장에만 그치지 않고 노동시장 복귀를 돕는 지원서비스(의료 및 직업재활 그리고 사회재활)를 제공하도록 의무화하는 점은 주목해야 할 부분이다. 위와 같은 재해 관련 보장제도 중 의료보험, 일반유족보험 등 다른 장에서 구체적으로 다루는 제도는 여기서는 간단하게만 언급할 것이다.

2. 치료와 요양의 보장: 의료보험

네덜란드의 의료보험은 재해 시 단기치료와 요양을 제공하는 〈기본요양보험법〉(Health Care Insurance Act: ZVW, 1940년에 도입)과 장기치료와 요양을 제공하는 〈특별요양급여법〉(Exceptional Medical Expenses Act: AWBZ, 1968년에 도입)으로 구성된다. 전자는 기본적인 요양급여(*basic medical benefits*)를 보장하고, 후자는 특수한 의료적 위험으로서 1년 이상 장기입원과 치료 및 요양·간병비용 등을 보장하기 위한 보험이다. 두 의료보험은 기본적으로 전 국민을 의무가입대상으로 하는 국민보험 형태라는 점에서 공통적이지만 적용되는 법률, 재원조달 방식, 관리 방식 등은 다르다.

1) 적용 대상

(1) 기본요양보험

기본요양보험은 기본적인 요양급여를 보장하는 제도로서 네덜란드에 거주하는 모든 국민이 그 적용 대상이다. 즉, 가입자 및 그 피부양자는 당연가입 대상이 된다. 정부는 기본요양보험의 내용과 범위를 규정하며, 개인은 민간 보험자(비영리의 준 공공보험사 형태) 중 선택하여 의무적으로 가입하는 구조로 요양급여가 제공된다(MPH, 2016). 이때 보험사업자는 성, 연령, 내외국인, 질병 여부와 관계없이 누구든 가입자로 받아들여야 한다. 가입자 개인은 기본요양보험 외에도 보험회사가 제공하는 보충적인 요양급여보험(예로, 기본요양급여에 포함되지 않은 치과진료 등)에 임의가입을 할 수 있다.

(2) 특별요양급여

특별요양급여는 1년 이상 장기입원 내지 요양을 지원하는 서비스이며, 모든 국민에게 강제적용된다. 특별요양급여는 기본요양급여에 의해 포괄되지 않으며 고액을 부담해야 하는 심각한 의료적 위험을 보장하기 위한 제도로서 우리의 장기요양보험에 해당한다. 이 제도는 요양기관(요양병원 혹은 요양원 등)이나 가정에서의 장기요양, 입원, 간병 및 돌봄 등을 보장한다. 기본요양보험 가입 대상자는 자동으로 특별요양급여에도 당연가입하게 된다(MSZW, 2011). 주로 민영보험을 통해 보장이 이루어지는 기본요양급여와는 달리, 특별요양급여는 공적보험을 통해서만 이루어지는 점이 특징이다.

2) 재원

(1) 근로자

근로자는 기본요양급여 보험료로서 보험사업자가 정한 정액(2016년 1인당 연 1,288유로, 월 약 100유로)과 국가가 정하는 소득비례보험료(6.75%)를 납부한다. 특히 보험사업자가 정액보험료를 결정할 수 있도록 허용하였으나, 국가가 정한 상한액을 넘어설 수는 없다. 또한 민간 보험사업자는 정액보험료를 두고 서로 가입자를 유치하기 위해 경쟁한다. 가구의 정액보험료는 가구원 수에 따라 결정되며 보험사업자에게 직접 납부한다. 이때 18세 미만 자녀의 보험료는 국가가 대납하므로 가구가 부담하지 않는다.

한편 이렇게 보험료를 정액으로 부과함에 따라 발생하는 소득분배의 역진성을 보완하기 위하여서 정부는 저소득계층의 보험료 일부를 보조한다

〈표 8-2〉 의료보험 보험료 부담구조(2016년)

구분	피용자	자영자	소득상한(연)
기본요양보험	정액(1인 100유로) + 정률(6.75%)	정액(1인 100유로) + 정률(5.65%)	52,763유로
특별요양보험	9.65%	9.65%	33,715유로

주: 기본요양보험에 대한 피용자 정률보험료는 사용자로부터 임금보전을 받으므로 사용자 부담으로 분류 가능.
자료: SSA(2016)에서 요약하여 인용.

(*health care allowance*). 이 보조금을 받고자 하는 사람은 국세청에 신청해야 한다.

기본요양급여의 비용조달을 위해 위의 정액보험료 외에도 근로자에게서 소득비례보험료(6.75%, 2016년 상한 52,763유로 적용)를 징수하는데, 사용자가 임금에서 원천징수하여 국가에 납부해야 한다. 이는 정액보험료와 함께 보험자 간 위험상쇄를 위한 공동기금으로 활용되며, 국가가 관리한다. 비례보험료는 외형상 근로자가 전액 부담하나 사용자가 부담금 대부분을 임금으로 보전토록 하므로 실질적인 부담은 사용자가 지는 구조이다.

특별요양급여 보험료는 연소득(2016년 상한은 33,715유로로 근로자 평균소득에 상당)의 일정률(2016년 9.65%)로서 근로자가 전액 부담한다. 이 보험료 또한 국가가 통제하는데, 사용자가 원천징수하여 국세청에서 납부하고 그 기금을 국가가 관리한다.

(2) 자영자 등

자영자 및 연금 등 사회보장급여 수급자에게는 기본요양급여를 위해 근로자와 마찬가지로 정액과 소득비례 정률보험료를 부과하며, 가입자 본인이 전액 부담한다. 자영자 등과 근로자의 정액보험료는 동일하다. 다만 비례보험료 부과에서 약간의 차이가 있다. 적용되는 소득상한(2016년 52,763유로)은 동일하나 정률보험료 수준(자영자 등은 5.65%)이 다른 것이다(SSA, 2016). 자영자의 정률보험료는 근로자가 부담하는 것보다 상대적으로 낮은데, 이는 근로자에 대하여는 사용자가 그 부담을 보전해 주므로 상대적 형평성을 유지하기 위한 것으로 풀이된다. 한편, 특별요양급여의 보험료는 자영업자 등과 근로자에게 동일하게 부과된다(2016년 상한은 33,715유로, 9.65%).

보험사업자는 정액보험료만 징수하고, 기본요양 및 특별요양급여의 정률보험료는 국가(국세청)가 징수·관리한다. 이때 자영자에게 부과되는 모든 정률보험료는 국세청에 의해 사정된 자영소득에 기초한다. 사회보장급여 수급자는 해당 사회보장기관이 원천징수하여 국세청에 납부한다.

(3) 국고

기본 및 특별요양급여에 대해 국고는 연도별로 정해진 기여금과 저소득층 보험료 보조에 필요한 비용을 부담한다. 이외에도 18세 자녀에 대한 정액보험료를 대납한다.

3) 급여

기본요양급여는 민간 보험사업자와 가입자 간의 보험계약으로 결정된다. 급여의 범위는 일반치료, 입원, 약제, 제한적 치과급여, 출산, 기본적 재활, 교통비 등을 전액 보상하는 형태이다. 다만, 장기입원이나 인공수족 또는 교통비 등은 일부 개인 부담이 있다. 물론 '기본'이라는 용어가 의미하듯이 기본요양급여가 모든 의료수요의 100%를 보장하는 것은 결코 아니다. 예를 들어 기본적 급여를 넘어서는 치과진료, 안경, 콘택트렌즈, 침술 등의 대안치료, 물리치료, 산후 도우미 등의 비용은 기본보험으로 보장되지 않는다. 이러한 항목은 각 개인이 보험사에 임의가입하여야만 보장받을 수 있다(MSZW, 2011).

기본요양급여는 기본적으로 치료 및 진료기간 제한이 없다. 단, 입원이 장기간 지속될 경우 특별요양급여로 대체된다. 특별요양급여는 입원이나 간병 및 돌봄 366일째부터 그 비용을 조달하기 위한 목적의 급여이다.

4) 관리운영

요양급여는 네덜란드 보건복지체육부(VWS)가 기본적으로 관장·감독한다. 기본요양급여는 서로 경쟁하는 구도의 민간 보험사업자들에 의해 제공된다. 그러나 특별요양급여는 국가가 전적으로 관리한다. 보험사업자는 기본요양급여의 정액보험료만 징수하고 나머지 보험료(기본요양급여의 비례보험료와 특별요양급여의 보험료)의 징수는 국세청이 담당한다. 모든 기금은 국가가 관리한다.

3. 단기소득보장: 상병급여

1) 개요

재해(사고나 질병)로 인한 단기적 소득상실에 대비하는 상병급여제도는 네덜란드 복지국가 개혁과정에서 매우 큰 변화를 겪은 분야 중의 하나이다(Van Oorschot, 2006). 원래 상병급여제도는 피용자 중심의 공적보험제도로 출발하였으나 1990년대 초 일련의 개혁과정에서 도덕적 해이를 근절하고 사용자의 책임 의식을 강화하기 위해 거의 민영화(사용자가 개별 부담)되었기 때문이다(OECD, 2007). 다만, 임산부, 부분장애자, 혹은 비정규직 근로자나 직업훈련생 등 사용자가 없는 근로자를 대상으로 하는 공적보험제도(Sickness Benefits Law: ZW)가 남아 있다.

현재 전체 85%에 상당하는 근로자가 민법상의 사용자 책임규정에 의해 상병급여를 지급받는다(MSZW, 2011; Europeam Commission, 2013). 이에 의하면, 사용자는 근로자에게 상병이 발생할 경우 스스로 상병급여비용을 부담하거나 아니면 민간 보험사의 해당상품에 가입하는 형태로 상병급여를 지급해야 한다. 따라서 사용자는 상병급여비용을 효과적으로 제어하기 위한 노력을 스스로 하지 않으면 안 된다. 이처럼 네덜란드의 상병급여는 민법상의 사용자 책임보장을 축으로 하고 이를 공적 보장제도가 일부 보완하는 공·사 이원형의 보장으로 운영된다.

2) 적용 대상

상병급여제도는 피용자보험제도로서 일반적으로 고용관계에 있는 근로자는 모두 급여대상이 된다. 상병급여는 최고 2년(104주)의 상병기간 동안 지급될 수 있다. 그 이후의 상병에 따른 소득보장은 장애보험(이 장의 4 참조)의 관할권으로 넘어간다. 민법상 사용자 책임보장의 경우, 근로자가 한 고용주에게 고용된 후 5년이 경과하지 않으면 사용자 책임 상병급여의 수급권이 부여되지 않는다(MSZW, 2011).

사용자 책임보장에 의한 상병급여 수급권을 갖지 못하는 근로자는 공적 보험인 〈상병급여법〉(Sickness Benefit Act)에 의한 상병급여의 대상이 된다. 〈상병급여법〉은 임시직·비정규직 근로자나 고용주가 없는 근로자(실업급여 수급자, 직업 및 재활훈련 중인 자) 혹은 임신·출산 관련 상병이 발생한 자 그리고 상병 중 고용계약이 종료되는 자 등을 중심으로 상병수당을 보장한다. 즉, 장기근속 및 정규직 근로자는 민법에 의거한 보장의 대상이, 일시적 고용이나 비정규직 근로자 등은 〈상병급여법〉에 의한 보장 대상이 된다.

그 외에도 임의가입으로 상병급여를 보장받는 경우도 있는데, 자영업자나 자영업으로 전환한 과거 피용자 등이 대표적이다. 이때 당연가입기간이 종료된 후 4주 이내 혹은 자영업 개시 후 4주 이내에 임의가입을 신청해야 한다. 이외에도 무급 가사종사자, 실업 및 장애급여 수급자, 무급 돌봄서비스 근로자, 직장을 옮기며 근로에 공백기가 생기는 근로자 혹은 해외에 파견되는 개발원조 근로자 등의 경우에도 임의가입이 가능하다.

상병급여제도 임의가입을 위한 기준소득은 가입자 스스로 결정할 수 있다. 다만 종전 소득이나 최고 가입가능소득(2015년 일 197유로) 보다 높아서는 안 된다. 임의가입자의 상병급여액은 당연가입자의 상병급여액과 동일하다.

3) 재원

사용자 책임의 민간 상병급여는 고용주 스스로 급여지급에 필요한 비용을 전액 부담해야 한다(MSZW, 2011). 물론 고용주는 민간 보험사 등에 가입하여 비용을 조달할 수 있다. 반면, 공적 상병급여의 재원은 고용보험료에서 충당하며, 통합보험료 형태로 징수된다. 고용보험도 상병급여처럼 사용자 책임보험 형태로 운영되며 사용자가 보험료의 전액을 부담한다.

4) 급여

(1) 수급 요건

상병급여는 상병발생 시점에 65세 미만으로서 근로활동 중 사고나 질병으로 인해 종전의 근로를 계속 수행할 수 없을 때에 지급된다. 물론 취업 중이 아니더라도 실업급여 등 사회보장급여를 수급 중이거나 장기기증 혹은 출산 등으로 인한 요양치료를 받는 경우, 직업훈련 중(정확히는 직업훈련에 따른 보상급여를 수급하는 중) 일 때에는 상병수당 수급이 가능하다(MSZW, 2011; OECD, 2007). 또 무급 가족종사자, 임시직 근로자, 파견 근로자 등의 비정규직 근로자 그리고 일부 자영자(음악가, 예술인 등)도 수급 대상이 될 수 있다. 일반적인 자영자는 임의가입으로 상병급여를 수급할 수 있다.

(2) 급여 수준

상병급여는 상병이 발생하기 직전년도 평균소득의 70%(2015년 기준 일 최고 202유로), 최고 104주(2년) 동안 지급된다. 지급기간은 경우에 따라서 추가적으로 52주 더 연장이 가능하다. 하지만 상병수당의 지급연령은 최고 64세로 제한된다. 65세 이상에 도달하면 노령연금 등에 의해 소득이 보장되기 때문이다. 또 이미 실업급여나 장애급여 등을 수급하는 경우에는 상병수당을 지급하지 않는다.

민법에 근거한 상병급여는 단체협약에 의해 대부분 법정 수준인 일당 임금의 70%를 넘어 최고 100%까지도 지급된다. 다만 30% 추가급여는 1년(52주) 이내로 제한된다. 공적보험인 〈상병급여법〉에 의한 상병급여는 경우에 따라 일당 임금의 70% 이상도 지급할 수 있다. 예를 들어, 출산에 의한 상병이나 출산휴가 직전 혹은 직후에 발생한 질환을 대상으로는 임금의 100%가 지급된다. 또한 장기기증으로 인한 상병을 대상으로도 임금의 100%에 달하는 상병급여가 지급되고, 부분장애인으로 직장에 복귀했다가 상병을 얻게 된 근로자도 단체협약에 의해 통상보다 높은 상병급여를 받을 수 있다.

상병급여는 최고액뿐만 아니라 최저액과 지급총액도 정해져 있다. 월 기준으로 지급되는 상병급여는 최저임금 수준 미만이어서는 안 된다(최저액). 단, 지급 2년 차부터는 최저임금을 보장할 필요가 없다. 근로자의 소득(상병급여 포함)이 국민최저선 미만이라면, 대신 사회부조급여를 신청할 수 있다. 한편, 상병급여의 지급주체인 사용자나 피용자보험공단이 상병 2년 동안 지급하는 상병급여총액이 발병 직전년도 총임금의 170%를 초과해서는 안 된다(MISSOC, 2017).

(3) 대기기간

상병급여는 원칙적으로 발병 첫날부터 수급권이 발생한다(MSZW, 2011). 그러나 고용계약 및 노사협약에 의해 문서로 허용된 경우에는 2일간의 대기기간(*waiting period*) 후 3일째부터 지급되기도 한다. 또 발병한 근로자가 가내근로자나 임시직 근로자(영구고용계약이 없는 경우)라면 상병급여는 3일째 되는 날부터 지급이 가능하다. 즉, 2일의 대기기간이 있는 것이다. 이러한 대기기간은 발병 4주 이내에 해당 질병이 재발할 경우에는 적용되지 않으므로 상병급여가 바로 지급된다. 또 발병 4주 이내에 종전과 동일한 요인에 의해 상병이 발생하면 이는 동일한 상병사유로 인정되어 신규 상병으로 보지 않는다.

한편, 고용주 책임의 상병급여가 지급되는 동안 고용계약이 중단되면 공적보험 관리기관인 피용자보험공단이 상병급여를 계속 지급한다. 이때 피용자보험공단은 고용주를 대신하여 상병급여의 지급은 물론 관리 및 취업지원서비스 의무까지 맡는다. 상병이 6주 이상 지속되면 통상적으로 근로자와 사용자는 근로복귀 및 재취업 계획을 수립하고 그 추진결과보고서를 제출해야 한다. 보고서를 검토한 결과 직업복귀를 위한 노력이 충분히 취해지지 않았다면 그 책임의 소재에 따라 상병급여의 계속지급 의무를 부과하거나(사용자의 과실일 경우) 상병급여의 금액을 감액할 수 있다(근로자의 과실일 경우).

(4) 상병급여와 기타소득

상병급여 수급 전 혹은 수급 중에 근로소득이 있으면 이를 관리기관(피용자보험공단)에 신고하여야 한다. 상병급여를 받기 위해서는 소득조사를 통과해야 하므로, 수급 중에 새로운 근로소득이 발생하면 급여가 감액되거나 지급되지 않을 수도 있다. 그러나 수급권자에게 질병이 발생하기 이전부터 있었던 기타 근로소득으로 인해서는 상병수당이 감액되지 않는다.

(5) 상병급여 수급권의 소멸

상병급여는 최대 104주간 지급된다(SSA, 2016). 회복되었다가 4주 이내에 다시 질환이 악화된 경우에는 종전에 지급된 기간은 제외된다. 수급 2년이 경과한 시점에 상병급여 수급권자가 〈장애급여법〉(WIA)에 의한 연금 수급권이 있는지 심사가 이루어지며, 대상자가 장애급여 수급자로 판정되면 상병급여는 장애급여로 대체된다. 건강이 회복되는 때, 사망한 때, 65세에 도달한 때 그리고 발병 후 2년이 경과한 때에 상병급여의 수급권은 소멸한다.

(6) 상병급여와 출산

출산 전에 질병이 발생하면 출산예정일로부터 6주 전부터는 상병급여 지급이 정지된다. 그 시점부터 16주 동안 출산 및 모성수당(*maternity benefits*)이 지급되기 때문이다. 16주가 경과한 이후에도 여전히 질환이 있으면 상병급여를 다시 수급할 수 있다. 이때의 지급기간은 상황에 따라 다르다. 예를 들어, 출산 후의 질병이 출산기간 동안의 질환과 다르다면 출산기간 중의 질환기간은 최대 지급기간 104주에 포함되지 않아 최대 104주 동안 상병급여를 받을 수 있다. 반면, 출산 후 질환이 출산기간 중 질환과 동일한 것이라면 질환이 이어진 것으로 보고 두 질환기간이 합산되므로 새로운 104주 지급기간이 부여되지 않는다(MSZW, 2011).

(7) 실업 중 발병

실업급여 수급 중 질환이 발생하면 즉시 피용자보험공단에 상병을 신고하여야 한다. 이때 실업급여는 상병 발생 후 첫 13주 동안 지급되고 그 이후에는 상병급여로 대체된다. 예외로는 출산에 따른 상병 혹은 장기조직기증에 의한 상병이 있다. 실업급여의 지급기간은 상병급여 수급기간 동안 연장될 수 있다.

(8) 상병급여와 휴가

상병급여 수급권자가 국내에 머무르면 휴가권이 부여되며, 그 기간 동안에는 상병신고 의무가 면제된다. 그러나 외국에서 휴가를 보내려면 피용자보험공단의 승인을 얻어야 한다. 아울러 외국으로 이주할 경우에는 〈해외거주급여제한법〉(Foreign Residence Benefit Restrictions Act)에 의거하여 급여가 정지될 가능성도 있다. EU 회원국이나 EEC 회원국 혹은 사회보장협정 체결국 등으로 이주하면 상병수당 수급권이 그대로 유지될 수 있다.

5) 관리운영

상병급여는 실업급여, 장애급여 등 피용자보험제도를 관장하는 사회고용부의 관할 영역이다. 실무적 업무는 피용자보험공단에서 관리한다. 급여관리, 부정수급, 보험료 징수 관리 등에 대한 전반적 감독 업무도 사회고용부에 소속되어 있는 관리감독국이 맡고 있다. 상병보험료 징수는 고용보험료와 통합하여 국세청에서 수행한다.

4. 장기소득보장: 장애급여 등

1) 개요

재해와 관련한 장기소득보장제도는 장애 관련 제도와 사망 관련 제도로 구분된다.

(1) 장애 시의 소득보장

이전에는 피용자를 대상으로 한 장기 장애보장제도(Disablement benefit

Scheme: WAO)는 물론 자영자를 위한 제도(AAW)도 개별적으로 있었다(1967년). 이 중 피용자 장애급여는 2006년부터 〈근로능력에 따른 근로 및 소득보장법〉(Work and Income according to Labour Capacity Act)에 따라 새로운 제도(WIA)로 대체되었다. 자영자 장애급여는 1998년에 신제도(WAZ)로 변경되었으나 2004년 1월부터 폐지되면서 사실상 민영화되었다(MSZW, 2011). 다만, 제도 폐지일 전에 장애를 당하였거나 장애급여를 수급했던 경우에 해당 수급권은 보장된다. 자영자 장애급여가 폐지됨에 따라 자영자들은 직능단체보험이나 민간 보험회사 혹은 피용자 장애급여(WIA)에 임의가입하여 보장을 받는 것이 가능하다.

현재 네덜란드에는 피용자 장애급여 외에도 무기여 장애급여제도로서 청년장애지원제도(Wajong)가 있다. 이는 17세 이전에 장애를 입거나(선천성 장애 포함) 학업 중 장애가 발생한 경우 등을 위한 소득보장제도로서 세금을 재원으로 운영된다. 이외에도 국민최저선을 보장하는 사회부조제도(*social assistance*)가 지자체 책임으로 운용된다. 여기서는 피용자 장애급여와 청년학생부조제도를 중심으로 살펴보고, 이미 폐지된 자영자 장애급여는 별도로 논의하지 않을 것이다.

(2) 사망 시의 소득보장

앞서 언급한 바와 같이, 네덜란드에서는 부양의무자 등이 사망할 경우 그 피부양자의 소득보장은 국민보험인 일반유족연금(ANW)에 의해 일괄적으로 이루어진다. 장애의 사유에 따라 장애급여를 차별하지 않듯이, 사망의 사유(일반재해 혹은 산업재해)에 관계없이 일반유족연금제도를 통해 동일하게 소득을 보장받을 수 있다.

이러한 급여에는 유족연금과 사망일시금이 있다. 이외에도 유족연금을 제공하는 제 2층의 기업연금에 가입해 있었던 경우에는 추가적인 보장이 이루어질 수 있다. 이러한 유족연금은 일반유족연금과 중복 수급이 가능하다. 유족연금에 대해서는 별도의 장에서 논의하므로 여기에서는 장애보장 제도에 초점을 둘 것이다.

2) 피용자 장애보험

(1) 제도 특성

현행 장애급여제도(WIA)는 2006년부터 이전의 장애급여(WAO)를 대체한 제도이다. 다만, 2004년 이전에 장애가 발생하여 기존의 급여를 수급해 온 장애인은 이를 계속 수급할 수 있다. 장애급여는 질병 혹은 장애 발생 후 2년이 경과하여야 지급하게 되므로(초기 2년은 상병급여제도에서 소득보장) 현행 제도가 2006년부터 시행되더라도 2004년 이후로 장애가 발생한 경우부터 실제 대상자가 된다.

새로운 〈장애급여법〉은 이전의 제도에 비해 연금 수급 요건, 근로복귀 의무와 근로동기 등을 크게 강화한 점이 특징이다(OECD, 2007). 특히 이전 제도가 장애의 정도와 관계없이 거의 영구적으로 연금을 지급하는 형태였다면 신제도에서는 완전장애(80% 이상의 근로능력 상실)를 입었을 때에만 연금을 영구적으로 지급하며 근로복귀 의무를 부과하지 않는다. 반면 그 외의 장애에 대해서는 급여를 단기간만 지급하고 근로복귀 의무를 엄격하게 부과하는 것이다(MSZW, 2013). 즉, 신제도는 소득보장보다는 장애인의 직업복귀(재활)에 초점을 둔다.

신제도에서는 강한 근로 인센티브를 도입한 점도 두드러진다. 장애급여 수급자가 일정 수준 이상 소득활동에 종사할 경우 높은 소득상실 보전금을 제공하고, 그렇지 않으면 최저 수준의 보전금만 지급하도록 함으로써, 높은 급여를 받기 위해서는 근로에 참여하도록 설계된 것이다. 이렇듯 신제도는 장애인이 주어진 능력만큼 근로에 참여할수록 재정적인 이득을 돌려받을 수 있도록 하여 노동시장 참여를 유도한다.

(2) 재원

피용자 장애급여의 비용은 전액 사용자가 부담하는 사회보험료로 조달된다. 이 보험료는 기본보험료(*basic contribution*)와 차등보험료(*differentiated contribution*)로 구성되며 각 보험료는 사용처가 다르다. 기본보험료는 모든 사용자에게 동일하게 적용되는 균등보험료이며 현금급여를 지급하는 데 사용된다. 이는 근로자소득(2015년 기준, 부과소득상한 연간 52,763유로)의 5.7%이다. 반면, 차등보험료는 개별사업장의 위험률(*risk*) 및 경험률(*experience-rating*)을 고려하여 차등적으로 부과되는 보험료로서 부분장애자의 직업재활(근로복귀를 위한 제반조치) 비용으로 활용된다. 차등보험료는 피용자보험공단에 의해 결정된다.

기본보험료는 모든 사업장의 의무가입사항이지만, 차등보험료는 임의가입사항이다. 즉, 차등보험료는 사업장의 선택에 따라 납부 여부가 결정된다. 개별사업장의 사용자가 직업재활비용을 스스로 부담하거나 민간 보험사 혹은 피용자보험공단 등이 제공하는 다른 장애보험에 가입한다면 임의가입을 하지 않고 차등보험료를 납부하지 않아도 된다. 한편 차등보험료는 사용자가 장애 및 고령자를 고용·재고용하는 경우에는 감액될 수 있다(MSZW, 2013).

〈표 8-3〉 장애급여 관련 비용 부담구조(2015년)

구분	장애보험(WIA / WAO)		청년장애수당 등
	기본보험료	차등보험료	
근로자	×	×	×
사용자	의무(5.7%)	임의(정률)	×
국고	×	×	전액 국고

(3) 급여

① 수급 요건

장애급여의 수급 조건은 장애급여 발생 당시 65세 미만 근로자이어야 하며 104주(2년) 동안의 치료 및 재활 이후에도 근로능력이 35% 이상 상실되어 있어야 한다는 것이다. 사고나 질병이 발생한 후 처음 2년 동안에는 사업주나 의료보험에서 제공하는 상병급여를 받기 때문에 장애급여는 보통 장애 발생 후 2년째 되는 시점부터 지급된다. 물론 그 이전에 장애가 판정되는 경우에는 그때부터 장애급여를 받는다. 또한 장애급여를 수급하기 위해서는 질병이나 사고가 발생하기 전 36주 중에서 최소 26주 이상은 보험에 가입해야 한다는 최소가입기간 요건을 충족해야 한다.

장애 요건은 주로 의학적 근거 및 근로능력에 미치는 요소(학업, 경력) 등을 고려한 근로능력 및 소득능력 상실 정도에 의거하여 판정한다. 장애정도를 고려한 잔존 근로능력과 장애 전 근로능력의 격차를 따져 소득의 상실률을 계산하는 것이다. 이때 장애판정은 최초 질병 및 사고 발생 후 2년이 경과한 시점에 피용자보험을 관리하는 피용자보험공단에 의해 이루어진다. 50세 미만 연금수급자는 주기적으로 장애 재판정을 받아야 한다.

완전장애판정은 80% 이상 장애율(소득상실률 80% 이상으로 종전의 20% 미만 소득만 획득 가능)을 가지고 장기적으로 회복 가능성이 거의 없을 때에 내려진다. 완전장애판정을 받으면 근로복귀의 의무를 지지 않으며, 완전장애급여(IVA)를 영구적으로 지급받는다. 한편 부분장애는 장애율 20~35% 미만일 때, 장애율 35~79% 사이일 때 그리고 장애율 80% 이상이지만 회복 가능성이 있을 때로 구분될 수 있는데, 모두 근로복귀의 의무가 부과된다.

장애율이 35% 미만인 경우에는 해당 사업장의 사용자가 원직복귀 및 원직 내의 직무재배치를 해야 한다(사용자 책임). 그러나 연금 수급권은 부여

〈표 8-4〉 장애등급의 구분

구분	장애급여 수급권	후속조치
소득상실률 35% 미만	없음	· 해당 급여가 없음 · 노동시장 당연편입 대상(사용자 책임).
소득상실률 35~80% 미만	부분장애급여	· 일시적 급여지급 가능. · 노동시장 편입 대상(피용자보험공단 책임).
80%이상 장애율 + 회복가능성		· 일시적 급여지급 가능. · 노동시장 편입 대상(피용자보험공단 책임).
80% 이상 + 회복가능성 없음	완전장애급여	· 영구적(65세까지) 급여 지급. · 노동시장 의무편입 대상 제외.

자료: MSZW(2011)에서 요약 및 정리하여 인용.

되지 않는다. 장애율이 35~79%라면 부분장애급여(WGA)가 지급되는데, 연금 수급을 위한 최저장애 수준(35%)은 이전의 제도에 비해 강화된 것(WAO에서는 15%)이다. 부분장애급여는 장애 정도와 실제 근로소득 등에 따라 차등화되며, 수급자에 대한 근로복귀서비스 책임은 보험자인 피용자보험공단이 진다(MSZW, 2011).

② 급여 수준

완전장애급여의 급여 수준은 장애 직전 소득의 75%이며 영구적으로 지급된다. 부분장애는 장애 정도에 따라 지급률이 다르며, 장애인이 장애 이후 소득활동을 하지 않으면 첫 2개월만 과거 소득의 최대 75%, 그 이후로는 최대 70%로 축소된다. 또한, 이전에는 연령에 따라 장애급여 지급기간을 구별하였다면 개정 후에는 가입기간(*employment history*)[1]을 기준으로 지급기간을 달리한다. 현행 제도에서는 가입기간(5~40년)에 따라 3개월에서 최대 38개월로 부분장애급여 지급기간을 제한하는데, 이는 이전(최

1) 가입기간은 18세에 도달한 해부터 1997년까지의 기간(가상 가입기간)에 1998년부터 실제 고용되었던 기간(실제 가입기간. 연간 52일 이상 소득활동일이 있으면 1년으로 인정)과 가입인정기간(크레디트 기간, 예를 들어 비공식적 돌봄서비스 종사 및 자녀양육기간 등)을 합산한 기간으로 산정된다.

〈표 8-5〉 부분장애자의 장애등급별 임금보조율

장애등급	지급률(최저임금 대비)	휴가수당(월)
35~44%	28%	장애급여의 8%
45~54%	35%	위와 동일
55~64%	42%	위와 동일
65~79%	50.75%	위와 동일

자료: MSZW(2011).

소 6개월에서 최대 5년)에 비해 크게 단축된 기간이다.

또 부분장애급여 수급자가 소득활동을 계속한다면 초기 2개월간 장애 직전 소득과 장해 후 발생하는 근로소득 간 차액의 75%, 그 이후에는 소득의 70%에 상당하는 금액을 부분장애급여로 지급한다. 즉, 부분장애급여 수급자는 근로소득과 함께 추가적인 부분연금을 수급할 수 있는데 일을 할수록 재정적 이득을 얻도록 설계된 것이다. 또 부분장애급여의 지급기한이 종료된 이후 장애인이 적극적으로 근로에 참여하도록 하기 위한 더 강한 인센티브도 마련되어 있다. 바로 임금보조수당제(이전의 계속급여제도)이다.

임금보조수당제에 의하면 취득하는 근로소득이 잔존 근로능력에 따른 소득 수준(가상표준소득, 피용자보험공단의 전문가에 의해 설정됨) 이상인 경우 장애 직전 최종소득과 잔존 근로능력을 통한 소득 간 차액의 70%를 임금보조금(WGA wage supplement)으로 지급한다. 그 외의 경우(실업상태이거나 잔존 근로능력 소득 수준의 50% 미만으로 소득을 버는 경우)에는 장애 정도에 따라 최저임금의 28~50. 75%만 지급한다.

이처럼 현재의 장애급여제도(WIA)는 근로능력이 있는 장애인의 근로활동복귀 및 직업적 재통합(*occupational reintegration*)을 특별히 강조하며 이를 위한 각종 인센티브를 제공한다. 장애보험은 장애급여와 함께 돌봄이 필요한 경우 간병수당도 지급한다. 장애보험 급여액은 매년 두 번 조정되며, 최저임금의 변동에 연동된다.

〈표 8-6〉 신 · 구 장애보험제도의 비교

구분	이전 장애보험제도(WAO)	현행 장애보험제도(WIA)
취지	장애 근로자의 소득보장.	장애 근로자 소득보장. 근로복귀 의무. 근로 인센티브.
대상	2004년 전에 장애가 발생한 장애 근로자	2004년 이후 장애가 발생한 장애 근로자
수급 요건	· **임금상실보전급여(loss of wages benefit)** 가입 중 사고나 질병이 발생, 15% 이상의 장애율. 장애 발생 시점의 연령에 따라 6개월에서 최대 7년간 지급(단, 32세 이전의 장애는 미지급). · **계속급여(follow-up benefit)** 임금상실보전급여의 지급기간이 종료된 이후 최대 65세까지 지급 가능.	· **완전장애급여** 80% 이상 장애율, 회복불가. 65세까지 지급. · **부분장애급여** 35~80% 장애율. 3~38개월간 지급. · **임금보조수당(wage supplement)** 부분장애급여의 지급기간이 종료된 이후부터 장애가 존속하는 한 지급함.
급여 수준	· **임금상실보전급여**: 최대 75%, 장애 정도에 따라 차등. · **계속급여**: 최대액 계산* 후, 장애율에 따라 차등. 단, 계속급여의 최대액은 기준소득(일당)의 75%로 제한됨. 장애인이 지속적 돌봄을 필요로 하는 경우 기준소득의 100% 지급가능.	· **완전장애급여**: 장애 직전 소득의 75%. · **부분장애급여**: 첫 2개월은 장애 직전 소득 75%, 그 후에는 70%. 첫 2개월 간은 아무런 급여제한 없이 근로활동이 가능하다. · **임금보조수당**: 부분장애급여 지급기한이 경과한 후부터는 실제 근로소득이 잔존 근로능력에 의거한 소득(가상표준소득)의 50%를 초과할 경우 실제소득과 잔존능력에 따른 가상표준소득 간의 차액의 70%를 인센티브로 지급한다. 반면, 소득활동을 하지 않거나 잔존 근로능력의 50% 미만의 소득활동을 할 때에는 오직 최저임금에 기초한 급여만 지급한다.
재원	사용자 전액 부담 보험료.	이전과 동일.
관리운영	피용자보험공단.	이전과 동일.

* 계산 공식은 다음과 같음.
최저임금 + (실제소득 - 최저임금) × 2% × 장애 시 연령과 15세 연령 간의 간격
자료: MISSOC(2017), SSA(2016)을 참조하여 저자가 직접 작성.

(4) 관리운영

장애급여는 사회고용부 산하 피용자보험공단에서 관리한다. 그러나 다른 사회보험료와 동일하게 징수는 국세청이 담당한다.

3) 청년장애지원제도

(1) 수급대상

청년장애지원제도(Disablement Assistance Act for Handicapped Young Persons: Wajong)는 18세 이전에 발생한 질병이나 사고로 인한 장애를 입은 경우(선천적 장애 포함) 혹은 18~30세 사이에 학업이나 직업훈련 중 질병 혹은 사고로 장애를 입은 경우에 근로기 동안(18~65세)의 소득을 보장하는 것이 목적이다(MSZW, 2011; European Commission, 2013). 다만 수급권을 얻기 위해서는 1년 이내에 장애로부터 회복할 가능성이 없어야 하고, 네덜란드 국내에 거주하여야 하며, 근로를 통한 소득이 1년 이상 최저임금의 75% 미만으로 지속되어야 한다. 또한 학업 및 직업훈련 중 발생한 장애를 보장받기 위해서는 장애 발생 전 학업 및 직업훈련기간이 최소 6개월 이상이어야 한다.

장애율은 17세가 되는 시점(선천적 장애) 혹은 30세 이전(학업이나 직업훈련 중 장애가 발생) 시점에 최소 25% 이상이어야 한다. 장애율은 장애보험과 동일하게 유사한 자격과 경력이 있는 비장애인의 소득과 장애인의 실제 가득능력 간의 차이(소득상실률)를 기준으로 판정한다. 피용자보험공단의 전문의가 의학적 측면에서 청년장애지원에 따른 장애 정도를 판단하며, 피용자보험공단의 고용전문가(*employment specialist*)가 직업적 능력 측면에서 소득상실률을 결정한다.

〈표 8-7〉 청년장애지원수당제도의 내용

구분	주요내용
취지 및 목적	선천적 장애자 및 학령기 장애의 소득보전 및 소득활동지원.
수급 요건	18세 이전 장애 발생, 또는 18~30세 사이에 학업 및 직업훈련 중 재해로 인해 25% 이상의 장애율 발생.
급여 수준	최대 최저임금의 100%(장애 정도, 연령, 돌봄 필요 여부, 소득활동 여부 등에 따라 차등).
재원	전액 국고에서 지출.
관리운영	일반장애급여와 함께 피용자보험공단에서 운영.

(2) 재원

청년장애수당의 지급에 필요한 비용은 전액 국고에서 부담한다.

(3) 급여

장애부조의 급여 수준은 기본적으로 장애상태, 연령 그리고 장애상태에서 취득하는 소득 수준에 근거한다(MSZW, 2011). 장애율을 기준으로 보면, 완전장애급여(장애율 80% 이상)는 최저임금의 80%(정규적 간호나 활동지원 등이 필요한 경우 100%), 부분장애급여(장애율 25~79%)는 장애율에 따라 최저임금의 21~50.75%를 지급한다. 이때 장애수당이 연계된 최저임금은 청년 계층에게 적용되는 최저임금이다.

장애수당은 18세부터 지급하며, 65세에 도달하거나 장애율이 25% 미만으로 떨어지면 지급이 중단된다. 즉, 청년장애수당은 장애상태의 변화는 물론 소득, 거주지 등의 변화에 상응하여 조정된다. 장애수당 관리기구인 피용자보험공단은 수급자의 상황 변화를 정기적으로 점검한다. 특히 청년장애수당 수급자가 해외로 이주하면 자동으로 수급권이 정지된다. 다만, 건강상의 필요로 이주하는 경우나 해외에서 일자리를 구할 기회가 더 큰 경우, 혹은 돌보아 주는 사람(*carer*)이 해외로 이주하는 경우 등에는 계속 지급될 수 있다.

이외에도 간병수당이 지급되는데, 완전장애급여의 30% 수준이다. 청년장애수당의 조정 방식은 장애급여와 동일하며, 청년장애수당 역시 근로 인센티브가 발생하도록 설계되었다. 즉, 스스로 버는 소득이 증가할수록 급여액도 상승한다. 그러나 급여액과 근로소득의 합이 최저임금 이상이 되면 청년장애수당은 지급하지 않는다.

한편 피용자 장애급여 수급자는 물론 청년학생수당 수급권자가 속한 가구의 소득이 사회적 최저수준에 미치지 못할 때, 자산조사에 기초한 보충수당(*social assistance*)이 지급될 수 있다.

(4) 관리운영

청년장애수당은 장애급여와 동일하게 사회고용부(관리감독국)에서 관장한다. 피용자보험공단이 수당을 지급하는 동시에 취업지원 및 재활서비스를 제공한다(MSZW, 2011). 이런 경우에 청년장애인은 피용자보험공단 지역사무소(고용센터)나 임시직 고용청(Temporary employment agency)에 구직등록을 해야 한다. 그리고 각 해당 기관은 직업소개, 시험고용 등의 취업지원서비스를 제공해야 한다.

5. 최근의 개혁 동향

1) 의료보장

네덜란드의 의료보장제도는 원래 중·저소득자를 중심으로 운영되던 공적제도(고소득자는 민간보험에 임의가입)가 크게 우위를 점하는(전체가입자의 3분의 2 점유) 공·사 혼합형 제도였으나 2005년에 공적 의료보험의 일정 부분(기본요양보험부문)을 완전히 민영화하는 획기적 개혁을 추진하여 세계적인 이목을 집중시켰다. 의료보장에서 정부의 역할을 규제에 국한하고 실질적 운영은 민간 보험사에 맡기는 관리된 경쟁체제(*managed competition*)로 전환한 것이다. 이를 통해 보험사업자 간 경쟁을 유도하여 국민의료비 부담 및 의료비용을 억제하고 나아가 서비스의 질을 제고하고자 하였다.

2006년부터 새롭게 시행된 의료보험제도는 이전에 의무가입이 면제되었던 고소득자를 포함해 전 국민이 기본요양보험에 의무가입하도록 하였다. 또 의무보험의 보험료(정액) 상한을 설정하고 그 이하에서는 보험자가 자유로이 보험료를 결정할 수 있도록 함으로써 가격을 통한 가입자 유치 경쟁을 할 수 있도록 하였다. 아울러 보험자와 의료기관 간의 자유로운 계약을 통해 수가를 결정할 수 있도록 하여 가입자가 많은 보험자일수록 높은 협상력을 발휘하여 수가를 인하할 수 있는 여지가 많아졌으며, 의료기관 역시 좋은 보험자와 계약하기 위해 질 높은 서비스를 제공해야 하는 구조가 되었다(Van Oorschot, 2006).

이러한 개혁은 경쟁을 통한 군소 보험사의 통합을 이끌어내어 규모의 경제를 달성하는 등 효과를 거두었다. 그러나 여전히 고령화 등에 따른 의료비 증가를 피할 수 없는 상황이다. 이에 2015년에는 1968년에 도입된 특별요양급여제도(AWBZ)를 전면 개편하였다(MPH. 2016). 네덜란드는 세계 최초로 장기요양보험을 도입했지만, 여기에서는 치료와 돌봄이 명확하게 구분되지 않았다. 이에 2015년의 개편에서는 이전의 특별요양급여제도를 비치료적 장기요양서비스만을 제공하는 순수 돌봄보험제도(Chronic Care Act: WIz)로 축소하고, 기존의 치료서비스나 활동지원서비스 등은 다른 조세조달제도(기본의료보험 및 지자체 담당의 사회적 지원제도)로 이관하도록 했다(보험개발연구원, 2016).

신 장기요양보험제도(WIz)는 24시간 돌봄 및 영구적 관리를 필요로 하는 자로 급여 대상과 범위를 축소하는 등 경량화를 통해 비용을 통제하려 한 것이다. 물론 보편적·포괄적이었던 장기요양서비스에서 중증 돌봄 대상자 중심의 돌봄서비스로 전환함으로써 국민의 보험료 부담은 크게 축소되어서, 개혁 전에 12.5%에 달하던 보험료율은 9.65%로 낮아졌다. 그러나 조세로 재원을 조달하는 다른 제도로 역할과 기능이 이전되었을 뿐이며 국민 전체의 부담은 크게 축소된 것이 아니기 때문에 높은 의료보장성과 높은 비용 부담은 여전히 지속된다고 할 수 있다.

2) 상병급여

이전의 상병급여는 생산성이 저하되는 근로자를 합법적으로 조기퇴직시키는 통로로 노사 모두에 의해 악용 및 남용되어 왔다. 결국 의료보장부문보다 상병급여제도의 민영화 조치가 더 일찍 취해졌다. 이와 함께 1990년대에 상병수당 수급자가 가능한 한 조기에 근로에 복귀하도록 하는 책임을 사용자 및 보험관리자(피용자보험공단)에게 부과하여 상병으로 인한 도덕적 해이와 장애급여 수급자 증가를 억제하는 기제로 작동하도록 하였다(MSZW, 2011).

사용자(피용자보험공단 포함)는 가능한 한 조기에 상병 근로자가 원직장의 직무로 복귀하도록 유도하는 등 취업촉진조치를 취해야 한다. 원직복귀가 어려울 경우에는 직무를 전환·재배치하거나 민영 직업소개회사(*re-integration company*)와 계약을 체결하고 이직을 위한 전문 취업지원서비스를 제공하는 등 근로자의 근로복귀를 위한 다양한 시도를 해야 한다.

근로복귀 프로그램은 다음과 같이 작동한다. 질병이 장기화될 가능성이 있는 경우, 사용자는 해당 근로자에게 발병 후 6주 이내에 직업복귀에 대한 안내를 해야 한다. 8주 이내에 근로자는 사용자와 함께 회복 및 재통합계획(*recovery and reintegration plan*)을 수립하고, 사례관리자(*case manager*)의 감독을 받아야 한다. 이때 사용자는 민영 직업촉진회사에 직업복귀계획 추진을 위탁할 수 있다. 그러나 근로자가 사용자의 재활계획에 동의하지 않을 경우 사용자는 우선 중립적인 전문가에게 중재를 요청할 수 있는데,

그 역할은 주로 피용자보험공단이 맡는다. 이때 근로자와 사용자는 중개수수료를 부담해야 한다. 전문가 중개에도 불구하고 근로자가 복귀계획에 동의하지 않을 경우 법원에 항소할 수 있다.

발생 1년이 경과한 이후부터 근로자는 사용자와 함께 그동안의 계획 추진을 두고 성과를 평가하고 차기년도에 달성해야 할 구체적 목표를 설정, 추진해야 할 의무를 정한다. 20개월 이후에도 완전히 직무복귀를 하지 않을 경우에는 사용자와 함께 재통합결과보고서(*reintegration report*)를 작성하여 제출하고 피용자보험공단의 장애급여에 대한 정보를 받는다. 이때 피용자보험공단은 재통합결과보고서에 기초하여 직업복귀를 위해 충분한 노력이 기울여졌는지를 점검하며(2002년 도입된 Gatekeeper test 제도), 사용자가 직업복귀에 충분한 노력을 기울이지 않았다고 판단하면 사용자에게 1년 더 상병수당(임금의 70%) 지급비용을 부담하도록 처벌을 부과한다. 한편 사용자도 근로자가 발병 이후 2년 동안 직업복귀 노력에 충분히 공조하지 않는다고 판단하면 상병급여의 지급을 중단할 권한이 있으며 나아가 상병 근로자를 해고할 수도 있다.

3) 장애급여

상병급여제도와 함께 매우 큰 변화를 겪은 사회보장제도 중 하나가 장애보험제도이다(Van Oorschot, 2006). 장애보험제도로서 1967년에 피용자 제도와 자영자 제도가 나란히 도입되었지만, 1980년대 경기침체 시에 급여 접근성이 지나치게 관대하다는 비판이 쏟아졌다. 당시 장애보험은 실업급여에 비해 관대한 조건으로 인해 고령근로자를 조기에 퇴직시키는 주요한 통로로 남용되었다. 특히 59세부터 65세까지의 고령실업자는 거의 아무런 제한 없이 높은 수준의 장애급여를 수급할 수 있었으며(MSZW, 2011), 이는 고령근로자의 근로활동 위축으로 이어졌다. 당시에는 장애급여 수급자가 100만 명(전체 근로자의 6분의 1)에 이를 정도로 상황이 심각하였다(OECD, 2007).

(1) 피용자 장애급여의 개편

1990년대 초반에는 사용자 측면에서 장애 발생을 줄이고 장애인 취업률을 제고하기 위해 인센티브를 도입하였다. 장애급여 보험료를 사업장의 장애 발생률(경험률)에 연계시키는 장치(변동보험료)도 도입했다. 사용자가 장애인을 고용하면 보험료를 감액해 주고(보너스), 해고할 경우 벌금을 부과하는 당근과 채찍 정책도 동시에 실시했다.

그러나 이러한 일련의 조치는 장애 발생을 억제하는 데 크게 기여하지는 못했다. 여성 경제활동인구가 늘어나는 한편 인구고령화가 진행되면서 그에 따른 자연적인 장애발생률 증가가 여러 정책을 통한 장애발생률 억제폭을 상쇄시켰기 때문이다. 반면에 2002년에 도입된 〈장애급여접근제한법〉(Gatekeeper law)은 장애급여 수급자 발생을 사전에(특히 상병급여 수급기간 동안) 억제하는 데에 결정적으로 기여했다(OECD, 2007). 이는 근로자와 사용자가 근로복귀 노력을 충분히 하였음을 입증해야만 상병급여에서 장애급여로 전환 내지 접근이 가능하도록 했기 때문이다. 충분한 노력이 입증되지 않으면 사용자가 추가적인 상병기간 동안 임금지급의 비용을 부담하도록 했다. 또한 장애급여 발생 자체를 예방하기 위해 사용자 책임의 급여기간을 1년에서 2년으로 일률적으로 연장하였다(2004년).

그러나 가장 혁신적인 조치는 2006년부터 시행되던 이전의 장애보험제도(WAO)를 대체한 새로운 장애보험제도(WIA)의 도입이었다. 이를 통해 이전과 달리 근로무능력에 대한 소득보장이 아닌 잔존 근로능력의 활성화에 초점을 두는 형태로 정책의 무게중심이 크게 바뀌었다(OECD, 2007). 부분장애자가 사용자와 함께 기존 직장 내·외에서 잔여 근로능력에 적합한 일자리를 찾도록 최대한 유도하는 것이 새로운 정책의 핵심이 되었다.

〈그림 8-1〉 장애급여 수급자의 추이

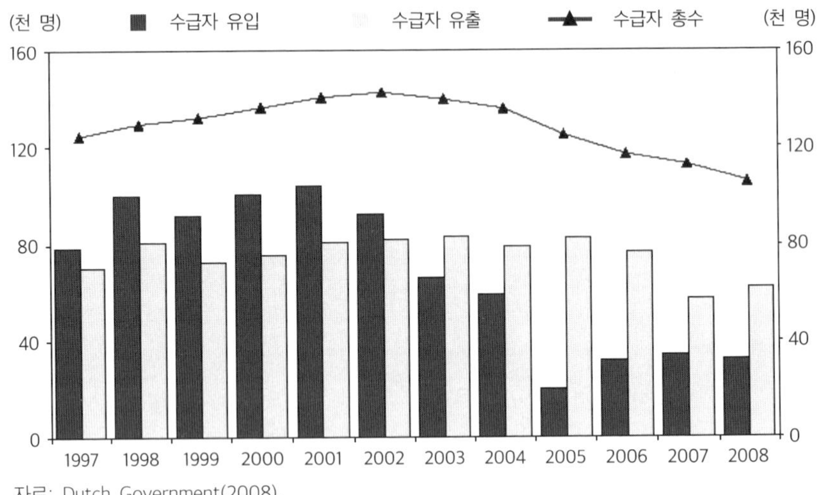

자료: Dutch Government(2008).

노력 끝에 이를 달성한 장애자는 높은 보상을 받지만, 그렇지 않은 장애자는 낮은 수준의 보상에 머물러야 한다.

나아가 새로운 제도에서는 완전장애에 대한 의학적 정의를 엄격히 하고 부분장애 요건도 강화하였다. 완전장애를 장기적으로 회복가능성이 없는 장애로 재정의하였으며, 부분장애급여 수급 요건도 장애율 25% 이상에서 35% 이상으로 강화했다. 또 50세 미만의 모든 장애급여 수급자는 매년 장애 재심사를 받도록 하였다. 이러한 장애 요건 및 장애 재심사의 강화를 통해 장애급여 수급자의 4분의 1은 수급권을 잃었다. 나아가 완전장애급여의 급여 수준도 80%에서 75%로 축소되었다. 부분장애급여의 지급기간이 제한되고 연령에 따라 차등화하던 것을 생애가입기간에 연동하도록 하여 기여 원칙을 강화했다. 부분장애 대상으로는 지급을 단기로 제한하거나 급여 수준을 축소했다.

특히 부분장애 대상 급여에는 근로복귀 의무와 함께 금전적 근로복귀 인센티브(*return to work*)도 신규 도입하였다. 부분장애급여의 지급기간이 종료된 후 근로활동에 참여할 때에만 높은 수준의 총소득을 보장(임금보조수당)하였으며, 근로능력이 있음에도 불구하고 근로에 참여하지 않거나 일정 수준 미만의 소극적 근로활동만을 하는 경우에는 최저임금에 연동된 최소한의 급여(계속급여)만을 보장한 것이다. 즉, 근로활동을 적극적으로 할 경우에만 임금보조 형태의 인센티브를 제공함으로써 근로의욕을 고취하는 구조(*making work pay*)로 급여를 개선하였다. 장애급여의 제도 개혁은 연금 지출 억제 및 장애인의 근로활동 참가율 제고에 크게 기여하였다고 평가받는다(〈그림 8-1〉 참조).

(2) 자영자 장애급여의 민영화 등

피용자 연금제도에 비해 자영자 장애급여는 더욱 급진적으로 변화되었다. 2001년 개정법에 따라 2006년부터 자영자 장애급여제도가 폐지 내지 민영화되었기 때문이다. 이제 자영자 개인은 스스로 장애를 대비해야 한다. 예를 들어, 자영자는 일반 민간 장애보험에 가입하거나 다양한 전문직종단체에서 제공하는 집단형 개인장애보험에 가입함으로써 장애에 대비할 수 있다. 또는 상병수당보험이나 피용자보험공단에서 제공하는 공적 장애보험(WIA)에 임의가입도 가능하다. 국가는 자영자가 자유로이 민간보험에 가입할 수 있도록 시장에 일정한 규제를 가한다. 대표적으로, 정부는 민간보험이 개인의 의학적 상태나 연령에 따라 가입을 제한하거나 차등을 둘 수 없도록 규제한다.

청년장애지원제도(Wajong) 역시 오랜 논의 끝에 폐지되고, 2015년에 청년장애지원제도 및 근로사회부조제도(WWB)를 통합한 〈참여법〉(Participation Act)을 도입하였다. 장애급여제도에서의 변화와 유사하게, 〈참여법〉으로 인해 기존 청년장애지원급여 수급자 중에서 완전장애자에게만 연금 수급권이 부여되었다. 근로능력이 있는 부분장애자에게는 급여기간이 제한되는 한편 노동시장에 적극적으로 참여하도록 유도하는 구조가 형성되었다. 대신 장애인을 고용하는 사용자에게도 고용지원금을 지급함으로써 장애인 고용을 양면에서 촉진하며, 이를 통해서도 일정 수준 고용이 달성되지 않는다면 일정 비율 이상의 장애인을 의무적으로 고용하도록 고용할당제(쿼터제)를 도입할 계획이다(MEA, 2014).

■ 참고문헌

국내 문헌

보험개발연구원(2016). "2015년 네덜란드 장기요양보험제도 개혁 내용". 〈고령화 리뷰〉, 4권 2호, 보험개발연구원.

정희정(2006). "네덜란드 노동시장 활성화 정책: 장해보험의 개혁". 〈국제노동브리프〉, 4권 2호, 한국노동연구원.

한국보건사회연구원(2012). 《주요국의 사회보장제도: 네덜란드》.

해외 문헌

European Commission(2013). *Your Social Security Rights in the Netherlands*. European Union.

MEA(2014). *National Reform Programme: 2014 Netherlands*. MEA.

MPH(2016). *Healthcare in the Netherlands*. Amsterdam: NPH.

OECD(2007). Sickness and disability schemes in the Netherlands. Country memo as a background paper for the OECD Disability Review.

Van Oorschot, W. (2006). The Dutch welfare state: Recent trends and challenges in historical perspective. *European Journal of Social Security*, *8*(1), 57 ~76.

Dutch Government(2008). National Reform Programme for the Netherlands in context of the Lisbon Strategy.

SSA(2016). *Social Security Programmes throughout the World: Europe, 2016*. Washington DC.: SSA Publication.

SVB(2008). *The Dutch State Pension: Past, Present and Future*. Social Insurance Bank(Sociale Verzekeringsbank).

기타 자료

MISSOC(2017). Comparative tables on social protection — Results. http://www.missoc.org/missoc. 2017. 11. 1. 인출.

MSZW(2011). The state of affairs of Dutch social security, Review 1 January 2011. https://www.government.nl/documents/leaflets/2011/03/18/short-survey-of-social-security-in-the-netherlands. 2017. 11. 1. 인출.

09
가족수당제도*

1. 가족수당제도 개관

1). 개요

1980년대에 추진된 각종 복지 개혁 이전까지 네덜란드는 가족 중심의 보수주의 복지국가이자, 여성의 경제활동 참여율이 낮은 전형적인 남성 부양자 모델의 국가였다. 한편 1970년대에는 과도한 복지로 인해 정부의 비용 부담이 극심했다. 복지 개혁 이전까지 실업보험과 장애보험의 소득대체율이 80%나 되는 등, 사회급여의 수준이 매우 높았던 것이다(김학노, 2004).

네덜란드는 '복지병'으로까지 불리게 된 복지 문제를 극복하기 위하여 개혁을 단행하였다. 1982~1989년의 루버스 정부, 1989~1994년 기민당-노동당 연립정부, 1994~2002년 사민당-자유당 연립정부(보라색 연합) 등

* 이 글은 2012년 《주요국의 사회보장제도: 네덜란드》(한국보건사회연구원, 2012)에서 필자가 작성한 "제 2부 제 4장 가족수당"을 수정 보완한 것이다.

은 지속적으로 복지 개혁을 추진하였다(김학노, 2004). 네덜란드 복지 개혁의 특징은 전반적인 복지 수준의 축소, 민영화 강화, 남성 부양자 모델[1] 약화를 통한 여성의 노동시장 진출 촉진 등이다(김학노, 2004).

특히 네덜란드는 시간제 노동을 통해 여성들의 경제활동 참가를 증진했다(김학노, 2004). 1980년대 이전 여성의 노동시장 참여율은 다른 서유럽 국가에 비해 낮았다. 여성의 취업률 상승은 개혁 이후 이어진 기혼여성의 취업률 증가에 큰 영향을 받았다. 이렇듯 네덜란드 복지 개혁은 부부가 함께 직장노동과 가사노동을 병행하는 '결합시나리오'를 근간으로 한다(김학노, 2004).

노동시장 진출로 여성의 복지 수급권 또한 향상되었다. 기혼여성도 독자적으로 연금 수급권을 갖게 되어 배우자 간에 동등한 50%의 연금 수급권이 주어졌으며, 실업보험을 받기 위해서는 가계부양자이어야 한다는 자격 요건도 폐지되었다(김학노, 2004). 사회보험의 기여 단위는 '가구'에서 '개인'으로 변경되어 개인별 수급권을 보장하기 위한 기반이 마련되었다(김학노, 2004).

네덜란드의 노동시장은 계약직이나 시간제 근로 비율이 높은 것 등 유연성이 매우 강하다는 특성이 있다. 이는 네덜란드 고용의 약 75%가 서비스 부문에서 창출되는 데에서도 부분적으로 기인한다(OECD, 2007).

최근에는 일-가정 양립을 두고 논의가 활발하다. 네덜란드는 여성에게 16주의 유급 출산휴가를 제공한다. 출산휴가에는 평균 임금의 100%에 이르는 급여를 보장하지만 육아휴직은 주어지지 않는다(OECD, 2017). 남성에게 부여되는 출산휴가는 2~3일에 불과하다. 고용주가 육아휴직기간에 급여의 일부를 휴가자에게 지급하기도 하지만, 정부가 그 재정을 부담하지

1) 남성 부양자 모델은 남성이 생계를 부양하기 위한 책임을, 여성은 가사노동과 자녀양육을 전담하는 형태이다. 여성은 각종 수급권이나 세제혜택을 통해 남성에게 경제적으로 의존한다(Lewis and Ostner, 1991; 김영미, 2009에서 재인용).

는 않는다. 2013년에는 출산모의 26% 정도가 출산휴가를 사용하였다(Netherlands Government, 2017). 근로 여성의 대부분 계약직, 시간제 근로에 종사하면서 자녀양육을 병행하고자 희망한다. 특히 네덜란드에서는 영유아 양육에 있어서 시설양육보다 가정양육을 선호하는 경향이 강하다.

네덜란드 복지급여의 소득대체율은 복지 개혁 후인 지금도 70% 정도에 이른다. 특히 고령 노동자의 (조기) 은퇴수단으로 활용되었던 피용자 장애급여(WAO, 2017년 현재는 폐지)와 상병급여(ZW)는 임금의 약 75%를 보전해 주었다. 이로 인해서 복지 수급자와 비수급자 간의 소득격차는 높지 않다. 더불어 네덜란드의 최저임금은 매우 높은 편이다. 높은 수준의 최저임금은 사회보장급여 수준 향상에도 영향을 미쳤다. 이렇게 매우 안정된 사회안정망은 노동시장 유연화와 결합되어서 유연안정화(*flexicurity*) 정책의 기반이 되었다. 그리고 유연안정화는 네덜란드 경제회복에 큰 역할을 한다. 고실업과 경기침체를 경험한 네덜란드는 여성의 시간제 고용을 급속하게 확대하는 등, 복지에서 고용으로의 이행을 달성하며 사회경제적 어려움을 극복하고 네덜란드의 '기적'을 이룬 것이다(류만희, 2002).

네덜란드의 가족수당급여 수준은 매우 높은 편으로, 네덜란드가 자랑하는 복지정책 중 하나이다. 네덜란드는 일찍이 1939년도에 이 제도를 도입함으로써 자녀를 양육하는 가정의 소득을 추가적으로 보전하여 왔다.

2) 가족수당의 역사 및 특성

가족수당은 근로자의 소득이 가족을 부양하는 데 충분치 않을 때에 소득을 보완하여 주기 위해 도입된 제도이다(Misra, 1998). 그 배경에는 아동양육 비용을 사회화하려는 인식이 있다. 아동양육이란 전통적으로 가계를 전승하고, 장래의 노동력을 육성하며, 노인을 부양할 세대를 양성하는 등 사회적 가치를 가진 것으로 이해되기 때문이다(박경일, 2004).

〈표 9-1〉 주요 선진국의 가족(아동)수당 관련법 제정 및 개정 시기

구분	도입 및 개정시기
뉴질랜드	· 최초 도입: 1926년 · 개정: 1973년(사회보장법), 1978년(사회보장법), 1999년(조세법), 2007년(소득세 및 세제혜택)
프랑스	· 최초 도입: 1932년(아동수당법) · 개정: 1946년
네덜란드	· 최초 도입: 1939년 · 개정: 2000년(장애아동수당 도입), 2007년(아동부조 도입)
호주	· 최초 도입: 1941년(아동수당) · 개정: 1991년(사회보장), 1995년(사회보장) 개정 · 1996년 시행, 1999년(실제적인가족 자산조사)
영국	· 최초 도입: 1945년(아동수당), 1987년(가족세제혜택, Family Credit) · 개정: 1992년, 2002년(아동세제혜택, Child Tax Credit)
독일	· 최초 도입: 1954년(아동수당), 1985년(아동양육수당) · 개정: 2004년(아동양육수당), 2005년(아동수당), 2007년(부모수당), 2009년(소득세제혜택)
일본	· 최초 도입: 1971년(아동수당, 셋째 자녀에게만 제공) · 개정: 1972년, 1981년, 1985년(둘째 자녀까지 확대), 1991년(첫째 자녀까지 확대), 2000년(의무교육 취학 전인 6세에 도달한 해의 연말까지 확대), 2004년(9세까지확대), 2010년(아동수당급여법)

자료: 이재완 · 최영선(2005: 169) 및 ISSA(2010).

가족수당의 기원은 1870년대 프랑스 행정부와 철도청이 가족의 임금을 보전하기 위해 근로자에게 부가급여를 준 것에서 찾을 수 있다(Ozawa, 1971a). 또한 세계 최초로 공적 가족수당제도를 도입한 국가는 1926년에 이를 시작한 뉴질랜드이다(박경일, 2004). 대부분의 국가에서는 제 2차 세계대전 이후 가족수당제도가 도입되었다. 2006년에 이르러, 가족수당제도는 세계 92개국이 실시하는 중요한 사회보장제도 중 하나가 되었다(박경일, 2004). 한국에는 아직까지 국가 차원에서의 공적 가족수당이 도입되지 않았다. 다만 일부 공공기관 및 대기업은 부가급여 형식으로 가족수당을 제공한다(박경일, 2004). 주요 국가별 가족수당 도입의 시기는 〈표 9-1〉과 같다.

국제노동기구(ILO) 협약 제 102호에서는 아동수당을 '아동을 양육하는

자에게 정기적으로 지급되는 현금급여, 현물급여 또는 이 양자의 혼합'이라고 정의한다(Verstraeten, 1989; 이재완 · 최영선, 2005에서 재인용). 아동수당 혹은 가족수당의 형태는 국가별로 매우 다양하다. 또한 국가마다 가족수당을 제공하는 연령도 상이하다.

대부분 국가에서 피부양아동의 수에 따라 가족수당이 지급되기 때문에, 가족수당은 흔히 '아동수당'(*child benefit*) 이라는 명칭으로도 통용된다(박경일, 2004). 또한, 국제노동기구의 정의처럼, 현금뿐 아니라 양육지원서비스 및 각종 수당 등의 형태로도 제공된다. 가족수당제도는 일종의 무기여 '사회수당'이며 재원의 출처에 따라 조세에 기반한 제도와 기업의 기여에 기댄 제도로 유형을 구분할 수 있다.

영국 노동당은 가족수당 도입이 근로자의 임금 감소로 이어질 것을 우려하였다. 실제로 프랑스에서는 고용주가 가족수당을 임금을 삭감하는 도구로 활용한 예도 있다. 그래서 노동운동가들은 가족수당보다는 적절한 주거, 교육비, 무료 학교급식과 우유, 의료서비스 등을 선호하였다. 반면 영국의 베버리지는 〈사회보험과 유사 서비스 보고서〉에서 '모든 아동'을 위해 정부가 가족수당을 지원해야 하며, 아동이 6세가 될 때까지 가족수당을 지원해야 한다고 주장하였다(Burgess & Locke, 1945). 그가 제시한 계획에는 가족수당과 함께 의료정책, 완전고용 등도 포함되었다. 한편 오자와(Ozawa, 1971b)는 바람직한 소득보전 프로그램의 조건으로, 인간의 존엄이 유지되어야 하며, 가정의 소득 부족분이 효율적으로 채워져야 하고, 근로동기가 저해되어서는 안 되며, 빈곤층 이외의 집단도 동의할 수 있어야 한다고 제시하였다.

국제노동기구는 1962년 사회보장협약(Convention on Social Security)과 사회정책협약(Convention on Social Policy)에 가족수당제도의 필요성을 명시하였다. 또한 이 협약을 비준한 국가들은 가족수당을 비롯해 의료보험, 병가수당, 출산휴가급여, 장애급여, 연금급여, 배우자급여(유족연금), 산업재해급여, 실업급여 등 9개의 급여를 도입·실시할 것을 권고한다.

베버리지에 따르면, 가족수당의 목적은 아동양육에 소요되는 비용 일부를 정부가 지원해 줌으로써 아동이 있는 가정이 빈곤층으로 전락하는 것을 예방하고 최저 수준의 생계유지를 보장하는 것이다(Vandyk, 1956). 가족수당의 또 다른 목적은 차세대의 건강한 성장을 지원함으로써 사회의 지속가능성을 보장하는 데에 있다(Vandyk, 1956). 이렇듯 가족수당제도는 실질적인 양육비지원을 통해 아동의 건전한 육성에 이바지하고 가계소득을 보충하는 기능을 가진다. 임금은 피부양자의 수와 무관하게 지급되므로 피부양가족의 수가 많으면 생계가 어려워진다. 그러므로 임금과 가계지출 간의 격차를 메워 자녀가 있는 가정을 지원하는 것이다(박경일, 2004).

가족수당 프로그램을 지칭하는 용어는 국가마다 다르다. 예를 들어, 프랑스는 이 제도를 가족수당으로, 일본은 아동수당으로 부른다. 일반적으로 '가족수당'이라는 명칭보다는 아동의 생활보장을 지원하는 현금급여로서 '아동수당'이라는 용어가 더 보편적으로 사용된다(박경일, 2004).

이러한 명칭의 차이는 각 정부가 제도를 운영하는 목적과도 관련이 있다. 프랑스 정부는 피부양자녀에게 수당 혹은 현금급여를 지원하는 것 자체보다는 가족에게 최저 수준 이상의 생활을 보장하는 것이 가족수당의 목적임을 명시한다(박경일, 2004). 스웨덴은 아동이 있는 가정과 아동이 없는 가정 간의 생활 수준상 격차를 완화하기 위해 아동수당을 도입하였다(박경일, 2004). 한편 일본의 아동수당제도 도입은 아동양육비용의 부담을 사회적으로 분담한다는 목적에서 이루어졌다(장화경, 1999). 이와 같이 아동수당은 아동을 대상으로 지출되는 생활비의 일부를 보존해 주기 위해 일정 기간 지급되는 현금급여를 지칭한다. 반면 가족수당은 모든 부양가족이 대상이 되어 현금 이외의 현물이나 서비스급여를 포함하여 제공받는 포괄적 제도이다(박경일, 2004). 국가에 따라서는 여성의 권리를 보호하려는 목적에서 임금보전뿐만 아니라 별거수당(*seperation allowances*), 미망인수당(*widow's pensions*), 피부양자 실업수당(*unemployment dependents' benefits*) 등을 가족수당에 포괄하기도 한다.

2. 네덜란드의 가족수당제도

1) 가족수당 도입

네덜란드는 1939년에 비교적 일찍 가족수당제도를 도입하였다. 제1, 2차 세계대전을 거치면서 전쟁미망인과 고아가 급증하자 이들의 생계를 지원하기 위한 방안으로 고안된 것이 가족수당제도였다.

이후 산업화가 진전되면서 가족수당제도의 의미도 바뀌게 되었다. 근로자의 소득보전정책으로서 기능이 전환된 것이다. 특히 아동이 없는 가정에 비해 아동이 있는 가정의 생계비 지출 규모가 더 크다는 사실을 고려한 결과였다. 근로소득은 피부양자의 수에 따라 증가하지 않기 때문에 정부가 주도적으로 각 가정의 자녀양육비용의 부담을 완화할 사회적 요구가 증가하였고, 네덜란드는 이에 대응하여 가족수당제도를 도입, 확대하였다.

네덜란드뿐 아니라, OECD 각 국가는 가족을 위해 현금급여는 물론 아동보육서비스 및 세제혜택 등 다양한 지원을 제공한다. OECD 국가들의 GDP 대비 가족지원 지출은 2013년 기준으로 1.8%를 차지하였다(〈그림 9-1〉 참조).

그림에서 볼 수 있듯이 네덜란드는 가족 지출 중 현금급여보다는 서비스 급여의 비중이 더 높고, 세제혜택도 적지 않다. GDP의 0.5%가 근로장려세제 및 세금공제로 지출된다(OECD, 2017). 아동에 대한 지출(교육비 포함)도 적지 않다. 〈그림 9-2〉에서 볼 수 있는 것과 같이 0~5세, 6~11세 아동에 대한 지출비용은 OECD 평균과 유사한 반면, 12~17세 아동에 대

〈그림 9-1〉 OECD 국가의 GDP 대비 가족지원 지출 비율(2013년)

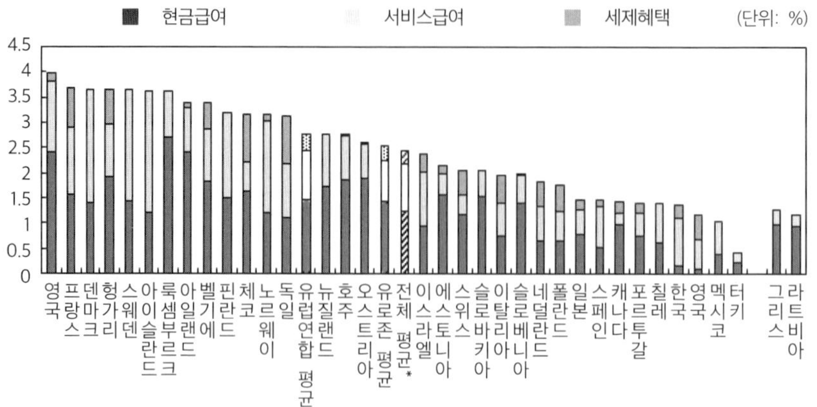

* OECD 전체 국가의 평균치.

자료: OECD(2017); OECD Family Database.

〈그림 9-2〉 네덜란드의 아동 연령대별 공적 지출(연령대별 합산)

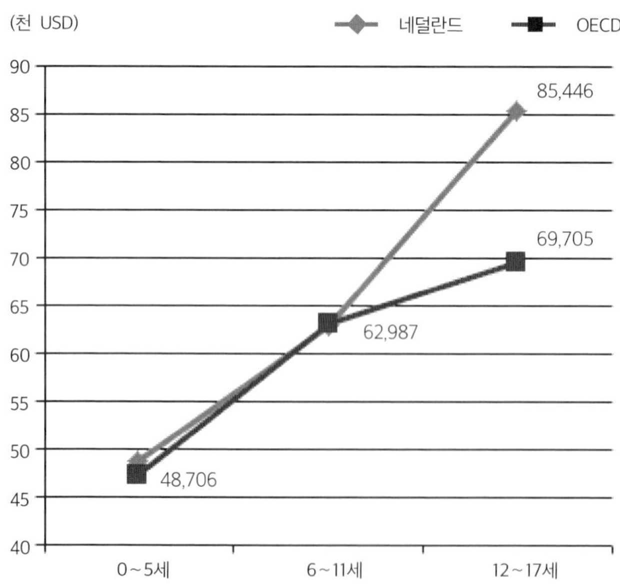

자료: OECD(2017); OECD Family Database.

한 지출은 OECD에 비해 높은 수준이다. 그 결과, 2011년 네덜란드의 0~17세 아동 1인당 지출비용은 19만 7천 유로로서 OECD 평균인 18만 유로에 비해 더 많다(OECD, 2017).

2) 네덜란드 가족수당의 주요 내용

(1) 아동수당

아동수당(*child benefit*, *kinderbijslag*)은 18세 미만 아동에게 제공되며 가족의 아동부양 및 양육에 지출하는 비용을 보전해 주는 제도다. 〈국가 아동수당법〉(Algemene Kinderbijslagwet: AKW)에 의거하며, 대상에는 본인이 출산한 자녀뿐 아니라 입양아, 위탁아동, 의붓자녀, 자신의 자녀와 함께 키우는 다른 아동 등이 포함된다.

다른 국가나 국제기구로부터 아동수당을 받을 때, 일정 조건이 충족되면 네덜란드의 아동수당을 동시에 수급할 수 있다. 이 조건으로는 부모 또는 배우자가 국제기구에서 일하거나 네덜란드 이외의 국가에서 공무원으로 일하는 경우, 부 또는 모가 네덜란드에 거주하지만 배우자는 외국에서 근무하는 경우 등이 있다. 아동수당 지급액은 자녀 수에 따라 영향을 받지 않는다(OECD, 2011).

아동수당의 급여 수준은 아동의 연령에 따라 다르다. 아동이 6세에 이르면 급여액이 늘어난다. 아동이 12세가 되면 수당은 다시 증가한다. 아동수당 급여액은 매년 조정되며, 2017년도의 급여액은 〈표 9-2〉와 같다.

아동수당은 분기별로 지급되고(매년 4, 7, 10, 1월 말에 지급), 첫 지급은 아동의 생일이 지난 다음 분기에 이루어진다. 수당의 지급은 네덜란드 사회보험은행이 담당한다.

일반적으로 아동이 18세에 도달하면 아동수당 지급이 중단된다. 또한 아동이 18세 미만이더라도 다음과 같은 상황에서는 지급이 중단된다. 아

〈표 9-2〉 연령에 따른 아동수당 최대 급여액

(단위: 유로)

아동의 연령	아동수당 최대 수급액
0~5세	198.38
6~11세	240.89
12~17세	283.40

자료: 사회보험은행(SVB) 홈페이지. 2017.3. 인출.

동이 일정 수준 이상의 근로소득을 획득할 때, 아동이 사망했을 때, 아동이 집을 떠나고 가족이 분기당 408유로 이하를 아동에게 지원할 때, 아동이 외국에서 살고자 할 때, 아동이 16~17세임에도 교육을 받지 않고 지자체에도 협조하지 않을 때, 아동이 학자금대출을 받았을 때 등이다. 만약 아동이 장애를 가졌거나 직업훈련 및 특수교육을 받고 있다면 이러한 조건과 관계없이 아동수당을 받을 수 있다.

(2) 아동부조

아동부조(*child budget*)는 정부가 저소득가정에게 매월 제공하는 부가급여(*extra monthly contribution*)로서 국세청이 관장한다. 수급 여부는 가족의 월 소득에 의해 결정된다. 아동부조는 별도의 신청이 필요 없으며 국세청 사무소가 해당 가족에게 급여 발생을 통보한다. 만약 부모가 사실혼 또는 동거 중이라면 '공동양육'(*co-parenting*) 제도를 통해 급여를 지원한다.

(3) 아동양육수당

네덜란드에서는 아동이 유치원(*pre-school*), 보육시설(*daycare*), 방과후 보육시설(*afterschool care*) 등에 등록하게 되면 아동양육수당(*childcare benefits, kinderopvangtoeslag*)을 받는다. 아동양육수당은 근로자 가구의 아동양육비용을 정부와 고용주가 함께 지원해 주는 제도이다. 이 수당은 네덜란드 국세청에서 지급하며, 가족의 소득과 무관하게 지급된다. 반면 저소득가족은 일반적으로 고소득가족에 비해 더 많은 수당을 받는다.

아동양육수당의 대상은 네덜란드에 살면서 일하는 모든 근로자 가족이며, 다음과 같은 조건을 모두 갖추면 수당을 받을 수 있다.

- 양 부모가 소득이 있어야 한다.
- 지원자가 네덜란드에서 합법적으로 일하며, 배우자 혹은 파트너도 근로를 하고 있어야 한다.[2]
- 아동을 주간보육센터(*daycare center*), 방과후 보육센터(*out-of-school care center*) 등 보육시설에 보내야 한다.

그러나 미등록 보육사(*unregistered caregivers*), 놀이집단(*play groups*), 학교 관련비용(*schooling costs*) 등은 아동양육수당에서 지원하지 않는다. 아동양육수당의 수준은 양육되는 아동의 수, 아동양육시간, 부모의 소득 등에 의해서 결정된다. 2017년 기준, 아동양육수당 최대 지급액은 전일제 시간당 8.18유로, 방과후돌봄 시간당 6.25유로이며, 한 달에 받을 수 있는 최대 금액은 230유로이다(Netherlands Government, 2017).

3. 맺음말: 가족수당의 시사점

가족수당(혹은 아동수당)은 다양한 현금 및 서비스를 포함하는 패키지 형태이다. 여기에는 아동수당, 육아휴직, 아동양육보조금, 맞벌이 혹은 한부모 가족에 대한 세제혜택, 무료교육, 무료 의료혜택 등이 포함된다. 국가

---

2) 배우자나 파트너가 해외에서 일할 경우에는 근무처가 네덜란드 정부기관 또는 네덜란드계 회사이어야 한다.

마다 다양한 조합의 혜택을 제공한다. 아동에 대한 투자를 통해 미래세대의 인지능력이 개발되어 삶의 기회가 증대되고 이로 인해 복지국가의 지속가능성이 제고되기 때문에 아동에 대한 지출은 비용이 아니라 투자의 성격을 갖는다(Knijn & van Oorshot, 2008).

비록 네덜란드는 아동 관련 지원에 있어서 유럽 평균을 조금 웃돌지만(OECD, 2017), 아동을 가진 부모가 아동이 없는 가정에 비해 구매력이 낮다는 지적을 받기도 한다(Knijn & van Oorshot, 2008). 아동을 부양하는 가정은 다양한 서비스를 직접 구매해야 하므로 결국 국가가 제공하는 서비스 수준은 충분히 높은 편이 아니라는 것이다.

가족수당의 효과에 대해서는 양극단의 입장이 개진된다. 한편에서는 가족수당의 도입으로 가족의 소득이 보전됨에 따라 여성의 경제활동 참여가 저조해질 수 있다는 우려가 제기된다(Misra, 1998). 특히 일부 여성권리 옹호자들은 가족수당이 여성에게 가사노동을 강요한다고 보며 이를 반대한다. 즉, 가족수당이 여성에게 가사노동 중심의 성역할을 강조하고 노동시장에서는 불리하게 만들어 여성의 임금 노동권을 약화시킨다고 주장하는 것이다(Pedersen, 1993; Misra, 1998에서 재인용).

반면 에스핑-안데르센은 2005년 리스본에서 열린 유럽연합 집행위원회 회의에서 복지국가의 지속가능성을 확보하기 위해서는 아동을 대상으로 한 투자를 확대해야 한다고 주장하였다. 이는 정보화 사회의 도래, 소득노동과 돌봄노동의 조화, 인적자본 강조 등과 맥락을 같이한다(Knijn & van Oorshot, 2008). 최근 유럽의 각 국가들은 저소득층 등 특정 집단에 표적화(*targeting*)된 사회정책을 넘어선 아동과 가족에 대한 사회적 투자를 강화함으로써 복지국가를 지속가능하게 하려 한다.

이러한 입장에 따르면, 아동에 대한 투자에는 일석삼조의 효과가 기대된다(Knijn & van Oorshot, 2008). 첫째, 사회적 투자로 양질의 보육·교육·의료가 아동서비스로 제공되면 출산율이 증가할 것이다. 둘째, 아동

빈곤을 감소시킬 해결책으로서 여성의 노동시장 참여가 확대될 것이다. 셋째, 사회적으로 양질의 돌봄과 교육이 제공되면 아동의 건강한 발달과 사회적 기술 수준이 제고되어 사회에 필요한 인력이 배출될 것이다.

가족수당은 가족양육수당, 아동양육수당 등처럼 양육(*care*)을 강조하며 일종의 돌봄수당으로 활용된다(박경일, 2004). 그 예로 프랑스는 가족수당에 아동양육보호수당(*infant care allowance*)과 재가보육수당(*allowance for child care at home*)을 도입하여 가족수당의 돌봄과 양육 역할을 강조하였다(박경일, 2004).

한편 세계 최초로 가족수당을 도입한 뉴질랜드는 아동수당을 폐지하고, 대신 여성 근로자를 지원하는 제도를 도입하였다(박경일, 2004). 또한 네덜란드는 기혼여성의 노동시장 참여를 통해 아동빈곤을 줄이고 고령화로 인한 사회적 부담을 완화하고자 시도하고 있다. 네덜란드 정부는 당장의 현금급여 확대보다는 일, 돌봄, 교육 및 연금에 대해 스스로 책임을 지도록 하는 정책에 우선순위를 둔다. 대표적으로, 우리나라에서도 도입했던 적극적 복지와 유사한 '활성화 정책'과 함께 조기퇴직을 줄이기 위해 애쓰는 것을 들 수 있을 것이다(Knijn & van Oorshot, 2008).

가족수당과 관련한 또 다른 쟁점은 가족수당 정책의 목적에 있다. 국가마다 가족(아동)수당의 목적이 다르다(Knijn & van Oorshot, 2008). 영국과 같은 앵글로색슨 국가에서는 가족수당의 목적이 아동빈곤율을 감소시키는 데에 있다. 아동 부양가정에 대한 각종 지원이 많을수록 아동빈곤율이 감소한다는 연구도 제시된 바 있다(Bradshaw & Finch, 2002). 네덜란드는 다른 나라에 비해 아동 부양 가정에 대한 지원이 높지 않았음에도 아동빈곤율이 낮은 편이었다. 그러나 한부모 가정과 이민자 가정이 증가하면서 다른 유럽 국가와 마찬가지로 아동빈곤율이 증가하는 추세이므로 이러한 정책적 의의는 더욱 의미심장하다. 반면, 유럽대륙 국가에서 가족수당의 주된 정책적 목적은 아동이 있는 가족과 아동이 없는 가족 간의 소득격차를 줄이는 데 있다.

네덜란드의 가족수당 중에서 눈에 띄는 제도는 아동부조이다. 우리나라의 공공부조제도인 기초생활보장제도는 신청주의에 입각한다. 이와는 달리 네덜란드의 아동부조는 정부가 대상 아동을 발견하여 지원하는 형태로 시행된다. 이는 정확한 소득파악이 가능하기에 적용할 수 있는, 대상자의 편의를 최대한 고려한 가족수당제도인 것이다. 또한 네덜란드는 가족 및 아동의 다양한 특성과 욕구를 고려한 현금지원을 실시한다. 그러나 맞춤형 서비스를 제공하기 위해서는 전문적 행정인력을 고용·유지하기 위해 상당한 비용이 수반될 것이다.

한편 우리나라에도 다양한 수당이 존재한다. 〈장애인복지법〉에 의거한 장애수당, 장애아동 부양수당, 보호수당, 공무원과 기업체 근로자를 위한 가족수당 등이 있다. 앞선 논의를 기초로 숙고해 볼 때, 우리 사회에 향후 어떠한 형태의 아동수당이 도입될지, 아동수당이 도입된다면 어떠한 효과가 발생할지 엄밀히 살펴볼 필요가 있음을 알 수 있다.

■ 참고문헌

국내 문헌

고경환 · 정경희 · 김미숙 · 강지원 (2009). 《OECD 기준에 따른 한국의 Family Database 구축방안 연구》. 보건복지가족부 · 한국보건사회연구원.

김영미 (2009). "복지국가의 일가족양립정책 개혁과 여성사회권: 영국, 독일, 네덜란드의 개혁을 중심으로". 〈사회보장연구〉, 25권 3호, 1~27.

김학노 (2004). "'네덜란드 모델'의 성과와 한계". 〈한국정치학회보〉, 38권 3호, 411~435.

류만희 (2002). "네덜란드의 '기적'의 실체와 그 의미". 〈상황과 복지〉, 12권 9호, 235~278.

박경일 (2004). 《가족수당정책론》. 서울: 양서원.

이선주 · 박선영 · 김은정 (2006). 《아동수당제도 국제비교 및 도입방안에 관한 연구》. 한국여성개발원.

이재완 · 최영선 (2005). "외국의 아동수당제도에 관한 연구". 〈한국영유아보육학〉, 42권, 161~180.

장화경 (1999). "자녀양육비의 공적인 분담 — 일본의 아동수당제도의 검토를 중심으로". 〈성공회대학논총〉, 13호, 434~470.

한국보건사회연구원 (2012). 《주요국의 사회보장제도: 네덜란드》.

해외 문헌

Barro, R. (1974). Are government bonds net wealth? *Journal of Political Economy, 82*, 1095~1117.

Bradshaw, J., & Finch, N. (2002). A comparison of child benefit packages in 22 countries. Research Report No. 174, Department for Work and Pension.

Burgess, E., & Locke, H. (1945). Family allowances for children. *Marriage and the Family Living, 12*.

ISSA (2010). *Social Security Programs Throughout the World: Europe*.

Knijn, T., & van Oorschot, W. (2008). The need for the societal legitimacy of social investments in children and their families: Critical reflections on the Dutch case. *Journal of Family Issues, 29* (11), 1520~1542.

Misra, J. (1998). Mothers or workers? The value of women's labor: Women and the emergence of family allowance policy. *Gender & Society*, *12*(4), 376~399.

OECD(2011). *Doing Better for Families: The Netherlands.*

______(2007). *Babies and Bosses: Australia, Denmark and the Netherlands, 1.*

Ozawa, M. (1971a). Family allowances and a national minimum of economic security. *Child Welfare*, *1*(6), 313~321.

______(1971b). Family allowances for the United States: An analysis and a proposal. *Social Work*, 1971, October, 72~84.

Pedersen, S. (1993). Catholicism, Feminism, and the Politics of the Family During the Late Third Republic. In Koven, S., & Michel, S. (ed.). *Mothers of a New World: Maternalist Politics and the Origins of Welfare States*, New York: Routledge.

Vandyk, N. (1956). Family allowances. *British Journal of Sociology*, 34~45.

Verstreaeten, J. (1989). *Family Allowances: A Universal or Selective Benefit.* ISSA Report.

기타 자료

OECD(2017). OECD Family Database. http://www.oecd.org. 2017. 3. 1. 인출.

The Netherlands SVB homepage(2017). https://www.svb.nl. 2017. 3. 1. 인출.

The Netherlands Government(2017). https://government.nl. 2017. 3. 1. 인출.

10
공공부조제도

1. 머리말

네덜란드의 실업자를 위한 소득보장제도는 기본적으로 실업보험과 사회부조[1]로 구성된다. 실업자가 실업보험급여의 수급 요건을 충족하지 못하거나 또는 실업급여를 모두 소진한 경우, 자산조사를 거쳐 사회부조를 받을 수 있다. 사회부조제도는 최후의 사회안전망인 셈이다. 사회부조제도는 네덜란드에 합법적으로 거주하는 모든 시민을 대상으로 하며, 스스로 부양할 수단을 갖지 못한 경우에 최소 수준의 소득을 보장한다(정홍원, 2012). 따라서 충분한 소득이나 자산을 보유한 배우자나 가족과 생계를 함께하는 자는 사회부조 대상이 아니다. 사회부조급여 급여액은 보충성의 원리, 즉 가구소득과 사회적 최저기준(*social minimum*) 간의 차이를 보충하는 방식으로 산정된다.

1) 네덜란드 문헌에서는 '공공부조' 대신에 '사회부조'(*social assistance*)라는 용어를 주로 사용한다. 제 10장에서도 사회부조라는 용어를 사용하기로 한다.

사회고용부(SZW)는 사회부조제도를 관장하고 전국적인 차원에서 정책을 수립한다. 한편 지자체는 제도의 전반적인 운영과 수급자에 대한 활성화 정책을 담당한다. 사회부조의 재원은 일반조세에서 충당된다. 사회부조급여는 수급자가 수급 요건을 충족하는 한 기간에 제한을 두지 않는다. 하지만 사회부조 수급자가 급여를 계속 받기 위해서는 적극적으로 구직활동 의무를 준수하고 지자체가 제공하는 고용서비스에 참여해야 한다. 네덜란드의 사회부조제도는 근로연계복지의 성격이 강하다.

네덜란드의 〈일반사회부조법〉(Algemene Bijstandswet: ABW)은 1965년에 시행되었고, 1996년에는 〈사회부조법〉으로 개정되면서 현행 제도와 유사한 제도적 틀을 갖추었다. 사회부조의 급여 수준은 가계의 형태에 따라 다르고, 법정 최저임금에 연동된 급여를 제공한다. 1996년에 사회부조급여 수준은 3가지 기본 지급률로 단순화되었다. 즉, 독신자는 최저임금의 50%, 18세 미만의 자녀가 있는 한부모는 최저임금의 70%, 부부·동거 가구에게는 최저임금의 100%가 지급된다. 독신자와 한부모 수급자가 자신의 형편에 비해 기본 지급률이 부족하다는 것을 증명할 수 있다면 20%의 추가적인 수당을 신청할 수 있다(Van Oorschot, 2006).

일반적으로 사회부조 수급자는 공공고용서비스기관에 등록을 해야 하고 구직활동 요건을 충족해야만 한다. 1996년의 〈사회부조법〉 개정으로 인해 전반적으로 사회부조 수급자에 대한 활성화 정책이 강화되었다. 우선 적당한 일자리(*suitable work*)의 기준이 광범위해지면서 수급자의 학력이나 이전 직장보다 수준이 낮다 여겨지는 일자리일지라도 제의를 거부할 수 없도록 제도가 변경되었다. 또한 노동시장 재통합이 어느 정도 가능하다고 판단되는 수급자의 경우에는 지자체가 개인행동계획을 수립하여 시행하도록 되었다.

2004년 1월 1일부터는 〈근로사회부조법〉(Wet Werk en Bijstand: WWB)이 기존의 〈사회부조법〉을 대체하였다. 새로운 〈근로사회부조법〉은 중앙정부와 지방정부 간의 관계를 새롭게 정립하였다. 〈근로사회부조법〉의 시행은 기존의 중앙정부 중심 복지정책에서 벗어나, 중앙정부의 규제를 줄이고 지방정부가 재정적 인센티브와 위험을 더 많이 감수하는 방향으로 정책적 전환을 일으켰다. 2004년부터 〈근로사회부조법〉이 실시됨에 따라 지방정부의 재정적 책임과 재량권이 확대되었고, 사회부조 수급자에 대한 취업우선전략이 강화되는 계기가 되었다.

2015년 1월 1일부터 〈참여법〉(Participatiewet: PW)이 도입되면서 네덜란드의 사회부조제도는 새로운 변화를 겪는다. 〈참여법〉은 기존 〈근로사회부조법〉, 〈보호고용법〉(WSW) 그리고 〈청년장애지원법〉(Wajong) 일부를 대체한 법이다. 〈참여법〉은 근로능력이 있지만 일자리를 구하기 위해 어느 정도 지원이 필요한 모든 이들을 지원하려는 목적에서 도입된 제도이다. 또한 〈참여법〉을 통해 사회부조 수급자에 대한 노동시장 재통합의 책임이 중앙정부에서 지방정부로 이양되었다.

이런 배경하에서 제 10장에서는 네덜란드의 사회부조제도를 소개하고, 사회부조 수급자를 대상으로 한 재통합서비스와 전달체계를 중점적으로 살펴보고자 한다.

제 10장의 구성은 다음과 같다. 이 장의 2에서는 2015년 이전까지 사회부조제도의 근간을 이루고 있던 〈근로사회부조법〉을 살펴본다. 우선 2014년 1월 당시 시행되었던 제도를 급여 수준을 중심으로 개관하고, 지자체에 대한 재정적 인센티브의 핵심인 정액보조금제도와 예산배정 모형을 구체적으로 설명한다. 이 장의 3에서는 2015년 1월에 새롭게 도입된 〈참여법〉의 내용을 다룬다. 우선 〈참여법〉 도입의 배경을 알아보고, 현행 사회부조제도의 제도적 설계를 살펴볼 것이다. 네덜란드는 다양한 최저소득보장제도를 시행하고 있다. 이 장의 4에서는 〈참여법〉 이외의 최저소득보장제도를 다룬다. 여기에는 부가급여, 노령 및 부분장애 실업근로자를 위한 소득보조, 노령 및 부분장애 실업자영자를 위한 소득보조 등이 포함된다.

여기까지의 논의가 사회부조제도에 관한 것이었다면, 이 장의 5의 내용은 거버넌스와 전달체계에 관한 내용이다. 보수주의적 특성과 사회민주주의적 특성을 복합적으로 보여 주는 네덜란드는 유럽 국가 중에서 고용서비스 시장화와 재통합시장이 가장 활성화된 국가이다. 여기에서는 네덜란드의 재통합서비스 전달체계의 개혁과정을 소개하고, 사회부조 수급자를 대상으로 한 재통합시장의 특징을 살펴본다. 끝으로 결론 부분인 이 장의 6에서는 〈참여법〉 시행을 둘러싼 쟁점과 비판적 시각을 소개하고, 최근 피용자보험공단과 지자체의 재통합 예산 삭감이 고용·복지서비스를 통합적으로 제공하려는 그동안의 정책적 노력에 미치는 함의를 살펴볼 것이다.

2. 근로사회부조법

〈근로사회부조법〉은 2004년 시행되어 2015년에 〈참여법〉에 의해 대체되기 전까지 네덜란드 사회부조제도의 근간을 이루었던 제도이다. 국내에 소개된 네덜란드의 사회부조제도는 바로 이 〈근로사회부조법〉을 의미한다. 사회부조는 빈곤 가구를 대상으로 자산조사를 통해 소득지원을 제공하는 사회보장급여이며 최후의 사회안전망이다.

〈근로사회부조법〉은 근로연계복지를 한층 강화하려는 중앙정부의 정책적 의지를 반영하였다. 또한 지방자치단체의 권한과 책임이 확대하였고, 정액보조금제도의 도입으로 지자체의 재정적 유인에 획기적 변화를 일으켰다. 지방정부에게 사회부조 지출비용의 재정적 책임을 부여하자, 지자체는 사회부조 수급자 수를 줄이고 재통합서비스를 적극적으로 활용하려는 정책적 목표를 추구하게 되었던 것이다.

〈근로사회부조법〉의 내용은 이미 기존의 서적(정홍원, 2012)에서 잘 소개되었다. 여기서는 2014년 1월 당시의 제도를 사회고용부의 사회보장제도 안내서를 참조하여 급여 수준을 중심으로 개관한 후, 지자체를 위한 재정적 인센티브의 핵심인 정액보조금제도와 예산배정 모형에 대하여 기술하고자 한다.

1) 제도 개요

사회부조의 급여 수준은 수급자의 연령과 가구의 구성에 따라 다르고, 법정 최저임금에 연동된다. 사회부조급여 기준금액은 〈표 10-1〉과 같다. 연령이 21~65세인 수급자에게 지급되는 사회부조급여를 살펴보면, 2014년 1월 기준으로 부부・동거 가구에게 지급되는 급여액 기준은 월 1,354.54유로이다. 한부모의 급여 기준금액은 월 948.18유로, 독신자의 급여 기준금액은 월 677.27유로이다. 또한 한부모와 독신자에게는 최대 270.91유로의 보충수당이 지급된다.

〈표 10-1〉 사회부조급여 기준금액(2014년 1월)

(단위: 유로)

구분		급여 기준금액(월)
18~21세	독신자	234.01
	한부모	504.92
	부부(둘 다 20세 이하, 자녀 없음)	468.02
	부부(둘 다 20세 이하, 자녀 있음)	738.93
	부부(한 명이 20세 이하, 자녀 없음)	911.28
	부부(한 명이 20세 이하, 자녀 있음)	1,182.19
21~65세	부부・동거인	1,354.54
	한부모	948.18
	독신자	677.27
	한부모 및 독신자 보충수당	270.91
65세 이상	부부	1,431.72
	한부모	1,308.98
	독신자	1,040.16

주: 급여 기준금액에는 8%의 휴일수당이 포함.
자료: SZW(2014: 15).

18~21세인 수급자의 사회부조급여 기준금액은 독신자 월 234.01유로, 한부모인 경우는 월 504.92유로이다. 부부가 둘 다 20세 이하이고 자녀가 없다면 급여액은 468.02유로, 자녀가 있으면 급여액은 738.93유로이다. 또한 부부 중에 한 명이 20세 이하이고 자녀가 없다면 급여액은 911.28유로, 있다면 1,182.19유로이다.

한편 65세 이상이지만 노령연금(AOW)을 수급하지 못하거나 일부만을 수급하는 자를 대상으로 한 사회부조제도(AIO)도 존재한다. 노령 대상 사회부조제도의 급여 기준금액은 21~65세를 대상으로 한 사회부조의 기준금액보다 높은 편이다. 2014년 1월, 부부의 급여액은 월 1,431.72유로이다. 한부모의 급여액은 1,308.98유로, 독신자의 급여액은 1,040.16유로이다.

2) 정액보조금제도와 예산배정 모형[2)]

기존의 사회부조제도는 '급여보다는 근로'(*work above benefit*)라는 네덜란드 정부의 취업우선 전략 기조에서 볼 때 많은 비판을 받았다. 특히 과거에 지방자치단체는 매년 사회부조 지출비용의 90%를 연말에 중앙정부에 요청하여 환급받을 수 있었는데, 이런 방식은 지자체가 제도를 효율적으로 운영하려는 재정적 유인을 제공하지 못한다는 비판에 직면하였다. 〈근로사회부조법〉의 핵심은 지자체의 재정적 유인구조를 획기적으로 개편한 것이다. 이는 취업우선 전략을 효과적으로 실행하는 조직으로 지자체를 변모시키려는 중앙정부의 정책적 의도에서 비롯하였다(Sol et al., 2008).

〈근로사회부조법〉에서는 새로운 예산기반제도를 적용하여 지자체가 사회부조비용 일체를 책임지고 운용하도록 제도가 변경되었다. 구체적으로

2) 이 부분은 김동헌(2011)의 내용을 토대로 작성하였다.

보자면, 2004년부터 지자체는 사회부조와 관련하여 중앙정부로부터 하나의 예산이 아닌, 소득부문과 근로부문이라는 두 개의 예산을 받는다. 소득부문은 사회부조급여를 지급하기 위해, 근로부문은 재통합 정책을 추진하는 데에 사용되는 예산이다.

급여지급을 목적으로 하는 소득부문의 예산에서는 지자체로 하여금 사회부조 수급자 수를 줄이도록 노력하게 하는 유인이 작동한다(Desczka, 2007; Davidse & Kraan, 2008). 만일 소득부문 예산을 절약할 경우 남은 예산을 다른 용도로 사용할 수 있도록 함으로써 지자체로 하여금 수급자 대상 활성화 조치를 강화하도록 재정적 인센티브를 도입한 것이다. 물론 소득부문 예산의 적자 또한 지자체가 책임을 져야 하므로 지차제의 재정적 위험부담 역시 증가하였다. 소득부문 예산에서 적자가 발생할 경우에 예산의 10%에 해당하는 적자까지는 지자체가 책임을 지고, 그 이상에 해당하는 적자에 대해서만 중앙정부에 지원을 요청할 수 있다.

소득부문 예산과 달리 근로부문 예산은 사용 용도가 정해져 있기 때문에 흑자가 발생하더라도 다른 용도로 전용을 할 수가 없다. 다만 예산을 다 사용하지 못한 채 흑자가 발생할 경우 전체 예산의 75%에 해당하는 금액까지는 다음 연도로 이월할 수 있다. 이렇게 〈근로사회부조법〉은 가능한 한 근로부문의 예산은 모두 사용하고 소득부문의 예산은 절약하도록 유도하는 방식으로 제도가 설계되었다.

매년 중앙정부는 다음과 같은 예산배정 모형을 사용하여 사회부조 소득부문의 예산을 지자체에 배정한다(Davidse & Kraan, 2008).[3] ① 인구 4만 명 이상의 규모가 큰 지자체에는 객관적인 통계적 배정 모형이 적용된다. 이 통계적 모형은 여러 가지 변수를 사용하여 해당 지자체의 사회부조 수

3) 최근 네덜란드사회연구소(SCP)는 〈참여법〉의 도입으로 인해 새로운 예산배정 모형을 개발하였다. 사회고용부의 의뢰로 개발된 이 예산배정 모형은 2015년 처음 사용되었다.

급자 수와 지출비용을 추정한다. ② 인구 규모가 2만 5천 명 이하로 규모가 작은 지자체에는 수급자 수가 우연적 요인에 많이 좌우된다는 점을 고려하여 과거의 지출에 비례하는 배정 모형이 적용된다. 즉, 각 해의 사회부조 예산은 2년간 사회부조 지출비용을 반영하여 정하는 방식이다. ③ 마지막으로 인구 규모가 2만 5천 명 이상, 4만 명 이하인 중간 규모 지자체에는 소규모 지자체에서 사용되는 모형과 대규모 지자체에서 사용되는 모형이 주민 수에 따라 슬라이딩 스케일(*sliding scale*) 형식으로 적용된다.

아래는 ①의 모형에 사용되는 변수이다.

지자체 사회부조 예산배정모형에 포함되는 변수들

① 저소득가구(15~64세)의 비중

② 전체 15~64세 한부모 가구 중에서 15~44세 가구가 차지하는 비중

③ 15~64세 인구 중에서 이민자가 차지하는 비중

④ 전체 주택 중에서 임대주택이 차지하는 비중

⑤ 지역 수급자의 인적자본(*regional client potential*)

⑥ 1분기 동안의 사회보험 수급자 수가 15~64세 인구 중에서 차지하는 비중

⑦ 지역 경제활동 참가율

⑧ 지역 전체 취업자 중에서 음식숙박업, 농업에 종사자가 차지하는 비중

⑨ 지역 고용성장률

⑩ 지역 고용률

자료: De Koning(2009).

〈근로사회부조법〉의 목표는 자활능력이 없는 수급자에게는 급여를 보장하면서도, 사회부조제도로의 유입을 제한하고 유출을 촉진하여 사회부조에 대한 의존성을 줄이자는 것이다. 사회고용부의 2007년 평가연구를 살펴보면 이러한 목표가 어느 정도 달성되었음을 알 수 있다. 우선 사회부조

를 수급하는 가구(65세 미만 가구원)의 규모는 2003년 말 33만 6천 가구에서 2007년 말 27만 4천 가구로 4년 만에 18%나 줄어들었다. 이 연구에 의하면, 경제 상황 등을 고려한 〈근로사회부조법〉 시행의 순수 효과는 2003~2006년 기간 동안 사회부조 수급 규모 4% 정도를 감소시킨 것으로 나타났다. 또한 2006년에는 2003년에 비해 사회부조제도로의 유입이 19% 정도 낮아졌고 유출은 23% 정도 높아졌다. 총유출에서 취업으로 인한 유출이 차지하는 비중은 2003년에는 26%였지만 2005년에는 30% 이상으로 증가한 것으로 나타났다.

3. 참여법

1) 참여법 도입의 배경

복지급여 수급자를 대상으로 한 네덜란드 정부의 취업우선 전략은 지속적으로 추진되었다. 그 결과, 근로연령인구 중에서 사회부조 수급자의 규모는 2008년에 이르러 1998년에 비해 무려 40%나 감소하였다(Finn, 2016; 김승택 외, 2015).[4] 2004년부터 시행한 정액보조금제도가 수급자의 수를 어느 정도 감소시키는 데에 기여한 것으로 추정된다. 지자체가 수급 요건 심사를 한층 강화하고, 사회부조제도에서 벗어나는 수급자 수도 증가하였기 때문이다. 활성화 정책에 대한 법적·제도적 개혁이 지속적으로 이루어지면서 지자체 사회서비스를 담당하는 일선 기관 직원들의 의식과 업무에도 상당한 변화가 초래되었다. 현장에서 복지급여와 사회서비스를 제공하

4) 〈참여법〉 도입의 배경에 대해서는 주로 핀(Finn, 2016)의 보고서와 이 보고서 내용을 번역한 김승택 외(2015)의 보고서를 함께 참조하였다.

는 직원들이 좀더 결과지향적인 태도로 업무를 수행하는 경향을 보이게 된 것이다. 일선 직원들은 부정수급을 방지하는 데에 더욱 관심을 기울이고 취업지원 업무에 우선적인 순위를 두게 되었다.

하지만 취업우선 전략에 따른 성과 압박과 고용서비스 예산 삭감은 일선 기관과 민간 위탁기관에서 크리밍(*creaming*)과 파킹(*parking*) 현상이 증가하는 부작용을 초래하기도 하였다. 크리밍 현상은 고용서비스기관이 취업이 용이할 것으로 여겨지는 구직자만을 선택하여 서비스를 제공하는 것을 말한다. 반면에 파킹 현상이란 서비스비용이 많이 들면서도 취업을 시키기 어려운 구직자에게는 서비스기관이 서비스를 전혀 제공하지 않거나 소홀하게 다루는 현상을 의미한다(김동헌, 2015).

사회보장제도의 분권화가 확대되면서 중앙정부가 재원을 담당하는 청년장애보험급여(Wajong)를 신청하는 청년장애인의 숫자가 현저하게 증가하는 파급효과가 발생하였다(Finn, 2016). 2000~2008년 기간에 청년장애보험급여 수급자 수는 두 배 이상 급증하였다. 이러한 증가의 3분의 1 이상은 지자체가 시행하는 사회부조제도 수급자가 이 제도로 편입되었기 때문이라는 연구결과도 있다. 2012년에 이르러 청년장애보험급여 수급자 수는 22만 6,900명에 달하여 근로연령인구의 약 3%를 차지하게 되었다. 이는 2014년 7월 2일에 제정되어 2015년 1월 1일부터 시행된 〈참여법〉 도입의 요인 중 한 가지가 되었다.

〈참여법〉은 근로능력은 있으나 일자리를 구하기 위해서는 어느 정도의 지원이 필요한 모든 사람을 지원하려는 목적에서 도입된 제도이다. 〈참여법〉은 기존의 〈근로사회부조법〉과 〈보호고용법〉(WSW), 〈청년장애지원법〉의 일부를 대체하였다. 기존의 〈청년장애지원법〉은 근로능력이 일부 있는 청년장애인과 근로능력이 전혀 없는 청년장애인을 모두 포괄하고 있었다. 그러나 2015년 이후로, 근로능력이 없는 청년장애인은 개정된 〈청년장애지원법〉의 보호를 받게 되고, 일부 근로능력이 있지만 지원이 필요한 청년장애인은 〈참여법〉의 적용 대상에 포함되었다. 이로 인해 기존의 청년장애보험급여 수급자 중 약 60% 정도가 〈참여법〉 적용 대상으로 편입되었다. 또한 〈보호고용법〉은 2015년 1월 1일부터 더 이상 신규 수급자를 받아들이지 않게 되었다.

〈참여법〉 시행으로 중앙정부는 지방정부에게 노동시장 재통합 정책에 관한 책임을 이양하였다. 지자체가 지역 수준에서 활성화 정책을 더 효과적이고 효율적으로 추진할 수 있다고 판단하였기 때문이다. 이로써 지자체가 담당하는 대상은 더 확대되었고, 여기에는 일반 노동시장에 통합되는 데에 어려움을 겪고 있는 이들도 상당수 포함되었다. 아울러 2012년 이후 지자체의 재통합 예산은 대폭 삭감되었다. 지자체가 책임을 지는 대상 집단은 확대된 반면 재통합 예산은 큰 폭으로 줄어든 까닭에 지자체는 활성화 정책 추진에 있어 이중의 어려움에 직면하였다.

한편 네덜란드 정부는 사회적 파트너와 사회협약을 맺고 2026년까지 장애인을 위한 일자리 12만 5천 개를 추가적으로 창출하겠다는 계획을 발표하였다. 향후 10년간 민간부문에서 10만 개, 공공부문에서 2만 5천 개의 일자리를 만들겠다는 것이다. 또한 3만 개의 보호작업장 일자리(*sheltered jobs*)도 창출하겠다는 목표도 발표하였다. 〈참여법〉 시행의 성패는 이들 신규 일자리의 창출과 밀접하게 연관되어 있다.[5)]

2) 참여법의 내용

〈참여법〉은 기존의 〈근로사회부조법〉을 대체하는 새로운 사회부조제도이다.[6)] 〈보호고용법〉과 〈청년장애지원법〉의 일부가 〈참여법〉에 포함되

5) 〈참여법〉에는 장애인 근로자에 대한 고용할당제가 포함되지 않는다. 하지만 최근 네덜란드 정부는 35인 이상의 사업장에 대해 5%의 의무적인 장애인 근로자 고용할당제를 도입할 것을 고려하고 있다(Finn, 2016).

면서 이제 부분장애를 가진 자에 대한 지원제도는 하나로 통합되었다. 〈참여법〉하에서 일반 노동시장에서 일자리를 구할 수 없다고 판단되는 대상에 한해서는 보호작업장에서 일을 하도록 지원한다.

〈참여법〉은 전국적으로 표준적인 최저소득을 보장한다. 수급자의 급여 기준금액은 18~21세, 21~65세 그리고 65세 이상 등, 세 구간의 연령대별로 구분된다. 또한 기준금액을 산정할 때 각 연령집단에서 부부·동거 가구와 독신자·한부모(18세 미만 자녀를 양육) 가구를 구분하여 고려한다. 여기에서 특히 관심을 두는 21~65세 연령집단의 경우에 사회부조급여는 법정 최저임금 수준과 연동된다. 최저임금은 〈최저임금 및 최저휴일수당법〉(WML)에 따라 정해지며,[7] 매년 두 번(1월 1일과 7월 1일) 조정된다. 따라서 사회부조급여도 매년 두 번(1월과 7월) 조정되는 구조이다. 2016년 7월 1일 기준, 23세 이상에 적용되는 최저임금은 월 1,537.20유로이다. 한편 18~21세, 65세 이상 연령집단에 대한 사회부조급여액은 다른 방식으로 산정된다.

기존의 〈근로사회부조법〉에서는 부부·동거 가구는 물론 독신자와 한부모를 구분하여 급여를 산정하는 방식을 택하였다. 그러나 이와 달리 〈참여법〉에서는 독신자와 한부모를 구분하지 않는다. 이는 이전의 사회부조급여와 비교하여 한부모가 받는 급여의 수준이 하락하였음을 의미한다.

가구가 받는 급여 수준은 그 가구의 성인 수에 의해 결정되며, 아동의 수나 연령은 급여 수준에 영향을 미치지 않는다. 부부 또는 동거 가구는 각각 최저임금의 50%를 받는다. 따라서 2인 성인 가구의 급여 합계는 최저임금의 100%에 해당한다. 사회부조급여는 세금을 제하고 지급된다. 2015년부터 다른 21~65세 성인과 생계를 같이하는 사회부조 수급자의 급여가 하

6) 이하의 〈참여법〉에 대해 소개한 내용은 Blommesteijn et al.(2015)과 Slotboom & Blommesteijn(2015)의 보고서를 주로 참조하여 작성하였다.

7) 네덜란드의 최저임금제도에 관한 구체적인 논의는 김원섭(2012)을 참조하기 바란다.

〈표 10-2〉 사회부조급여 기준금액(2016년 7월)

(단위: 유로)

구분		순 급여(월)	휴일수당	합계
21~65세	부부 · 동거 가구	1,326.13	69.80	1,395.93
	독신자, 한부모	928.29	48.86	977.15
65세 이상	부부 · 동거 가구	1,424.58	74.98	1,499.56
	독신자, 한부모	1,043.40	54.92	1,098.32
시설기관 거주자	부부 · 동거 가구	457.15	24.06	481.21
	독신자, 한부모	293.91	15.47	309.38

자료: SZW(2016). Uitkeringsbedragen per 1 juli 2016.

락하였다. 소득의 원천이나 수준에 상관없이, 생계를 같이하는 동거인의 수가 많을수록 각자가 받는 급여액은 낮아진다. 예를 들어, 4인이 함께 거주하는 성인 가구의 경우 1인당 기준금액의 40%를 받게 된다.

2016년 7월 기준으로, 21~65세 부부 · 동거 가구는 각자의 수당을 합하여 최저임금의 100%를 받는데, 세금을 제한 순 급여액은 월 1,326.13유로이다. 여기에 휴일수당 69.80유로를 포함하여 월 최대 1,395.93유로까지 급여를 받을 수 있다. 독신자와 한부모의 경우에는 최저임금의 70%가 급여 기준금액인데, 세금을 제한 순 급여액은 월 928.29유로이다. 여기에 48.86유로의 휴일수당을 더해 월 최대 977.15유로를 수급할 수 있다.

18~21세 청소년 수급자의 기준금액은 아동수당과 동일하다. 이들에 대한 부양책임은 일차적으로 부모에게 있기 때문이다. 만일 이들이 부모에게 의존할 수 없는 상황이라면 특별지원제도를 통해 소득지원을 신청할 수 있다. 지원의 수준은 지자체가 결정한다. 지자체는 27세 미만 청년 수급자에 대해 근로와 학업의 기회를 제공할 의무가 있다. 또한 〈참여법〉은 지자체가 18~27세 수급자를 대상으로 개인행동계획을 수립하도록 규정한다.[8]

8) 2009년 7월에 27세 미만의 수급자를 대상으로 하는 별도의 사회부조제도(WIJ)가 시행되었다. 이 제도는 2012년 1월에 폐지되어 〈근로사회부조법〉으로 기능이 이전되었다.

〈참여법〉은 네덜란드에서 합법적으로 거주하는 18세 이상인 자로서 스스로 생계를 유지할 수단이 충분하지 않은 사람에게 사회적 최저소득을 제공하는 최후의 사회안전망이다. 따라서 본인은 소득이 없더라도 배우자나 부모의 소득 또는 자산이 충분한 수준이라면 〈참여법〉에 의한 사회부조급여의 대상이 되지 않는다. 자영업자도 수급 대상에서 제외되는데, 자영업자는 이들을 위한 별도의 자산조사 사회부조제도가 있기 때문이다.

사회부조급여는 보충성의 원리에 따라 운영되므로 급여액은 자산조사에 따른 수급자의 모든 소득과 기준금액 간의 차이로 계산된다. 수급자의 소득에는 근로소득, 다른 사회급여, 다른 가족의 소득, 이혼수당 등이 포함된다. 수급자에게 근로소득이 발생하면 급여가 감액되지만, 일정액의 근로소득에 한해 소득공제를 받을 수 있다. 근로소득이 발생하는 6개월 동안 근로소득의 25%가 공제되는데, 월 공제 한도는 188유로이다. 또한 12세 미만 자녀를 가진 한부모가 시간제 근로를 하는 경우 최장 30개월간 근로소득의 12.5%가 공제되며, 월 공제 한도는 118유로이다.

자산조사에는 일정 수준 이상의 자산도 고려된다. 2016년 7월을 기준으로, 주택을 제외한 자산의 가치가 부부·동거 가구와 한부모는 11,840유로, 독신자의 경우 5,920유로를 초과하지 않아야 한다. 주택을 보유한 경우에는 주택가격이 49,900유로를 초과하지 않아야 한다. 지자체는 개인의 사정에 따라 일반적인 자산조사 기준을 조정할 수 있다.

사회부조급여는 수급 요건을 충족하는 한 지급기간에 제한이 없다. 하지만 사회부조 수급자는 급여를 계속 수급하기 위해 구직활동 의무를 준수해야 한다. 수급자는 피용자보험공단 고용센터(UWV WERKbedrijf)에 구직 등록을 하고, 구직활동을 위해 노력하며, 적당한 일자리가 제시된다면 이를 수용해야만 한다. 수급자는 조사가 필요하거나 구직활동지원이 제공될 때에 적극적으로 협조하여야 한다. 또한 근로소득이 발생하거나 가족 상황에 변동 등이 발생하면 지자체에 이와 관련된 정확한 정보를 통보하여야 한다.

〈참여법〉의 도입으로 인해 노동시장 참여를 촉진하기 위한 조치가 강화되었다. 수급자는 통근에 하루 최대 3시간이 소요되는 일자리라도 수용할 의사가 있어야 하고, 숙련 형성과 구직활동 기술에 투자하거나 파견회사에 등록하는 등 일반적으로 수용할 수 있는 일자리를 구하기 위해 최대한의 노력을 해야 한다. 수급자가 이러한 의무를 준수하지 않는다고 판단되면 지자체는 급여를 삭감하거나 지급 자체를 정지하는 등, 제재조치를 취할 수 있다. 지자체가 요청하는 정보 등을 제공하지 않아도 제재가 가해진다. 법적 제재에 따라 급여 전액이 최소 1개월에서 최대 3개월까지 지급되지 않는 것이다.

단, 지자체는 개인적 사정을 감안하여 이 기준을 조정할 수 있다. 수급자가 일자리 기회를 가졌지만 사회적 사유로 이를 수용하지 않는 사정이 있다면 지자체는 일시적으로 해당 수급자의 일자리 수용 의무를 면제할 수 있다. 여기서 사회적 사유란 중독, 어린 자녀를 가진 미혼모, 57.5세 이상의 연령 등이다. 한부모의 일자리 수용 의무가 면제될 경우에는 대신 해당 수급자에게 교육훈련이 의무로 부과된다.

구직활동이 면제되는 수급자의 비율은 지자체마다 상이하다. 또한 구직활동을 면제받은 대상자 대다수는 55세 이상의 수급자인 것으로 보인다 (Slotboom & Blommesteijn, 2015). 2012년에만 해도 전체 사회부조 수급자 중에서 약 22%가 구직활동을 면제받았으며 55세 이상 대상자 중에서는 무려 30%를 상회하는 수가 구직활동 의무를 면제받았다.

4. 참여법 이외의 최저소득보장제도[9]

1) 부가급여

〈부가급여법〉(Toeslagenwet: TW)은 사회보장급여를 수급하는 수급자와 그 배우자·동거인의 총소득이 사회적 최저 수준에 미치지 못하는 경우에 추가적인 급여를 제공하여 최저소득을 보장하도록 규정한다. 부가급여를 수급하기 위해서는 〈상병급여법〉(ZW), 〈실업보험법〉(WW), 〈청년장애지원법〉(Wajong),[10] 〈장애급여법〉(WAO), 〈근로능력법〉(WIA), 〈군인장애급여법〉(Wamil), 〈노령실업자를 위한 소득보조법〉(IOW), 〈근로·양육법〉(WAZ) 등의 적용을 받는 급여 수급자이지만, 급여액이 기준금액 이하이어야 한다. 기준금액은 사회부조급여와 동일하다. 임신, 출산, 입양과 관련된 급여에 대해서도 부가급여가 지급될 수 있다. 하지만 이상의 수급 요건에 해당하더라도 21세 이하이며 자택에 거주하는 경우, 그리고 배우자가 1971년 12월 31일 이후 출생하였고 12세 미만의 자녀가 없다면 부가급여 대상에서 제외된다.

부가급여는 수급자와 배우자의 소득과 기준금액의 차액만큼 지급된다. 부가급여 기준금액은 연령과 가족구성에 따라 다르다. 부부·동거 가구의 기준금액은 최저임금의 100%, 23세 이상 독신자는 순 최저임금의 70%, 그리고 18~22세 독신자는 순 최저임금의 75%이다.

2016년 7월 1일의 기준금액은 〈표 10-3〉에 정리되어 있다. 부부·동거

9) 이 장의 4는 2014년 사회고용부의 보고서 내용(SZW, 2014)과 2016년 7월 1일의 기준금액 자료를 참조하여 작성한 것이다. 네덜란드 사회고용부는 2014년 1월의 사회보장제도 보고서 이후로는 영문으로 작성된 보고서를 제공하지 않았다.

10) 앞에서도 언급하였듯이 〈참여법〉의 도입으로 〈청년장애지원법〉은 근로능력이 없는 자만 대상으로 한다.

〈표 10-3〉 부가급여의 기준금액(2016년 7월)

(단위: 유로)

구분		기준금액(일)
부부 · 동거 가구		70.68
23세 이상	독신자	53.01
	생계 분담인	48.30
22세	독신자	41.91
	생계 분담인	38.32
21세	독신자	35.28
	생계 분담인	32.12
20세 독신자		29.49
19세 독신자		24.71
18세 독신자		21.32

주: 8%의 휴일수당은 포함하지 않은 금액.
자료: SZW(2016), Uitkeringsbedragen per 1 juli 2016.

가구의 기준금액은 하루 70.68유로, 23세 이상 독신자는 53.01유로이다. 23세 미만의 독신자에게는 상대적으로 낮은 기준금액이 적용된다.

부가급여의 산정과정에서 신청자와 배우자의 근로소득과 사회보장급여는 모두 소득으로 간주된다. 다만 자가 주택이나 저축과 같은 자산은 소득 산정에서 제외된다. 또한 근로소득의 일정액은 최대 2년 동안 공제된다. 부가급여 신청은 다른 공공부조제도와 마찬가지로 신청자가 거주하는 지역의 피용자보험공단에 한다.

2) 노령 및 부분장애 실업근로자를 위한 소득보조

〈노령 및 부분장애 실업근로자를 위한 소득보조법〉(IOAW)은 50세 이상 실업근로자를 대상으로 급여를 지급하는 제도이다.[11] 실업급여 수급자가

11) 부분장애 실업자는 50세 이상이라는 연령 제한을 받지 않는다. 2015년 1월 1일부터 IOAW는 1965년 1월 1일 이전 출생자에게만 적용이 된다.

〈표 10-4〉 IOAW급여 기준금액(2016년 7월 현재)

(단위: 유로)

구분	급여(월)	휴일수당	합계
부부 · 동거가구(둘 다 21세 이상)	1,489.34	119.14	1,608.48
독신자 · 한부모(공동거주자 없음)	1,152.79	92.22	1,245.01
독신자 · 한부모(공동거주자 있음)	1,050.36	84.03	1,134.39

자료: SZW(2016), Uitkeringsbedragen per 1 juli 2016.

실업급여 수급기간이 만료된 이후에도 실업상태이며, 실업자 가구의 소득에 대한 자산조사를 충족시킬 경우 급여가 지급된다. 구체적인 수급 요건은 다음과 같다.

첫째, 실업을 했을 당시 50세 이상이고, 실업급여를 3개월 이상 수급하고 수급기간이 만료된 이후에도 실업상태에 있는 자이다.

둘째, 50세 생일 이후 부분장애를 위한 근로복귀급여(WGA)를 수급하였다가, 재심사 과정에서 장애율이 35% 미만으로 판정받아 근로복귀급여의 수급권을 상실한 실업자이다.

셋째, 2005년 12월 28일 당시 이미 IOAW급여를 받고 있었지만, 배우자가 1971년 12월 31일 이후에 출생하였고 12세 미만의 동거 자녀가 없다는 이유로 부가급여를 받지 못하는 부분장애자이다.

IOAW급여는 수급자의 가족 상황에 따라 기준금액이 다르게 설정된다. 2016년 7월, 21세 이상인 부부 · 동거 가구의 기준금액은 휴일수당을 포함하여 월 1,608.48유로이다. 독신자 또는 한부모이면서 가계를 분담하는 공동거주자가 없다면 기준금액이 휴일수당을 포함하여 월 1,245.01유로이다. 한편 독신자 또는 한부모이면서 가계를 분담하는 공동거주자가 1명 이상인 경우에는 기준금액이 휴일수당을 포함하여 1,134.39유로이다.

급여 산정과정에서 신청자와 배우자의 근로소득, 급여, 연금 등은 모두 소득으로 간주된다. 다만 자가 주택이나 저축과 같은 자산은 산정에서 제외된다.

급여의 신청은 다른 공공부조제도와 마찬가지로 신청자가 거주하는 지역의 피용자보험공단에서 할 수 있다. 부부 또는 동거 가구는 급여를 함께 신청해야 한다. 피용자보험공단은 접수된 신청서를 신청자가 거주하는 지자체 사회서비스 담당부서로 보내고, 사회서비스 담당부서는 신청서를 검토한 후 신청자에게 급여지급 여부를 서면으로 통지한다.

3) 노령 실업근로자를 위한 소득보조

〈노령 및 부분장애 실업근로자를 위한 소득보조법〉과 유사한 제도로 〈노령 실업근로자를 위한 소득보조법〉(IOW)이 있다. 이 제도는 2009년 12월 1일에 한시적 제도로 도입되었다. 2006년 10월 1일부터 2011년 7월 1일 사이에 실업 당시 60세 이상인 자로 실업급여를 3개월 이상 수급하고 본인의 수급기간이 만료된 이후에도 실업상태에 있는 경우에 IOW급여를 수급할 수 있다. 이 급여는 퇴직연령인 65세까지 지급이 된다. IOW급여는 최대 최저임금의 70% 수준이다.

이 제도는 60세 이상 노령 실업근로자를 대상으로 실업급여를 보충하는 성격을 가진다(정홍원, 2012; Slotboom & Blommesteijn, 2015). IOAW와 IOW의 차이점으로는 IOW가 배우자의 소득을 고려하지 않는다는 점을 들 수 있다. 또한 IOAW급여는 지자체에서, IOW급여는 피용자보험공단에서 지급한다.

이 제도는 2016년 7월 1일까지 한시적으로 도입된 제도이다. 하지만 고령자 노동시장 상황의 어려움을 감안하여 네덜란드 정부는 시행을 2020년 1월 1일까지 연장하였다.

4) 노령 및 부분장애 실업자영자를 위한 소득보조

〈노령 및 부분장애 실업자영자를 위한 소득보조법〉(IOAZ) 은 자영업을 하다가 사업을 중단한 55세 이상인 자를 대상으로 최저소득을 보장하는 제도이다.[12] IOAZ급여는 보충성의 원리에 의해 가구소득을 고려하여 급여 수준이 결정된다. IOAZ급여는 사업이 중단된 이후에 지급되며, 노령연금 지급이 시작되는 연령인 65세까지 지급된다. 구체적인 수급 요건은 다음과 같다.

첫째, 55세 이상인 자영자로 기대소득이 자영업자 최저소득(연 23,115유로)에 미치지 못하여 비자발적 사유로 사업을 중단하게 된 자이다.

둘째, 신청 전 3년간의 연평균소득이 21,861유로 미만이며 향후 소득이 23,115유로에 미치지 못할 것으로 예상되는 자이다.

셋째, 사업을 한 경력이 10년 이상이거나, 과거 7년 동안 임금근로자로 근무한 후에 최소 3년 이상 자영업자로 사업을 한 경력이 있는 자이다.

넷째, 본인의 사업에서 연간 1,255시간(주당 평균 24시간 정도) 이상 일을 한 경력이 있어야 하고, 배우자와 함께 일을 했다면 본인은 연간 875시간 이상, 배우자는 연간 525시간 이상 일을 한 경력이 있는 자이다.

다섯째, 2005년 12월 28일 당시 이미 IOAZ급여를 받고 있었지만, 배우자가 1971년 12월 31일 이후에 출생하였고 12세 미만의 동거 자녀가 없어서 부가급여(TW)를 받지 못한 부분장애자이다.

IOAZ급여의 기준금액은 IOAW와 동일하다. 급여의 산정과정에서 신청자와 배우자의 근로소득, 급여, 연금 등은 모두 소득으로 간주된다. 2016년 7월, 보유자산이 있는 경우에는 13만 81유로까지는 소득 산정에서 제외된다. 이 기준을 초과하는 자산금액에 대해서는 연 3%의 수익률이 발생하

---

12) 부분장애 실업자영자의 경우에는 55세 이상이라는 연령 제한을 받지 않는다.

는 것으로 간주하여 급여에서 이자소득으로 공제한다.

급여는 사업을 중단하기 전, 신청자가 거주하는 지역의 피용자보험공단에서 신청할 수 있다. 신청자는 급여 신청 후 최대 1년 6개월 내에 사업을 중단하여야 한다. 부부 또는 동거가구는 급여를 함께 신청해야 한다.

5. 고용서비스 전달체계

1) 고용서비스 전달체계의 개혁

네덜란드는 1980년대 후반부터 사회보험과 사회부조제도를 지속적으로 개혁하였다. 실업급여 및 사회부조 수급자를 대상으로 한 활성화 개혁은 '급여보다는 근로'라는 슬로건이 말해 주듯이 강력한 취업우선 전략을 반영하였다. 정책 개혁에 이어 고용서비스 전달체계의 제도적 변화도 뒤를 이었다.[13] 네덜란드에서는 2009년 이전까지 실업급여 행정을 담당하는 기관(피용자보험공단)과 고용서비스를 제공하는 기관(근로소득센터)이 서로 분리되어 운영되었다. 그런데 2009년에 근로소득센터가 피용자보험공단에 흡수되면서 고용서비스 전달체계에 커다란 변화가 일어났다. 이 두 기관의 합병으로 인해 새롭게 출범한 피용자보험공단 고용센터를 통해 사회보험과 고용서비스가 구직자에게 통합적으로 제공되는 기반이 마련된 것이다. 고용센터는 주로 실업급여와 장애급여 수급자의 고용서비스를 일선에서 책임지는 기관이다. 사회부조 수급자에 대한 고용서비스는 지차제의 사회서비스부에서 담당한다. 고용서비스는 지자체가 직접 제공하거나 민간위탁을 통해 제공된다.

13) 더 구체적인 내용은 "제 7장 고용보험제도 및 고용정책"을 참조하기 바란다.

중앙정부는 피용자보험공단 고용센터와 지자체의 더욱 긴밀한 협력을 모색하였고, 고용서비스 관련 조직을 하나의 플랫폼에 모아 네트워크 효과를 창출하는 서비스 전달 전략을 추진하였다(Dorenbos & Froy, 2011). 이러한 전략에 따라 2010년에는 네덜란드 전역에 고용광장(werkpleinen)이 설립되었다. 고용광장은 우리나라의 고용복지플러스센터와 마찬가지로 고용센터와 지자체가 한 장소에 모여 구직자와 고용주 대상의 고용복지서비스를 제공하기 위해 설립된 조직이다. 고용광장에는 고용센터와 지자체의 관련 기관 이외에도 복지기관, 민간 위탁기관, 파견회사 등이 함께 협업을 하게 된다. 고용광장에서는 실업급여 및 사회부조 수급자에 대한 고용복지서비스가 제공된다.

고용광장은 지방과 지역 수준에서 운영이 된다. 2010년 1월 기준, 전국적으로 127개의 고용광장이 운영되었는데, 이들 중에서 30개소는 플러스고용광장(pluswerkpleinen)으로 지정되었다. 플러스고용광장은 30개 지역의 큰 도시에 위치하여 일반 고용광장에 비해 상대적으로 많은 고객을 담당하였다. 2011년에는 고용광장의 수가 100여개로 줄어들었다.

고용광장의 공동 운영과 운영상의 통합 정도는 개별 고용광장에 따라 다양하다(Finn, 2015; 2016). 느슨하게 조정된 서비스를 제공하는 고용광장은 물론, 좀더 통합적인 서비스를 제공하는 방식으로 운용되는 곳도 등장하였다. 가장 통합적인 운영 방식을 보여 주는 고용광장의 경우에는 고용센터 소장과 지자체 사회서비스 국장이 운영협약을 맺어 공동으로 관리하되, 이들이 합의한 공동의 목표를 달성하기 위해 고용센터의 고용코치와 지자체의 사례관리자가 일선에서 업무를 담당하였다. 그러나 당초 기대와는 달리 고용센터와 지자체 직원 간 업무문화의 차이 등으로 인해 서비스 전달상의 조정에서 어려움을 겪었다.

2008년의 경기침체 이후 피용자보험공단과 지자체의 고용서비스에 대한 예산이 단기적으로 확대된 적은 있지만, 이후 대체적으로 네덜란드 정부는 긴축 예산정책을 추진하였다. 2012년에는 피용자보험공단과 지자체의 재통합 예산이 큰 폭으로 삭감되었다. 2011~2015년 동안에 피용자보험공단의 예산은 절반으로 줄었고, 그에 따라 직원 수도 감소하였다. 피용자보험공단의 직원 수는 10년간 8,000명이 감소하여, 2014년에는 19,200명이었으며, 이들 중에서 절반 이상이 시간제 근로자인 것으로 나타났다(Oosi, 2014). 실업자 대상의 재통합서비스 예산은 거의 사라졌고, 나머지 예산은 장애급여 수급자를 대상으로 할당되었다. 고용서비스 예산의 대폭적인 삭감에 따라 피용자보험공단은 재설계 프로그램을 세워 온라인 서비스 전달을 강화시키는 전략을 택하였다. 이 전략이 추진됨으로써 피용자보험공단은 수급자 대상 업무의 90% 정도를 온라인으로 제공하고, 대면 서비스는 35개의 고용광장에서만 제공하고 있다. 고용센터가 고용광장에서 철수하면서, 한때 전국적으로 127개소에 달했던 고용광장이 2015년에는 35개 지역에만 남게 된 것이다.

2) 지자체의 재통합서비스 전달

사회부조제도 운영과 재통합서비스 제공은 지자체가 담당한다. 2002년에 〈근로소득실행구조법〉(SUWI)이 도입되면서 피용자보험공단은 의무적으로 고용서비스를 민간부문에 위탁해야 했다. 지자체는 이러한 의무를 지지 않았지만, 민간위탁을 하는 경우에는 〈근로소득실행구조법〉에서 규정하는 입찰 방식을 따라야 했다. 입법 2년 후인 2004년에 〈사회부조법〉이 〈근로사회부조법〉으로 대체되고 〈근로소득실행구조법〉이 개정되면서 피용자보험공단은 물론, 지자체에게도 고용서비스 민간위탁이 의무화되었다. 이에 따라 지자체는 재통합서비스의 70%까지 의무적으로 민간에 위탁하여야 한다.

〈근로사회부조법〉은 지자체의 민간위탁 의무화뿐만 아니라 사회부조 지출의 재원조달 방식에 있어서도 새로운 방식을 도입하였다. 1965년 이후 이어져 온 대로 지자체가 사용한 지출비용을 환급해 주던 방식을 대신하여, 정액보조금 형태로 재정지원 방식이 변경된 것이다. 새로 도입된 정액보조금 방식하에서 지자체는 매년 예산을 소득부문과 재통합부문으로 나누어서 받는다. 소득부문 예산에서 흑자가 발생하면 이를 지자체가 다른 용도로 전용할 수 있도록 허용이 되나, 재통합부문 예산은 정해진 용도로만 사용해야 한다. 물론 소득부문 예산에 적자가 발생하면 지자체가 그 책임을 져야 한다. 정액보조금 방식은 지자체로 하여금 사회부조 수급자 수를 줄이고 적극적인 재통합 정책을 추진하게 하는 강력한 유인으로 작용하였다. 디보사(Divosa)[14]의 2008년 보고서에 의하면, 사회서비스부의 업무문화가 활성화를 강조하고 효율성을 중시하는 방향으로 변모하였다고 응답한 지자체의 수가 2004년에는 51%였지만 2007년에는 78%로 상승하였다. 고용서비스의 민간위탁 의무화와 정액보조금 형식의 재정구조가 지자체 사회부조 담당 일선 조직과 직원의 인식에 큰 영향을 미친 것으로 보인다(Plantinga et al., 2011).

그런데 70% 민간위탁 의무화 규정은 2년 후인 2006년에 폐지된다. 이로써 지자체의 재통합서비스 전달은 새로운 전기를 마련하게 된다. 2006년부터 지자체는 자체적으로 내부에서 재통합서비스를 제공하거나 민간재통합시장에서 서비스를 구매하는 것이 모두 허용되었다. 또한 지자체가 민간위탁을 선택할 경우 〈근로소득실행구조법〉에서 규정한 입찰 방식을 준수해야 한다는 규정도 폐지되었다. 따라서 2006년 이후 전국의 443개 지자체는 독자적으로 재통합서비스 민간위탁 여부를 결정할 수 있고, 민간위탁을 할 때에도 자체적인 입찰절차를 거칠 수 있게 되었다.

민간위탁 의무화가 폐지된 까닭은 정책의 결과가 기대에 미치지 못했기

14) Divosa는 지자체 사회서비스를 담당하는 관리자들의 전국조직이다.

때문이다. 2004년부터 의무적 민간위탁을 시행하면서, 지자체와 담당 직원들은 민간 위탁기관의 선정 이외에는 위탁기관 업무에 간섭을 하지 않는 전략을 취했다. 여기에는 지자체의 활성화 서비스 경험이 부족한 것도 부분적으로 작용하였다. 민간 위탁기관들은 별다른 간섭을 받지 않고 자율적으로 활성화 서비스를 제공하였으나 당초 기대와는 달리 성과가 실망스러웠다(Van Berkel, 2013). [15] 민간 위탁기관의 알선율은 기대치보다 낮았고, 개별적 서비스가 아닌 표준화된 서비스가 제공되었으며, 가장 서비스가 필요한 취약계층에게는 서비스가 제공되지 않는 현상도 발생하였다. 이런 문제점은 고스란히 지자체의 재정 부담으로 연결되었다. 정액보조금제도로 인해, 사회부조 수급자 수를 줄이지 못한 지자체는 소득부문 예산적자를 전적으로 부담해야 했기 때문이다.

재통합서비스의 민간위탁 의무화가 폐지되자 지자체는 활성화 서비스에 대한 통제를 강화하기 시작하였다. 자체적으로 서비스를 제공하는 지자체의 수가 증가하였고, 민간위탁을 활용하는 방식에서도 뚜렷한 변화가 나타났다. 이전에 지자체는 활성화 서비스를 하나로 묶어 단일 민간기관에 위탁하는 경향을 보였으나, 2006년 이후에는 서비스 구매 방식도 다양해지고, 전체 서비스가 아닌 특정 서비스를 선택해 구매하는 경향이 강해졌다. 민간위탁 의무화가 폐지되었지만, 여전히 지자체는 재통합시장에서 서비스 일부를 구매한다. 그러므로 네덜란드의 지자체는 사회부조 수급자 대상의 재통합서비스에 있어서 구매자와 제공자의 역할을 동시에 수행한다.

다른 나라에서는 단일 또는 소수의 정부기관이 재통합서비스를 구매하는 역할을 수행한다(김동헌, 2015). 예를 들어, 영국에서는 고용연금부가 전국적으로 고용서비스 구매를 담당한다. 반면 네덜란드의 재통합시장은

15) 민간 위탁기관의 기대보다 낮은 성과는 네덜란드 고용서비스 시장만의 현상이 아니라 다른 선진국의 민간위탁 경험에서도 나타나는 현상이다(Bredgaard & Larsen, 2008).

다양한 구매자와 공급자로 구성되어 있다는 점이 특징적이다. 네덜란드에서는 재통합회사라는 민간 고용서비스기관이 서비스를 제공하고, 개인재통합협약(Individuele Reintegratie Overeenkomst: IRO)[16]의 유행으로 소규모 위탁업체들이 급속하게 증가하였다. 선진국의 경험을 살펴보면 고용서비스의 시장화 초기에는 비영리조직이 중요한 역할을 담당하지만, 시장이 확대됨에 따라 전체 위탁업체의 수가 감소하고 민간 영리기업의 비중이 증가하면서 대형 영리기업이 등장하는 것이 일반적 경향이다. 하지만 예외적으로 네덜란드에서는 서비스 구매자는 물론 공급자의 수도 상당히 많다.

네덜란드의 지자체는 재통합시장에서 서비스를 구매할 수도, 자체적으로 내부에서 서비스를 제공할 수도 있다. 그렇다면 두 선택 간의 결정요인을 규명하는 것은 흥미로운 연구주제이다. 최근의 연구결과(Plantinga et al., 2011)를 살펴보면, 비용편익에 대한 고려보다는 지자체의 정치적 지향이 서비스 제공방식에 영향을 미치는 것으로 나타났다. 구체적으로, 신공공관리(NPM) 원리를 지지하는 지자체일수록 재통합시장에서 서비스를 구매하는 경향이 강했다. 반면에 좌파 정당 지지도가 높은 지자체일수록 내부에서 서비스를 제공하는 경향이 드러났다.[17]

16) 개인재통합협약은 주로 실업급여 수급자를 대신하여 피용자보험공단이 재통합회사와 계약을 맺는 방식이다. 약 2천여 개에 달하는 네덜란드의 재통합회사는 다른 나라에 비해 상대적으로 영세하다. 2007년 기준으로는, 직원 수가 10명 미만인 재통합회사의 비율이 75%를 상회하고, 거의 3분의 1에 해당하는 회사가 한 명의 직원을 두었거나 컨설턴트 혼자 운영하는 회사인 것으로 조사되었다(Plantinga et al., 2011).

17) 이 연구에서는 2006년에 실시된 지자체 선거에서 노동당(Partij van de Arbeid: PvdA)에 대한 투표율이 평균보다 높은 지자체는 좌파 지자체로, 보수자유당(Volkspartij voor Vrijheid en Democratie: VVD)에 대한 투표율이 평균보다 높은 지자체는 우파 지자체로 분류한다.

6. 맺음말: 쟁점과 함의

네덜란드는 1990년대 중반부터 사회부조제도 개혁을 지속적으로 추진하였다. 개혁의 방향은 사회부조 수급자의 노동시장 참여를 제고하는 것이다. 네덜란드의 연구자 판베르컬(Van Berkel, 2013)이 주장한 것처럼 사회부조 개혁은 삼중의 활성화(*triple activation*) 과정을 거친 것으로 보인다. 삼중의 활성화는 사회부조 수급자에 대한 활성화, 급여지급과 활성화 서비스를 실행하는 조직의 활성화 그리고 이들 일선 조직에서 일하는 직원들의 활성화를 의미한다. 정책-거버넌스-일선조직으로 이어지는 활성화를 통해 네덜란드 정부는 강력한 근로연계복지 개혁을 추진하였다.

2015년 1월에 〈참여법〉이 시행되면서 네덜란드의 사회부조제도는 새로운 전환점을 맞이하였다. 〈참여법〉의 목적은 노동시장 참여에 부분적으로 어려움을 겪는 모든 사람이 일반 노동시장에 복귀하여 일자리를 가질 수 있도록 지원하는 것이다. 〈참여법〉은 노동시장 통합의 책임을 중앙정부에서 지방정부로 이양하였다. 지역 수준에서 지방정부가 재통합을 더 효과적이고 효율적으로 지원할 수 있다는 이유였다. 하지만 이러한 결정은 심각한 비판에 직면하였다. 과연 지방정부가 〈참여법〉에서 요구하는 새로운 업무를 수행할 만한 자원과 역량을 갖추었는지 의문이 제기된 것이다. 이에 더하여 지방정부의 권한 확대와 사회·고용정책 예산의 상당한 삭감이 동시에 이루어지면서 지방정부의 불만이 초래되었다.

네덜란드의 사회부조 수급자는 2008~2012년 기간 동안 30%나 증가하였으며, 2014년 말에는 그 수가 43만 5천 명에 이르렀다(Finn, 2016). 반면 관련 예산은 2010~2013년 사이에 절반 이상 축소되었고, 〈참여법〉이 도입되면서 상당한 수준의 예산이 추가적으로 삭감되었다. 예산 삭감에 대응하여 지자체에서는 이미 고용서비스의 민간위탁을 축소하고 있다. 또한 임금보조금 등 비용이 많이 들어가는 사업에 대한 지출을 삭감하고, 그 대신 상대적으로 비용이 적게 들어가는 단기고용서비스 프로그램에 지원을 집중하고 있다. 그 결과, 대상 집단의 어려운 고용 상황을 감안하면 2026년까지 민간부문에서만 장애근로자를 위한 10만 개의 추가적 일자리를 창출하는 것이 과연 가능하겠느냐는 우려가 제기된다. 네덜란드 정부는 〈참여법〉의 효과를 파악하기 위해 2017년과 2019년에 중간평가를 계획 중이다. 최종평가는 2020년에 이루어질 예정이다. 아직 공식적 평가연구가 이루어지지 않았으므로, 〈참여법〉의 효과를 판단하기에는 어느 정도 시간이 필요하다고 본다.

적자를 줄이려는 네덜란드 정부의 긴축정책으로 인해 2012년 이후 피용자보험공단과 지자체의 재통합 예산은 큰 폭으로 삭감되었다. 재통합 예산의 삭감이라는 재정적 압박은 고용복지서비스 전달에 광범위한 영향을 초래하였다. 피용자보험공단의 고용센터와 지자체가 전략적 파트너십을 맺고 통합적 고용복지서비스를 제공하고자 설립하였던 고용광장은 2010년에는 전국적으로 127개소에 달했지만, 피용자보험공단이 고용광장에서 물리적으로 철수하면서 2015년 현재 고용광장은 35개 지역에만 남아 있다. 고용광장은 공공고용서비스와 지자체 간의 긴밀한 협력관계를 모색하고자 설립된 조직이지만, 이제 이 두 조직 간의 협력관계는 당초 기대와는 달리 광범위하지 않은 것으로 보인다.

재통합 예산의 삭감으로 인해 사회부조급여를 받는 장기실업자는 더욱 타격을 입을 것으로 예상된다. 예산 삭감에 대응하여 지자체가 신규 사회부조 수급자와 노동시장 통합이 상대적으로 용이한 수급자에게 지원을 집중할 것이기 때문이다. 2008년의 글로벌 경제위기 이후 〈참여법〉 관련 예산이 삭감되자 71%의 지자체는 취업이 힘들 것으로 예상되는 수급자의 활성화에 대해서는 관심을 줄일 것이라고 응답하였다(van Berkel, 2013). 이와 같이 단기적인 성과에 집중하는 전략은 가장 고용서비스가 필요한 수급자들이 지원 대상에서 배제됨을 의미한다.

네덜란드의 고용서비스 전달체계는 새로운 도전에 직면하였다. 네덜란드는 고용서비스의 실험실이라고 표현될 정도로 급진적인 개혁이 여러 번 시도된 국가이다. 향후 네덜란드의 고용서비스 전달체계가 어떤 식으로 변모할 것인지 관심을 두고 지켜보아야 할 것이다.

■ 참고문헌

국내 문헌

김동헌(2011). "네덜란드의 고용서비스 전달체계 혁신사례". 유길상 외, 《고용서비스 전달체계 해외사례연구》, 한국기술교육대학교 HRD연구센터.

______(2015), "고용서비스 민간위탁의 해외 사례연구". 김혜원 외, 《고용서비스 민간위탁 효과평가 및 개선방안 검토》, 2014년 고용보험평가사업 연구시리즈, 한국노동연구원.

김승택 · 노상현 · Daniel Finn(2015). 《우리나라의 고용서비스 선진화 어디까지 왔나?》. 한국노동연구원.

김원섭(2012). "고용보험 및 고용정책". 한국보건사회연구원, 《주요국의 사회보장제도: 네덜란드》.

장지연(2015). 《실업보험 제도개편 및 역할변화 국제비교》. 한국노동연구원.

정홍원(2012). "공공부조". 한국보건사회연구원, 《주요국의 사회보장제도: 네덜란드》.

해외 문헌

Blommesteijn, M., Kruis, G., & van Geuns, R. (2012). Dutch municipalities and the implementation of social assistance: Making social assistance work. *Local Economy*, 27(5~6), 620~628.

Blommesteijn, M., Mallee, L., & van Waveren, B. (2015). *ESPN Thematic Report on Minimum Income Schemes: The Netherlands*. Brussels: European Social Policy Network, European Commission.

Bredgaard, T., & Larsen, F. (2008). Quasi-markets in employment policy: Do they deliver on promises? *Social Policy & Society*, 7(3), 341~352.

Clasen, J., & Clegg, D. (2011). (ed.). *Regulating the Risk of Unemployment: National Adaptations to Post-Industrial Labour Markets in Europe.* Oxford: Oxford University Press.

Corra, A. (2014). *Contracting for Public Value: Investigating the Contracting Out of Employment Reintegration Services in the Netherlands.* Ph. D Thesis, Faculty of Law, University of Groningen.

Davidse, E., & Kraan, A. (2008). *The Work and Social Assistance Act (WWB) in a Nutshell: From Social Assistance to Work in the Netherlands.* Ministry of Social Affairs and Employment (SZW).

De Koning, J. (2009). *Reforms in Dutch Active Labour Policy During the Last 20 Years: An Evaluation.* SEOR Working Paper No. 2009/2, SEOR.

Desczka, S. (2007). How to encourage municipalities to implement Work First Programmes — The Netherlands. Paper for the workshop on learning from the our neighbours: The organization, administration and effects of means-tested basic security benefits in selected countries, Berlin, September 19~20.

Dorenbos, R., & Froy, F. (2011). *Building Flexibility and Accountability Into Local Employment Services: Country Report for the Netherlands.* OECD Local Economic and Employment Development (LEED) Working Papers, 2011/13, OECD Publishing.

Finn, D. (2015). Welfare to Work Devolution in England. Joseph Rowntree Foundation.

______(2016). The organisation and regulation of the public employment service of private employment and temporary work agencies: The experience of selected European countries — The Netherlands, Denmark, Germany and the United Kingdom. Learning and Work Institute.

Hoogenboom, M. (2011). The Netherlands: Two tiers for all. In Clasen, J., & Clegg, D. (ed.). *Regulating the Risk of Unemployment*, Oxford: Oxford University Press, 75~99.

Larsen, F., & van Berkel R. (2009). (ed.). *The New Governance and Implementation of Labour Market Policies.* Copenhagen: DJOF Publishing.

Oosi, O. (2014). *International Peer Review of Labour Policy Service Structures.* Helsinki: Ministry of Employment and the Economy.

Plantinga, M., de Ridder, K., & Corra, A. (2011). Choosing whether to buy or make: The contracting out of employment reintegration services by Dutch municipalities. *Social Policy & Administration*, *45*(3), 245~263.

Schils, T. (2007). *Distribution of Responsibility for Social Security and Labour Market Policy, Country Report: The Netherlands.* Working Paper Number 07/49, AIAS.

Slotboom, S., & Blommesteijn, M. (2015). *ESPN Thematic Report on Integrated Support for the Long Term Unemployed: Netherlands.* Brussels: European Social Policy Network, European Commission.

Sol, E., Sichert, M., van Lieshout, H., & Koning, T. (2008). Activation as a socio-economic and legal concept: Laboratorium the Netherlands. In Eichhorst, W., Kaufmann, O., & Konle-Seidl, R. (ed.). *Bringing the Jobless into Work? Experiences with Activation Schemes in Europe and the US*, Springer, 161~220.

SZW(2014). State of affairs of social security, January 2014. Ministry of Social Affairs and Employment.

______(2016). Uitkeringsbedragen per 1 juli 2016.

Van Berkel, R. (2013). Triple activation: Introducing Welfare-to-Work into Dutch social assistance. In Brodkin, E. Z., & Marston, G. (ed.). *Work and the Welfare State: Street-Level Organizations and Workfare Politics*, Washington: Georgetown University Press, 87~102.

Van Berkel, R., & de Graaf, W. (2011). The liberal governance of a non-liberal welfare state? The case of the Netherlands. In van Berkel, R., de Graaf, W., & Sirovatka, T. (ed.). *The Governance of Active Welfare States in Europe*, Palgrave Macmillan, 132~152.

Van Oorschot, W. (2006). The Dutch welfare state: Recent trends and challenges in historical perspective, *European Journal of Social Security*, *8*(1), 57 ~76.

제 3 부 의료보장 및 사회서비스

11 보건의료제도*

1. 머리말

네덜란드의 보건의료제도는 2006년에 조직과 구조 면에서 실질적인 개혁을 단행하였으며, 현재는 가입 대상자가 다수의 민간 의료보험회사에 의무적으로 가입하는 형태로 의료보험의 보편적 접근을 보장하는 체계를 갖추었다(Esmail, 2014). 네덜란드의 의료보건제도에서 보험자는 양질의 서비스와 적정한 가격을 제시하는 의료서비스 공급자를 찾아서 협상하고, 정부는 서비스의 질, 접근성, 이용도 등을 관리한다. 이렇듯 보험자, 가입자, 의료서비스 공급자, 공공기관 등의 다양한 주체가 의료서비스시장에서 각자의 역할을 맡는다(한국보건사회연구원, 2012).

제 11장에서는 네덜란드 보건의료제도의 구조, 재정, 자원, 서비스 전달체계 등의 전반적인 내용을 중심으로 살펴볼 것이다.

* 이 글은 2012년 《주요국의 사회보장제도: 네덜란드》(한국보건사회연구원, 2012)에서 필자가 작성한 "제 3부 제 1장 의료제도"를 수정 보완한 것이다.

2. 보건의료제도의 구조

1) 조직구조

2006년에 보건의료제도개혁을 단행하면서, 네덜란드는 다수의 민간 의료보험사가 가입자를 유치하기 위해 경쟁을 하는 '관리된 경쟁체계'를 도입하였다.

정부는 의료서비스의 규모나 질, 가격을 직접 통제하지 않고 시장이 올바로 작동하는지 감시하는 역할을 맡는다. 따라서 보건의료체계 내에서 보험사, 보험 가입자, 보건의료 공급자가 보건의료시장의 실제적인 주요 이해관계자이다. 이들 간의 상호관계는 ① 의료보험, ② 보건의료 공급, ③ 보건의료 구매라는 3개의 시장에서 작동한다(〈그림 11-1〉 참조). 의료보험시장에서는 보험사가 시민들에게 기본적인 보험 패키지를 제공하고, 보건의료 구매시장에서는 보험사가 보건의료의 가격 및 양, 질을 토대로 의료서비스 공급자와 협상을 한다. 한편 보건의료 공급시장에서는 공급자들이 환자에게 진료서비스를 제공하는데, 원칙적으로 환자는 자유롭게 공급자를 선택할 수 있다.

〈그림 11-1〉 2006년 이후 네덜란드 보건의료제도 내 시장의 구조

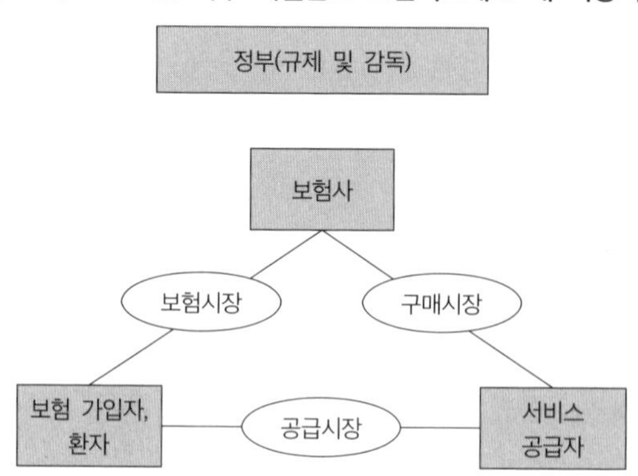

〈그림 11-2〉 네덜란드 보건의료의 조직구조

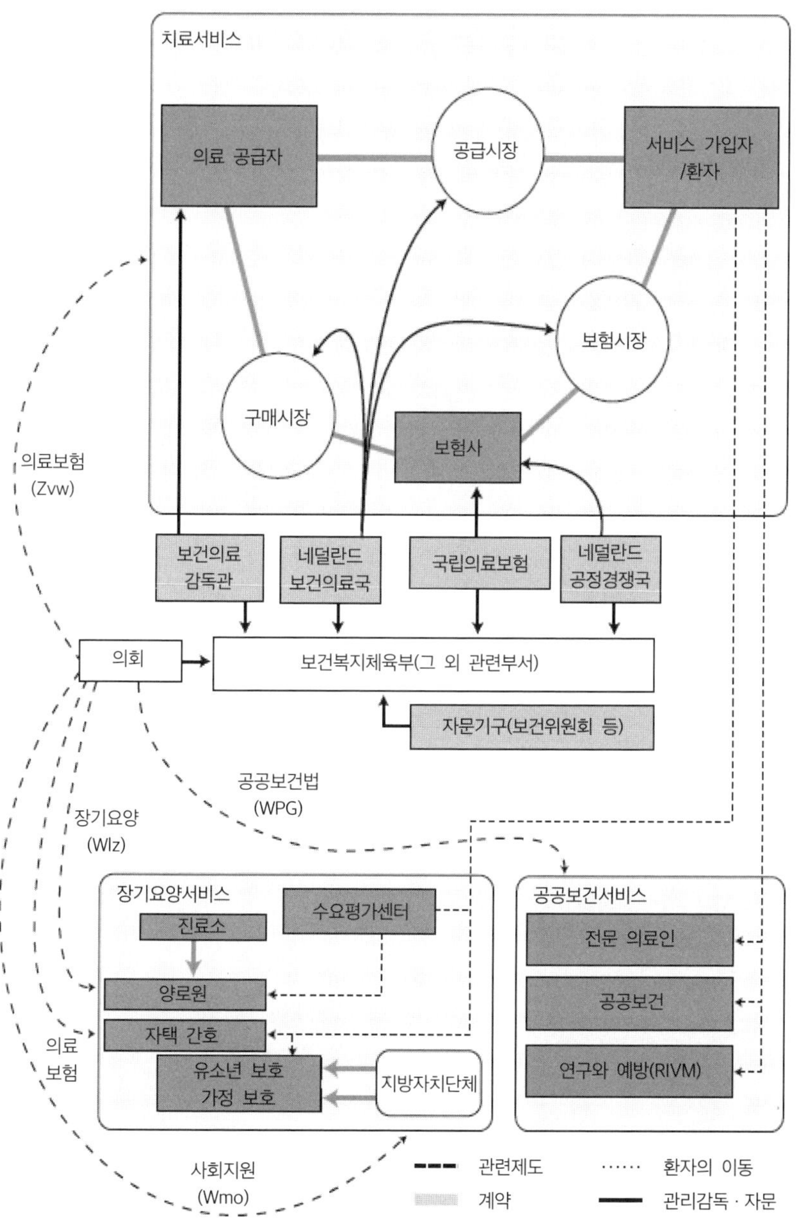

자료: Kroneman et. al.(2016).

(1) 중앙정부의 역할

네덜란드 중앙정부의 보건복지체육부(VWS)는 국민들이 양질의 보건의료서비스를 이용할 수 있도록 보장해야 한다. 보건의료서비스는 대체로 민간부문을 통해 공급되며, 공공보건서비스는 중앙정부와 지자체가 협력하여 제공한다.

(2) 감독기관의 역할

보건의료제도의 감독 및 관리는 정부로부터 독립적 기관으로 이임되었다. 네덜란드 보건의료국(Dutch Health Care Authority: NZa)은 독립적인 행정기관으로, 보건복지체육부에서 재원을 받으며 보건의료시장 규제와 관련된 법안의 마련을 담당한다. 네덜란드 보건의료국의 주된 업무는 보건의료공급시장, 의료보험시장, 보건의료 구매시장을 모니터링하고, 〈의료보험법〉 및 특별의료비 지출제도에 대한 법률적 시행을 검토하는 것이다.

보건의료감독관(Health Care Inspectorate: IGZ)은 보건의료의 질적 측면과 접근성을 감독한다. 보건의료감독관은 보건복지체육부로부터 독립된 기관으로서, 보건의료와 관련된 고충사항을 조사하고 적절한 조치를 취한다. 또한 보건복지체육부의 자문기관 역할을 하며, 의사에 관한 문제 사안을 의사규율위원회에 제출하기도 한다.

네덜란드 공정경쟁국(Dutch Competition Authority: NMa)은 일반 경제의 모든 부문에서 공정경쟁을 유도하기 위한 기관으로서 보건의료 측면에서는 보험자와 공급자를 감독한다. 특히, 카르텔, 담합, 지배적 시장지위 남용 등을 방지하는 역할을 한다.

(3) 자문단의 역할

네덜란드 보건의료체계에서의 의사결정은 정부와 이해집단 간의 자문, 합의로 이루어지는데, 이 과정에서 자문단이 중요한 역할을 담당한다. 보건위원회(Health Council, Gezondheidsraad)는 보건복지체육부를 포함한 중앙정부의 자문기관이며 의학, 보건의료, 공공보건, 환경보건 등을 과학적 측면에서 조언한다. 보건의료 전문가 200여 명으로 구성되며, 40개의 임시조직과 7개의 상시조직으로 운영된다. 자문단 재원의 100%를 정부가 제공한다.

공공보건의료위원회(Council for Public Health and Health Care: RVZ)는 보건복지체육부에 의해 설치되었으나 독립적으로 운영되는 정부 자문기관이다. 전공분야가 다양한 9명의 위원으로 구성되며, 정치적 의사결정 이전에 특정 사안에 대한 자문이 요청될 경우, 장・단점, 장・단기 기대효과 등을 균형 있게 검토한다.

의료보험협회(Health Care Insurance Board: CVZ)는 특별의료비 지출제도(AWBZ)와 의료보험제도(Zvw)에 관한 재정을 관리하고 급여와 관련된 규제를 관할한다.

(4) 관련 연구기관

국립공공보건・환경기구(National Institute for Public Health and the Environment: RIVM)는 네덜란드에서 규모가 가장 큰 보건의료 연구기관(1,500명 규모)으로서, 정부 질병관리, 예방, 신약 도입 등과 관련된 연구를 수행한다. 그 외에도 네덜란드사회연구소(Social and Cultural Planning Bureau: SCP), 의약품평가위원회(Medicines Evaluation Board: CBG), 네덜란드 백신기구(Netherlands Vaccine Institute: NVI) 등이 있다.

(5) 지방자치단체

지방자치단체는 공공보건서비스를 제공하기 위한 지역보건서비스(GGD)를 수립할 의무가 있다. 지역보건서비스에는 해당 지역의 건강정보 수집, 예방프로그램 제공, 의료환경 개선, 아동보건의료 제공, 전염성 질환 관리 등이 포함된다. 2007년부터 지자체의 사회지원제도(Wmo)로부터 사회서비스가 제공된다.

2) 재정구조

국제보건기구(WHO)에 의하면, 네덜란드 보건의료시스템은 유럽에서 가장 높은 비용으로 운영된다(〈그림 11-4〉 참조). 한편 유럽 각국의 보건체계 중 상위 5위 안에 들기도 한다(TNS Opinion and Social, 2014). 네덜란드 의료체계의 재정구조는 두 가지 유형, 즉 치료서비스체계(*curative health-care system*)와 장기요양서비스체계(*long-termcare system*)로 구성된다. 치료서비스체계는 사회의료보험(Social Health Insurance: SHI) 및 관리된 경쟁체제(*managed competition*)에 토대를 두고 있다.

2006년 개혁이 도입된 이후, 네덜란드 보건의료 공급자의 지불제도에 많은 변화가 생겼다. 일반의(GP)는 인두제와 행위별수가제의 조합, 병원은 진단치료조합시스템(Diagnosis and Treatment Combinations System: DBC)으로 지불체계가 운영된다. 장기요양 제공자는 돌봄수준패키지(*care intensity packages*)에 따라 지불을 받는다.

2013년을 기준으로 네덜란드는 GDP의 12.9%를 보건의료비로 지출하였는데, 서유럽 국가(평균 9.52%) 중에 국민의료비 지출이 가장 높았다. 보건의료재정의 수입원을 보면 의료보험료 72%(치료서비스 43%, 장기요양 29%), 본인 부담 9%를 포함한 민간부문 13%, 보완적 자발의료보험(Voluntary Health Insurance: VHI) 5%, 정부지출 13%로 구성된다.[1)]

---

1) 네덜란드 통계청 홈페이지를 참고하기 바란다. http://statline.cbs.nl.

〈그림 11-3〉 네덜란드 보건의료체계에서의 재정 흐름도

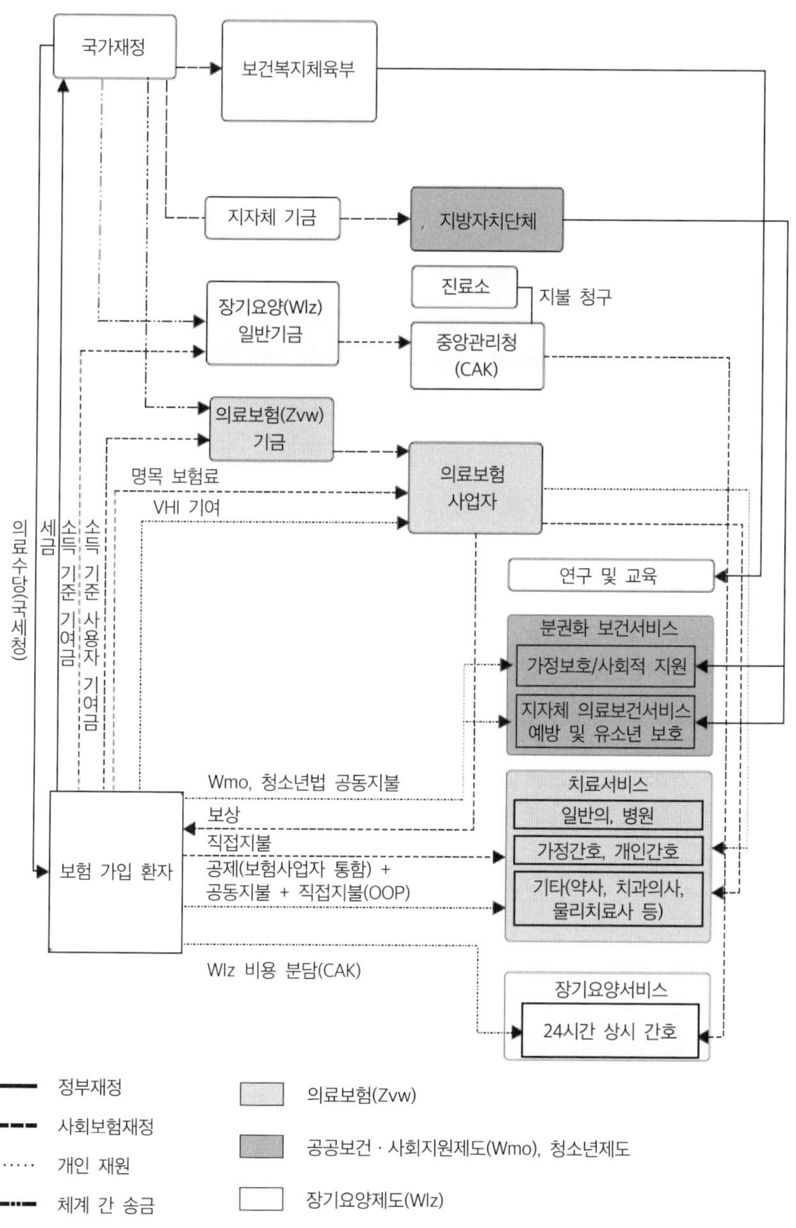

자료: Kroneman et. al.(2016).

〈그림 11-4〉 네덜란드 및 유럽 각 국가의 GDP 대비 국민의료비(2013년)

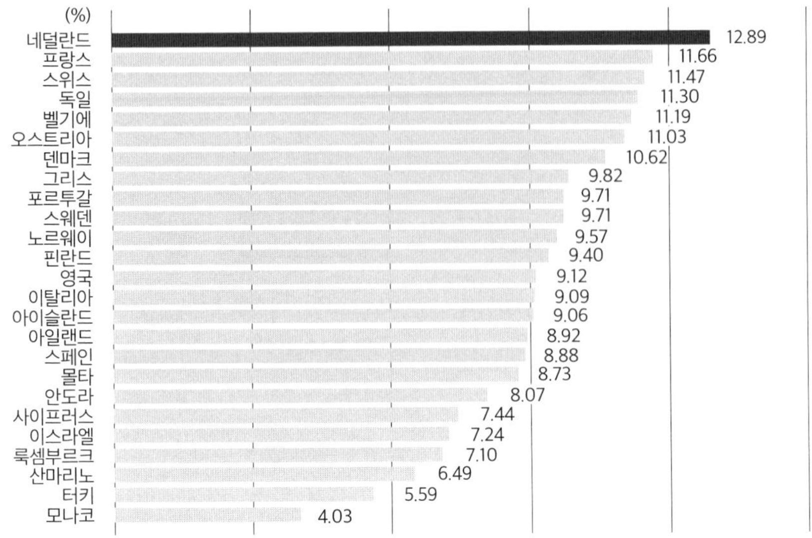

자료: WHO Regional Office for Europe(2015).

〈표 11-1〉 네덜란드의 보건의료재정 구성

재원	2000		2005		2010		2014
	100만 유로	%	100만 유로	%	100만 유로	%	100만 유로
정부재정	6,831	15	8,503	13	13,384	15	12,455
의료보험법(Zvw), 2006년 이전의 질병기금법(ZFW)	12,863	28	17,566	26	36,090	41	40,920
특별의료비보장제도	14,633	32	21,980	33	24,321	28	27,758
보완적 자발의료보험(VHI)*	6,314	14	10,285	15	3,986	5	4,123
본인 부담의 지출	4,100	9	7,153	11	8,136	9	8,217
기타 재정	1,710	4	1,665	2	1,715	2	1,485
전체 보건의료재정	46,451	100	67,152	100	87,632	100	94,958

* 2006년 이전의 VHI 개혁은 주로 특정 소득상한 이상 인구의 개인 의료보험으로 이루어짐.
자료: 네덜란드 통계청.

3) 의료자원

(1) 병상 수

유럽에서 급성질환 치료를 위한 병상 수는 지속적으로 감소하고 있는데, 이러한 추이는 비용을 통제하기 위해 병상을 좀더 효율적으로 운용한 결과인 동시에, 고령화와 만성질환의 증가로 장기요양 수요가 증가한 반면 급성병상 수요는 감소한 결과로 볼 수 있다. 그러나 네덜란드에서는 2008년부터 2012년 사이에 인구 10만 명당 병상 수가 약 9% 증가하였다. 또한 급성병상의 평균 재원일수도 지속적으로 감소하였다. 〈그림 11-5〉에서와 같이, 네덜란드의 급성병상 수는 유럽 15개국의 평균보다 낮은 수준이다.

(2) 인력분포

2000년 이후에 급격히 증가한 네덜란드의 인구 1천 명당 의사 수 및 간호사 수는 EU 평균을 웃돈다. EU 국가들과 비교해 볼 때, 간호사의 수 자체는 EU 평균 수준이며, 상당히 많은 간호사가 가정간호로 일하거나 노인이나 장애인을 위한 시설에서 근무한다.

(3) 교육 및 훈련

네덜란드에서는 보건의료 관련 인력이 부족하여 시민들이 일반의에게 진료를 받는 데에 어려움을 겪고 있다. 공급자의 관점에서 보면, 이러한 문제는 과도한 업무량으로도 연결될 수 있을 것이다.

보건의료 인력계획은 인력 수급의 균형을 관리·예측하기 위한 중요한 수단이다. 의사의 수급은 인력총량계획(*Capacity Body*), 간호사의 수급은 지역인력계획(*regiomarge*) 프로그램을 통하여 분석, 예측한다. 그리고 관련 전문가의 자문을 거쳐, 보건복지체육부와 교육문화과학부가 인력계획을 수립한다.

〈그림 11-5〉 급성기 병상 수의 추이(인구 10만 명당)

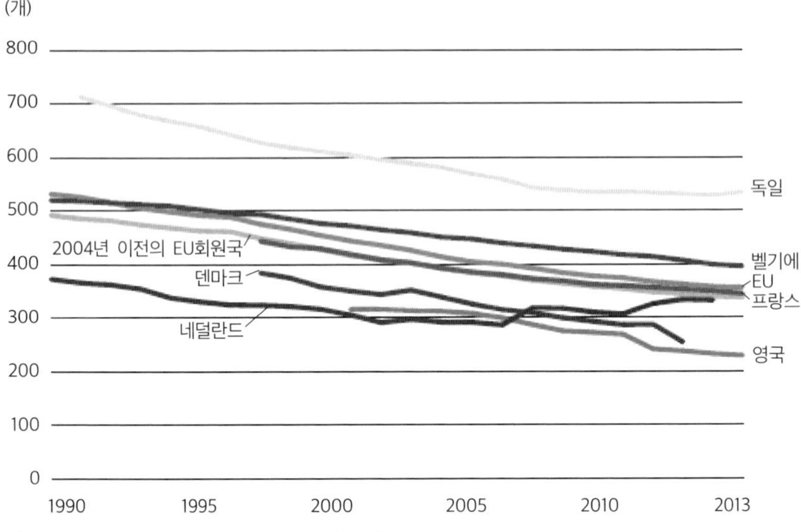

자료: WHO Regional Office for Europe(2015).

〈그림 11-6〉 급성질환자의 평균 재원일

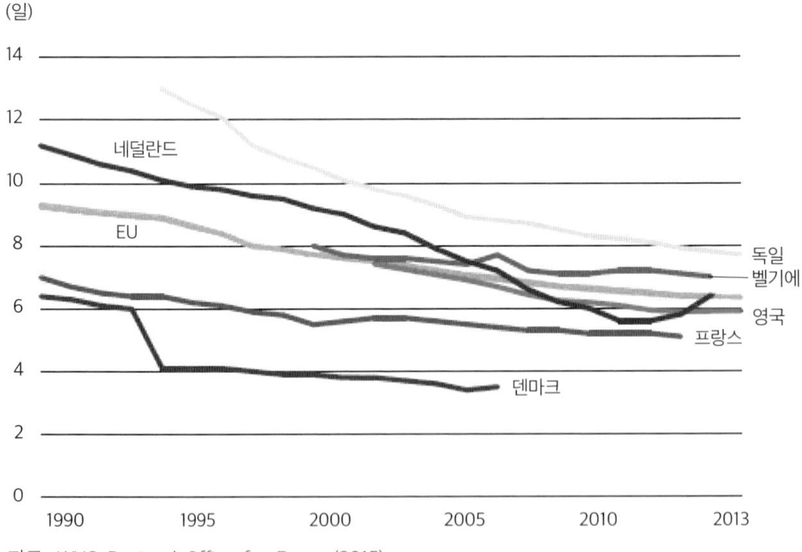

자료: WHO Regional Office for Europe(2015).

〈표 11-2〉 네덜란드의 의사 수 추이

(단위: 명)

구분	2000년	2005년	2010년	2014년	2000년~2014년 변화율 (%)
일반의 (1)	7,769	8,489	8,984	8,812	13%
전문의 (2)	14,717	16,249	19,210	21,726*	48%
사회의사 (2)	-	2,878	4,057	3,738*	30%
너싱홈 의사	-	1,265	1,475	1,491*	18%
재택 정신건강의	-	170	175	200*	18%

* 2013년도 자료.
자료: (1) NIVEL Health occupations registration(excluding GP locums).
(2) Advisory Committee of Medical Manpower Planning(registered individuals).

〈그림 11-7〉 인구 10만 명당 의사 및 간호사 수

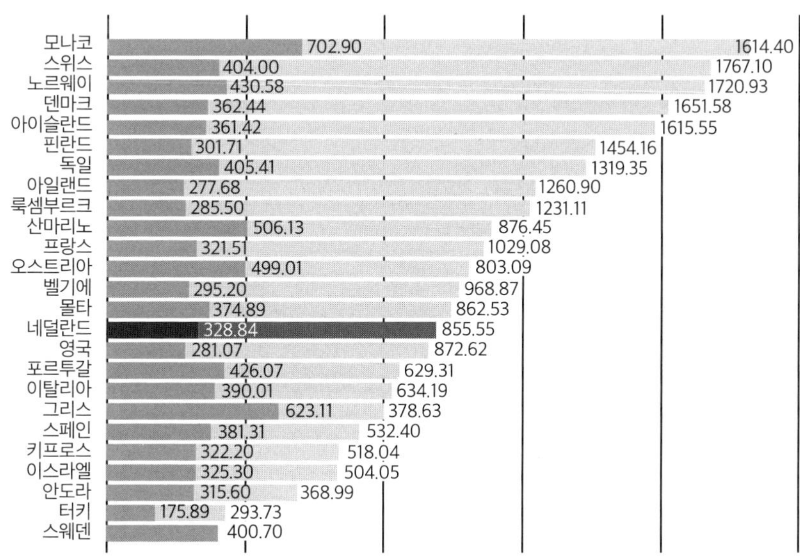

자료: WHO Regional Office for Europe(2015).

〈그림 11-8〉 주요 국가의 인구 10만 명당 의사 수(1990~2013년)

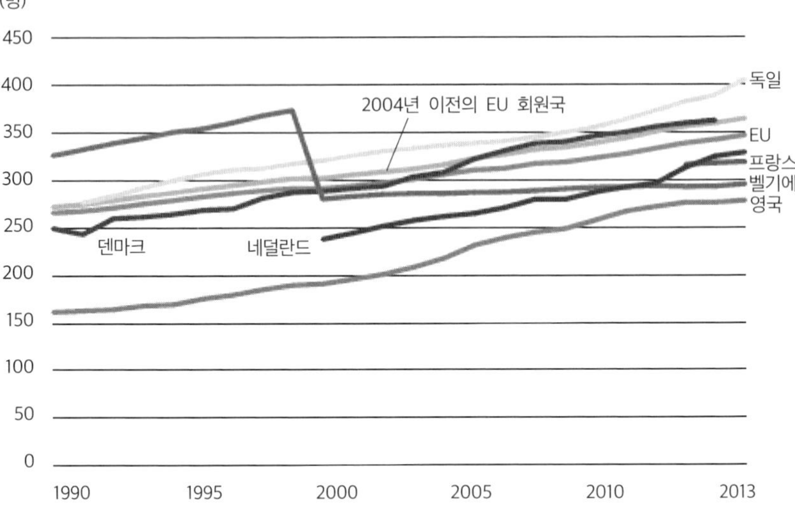

자료: WHO Regional Office for Europe(2015).

〈그림 11-9〉 주요 국가의 인구 10만 명당 간호사 수(1990~2013년)

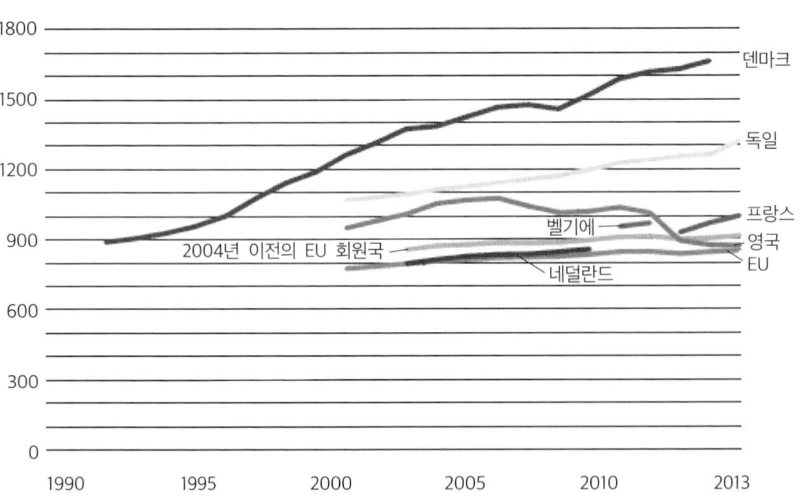

자료: WHO Regional Office for Europe(2015).

〈그림 11-10〉 네덜란드의 의학교육체계

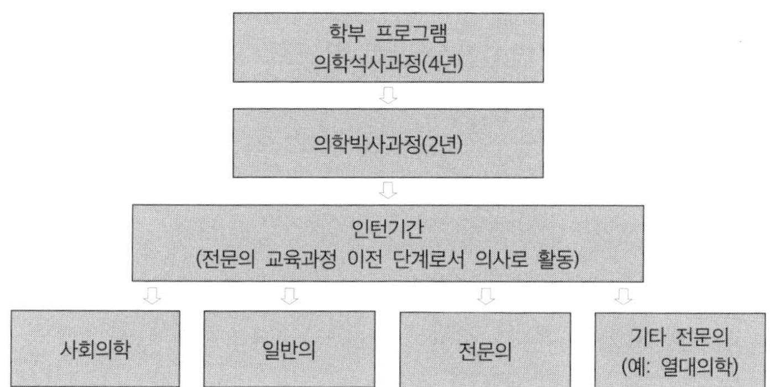

〈그림 11-11〉 네덜란드 의대 학생들의 선호 전문과목

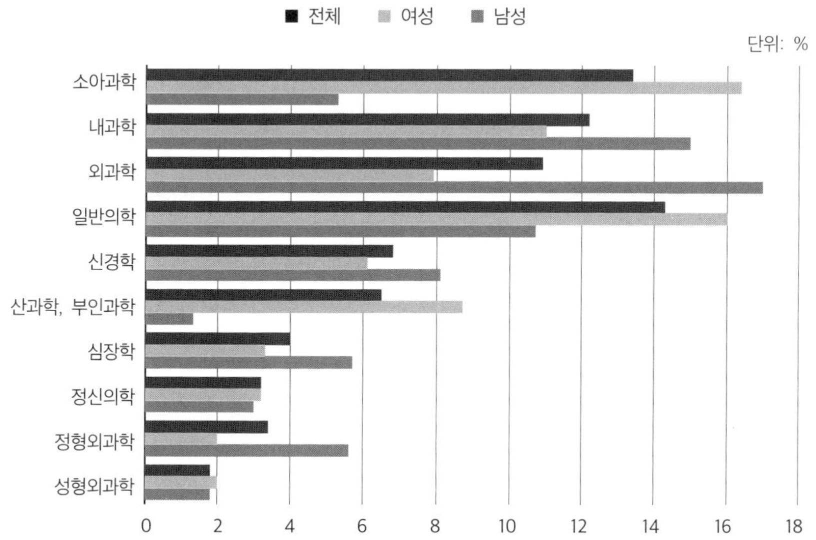

자료: Vergouw, Heiligers & Batenburg(2014).

네덜란드에서 의사가 되기 위해서는 4년간 교육을 받고 시험을 치러 석사를 취득하고, 다시 2년간의 교육과 시험을 거쳐 박사학위를 취득해야 한다. 이후 임상과정의 인턴기간을 지나 일반의 또는 전문의로서의 과정을 밟는다(〈그림 11-10〉 참조).

의사들은 계속교육을 받기 위해 CPD(Continuous Professional Development) 과정에 참여해야 한다. 중앙 전문의대학(Centraal College Medische Specialismen: CCMS)에서는 전문의를 대상으로 한 계속교육을 관할한다. 약 5년마다 의사로서 재등록을 하기 위해서는 최소한의 교육과정을 이수해야 하는데, 예를 들어 일반의의 경우에는 연간 교육 40시간과 최소 10시간의 동료심사(*peer review*) 활동에 참여하여야 한다.

3. 보건의료서비스 전달체계

네덜란드의 보건의료체계에서는 민간 보건의료 공급자와 의료보험사업자가 주요한 서비스 공급을 담당한다. 보건의료서비스는 예방서비스, 일차의료서비스, 이차의료서비스, 장기요양서비스로 구분된다. 예방서비스는 주로 공공보건의료서비스로 제공되며, 일차의료에서는 일반의가 주요 역할을 담당한다. 이러한 문지기(*gate-keeping*) 원칙은 네덜란드 보건의료체계의 주된 특징으로서, 병원서비스나 전문의서비스는 일반의의 의뢰를 통해서만 이용할 수 있다. 환자들은 의뢰서를 받은 이후에 치료받고자 하는 병원을 선택할 수 있다.

여기서는 우선 네덜란드 국민의 건강 수준에 대해 간단히 알아보고, 예방서비스, 일차의료서비스, 이차의료서비스 공급체계를 중심으로 살펴볼 것이다.

〈표 11-3〉 네덜란드의 기대여명 및 영아사망률

지표		1980	1990	2000	2005	2010	2013
기대여명(세)	전체	75.7	76.9	78.0	79	81	81
	여성	79.2	80.1	80.6	82	83	83
	남성	72.5	73.8	75.5	77	79	79
영아사망률(인구 천 명당)		8.7	7.2	4.6	4.6	4	4
5세 이하 사망률(인구 천 명당)		10.7	8.8	6.2	5.5	4	4

자료: World Bank online database(2015).

〈표 11-4〉 네덜란드의 건강수명

(단위: 세)

구분	2000	2013
전체	69	71
남성	67	70
여성	70	72

자료: WHO Health for All database(2015).

1) 건강 수준

1980년부터 2013년까지 네덜란드 인구의 기대여명은 75.7세에서 81세로 증가하였으며, 여성의 기대여명이 남성의 기대여명보다 높은 것으로 나타났다. 건강수명은 2000년에는 69세였으나 지속적으로 증가하여 2013년에는 71세에 이르렀다.

2) 공공보건의료서비스

질병예방 및 건강증진은 지자체의 역할이다. 지자체에서는 29종의 보건의료서비스(GGDs)를 제공한다. 지자체별로 제공되는 공공보건의료서비스가 약간은 다를 수 있지만, 〈공공보건의료법〉(Public Health Act, 2003)에서 몇 가지 업무를 명시적으로 지정하였다. 여기에는 0~19세의 영유아 및 청소년 보건(*youth health care*), 환경보건(*environmental health*), 사회의학적 권고(*socio-medical advice*), 주기적 위생 점검(*periodic sanitary inspections*), 보호시설자를 위한 공공보건(*public health for asylum seekers*), 건강검진(*medical screening*), 역학(*epidemiology*), 건강교육(*health education*), 지역사회 정신보건(*community mental health*)이 포함된다. 이를 크게 두 영역, 영유아 및 청소년 보건과 예방적 검진 및 예방접종으로 나눌 수 있다.

네덜란드에서는 0세부터 19세까지의 유아 및 청소년에게 예방서비스(*youth health care*)를 제공한다. 4세까지의 아동은 아동건강센터(*child health centres*)에서 의학적 권고를 제공하며 성장과 발달을 모니터링한다. 이를 통해 위험요인(육체적 · 사회적 문제) 조기 발견, 검진 및 예방접종, 건강 관련 권고 등이 제공되며, 치료가 필요한 경우 아동건강센터의 일반의에게 의뢰하게 된다.

3) 서비스 전달체계

네덜란드 보건의료 전달체계에서 환자가 처음 대면하는 사람은 일반의이다. 일반의는 보건의료 전달체계에서 중심적 역할을 맡는다. 〈그림 11-12〉에서 제시된 바와 같이, 전문의나 병원서비스 등의 이차의료서비스에 접근하기 위해서는 일반의에 의한 의뢰절차가 필요하다. 또한 필요한 의약품을 처방하여 처방약을 구매할 수 있도록 하는 것도 일반의의 역할이다. 일반의 이외에도 가정간호의사, 또는 산업의학의사에게는 환자가 직접 접근 가능하다. 이들 의사도 일반의처럼 전문의에게 이차의료를 의뢰하거나 약을 처방할 수 있다. 그러나 산업의학의사는 의약품을 처방하는 경우가 극히 드물고, 보험사는 산업의학의사의 처방에 대해 대체로 급여를 지급하지 않는다. 2007년 이후로는 전문간호사에게 당뇨병 또는 천식에 한해서 약을 처방할 수 있는 자격이 부여되었다.

〈그림 11-12〉 네덜란드의 만성질환 치료서비스 전달체계

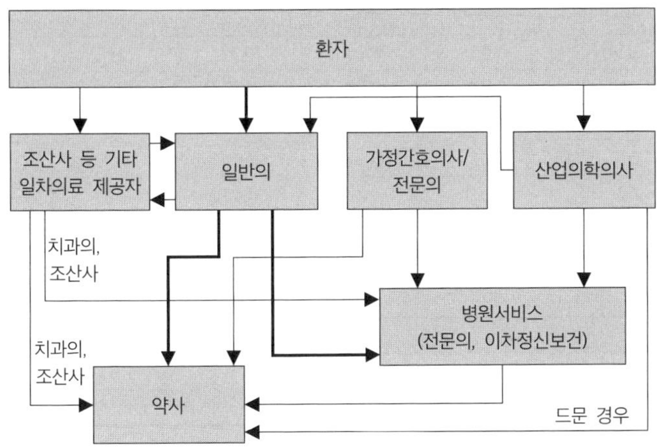

주: 굵은 선은 서비스 전달과정의 대부분을 차지하는 경로. 응급치료는 제외.
자료: Schäafer et al.(2010).

〈그림 11-13〉 네덜란드의 응급서비스 전달체계

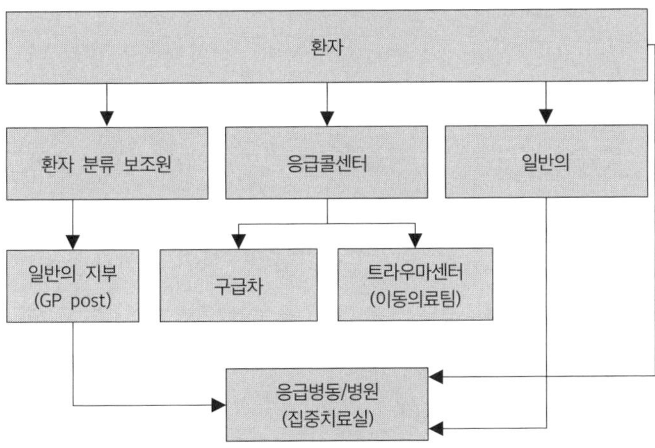

자료: Schäafer et al.(2010).

〈표 11-5〉 네덜란드 국민의 평균적인 일반의 방문 건수(대면 및 전화 포함)

(단위: 건)

구분		2010년	2011년	2012년	2013년	2014년
대면 진료	20분 이하	2.23	2.30	2.19	2.15	2.12
	20분 이상	0.44	0.49	0.49	0.50	0.57
가정 방문	20분 이하	0.14	0.13	0.13	0.12	0.11
	20분 이상	0.07	0.07	0.08	0.08	0.08
전화상담		1.02	1.07	1.07	1.10	1.07
예방접종		0.00	0.00	0.00	0.00	0.00
이메일 등		0.01	0.01	0.01	0.01	0.02
전체		4.13	4.29	4.20	4.19	4.19

2014년 연령별 평균 방문 건수

0~4세	5~17세	18~44세	45~64세	65~74세	75~84세	85세 이상	전체
3.2	2.2	3.3	4.3	5.8	8.7	12.5	4.2

자료: Kroneman et al.(2016).

(1) 일차의료서비스

일차의료에 대한 환자의 선호가 변화하고 수요의 복잡성이 증가함에 따라 정부는 일차의료 통합서비스 발전을 중요한 목표로 삼고 있다. 일차의료는 문지기 역할을 하는 일반의가 주로 담당하며, 병원서비스 또는 전문의서비스 등의 이차의료는 일반의 의뢰를 통하여 이용할 수 있다. 진료 희망자는 일반의가 등록된 명단에서 의사를 선택하는데, 2008년도에는 8,783명이 일반의로 활동하였다. 이 중 51%는 그룹으로, 29%는 두 명이, 나머지인 20%는 혼자 진료활동을 한 것으로 나타났다. 한편 네덜란드 시민들은 일반의를 연간 평균 4.2회 정도(2014년 기준) 방문하였다(〈표 11-5〉 참조).

(2) 이차의료, 입원 및 응급서비스

일반의, 치과의사, 또는 조산사와 같은 일차의료 공급자의 의뢰를 통해 이차의료에 접근할 수 있다. 병원은 입원서비스, 외래서비스, 응급서비스 등을 제공하며, 병원의 종류는 다음 6가지 유형으로 나눌 수 있다.

- 일반병원
- 대학병원
- 특정질병 및 특수형태 치료별 전문병원(예: 천식전문병원)
- 독립치료센터(*independent treatment centres*)
- 전문센터(예: 암센터, 장기이식전문센터)
- 트라우마센터(*trauma centres*)

응급의료서비스는 사고 또는 급성질환이 발생하였을 시에 제공된다. 응급 상황이 발생하면 환자 또는 환자의 가족은 일반의에게 연락하여 응급차를 요청하거나 가까운 병원의 응급실로 직접 갈 수 있다.

(3) 의약품

외진 교외지역에서 일반의가 처방의약품을 직접 조제하는 경우를 제외하면, 처방약은 약사가 조제하여 공급한다. 일반의약품은 약국이나 화장품 판매처 등에서 모두 구매할 수 있다.

약국은 일반약국, 병원약국, 일반의 조제로 구분할 수 있다. 이 중에서 일반약국이 전체 인구의 92%를, 일반의 조제가 외진 지역에 위치한 8%를 담당한다. 대부분의 약국은 개인 소유이며, 3분의 1 정도는 프랜차이즈 가맹점으로 운영된다.

4. 보건의료 개혁 동향

2006년에 단행된 보건의료 개혁 이외에도 1989년부터 2009년에 걸쳐 보건의료체계는 지속적으로 개혁을 거쳐 왔다. 네덜란드가 수행한 주요 보건의료 개혁의 내용을 정리하면 〈표 11-6〉과 같다.

〈표 11-6〉 주요 보건의료 개혁 내용(1989~2009년)

개혁된 법안		주요 내용
공공보건	1989년 공공보건에서의 집단예방법	· 예방 및 공공보건, 감염성 질환, 영유아 및 청소년 보건의료 등에서 지자체의 책임과 역할 정의.
	1990년 흡연규제법	· 정부의 금연정책을 반영하여 공공장소, 작업장과 대중교통 관련 장소를 금연구역으로 지정(2004). · 호텔 및 레크리에이션 장소를 금연구역 지정(2008).
	1992년 임상연구법	· 신체적 · 정신적 건강에 해를 끼칠 수 있는 임상 연구에서 연구참여자 보호.
	1998년 감염병법	· 선정된 감염성 질환을 예방하고 확산을 방지. · 특정 감염성 질환에 대한 의사의 지자체 보건당국에 알리도록 보고체계 도입.
	2008년 공공보건법	· 공공보건에서의 집단예방법, 감염병법, 검역법 통합. · 감염성 질환에 대한 EU규제와 통합.
서비스 품질	1991년 보건의료서비스 품질 규제법	· 보건의료서비스 제공기관의 서비스 질 규제.
	1993년 개인 보건의료전문가법	· 보건의료 전문가에 의한 서비스의 공급 및 질 규제. · 환자 보호 규정.
	1995년 의료처치 동의법	· 처치, 처방 등 의무기록 접근에 대한 환자의 권한. · 치료기간 동안 개인의 사적 권한 규정.
신 제도 관련	2000년 보건의료보험 감독위원회 설치법	· 의료보험 감독위원회 창설 및 Sickness Fund Act 실행과 관련된 감독구조 개혁.
	2006년 의료보험법, 보건의료보상법, 의료시장법	· 2006년 보건의료 개혁.
	2009년 만성질환자 및 장애인을 위한 보상법	· 만성질환자 및 장애자에게 고액의료비 정액보상.
	2009년 개정 의료보험법 및 특별의료비보장법	· 불법이주자의 필수적 보건의료서비스와 관련한 비용에 대해 공급자에게 재정적 급여 제공 규정.
의약품	1991년 의약품 처지 규제법	· Sickness Fund Act하 의약품 급여와 관련해 환자가 상환받을 수 있는 의약품의 목록 규정.
	1996년 의약품 가격 규제법	· 참조 국가 4개국의 의약품 가격을 기초로 최대가격 설정.
	2007년 의약품법	· 의사와 약사에게 심각한 부작용 보고 의무 부여.
	2007년 의약품 처치에서의 이행동의 규정	· 제약사, 약사, 보험사, 보건건복지체육부 간에 규제 가격에서 자유시장가격으로 이행하는 것에 동의.

자료: Schäafer et al.(2010).

주요 내용으로, 공공보건 영역에서는 〈공공보건법〉(Public Health Act, 2008)을 통하여 감염성 질환위협과 관련된 법규를 EU규제와 통합하였으며, 의료의 질적 수준을 향상시키기 위해 1991년부터 지속적으로 보건의료서비스 제공기관의 서비스 질과 관련한 규제를 강화하였다. 또한 2009년부터 만성질환자 및 장애자에게는 고액의료비에 대한 정액보상을 실시하며, 이주자의 필수치료서비스에 대해 급여를 제공한다.

5. 맺음말: 쟁점과 함의

2006년에 대대적으로 단행된 의료 개혁으로, 네덜란드의 보건의료체계는 관리된 경쟁체계로 발전하고 있다. 한편, 인구고령화와 더불어 노인을 대상으로 한 장기요양 지출이 급격히 증가하면서, 2015년에는 노인장기요양보험체계를 중심으로 개혁을 실시하였다.

네덜란드 정부는 의료의 질(효과성, 안전성, 환자중심성), 의료의 접근성(합리적 비용, 이동거리, 대기시간), 치료의 가용성(전반적인 비용통제)이라는 세 측면에 목표를 설정하였다. 네덜란드 보건의료의 접근성은 우수한 편이다. 필수의료서비스는 전 국민에게 쉽게 제공되며, 대부분의 서비스에서 대기시간도 감소하는 추이이다. 다른 EU 회원국에 비해 본인이 부담하는 의료비는 낮은 수준으로 유지되므로 재난적 의료비 지출로부터 국민을 보호하는 체계를 갖추었다고 할 수 있다.

네덜란드 의료제도 변화의 핵심은 보건의료시장에서 소비자에게 좀더 중심적 역할을 부여하는 데에 있다. 현재, 보험정책상 가격 및 서비스비용에 대한 의료보험사업자들의 경쟁은 아직 제한적이며, 의료의 질도 서비스 구매과정에서 제한적인 영향만을 미친다. 의료의 질이나 치료결과 등에 대한 정보도 다소 부족한 실정이다. 환자(또는 소비자)가 보험사 또는 의료 공급자를 선택하기 위해서는 관련정보에 대한 접근성이 필수적이기 때문에, 최근 여러 해 동안 이러한 정보와 관련된 투명성이 주요한 정치적 의제로 주목받고 있다. 최근에는 환자나 소비자가 이용할 수 있는, 신뢰할 수 있는 질적 수준의 지표가 부족하다는 우려도 제기된다.

주요 지표로 비교할 때, 네덜란드의 보건의료체계는 의료서비스 질과 효율성 측면에서 다른 서유럽 국가의 평균적 수준인 것으로 나타난다. 네덜란드 정부는 개혁을 통하여 수요에 기초한 의료서비스를 만들고 보건의료체계 내의 효율성과 질적 수준을 향상시킬 수 있으리라 예상하고 있다.

2013년의 유로바로미터(Eurobarometer)에 의하면, 네덜란드 국민 중에 91%가 자국 보건의료의 질적 수준이 우수하다고 평가하였고, 이는 2009년보다 55%정도 증가한 수치였다. 과거에 비해 일반 처방이나 재원일 등의 효율성 지표가 향상된 것으로 드러나기도 하였다. 그러나 네덜란드는 여전히 다른 유럽 국가에 비해 1인당 보건의료 지출이 높은 국가이다.

개혁이 성공하기 위해서는 환자에게 가격과 서비스 질에 대한 개선된 정보를 지속적으로 제공해야 하며, 의료의 질적 측면이 관찰 및 측정 가능해야 하고, 일반의 및 병원의 가격체계에 대하여서 투명성이 확보되어야 한다(Schäfer, 2010). 그리고 보험사에게 공급자를 위한 협상의 여지가 확대되어야 하며 협상과정을 합리적으로 단기간에 완수하려는 노력이 필요하다는 평가가 제시된다.

■ 참고문헌

국내 문헌

한국보건사회연구원(2012). 《주요국의 사회보장제도: 네덜란드》.

해외문헌

Daley, C. et al. (2001). Healthcare systems: The Netherlands. CIVITAS.

Damman, OC. et al. (2006). Experiences of insured with health care and health plans, measurement 2006. Utrecht: NIVEL.

De Boer, D. et al. (2007). Experiences of insured with health care and health plans, CQI health plan instrument, measurement 2007. Utrecht: NIVEL.

Durand-Zaleski, I., Busse, R., & Klanzinga, N. (2009). Descriptions of health care systems: France, Germany, and Netherlands. Commonwealth Fund.

Esmail, N. (2014). Health care lessons from the Netherlands. FRASER Institute, www.fraserinstitute.org. 2017. 11. 1. 인출.

Exter, A. et al. (2004). *Health Care Systems in Transition: Netherlands*. WHO Regional Office for Europe.

Hendriks, M. et al. (2005). Experiences of insured with health care and health plans, consumer information. Utrecht: NIVEL.

Kroneman, M. et al. (2016). The Netherlands: Health system review. *Health Systems in Transition*, 18(2), 1~239.

Reitsma-van Rooijen, M. et al. (2008). Experiences of insured with health care and health plans, CQI health plan instrument, measurement 2008. Utrecht: NIVEL.

RIVM(2008). *Dutch Health Care Performance Report 2008*. RIVM.

______(2010). *Dutch Health Care Performance Report 2010*. RIVM.

Schäfer, W. et al. (2010). The Netherlands: Health system review. *Health Systems in Transition*, 12(1), 1~229.

Schoen, C., Helms, D., & Folsom, A. (2009). Harnessing health care market for the public interest: Insights for U.S. Health Reform from the German and Dutch multi-payer systems. Commonwealth Fund.

TNS Opinion and Social(2014). Special Eurobarometer 411. Patient safety and quality of care. http://ec.europa.eu/commfrontoffice/publicopinion/archives/ebs/ebs_ 411_en.pdf. 2018. 5. 30. 인출.

van Ruiten, K. (2011). Policy on disease management, chronic care & GP's in the Netherlands, 2011.

Vergouw, D., Heiligers, P., & Batenburg, R. (2014). Beroepskeuze van studenten tegen het licht. *Medisch Contact*, 23 October 2014, 2106~2108.

WHO Regional Office for Europe(2015). European health for all database. Copenhagen: WHO Regional Office for Europe.

WHO(2010). *The Dutch Health System: An Overview.*

기타 자료

네덜란드 통계청 홈페이지. http://statline.cbs.nl.

World Bank online database. https://data.worldbank.org.

WHO Health for All database. http://www.euro.who.int/en/data-and-evidence/databases/european-health-for-all-family-of-databases-hfa-db.

12
의료보장제도

1. 머리말

1) 검토 배경

2006년 네덜란드 의료 개혁은 공공보험과 민간보험이 구분되어 있던 구조를 하나의 보편적 사회의료보험(*universal social health insurance*)으로 대체하고, '관리된 경쟁'(*managed competition*)이라는 새로운 의료시스템의 운영체제를 도입했다. 지난 10년간의 단계적 개혁은 전반적인 보건의료시스템뿐 아니라 참여자들의 역할도 지속적으로 변화시켰다. 그 결과, 복수의 민간 보험사업자들은 가입자를 위한 규제하에서 경쟁을 하며, 정부로부터 독립적인 기관들이 시스템의 관리를 맡았다(Kroneman et al., 2016: 16). 2015년에 이루어진 장기요양(*long-term care*) 개혁은 공적 서비스 중심에서 주민의 자립도 및 지자체의 역할 확대를 유도하는 변화라고 할 수 있다.

한편, 개혁의 단행에도 불구하고 네덜란드는 여전히 유럽에서 1인당 의료비 지출이 가장 높은 국가이며, 효율성 측면에서도 좋은 평가를 받지 못하고 있다. 보건정책분야에서 주요한 개혁 사례로 논의되는 네덜란드의 의료보장제도를 이해하고 그 성과를 살펴보는 것은 고령화 사회에서 지속가능한 보건복지시스템을 설계·구축하기 위한 중요한 경험과 교훈을 제공할 것이다.

제 12장에서는 2006년 개혁 이후 네덜란드 의료보장제도의 내용을 살펴보고 최근의 개혁 동향과 성과를 검토함으로 정책적 시사점을 도출하고자 한다.

2) 네덜란드 보건의료시스템과 의료보장제도의 틀

네덜란드의 보건의료시스템은 여러 독립적인 참여자로 구성되며, 이들은 전문가의 자문에 기초하여 의사결정을 한다. 자문기구(*advisory bodies*)는 과학적(*scientific*), 사회적(*societal*), 보험급여패키지 관련 분야로 구분되어 있고 연구 및 지식기관들은 정부, 대학 등에 준 의존적이거나 완전히 독립적이다. 보건의료분야의 로비(*lobby*)는 보건의료인, 환자, 고용주를 대표하는 여러 기관들로 구성된다(Kroneman et al., 2016: 15).

1990년 이후, 보험사업자와 병원에서의 집중화 현상, 보건 및 복지서비스의 제공에서 분산화 문제가 부각되었다. 정부는 시장경쟁을 도입함으로써 중앙집중식 기획보다는 지자체 중심의 자율규제 등을 통한 규제적 틀을 갖추고자 하였다. 보건의료에서의 복잡하고 광범위한 규제 각 분야는 공공보건(*public health*), 의료서비스의 질, 보험사와 공급자(자율규제 포함) 관련 영역 등으로 구분된다.

2006년 이후, 보건복지체육부의 역할은 보건의료 영역을 직접 관리하기보다는 뒤에서 보호하는 데에 맞추어졌다. 정부는 보건의료시스템의 접근성, 질, 비용에 대한 성과 관리의 책임을 갖고 전략적 우선순위 설정에 관여한다. 국가 차원에서 보건위원회(Gezondheidsraad)는 근거에 기반하여

〈그림 12-1〉 네덜란드 의료보장제도의 틀

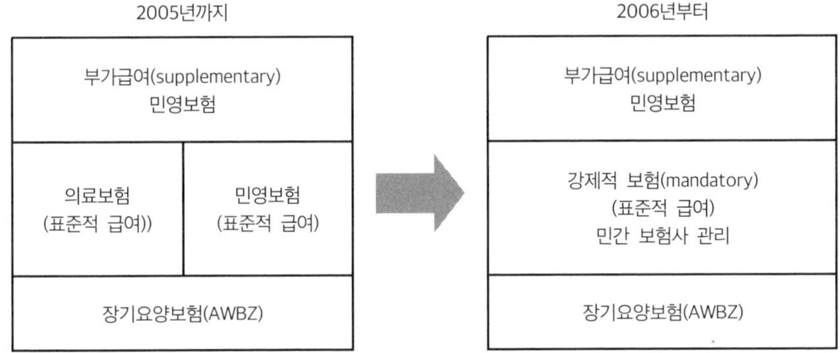

자료: 이규식 외(2008).

의학, 의료, 공공보건, 환경보호 등과 관련하여 자문을 한다. 국립보건원(Zorginstituut Nederland: ZIN)은 법정급여패키지의 구성에 대해 자문하고 의료의 질, 직업훈련, 보험시스템(위험조정 등)과 관련하여 여러 임무를 맡는다. 의약품평가위원회(CBG)는 의약품의 효능, 안전, 품질을 감독한다. 급여패키지에 대한 결정권은 보건복지체육부장관에게 있다. 네덜란드 보건의료국(Nederlandse Zorgautoriteit: NZa)의 주요 책임은 의료보험(*health insurance*), 의료서비스 구매(*health care purchasing*), 의료서비스 제공(*care delivery*) 등의 시장이 모두 적절하게 기능하도록 보장하는 것이다. 네덜란드 공정경쟁국(Autoriteit Consument en Markt: NMa)은 보험자와 공급자 사이에서 〈독점금지법〉 등을 집행한다. 또한 보건의료감독관(IGG)은 의료의 질, 안전, 접근성을 감독한다.

네덜란드의 보건의료시스템은 치료(*curative care*), 장기요양(*long-teram care*), 공공보건(*public health*) 영역으로 구분할 수 있다. 보건복지체육부를 중심으로 각 참여자는 규제, 자문, 계약 등 다양한 관계를 맺는다. 서비스 영역 간 환자의 흐름, 각 참여자의 역할 등을 포함한 자세한 구조는 〈그림 11-2〉처럼 정리할 수 있다.

2006년의 의료보험 개혁은 전 국민에게 의무적으로 적용되는 사회보험의 관리를 민영보험사에 맡기고, 국민들이 스스로 가입할 민영보험사를 선택할 수 있도록 하여 보험회사 간의 경쟁을 강화시켰다(이규식 외, 2008: 241). 보험회사는 의료서비스의 공급 시에 공급자 간의 경쟁을 촉진할 수 있는 계약 시스템을 도입하여 관리된 경쟁이 실현되도록 하였다. 2006년 개혁으로 변화된 네덜란드 의료보장제도의 틀은 〈그림 12-1〉과 같다.

2. 네덜란드의 의료보장제도[1)]

1) 보장체계와 재원

(1) 공적 의료보험

2013년, 네덜란드의 GDP 대비 의료비 비중은 12%였고, 치료서비스 지출의 78%가 공공 재원이었다. 모든 거주민(네덜란드 소득세를 내는 비거주민 포함)은 누구나 주정부의 의료보험을 민간 보험사업자로부터 구매해야 한다. 양심적 의료보험 가입 거부자와 국방부의 지원을 받는 현역 군인은 면제된다. 보험사업자는 가입 신청을 거부할 수 없고 가입자는 매년 자신이 가입한 보험자를 변경할 권리를 갖는다.

불법 이민자들은 응급치료, 장기요양, 출산 관련 의료를 제외한 대부분의 의료서비스를 직접 구입해야 하며 의료보험은 구입할 수 없다. 그러나 불법 이민자들이 지불할 수 없는 의료비용을 지원하는 제도도 존재한다. 망명 신청자들에 대해서는 별도의 정책이 개발되어 왔다. 영구 거주자(3개

---

1) Mossialos & Wenzl(2016)의 *2015 International Profiles of Health Care System* 중 네덜란드 의료시스템에서 관련 내용(113~118)을 발췌하여 이를 중심으로 내용을 추가하여 재정리하였다.

월 이상)는 민간보험을 구입할 의무가 있으며, 방문객들은 모국에서 보장해 주지 않는 경우에는 방문기간 동안 보험을 구매해야 한다.

〈의료보험법〉에 따라, 법정 의료보험의 재원은 전국적으로 규정된 소득기반 보험료, 18세 미만 피보험자에 대한 정부보조금, 각 보험사별로 정해진 지역등급보험료(*community-rated premiums*, 동일한 보험사업자의 가입자들은 연령 또는 건강상태 등과 관계없이 동일한 보험료를 지불한다)를 통해 조달된다. 보험료는 중앙정부가 징수하고 위험조정 인두세 공식(*risk-adjusted capitation formula*)에 따라 보험사업자들에게 배부된다. 인두세 공식은 연령, 성별, 노동인구, 지역, 건강위험(대부분 과거의 투약 및 병원이용 기반)을 고려한다.

보험자들은 전략적 구매에 참여해야 하며, 계약된 공급자들은 질과 비용 측면에서 경쟁해야 한다. 보험시장은 4개의 대기업 보험사에 의해 지배되는데, 이 4개의 보험사가 전체 가입자의 90%를 차지한다. 현재는 주주에 대한 이익배당 금지 조항이 있다.

(2) 민간(자발적) 의료보험

의무적으로 가입하는 법적 보장 외에, 인구 대부분(84%)이 치과치료, 대체의학, 물리치료, 안경 및 렌즈 구매, 피임, 본인 부담비용 전액(동등성 의약품의 상한을 초과하는 비용 - 일반의약품을 사용하는 데 대한 인센티브) 등의 급여를 보장하는 보완적 자발의료보험(*complementary voluntary insurance*)이 복합된 보험을 구매한다. 거의 모든 피보험자가 자신의 법정 의료보험을 제공하는 동일한 보험사업자(대부분 비영리)로부터 별도 보험을 구매한다. 2013년을 기준으로, 별도의 임의보험 지출액은 전체 보건의료 지출액의 7.6%를 차지한다.

(3) 장기요양 및 사회적 지원

장기요양의 상당 부분은 〈장기요양법〉(Wet langdurige zorg)에 의해 재원이 조달된다. 〈장기요양법〉은 개인이 합리적으로 부담할 수 없는 장기요양보호에 대한 법정 사회보험체계이다. 이 제도는 전국적으로 운영되며 납세자는 과세소득에 기초하여 기여금을 납부한다.

기타 서비스는 〈사회지원법〉(Social Support Act)을 통해 재정이 지원된다. 장기요양은 거주돌봄서비스(*residential care*), 개인간병(*personal care*), 감독(*supervision*), 간호(*nursing*)와 의료보조기구, 의료치료와 이송서비스를 포함한다. 비용 분담(*cost-sharing*)은 가구의 규모, 연간 소득, 적응증(*indication*), 자산, 연령, 간병기간에 따라 결정된다. 2014년 기준으로, 비용 분담은 의무적 장기요양보험제도에서 총지출의 7%를 차지한다.

정부의 정액보조금을 통해 조달되는 기금을 통해, 지자체는 〈사회지원법〉에 따라 가사서비스, 의료보조시설, 주택 개조, 비공식 간병인서비스, 예방적 정신건강관리, 이송시설, 기타 지원에 대한 책임을 가진다. 지자체는 등급판정(*needs assessments*)을 포함하여 서비스를 조직화하거나 간병인들을 지원하는 방식(임시 위탁서비스 제공 또는 소액 수당지급 등)에서 상당한 자유를 가진다.

장기요양은 대개 민간 비영리조직이 제공하는데, 재가서비스조직(*home care organizations*), 양로시설(*residential homes*), 요양시설(*nursing home*)이 해당된다. 대부분 완화의료는 의료시스템에 통합되어 일반의, 재가서비스 제공자, 요양시설, 전문가, 자원봉사자가 제공한다. 〈사회지원법〉과 〈장기요양법〉하에서 환자가 자신의 장기요양서비스를 구입하고 조직하도록 개인별 예산이 제공되는데, 〈장기요양법〉에 따라 현물서비스를 위한 지불금액의 66%가 책정된다.

2) 보장 내용

(1) 서비스

정부는 법적 급여패키지를 규정하기 위하여 국립보건원의 자문을 받는다. 의료보험자들은 법적으로 표준급여패키지(*standard benefits package*)를 제공해야 한다. 여기에는 일반의, 병원, 전문의가 제공하는 의료서비스, 18세까지 치과의료(이후의 보장은 전문치과의료 및 의치에 한정됨), 처방 의약품, 18세까지 물리치료, 경도·중도 정신 질환의료(기본적으로 통원 진료, 일차의료 정신과의사의 진료를 최대 5회까지 인정), 복잡·중증 정신질환의료(전문 정신과의 통원 및 입원치료 포함)가 포함된다. 치료기간이 3년을 초과하면 마지막 해는 〈장기요양법〉에 의해 재정이 지원된다.

요실금에 대한 일반 물리치료 및 골반 물리요법과 같은 일부 치료가 특정 만성질환을 가진 가입자에게 부분적으로 보장된다. 체외수정(*viro fertilization*)은 처음 3회까지만 인정된다. 의학적 증상이 없는 미용성형수술, 18세 이후 치과의료, 검안과 같은 일부 선택적 시술은 보장에서 제외된다. 금연 등의 효과적 건강증진 프로그램이 제한된 횟수로 보장되며, 그 중에서 체중관리자문은 연간 3시간으로 한정해 보장된다.

2015년 기준으로, 재가서비스(*home care*)는 중앙정부, 지자체(주간보호, 가정파견서비스), 보험사업자(가정간호)의 공동책임이며 〈의료보험법〉을 통해 재원이 조달된다. 호스피스의료는 〈장기요양법〉을 통해 재원이 조달된다. 예방은 사회의료보험에서 보장되지 않고 지자체의 책임하에 있다.

(2) 비용 분담 및 본인 직접부담

2015년 기준으로, 18세가 넘는 모든 피보험자의 입원 및 처방비용은 보장에 포함되지만, 일반의 방문 같은 일부 서비스를 제외하고 의료비용으로 연간 공제금액 375유로(455달러)를 지불해야 한다. 전체 공제액을 제외하고, 환자들은 의료이송 또는 의료기기와 같은 선택적 서비스의 일부 비용을 정액제, 정률제, 직접 지불(동등성 약품 그룹의 의약품처럼 상한까지만 비용이 보장되는 재화 및 서비스)을 통해 부담해야 한다. 의료 공급자들은 수가표(*fee schedule*)의 금액을 초과하는 잔액을 청구할 수 없다.

(3) 안전망(Safety net)

일반의 진료와 아동의료는 비용 분담에서 제외된다. 정부는 18세까지 아동의료를 보장하며, 자산조사와 소득상한을 조건으로 저소득가구(독신 가구는 연간 소득 26,316유로 미만, 기타 가구는 32,655유로 미만)에 대해 지역등급보험료를 지원하기 위한 보조금(의료수당)을 지급한다.

약 540만의 인구가 차등 방식으로 수당을 받는다. 소득에 따라 월 단위로 독신 가구는 5유로에서 78유로까지, 기타 가구는 9유로에서 149유로까지 받는다.

3) 의료전달체계

(1) 일차의료

2014년 기준으로 11,300명 이상의 일차의료의사(일반의), 2013년 기준으로 20,400명 이상의 전문의가 활동 중이다. 일반의의 약 33%가 3명에서 7명의 그룹 진료소에서 근무하고, 39%가 2인 진료소, 28%만이 단독 진료소를 운영한다. 대부분의 일반의는 독립적으로 활동하거나 동업 형식으로 일하며, 11%만이 다른 일반의에게 고용되어 일한다. 한편, 하루 24시간, 주 7일 개방형 수술을 제공하는 160개의 일차의료센터 네트워크가 설립되어 있다.

일반의는 네덜란드 일차의료의 핵심이다. 공식적으로 요구된 것은 아니지만, 대부분의 시민은 자신들이 선택한 한 명의 의사에게 등록한다. 물론 환자들은 공식적인 제한 없이 담당 일반의를 교체할 수 있다. 병원 및 전문의료를 받기 위해서는 일반의의 의뢰가 먼저 필요하다.

많은 일반의가 간호사와 일차의료 정신과의사를 봉급제로 고용한다. 간호사에 대한 보상은 일반의가 받으므로 의사와 간호사를 대체하여 얻는 모든 생산성 향상은 의사에게 돌아간다. 일반의의 네트워크인 케어 그룹(*care groups*)은 등록된 만성질환자에 대해 임상적, 재정적으로 책임을 지는 법인으로서 다수의 공급자로부터 의료서비스를 구매한다. 케어 코디네이션을 장려하고자 당뇨, 심혈관질환, 만성폐색성 폐질환(COPD)과 같은 특정 만성질환에는 묶음식 지불(*bundled payment*)이 적용되며, 만성신부전과 우울증에 대해서도 적용을 준비 중이다.

2015년에 정부는 세 개의 부문(*segment*)으로 구성된 새로운 일반의기금 모델을 도입했다. 지출의 75%를 차지하는 제 1부문은 핵심 일차의료서비스 지불과 등록 환자당 개인별 요금, 일반의 상담료(전화상담 포함), 일차의료 진료소의 정신과 외래상담료로 구성된다. 네덜란드 보건의료국은 이 부분에 대한 전국 공급자 수가를 결정한다. 지출의 15%를 차지하는 제 2부문은 당뇨, 천식, COPD, 심혈관의 위험을 관리하는 등, 계획된 다학제적 의료비용 지불로 구성되고 가격은 보험자와 협상된다. 지출의 10%를 차지하는 제 3부문은 일반의와 보험자에게 성과보상지불제와 혁신에 대한 추가적 계약(가격 및 제공량 포함)을 협상할 수 있는 기회를 제공한다. 2012년에 자영 일반의의 연평균 총소득은 9만 7,500유로, 봉급제 일반의는 8만 유로였다.

(2) 전문의 외래진료

거의 모든 전문의는 병원 또는 그룹 진료소에서(2012년, 전일제 전문의의 54%, 행위별수가제로 지불보상) 근무하거나 봉급을 받는다(46%, 대부분 대학 진료소). 이러한 '통합재정'(*integral funding*)이 전문의와 병원의 관계를 극적으로 변화시켰다. 병원은 이제 원내의 전문의들에게 재정적 자원을 재할당할 책임을 가진다.

초기에는 주로 여러 진료과로 구성된 외래진료센터의 수가 증가하면서 의사들이 병원 외부에서 근무하는 경향도 생겼지만, 이러한 변화는 미미했고 대부분의 외래진료센터는 여전히 병원과 연계되었다. 외래진료센터의 전문의는 대부분 대학병원 및 종합병원에서 근무한다. 병원에서 근무하는 의사 중 소수만이 외래진료센터 외근을 선택했다. 외래진료센터의 전문의들은 행위별수가로 보상받는데, 수가는 보험자와 협상으로 결정된다. 의과전문의는 수가 이상으로 비용을 청구할 수 없다.

환자는 의료서비스 공급자를 선택할 자유가 있다. 하지만 보험사업자는 자신의 보험정책 내에서 서비스 공급자 변경에 따른 조건(비용 분담 등)을 설정할 수 있다.

(3) 일반의와 전문의에 대한 지불 방식

연간 공제금액은 보험자에게 지불된다. 피보험자는 의료서비스를 받기 전이나 후를 선택해 공제금을 지불할 수 있으며, 일시불이나 할부로 지불할 수도 있다. 의약품 또는 이송비용에 대한 분담금은 공급자에게 직접 지불해야 한다.

(4) 근무시간 후 진료(After-hours care)

일반적으로 오후 5시부터 오전 8시까지, 인근 병원에서 운영하는 센터들에서 근무시간 후 진료로서의 일차의료를 제공한다. 센터들은 지자체 단위의 일반의 지부(GP *posts*)로 조직화된다. 특별히 훈련된 보조원(*assistants*)이 전화상담을 하고 선별검사를 시행하면, 일반의는 환자의 병원의뢰 여부를 결정한다. 일반의 지부는 환자의 방문 관련 정보를 환자가 등록한 일반의에게 보낸다. 전국적인 의료전화 핫라인은 존재하지 않는다.

(5) 병원

2014년 7월, 8개의 대학의료센터를 포함한 85개 조직에서 131개 병원과 112개 전문의 외래진료소가 확장되었다. 실질적으로 모든 조직은 민간 비영리조직이었다. 2013년에는 260개 이상의 독립 민간 비영리 치료센터가 있었는데, 제공되는 서비스는 법적 의료보험에서 급여되는 비급성, 선택치료(예로 안과, 정형외과센터)의 당일 입원으로 제한되었다. 의사 수가를 포함하여 병원서비스에 대한 지불액은 개별 보험자와 병원 간의 가격, 질, 제공량에 대한 협상으로 결정된다. 대부분의 지불은 환례(*case*) 기반 진단치료조합시스템(Diagnosis treatment combinations system)을 통해 이루어지는데, 병원서비스 중 거의 70%는 자유로운 협상으로 가격이 결정되고 나머지 30%는 전국적으로 규정된다. 진단치료조합의 수는 2012년 3만 개에서 4,400개로 감소했다. 진단치료조합은 외래진료와 입원서비스뿐 아니라 전문의 서비스비용에도 적용되는데 이는 병원 조직 내 전문의 의료의 통합을 강화하기 위한 것이다.

네덜란드의 병원은 보험회사와 같이 대부분 민간 영리기관이다. 대부분의 보험 패키지는 환자가 치료 장소를 선택할 수 있도록 한다. 환자의 선택을 지원하기 위해 정부는 공급자의 의료성과에 대한 정보를 공개한다.

(6) 정신보건의료

일반의 진료소와 같은 기본적인 외래진료시설에서는 경도·중도 정신질환자를 위한 정신보건의료가 제공된다. 복잡·중증 정신질환자의 경우, 일반의가 환자를 심리학자, 독립적 심리치료사 또는 전문 정신보건의료기관에 의뢰한다. 예방적 정신보건의료 제공은 지자체가 책임지며, 〈사회지원법〉의 적용을 받는다.

일차의료와 정신보건의 통합을 강화하는 정책이 2012년에 채택되었는데, 이는 환자가 적시에 적절한 서비스를 이용하도록 하여 전문적 의료의 필요성을 감소시키기 위한 것이다. 수년간 정책 입안자들은 입원서비스 이용을 외래서비스 이용으로 대체하려는 노력을 하였다. 이는 일차의료 심리학자를 고용하는 일반의의 수가 지속적으로 증가하는 것으로도 확인된다.

3. 최근 동향과 성과 평가

1) 주요 개혁

(1) 2006년 의료보험 개혁[2)]

2006년 이전의 네덜란드 보건의료시스템은 부유층의 의료를 보장하는 민간보험의 오랜 역할과 국민 전체의 보건의료를 담당하는 사회보험의 역할이 혼합되어 있었다. 2006년까지의 개혁은 일차의료 제공 및 강화를 위해 의료서비스 공급을 중심으로 이루어졌지만, 2006년 이후로는 수요 중심으로 방향이 전환되었다. 그 결과, 혼합된 구조를 가졌던 의료보장제도가 규정된 보편적 의료보험패키지(*defined universal health insurance package*)를 기반으로 한 의무적 성격의 민간의료보험제도로 통합되었다.

2006년 개혁의 주요 목적은 의료보험사와 의료기관의 경쟁을 촉진함으로써 효율성을 제고하는 것이었다. 개혁 이전에 정부는 공급관리를 통해 보건의료제도를 통제하였으나 개혁 이후에는 자유시장경쟁의 기회를 확대했다(Douven et al., 2008: 3).

정부는 서비스의 양과 가격을 직접 통제하지 않는 대신 3개(급여패키지, 의료공급, 의료구매)의 시장을 감독하는 역할을 맡는다. 단, 수련의사의 수를 제한하는 보건의료 인력계획에서는 통제를 유지한다. 한편 보험자와 공

---

2) Kroneman et al. (2016: 15)의 내용을 발췌, 요약하고 관련 내용을 추가하였다.

급자들은 통합을 통해 시장에서 그들의 입지를 강화시켰다. 현재 4개의 대규모 보험그룹이 보험시장의 90%를 차지한다. 정부는 환자의 공급자 선택을 지원하기 위하여 웹사이트를 운영하고 기타 독립적 웹사이트도 이용이 가능하다. 그럼에도 불구하고 치료과정에서 선택의 기회는 제한되며, 환자가 선택을 행사하는 정도도 제한적이라고 평가된다.

(2) 정신의료 개혁[3)]

불필요한 전문의 진료를 감소시키기 위하여 2014년 1월 1일부터 정신의료가 일반의 진료, 기본 정신의료(Generalistische Basis GGZ), 전문의 정신의료(Gespecialiseerde GGZ)의 세 단계로 세분화되었다. 정신보건서비스가 필요한 사람은 먼저 일반의를 찾아간다. 일반의는 정신보건진료간호사(POH-GGZ)와 협업해 서비스를 제공한다. 정신질환(DSM-IV[4)] disorder)이 의심되면, 일반의는 심리학자와 심리치료사가 주로 서비스를 제공하는 기본 정신의료기관에 환자의 치료를 의뢰한다. 이보다 더 중증의 정신질환에 대해서는 일반의가 전문의 서비스를 받도록 의뢰할 수 있다.

(3) 2015년 장기요양보험 개혁

수년간 지출이 급격히 증가한 끝에 2015년 1월, 장기요양제도가 근본적으로 개혁되었다. 개혁 프로그램의 주요 목적은 미래의 재정적 지속가능성과 보편적 접근을 보장하는 한편, 개인적·사회적 책임을 확대하는 것이었다(Mossialos & Wenzl, 2016: 121). 새로운 〈장기요양법〉(Wlz)은 취약노인과 장애인을 위한 중증 돌봄만 보장하고, 가정방문(*home-bound*) 치료와 노인에 대한 지원은 지자체의 책임으로 규정했다(Kroneman et al., 2016: 17,

3) Kroneman et al. (2016: 22)의 내용을 발췌하여 요약 정리하였다.

4) Diagnostic and Statistical Manual of Mental Disorder, Fourth Edition.

22). 가정간호와 정신과의료의 일부는 기본 의료보험패키지에 포함되었다. 지금은 새로운 구조로 체제가 운영되지만 아직까지 그 효과는 확인되지 않았으며 수정이 필요할 수 있다(Mossialos & Wenzl, 2016: 121).

2) 정부의 성과 관리[5)]

네덜란드 정부는 의료의 우선순위를 설정하고, 필요시 법 개정을 시도하며, 서비스의 접근성과 질 및 비용을 모니터링하는 전반적 책임을 가진다. 또한 일반 조세보조금과 위험조정시스템의 보험자 간 부담급여비 재할당을 통해 기본급여패키지에 대한 사회의료보험재정의 일부를 부담한다. 그리고 장기요양에 대한 의무적 사회의료보험시스템의 재정 일부도 책임진다. 예방과 사회적 지원은 사회의료보험에 포함되지 않지만 일반 조세를 통해 재원이 조달된다. 2015년 장기요양에 대한 국가 개혁은 지역단위에서 상당한 수준의 자유를 갖고 공급 기반 접근법(*provision-based approach*) 하에서 지자체와 보험자가 대부분의 외래환자 장기서비스와 모든 청소년 관련 의료를 책임지도록 했다.

(1) 의료의 질을 보장하기 위한 주요 전략

시스템 수준에서 서비스의 질은 의료인 성과, 의료기관의 질, 환자 권리 및 보건기술을 관리하는 입법을 통해 보장된다. 2014년, 서비스 질 향상과 근거기반 진료의 과정을 강화하기 위해 국립보건원이 설립되었다. 네덜란드 보건의료감독관(Health Care Inspectorate: IGG)은 의료의 질과 안전을 모니터링할 책임이 있다. 대부분 서비스의 질은 공급자에 의해 보장되고

5) Mossialos & Wenzl(2016)의 *2015 International Profiles of Health Care System* 중 네덜란드 의료시스템에서 관련 내용(119~121)을 발췌하여 번역하였다.

때때로 환자, 소비자 조직, 보험자와 긴밀한 협력을 통해 보장되기도 한다. 또한 만성질환자에 대한 질병관리(*disease management*)와 통합의료(*integrated care*) 프로그램 실험이 지속되고 있다.

지난 몇 년 동안 의료서비스의 질을 등록하는 작업(*quality registries*)이 이어졌으며, 가장 선도적인 영역은 복수의 암 관련부문 및 외과, 정형외과(임플란트) 부문이다. 개별 의료인이 제공하는 의료의 질을 보장하는 체제로는 의무적인 지속적 의학교육(CPD)에 따른 전문의 재등록, 전문가 단체에 의한 정기적 현장 동료평가(*regular on-site peer assessment*), 전문적 임상 가이드라인, 지표 및 동료심사(*peer review*) 등이 있다. 의료기관의 서비스 질을 보장하는 주요한 방법에는 신임(*accreditation*)과 인증(*certification*), 의무적 지표에 기반한 자발적 성과평가, 질 향상 국가프로그램이 있다. 추가적으로 선택적 계약(유방암에 대한 치료의 양 표준설정 등)을 통해 의료의 질이 더 향상될 수 있다.

2014년, 세부적 효과는 아직 알려지지 않았지만, 몇 가지의 성과보상지불제도 시범 프로그램이 의료서비스의 질과 관련한 목표를 설정하여 시행되었다. 새로운 일반의 지불 모델에서도 구 예산의 일부가 성과보상지불제도 사업을 위해 책정되었다. 또한 환자의 경험(*patient experiences*)을 체계적으로 평가하기 위하여 전문조직[6]이 미국의 의료 공급자 및 시스템에 대한 소비자 평가(Consumer Asssessment of Healthcare Providers and Systems: CAHPS)와 비교가 가능하도록 타당한 측정 방식을 통해 2007년부터 작업을 하고 있다. 하지만 네덜란드의 의료 질 및 공급자 성과에 대한 정보공개는 여전히 초기 단계이다. 투명성 운동을 촉진하기 위해, 보건복지체육부는 2015년을 '투명성의 해'로 선정하기도 하였다.

---

6) 1965년에 설립된 NIVEL(Netherlands Institute for Health Services Research)이 환자 경험 조사를 담당한다. NIVEL은 정부기관은 아니나 관련 정책 결정을 위한 근거를 제공하는 비영리 기관으로써 정부와 밀접한 관계를 맺고 있다(신정우 · 박금령, 2016).

(2) 격차 감소를 위한 접근

네덜란드에서 사회경제적 최상위 집단과 최하위 집단 간의 기대수명 격차는 7년이다. 양자 간 건강에서의 격차가 상당한 것이다. 그러나 네덜란드 정부는 건강 격차를 극복하기 위한 구체적 정책을 제시하지 않았다. 한편 흡연은 여전히 조기사망의 주요 원인이다. 2013년, 정부는 법정 급여패키지에 다이어트 상담과 금연 프로그램을 포함시키기로 결정했다. 〈네덜란드 보건의료 성과보고서〉(Dutch Health Care Performance Reports)를 통해 4년마다 보건의료 관련 여러 지표의 추이가 측정·보고된다.

(3) 전달체계 통합과 케어 코디네이션 장려를 위한 접근

통합의료에 대한 묶음식 지불 방식은 당뇨, COPD, 심혈관 등과 관련된 위험을 관리하기 위해 전국적으로 적용된다. 이러한 체계하에서, 보험사업자는 주요 계약상대자(케어 그룹 등)에게 일정 기간 모든 범주의 만성질환서비스를 포괄한 단일 수가를 지불한다.

묶음식 지불 방식은 전통적인 질환별 의료서비스 구매 방식을 대체하며 시장을 두 개의 부문으로 구분한다. 하나는 보험사가 케어 그룹과 계약하는 영역이며, 다른 하나는 케어 그룹이 개별 공급자들과 서비스를 계약하는 영역이다. 각각의 시장에 참여한 행위자는 상대와 자유로운 협상을 할 수 있다. 잠재적 추가 조정의 문제를 피하고 취약인구집단의 의료서비스 접근성을 높이기 위해, 현재는 지역 간호사의 역할이 강화되고 있다.

(4) 전자건강기록 도입

네덜란드 정부는 공급자가 서로 정보를 교환할 수 있도록 중앙보건정보기술네트워크(Central Health Information Technology Network) 설립을 추진 중이다. 네덜란드에서는 모든 환자에게 고유의 인식번호를 부여한다. 사실 모든 일반의는 상당한 수준의 전자정보처리 역량을 가졌다. 예를 들어,

일반의는 전자건강기록을 이용하여 처방을 하고 전자매체를 통해 검사결과를 받는다. 현재, 네덜란드의 모든 병원은 전자건강기록을 보유하였다.

전자기록은 대부분 전국적으로 의료 영역 간에 표준화되지 않았거나 상호운용성이 없다. 병원, 약국, 근무시간 외 일차의료 협력체 및 일반의를 대표하는 조직은 2011년, 의료정보를 위한 공급자 연합(De Vereniging van Zorgaanbieders voor Zorgcommunicatie)을 설립하였다. 이 연합은 AORTA라고 하는 IT 인프라 기술을 통해 데이터를 교환하는 책임을 맡았다. 데이터는 중앙에 저장되지 않으며 데이터 교환활동에는 환자의 승인이 필요하다. 환자는 데이터 교환에 자신의 정보가 제외되도록 할 권한을 가진 것이다. 또한 환자가 자신의 기록에 접근하고자 공급자에게 요청하면 공급자는 환자에게 해당 정보에 대한 접근권한을 부여한다.

(5) 비용 절감정책

비용을 통제하기 위한 주된 접근법은 치료의 효율성을 높이는 동시에 시장의 힘에 의존하는 것이다. 또한 공급자 지불 영역에서도 예산 중심의 상환제도에서 성과 및 결과 중심의 제도로 전환하는 개혁이 실행되어 왔다. 최근까지 지출증가세가 감소하였는데, 제약분야에서의 감소가 전체 지출증가세 감소에 크게 기여한 것으로 알려졌다. 최저가 일반약에 대한 상환의 상한(*caps*)이 평균가 감소에 기여했다고 평가된다. 그러나 이러한 정책이 향후 의약품에 대한 접근성을 감소시킬 수 있다는 우려가 제기된다.

환자가 분담하는 비용의 대부분을 차지하는 연간 공제액은 2008년과 2015년 사이에 170유로에서 375유로로 두 배 이상 증가했다. 이러한 상황은 필요한 의료서비스의 이용을 지연시키거나 서비스 이용을 포기하는 환자의 수를 증가시킬 것이라는 비판이 있다.

한편, 의료기술평가(*health technology assessment*)는 그 중요성이 증가하고 있으며, 주로 급여패키지와 의료기기의 적정사용 관련 결정을 위해 활용된다. 2013년, 보건복지체육부장관과 의료서비스 공급자 및 보험사업자는 합의를 통해 병원 및 정신과의료의 연간 지출증가에 대한 자발적 상한을 설정했다. 전체 비용이 상한을 초과하면 정부는 일반예산을 삭감하여 지출을 통제할 수 있다. 일차의료에 대해서는 2014년 1% 증가, 2015~2017년 1.5% 증가를 허용하도록 합의하였으나, 이들 서비스가 병원의 의료서비스를 대체한 것임을 증명해야 한다.

장기요양에서의 비용 절감은 가장 어렵다. 낮은 수준의 요양보호를 필요로 하는 대상은 이제 재가서비스를 받을 수 없게 된다. 또한 지자체로 서비스가 이전되면서 이용 가능한 예산이 평균 10% 정도 삭감되었다.

3) 지표로 보는 네덜란드 의료시스템의 성과

네덜란드의 GDP 대비 의료비 비중은 7.1%(2000년)에서 10.8%(2015년)로 증가했으며 OECD의 평균보다 높은 수준을 유지하였다(〈그림 12-2〉 참조). 네덜란드의 1인당 의료비 증가율은 OECD 중 최고 수준인 한국보다는 낮지만, 의료 개혁이 있었던 2006년 이후에 OECD 평균보다 높은 것이 눈에 띈다(〈그림 12-3〉 참조). 그러나 2012년 이후로는 증가세가 0에 가까워지고 OECD 평균보다도 낮아졌다. 이는 점진적 개혁의 효과가 나타난다는 것을 보여 준다.

2006년에 실시된 의료보험 개혁은 정부 규제를 완화하고 제도를 분산화하는 데 초점을 맞추었다. 그러므로 의무보험지출 및 정부지출이 전체 의료비에서 차지하는 비중이 어떻게 변화하였는지 관심이 모아졌다. 구체적 통계에 의하면, 의무보험 및 정부지출 비율은 2006년의 개혁 이후 2011년까지는 큰 변화가 없었으나 2011~2012년에 크게 감소한 채 그 이후로 유지되었다(〈그림 12-4〉 참조). 환자가 지출해야 하는 직접본인부담금의 비중은 반대의 경향을 드러낸다(〈그림 12-5〉 참조).

〈그림 12-2〉 2000년 이후 GDP 대비 의료비 비중의 변화(%)

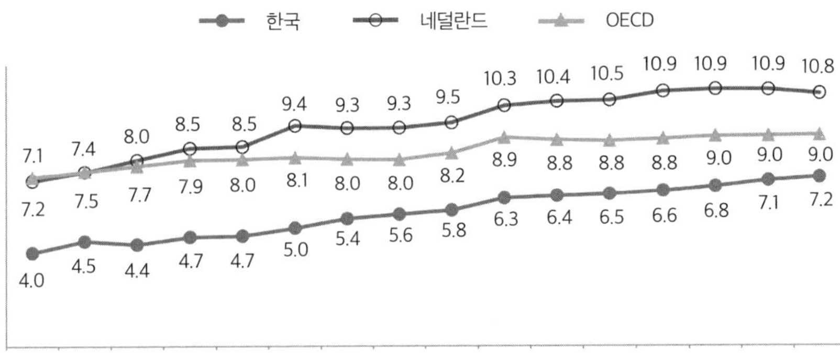

자료: OECD Health Statistics(2016).

〈그림 12-3〉 1인당 실질의료비 증가율의 변화(전년 대비, %)

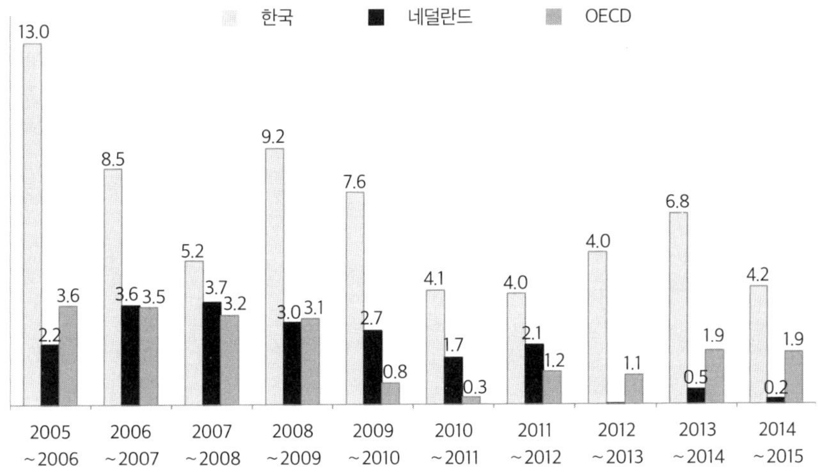

자료: OECD Health Statistics(2016).

〈그림 12-4〉 의료비 중 정부 및 의무보험지출의 비중(%)

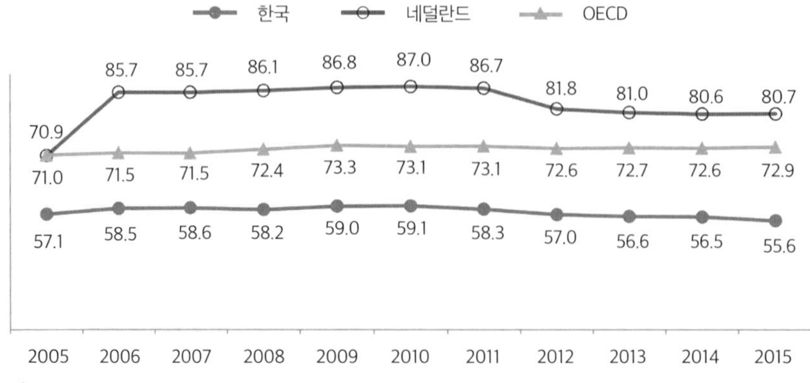

자료: OECD Health Statistics(2016).

〈그림 12-5〉 의료비 중 직접본인부담금 지출의 비중(%)

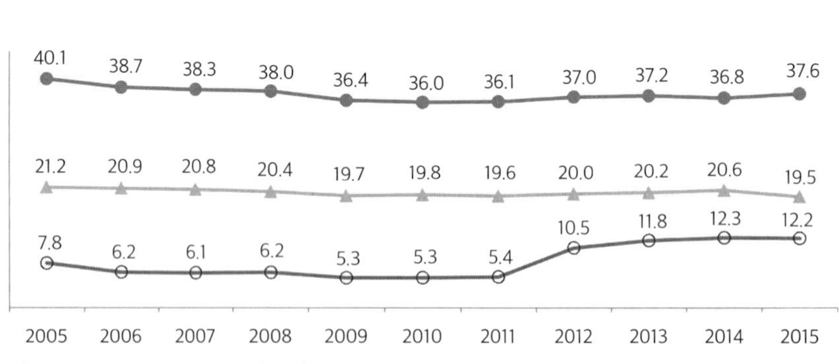

자료: OECD Health Statistics(2016).

〈그림 12-6〉 2000년 이후 국민의 기대수명(세)

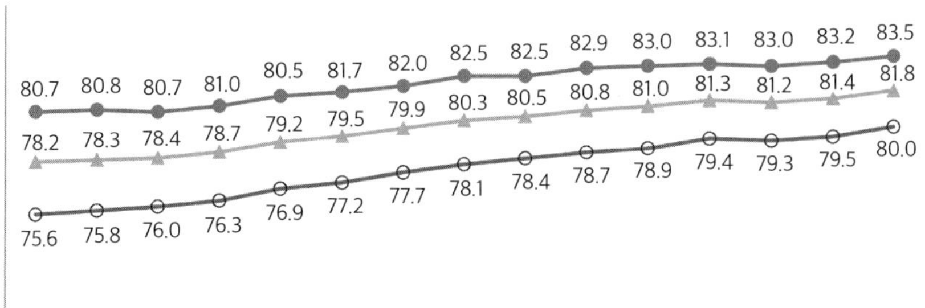

자료: OECD Health Statistics(2016).

2000년 이후 네덜란드 국민의 기대수명은 지속적으로 증가했다. 특히 남녀 간 기대수명 격차가 5.1세(2000년)에서 3.5세(2014년)로 감소했다(〈그림 12-6〉 참조). 이러한 결과는 건강 격차가 감소한 성과라고도 볼 수 있다. 한편, 평균 재원일수가 지속적으로 감소하였는데, 이는 개혁의 주요 목적 중 하나였던 효율성 개선 면에서 성과를 거둔 것이라는 해석이 가능하다(〈그림 12-7〉 참조).

최근의 지표를 기준으로 볼 때, 1인당 의료비의 연평균 증가율이 월등히 높은 한국과는 달리, 네덜란드의 의료비 증가율은 OECD 평균과 비슷한 수준에 머무른다. 또한 중앙정부의 지출 비중은 높은 반면 개인의 부담은 비교적 낮다. 아울러, 상대적으로 의사의 밀도와 의사를 방문한 횟수는 높지만 고가 장비의 공급 및 이용은 적다. 기대수명도 OECD 평균을 상회하고 남녀 기대수명 격차 또한 OECD 평균보다 작다. 건강 위험요인 지표(흡연 및 음주 등)에서도 OECD 평균보다 높지 않은 수준을 보여준다(〈표 12-1〉 참조).

〈표 12-1〉 보건의료 관련 주요 지표 비교

지표	네덜란드	한국	OECD 평균
의료비			
GDP 대비 의료비(%)	10.8	7.2	9.0
연평균 1인당 실질의료비 증가율(%)*	2.0	6.8	2.1
의료비 중 정부 및 의무보험지출의 비중(%)	80.7	55.6	72.9
의료비 중 직접본인부담금을 통한 지출의 비중(%)	12.3	36.8	20.2**
보건의료자원			
인구 천 명당 의사 수(명)	3.4	2.2	3.3
인구 천 명당 병상 수(개)	4.7***	11.7	4.7
인구 천 명당 급성기 병상 수(개)	3.3****	6.4	4.3
인구 천 명당 정신과 병상 수(개)	1.4***	1	0.7
인구 100만 명당 MRI 장비 수(대)	12.9	25.7	14.9
인구 100만 명당 CT 장비 수(대)	13.3	37.1	25.3
보건의료활동			
1인당 의사진찰 횟수(회)	8	14.9	6.8
인구 천 명당 MRI 촬영 건수(건)	51.2	27.3	56.9
인구 천 명당 CT 촬영 건수(건)	79.4	157.7	143.3
평균 재원일수(일)	5.2****	16.5	7.5
건강상태(사망률)			
여성 기대수명(세)	83.5	85.5	83.3
남성 기대수명(세)	80	79	77.9
전체 기대수명(세)	81.8	82.2	80.6
건강 위험요인			
15세 이상 흡연자 비율(%)	19.1	20	19.3
15세 이상 인구 1인당 알콜 소비량(리터)	8.4	9	9

* 2005~2015년 자료.
** 2014년 자료.
*** 2009년 자료.
**** 2012년 자료.
주: 의료비 항목은 2015년, 그 외 별도의 표시가 없는 자료는 모두 2014년 자료를 바탕으로 함.
자료: OECD Health Statistics(2016).

〈그림 12-7〉 2000년 이후 평균 재원일

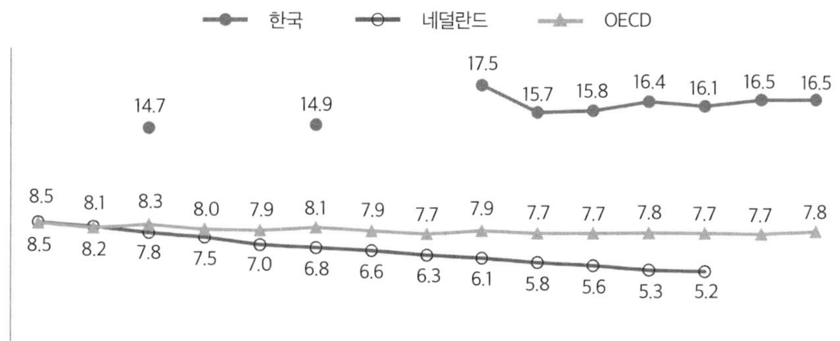

자료: OECD Health Statistics(2016).

4. 맺음말: 쟁점과 함의

네덜란드의 보건의료체계는 의료비에 대한 국민 개개인의 직접부담 비중이 낮기 때문에 상대적으로 재난적 의료비로부터 국민을 보호하는 기능이 뛰어나다고 할 수 있다. 하지만 OECD 국가들과 비교하여 여전히 의료비 지출이 높은 수준임을 고려할 때, 효율성을 제고하기 위한 개혁 및 조율 등이 필요하다. 개혁의 성공과 의료보험지출의 증가는 모두 효율, 생산, 보건의료서비스 질의 향상과 관련이 깊으므로 이 두 가지가 같은 방향으로 움직일 수 있다. 그러나 국민은 비용의 증가를 개혁의 실패, 효율성 부족의 신호로 해석할 수도 있으므로 네덜란드 정부는 이에 대한 대응을 해야 할 것이다(Douven et al., 2008: 11).

결론적으로, 2006년 개혁으로 도입된 현재 네덜란드의 시장기반 보건의료체계가 효과적이라고 단언하기는 어렵다. 그러나 앞서 주요 지표들의 변화에서 확인한 것처럼, 2012년 이후로 개혁의 효과가 있었다고 해석될 수 있는 변화들이 드러난다. 대표적으로 정신과의료 개혁에서 그 성과가 잘 드러나는데, 정신과의료 개혁이 공적 서비스 제공의 축소와 일반의를 통한 정신과의료 의뢰체계로 구성되었음을 감안한다면 수요 측면의 개혁이 중요함을 알 수 있다. 한편 병원의 전문화, 일차의료와 이차의료 간의 대체, 일차의료의 내부적 통합 및 일차의료와 복지서비스 간의 통합, 지자체의 계속적 장기요양서비스 제공 등의 변화들은 시스템 내 참여자 간의 조화와 상호신뢰를 필요로 하므로 지속적인 교정이 필요하다.

2006년 의료보험 개혁 이후 2015년 장기요양보험 개혁에 이르기까지, 점진적 변화가 이루어져 왔다. 최근의 개혁은 특히 관대한 장기요양 보장과 인구고령화가 겹치며 발생한 장기요양 관련 지출의 급증에 따른 대응이었다. 개혁의 주 내용은 지방정부에게 장기요양을 제공할 책임을 이양하고(가정간호 제외), 개인 자산 및 사회적 네트워크에 대한 의존도를 확대하며, 공적 제공서비스를 축소하는 것이다(Kroneman et al., 2016: 212).

네덜란드의 의료보장제도 개혁이 주는 주요 함의는 세 가지로 정리할 수 있다(Kroneman et al., 2016: 211~214). 첫째, 정부의 역할이다. 개혁을 통해 네덜란드 정부의 역할은 체제를 직접 규율하는 것에서 전체 시스템의 성과를 관리하고 참여자들의 활동을 조율하는 것으로 변화하였다. 독립적인 기구들에게 역할을 이양하고, 정부는 필요에 따라 모니터링 및 개입을 한다. 전반적인 성과 향상을 위해서는 지속적으로 질과 형평성을 규제하고 감시하는 정부의 역할을 강화하는 것이 중요하다.

둘째, 환자가 자신에게 최적인 서비스를 선택하기 위해 필요한 정보 제공이다. 시장경쟁원리 도입에서 환자의 선택권 확대는 매우 중요한 축이라고 할 수 있다. 하지만, 네덜란드의 의료시장에서는 환자가 의료서비스의 질에 대한 정보를 기초로 적극적인 선택을 하기보다는 자신의 담당 일반의가 추천하거나 지리적으로 가까운 공급자를 찾는 경향이 더 높다.

셋째, 공급자 측면의 문제이다. 일반의가 전문의 의뢰를 결정하는 문지기 역할을 맡는 한편, 서비스 영역을 정신의료까지 확대하는 등 일차의료가 이차의료의 일부를 대체하고, 환자 중심의 케어 코디네이션 기능도 강화하면서 일차의료를 담당하는 일반의의 업무량 증가가 주요한 과제로 부상할 수 있다. 또한, 병원의 전문화는 일부 병원에 중증질환 서비스가 집중된다는 문제를 부각시킨다.

이상의 함의를 통해 우리나라의 의료보험 개혁을 추진하며 먼저 고민해야 할 사항들을 추론할 수 있다. 첫째, 네덜란드의 '관리된 경쟁' 모형을 도입하기 위해서는 가입자에게 보험자 선택권이 있어야 하며, 보험자와 공급자 간 계약을 통한 경쟁체제가 먼저 구축되어야 한다(이규식 외, 2008: 252). 현재와 같은 단체계약 형태에서는 계약과 선택을 통한 시장경쟁 모형을 도입하기 어렵다. 또한, 민간 보험회사를 참여시켜 단일한 사회의료보험제도를 운영하도록 하는 2006년 개혁의 내용을 감안할 때, 의료보험과 민간보험 간의 관계 정립이 궁극적으로 우리나라 의료시스템의 효율성 제고를 위한 선결 조건이 되어야 할 것이다. 마지막으로 이러한 개혁을 추진함에 있어서 네덜란드 정부의 역할은 많은 시사점을 준다. 정부는 직접 규제보다 한발 떨어져 통합하고 조율하는 역할을 강화하는 새로운 거버넌스를 구축하여야 한다. 정부의 역할 분산에 있어서도 다양한 독립적 조직으로 업무를 분리, 이양하기 위해서는 중앙정부의 통합과 조율 기능을 강화해야 할 것이다.

■ 참고문헌

국내 문헌

신정우·박금령(2016). "환자경험조사의 국제동향: 프랑스, 네덜란드의 사례 중심으로". 〈보건복지포럼〉, 236권, 112~119.

이규식·정기태·김철중(2008). "네덜란드의 의료 개혁에 관한 연구: 관리된 경쟁 모형". 〈사회보장연구〉, 24권 4호, 231~255.

해외 문헌

Douven, A. et al.(2008). 네덜란드의 의료 개혁: 개혁 전후의 변화. *International Labor Brief*, *6*(5), 3~11.

Kroneman, M. et al.(2016). The Netherlands: health system review. *Health Systems in Transition*, *2016*, *18*(2), 1~239.

Mossialos, E., & Wenzl, M.(2016). *2015 International Profiles of Health Care Systems: The Dutch Health Care System, 2015*. London: The Commonweath Fund.

Wammes, J. et al.(2014). *The Dutch Health System*, 2014. Radboud University Medical Center.

기타 자료

OECD Health Statistics. Frequently requested data. http://www.oecd.org/health/health-data.htm. 2016. 10. 인출.

13

장기요양보장제도*

1. 네덜란드의 노인장기요양보험 개요

네덜란드의 노인장기요양제도는 1968년에 도입되었다. 의료보험제도에 포함된 장기요양급여인 특별의료비보장제도(Algemene Wet Bijzondere Ziektekosten: AWBZ)와 지방자치단체가 운영하는 사회적 지원서비스체계(Wet Maatschappelijke Ondersteuning: Wmo)로 구분할 수 있다.

합법적으로 네덜란드에 거주하는 모든 사람은 사회보험으로서 장기요양급여인 특별의료비보장제도로 보장을 받는데, 노인뿐 아니라 스스로 고액을 부담해야 하여 민간시장의 보험을 이용할 수 없는 만성질환자도 대상에 포함된다. 특별의료비보장제도는 신체수발서비스(*personal care*), 간호서비스(*nursing care*), 지원서비스(*assistance*), 치료서비스(*treatment*), 일시적 시설거주서비스(*stay in an institution*)를 포함한 서비스패키지로 보장을

* 이 글은 2012년 《주요국의 사회보장제도: 네덜란드》(한국보건사회연구원, 2012)에서 필자가 작성한 "제 1부 제 3장 노인장기요양보험"을 수정 보완한 것이다.

〈표 13-1〉 특별의료비보장제도에서 보장하는 서비스의 기능별 분류

서비스 분류	구체적 예시
신체수발서비스 (personal care)	목욕, 환복, 면도, 화장, 용변, 식사 등에 대한 수발.
간호서비스 (nursing)	상처관리, 질환관리 관련 조언, 약물주사, 자가주사법 교육.
일상생활 지원서비스 (supportive guidance)	일정계획 및 관리 보조, 주간보호, 주간활동 제공.
생활개선 지원서비스 (activating guidance)	행동적 또는 정신적 문제가 발생할 때, 새로운 행동 유형 지도 및 교정.
치료서비스 (treatment)	불안정 상태 또는 정신적 문제와 연계한 치료.
임시거주서비스 (accommodation)	독립생활이 어려운 환자에게 일시적으로 요양시설을 제공.

〈그림 13-1〉 장기요양서비스 및 실행기관의 구조 변화

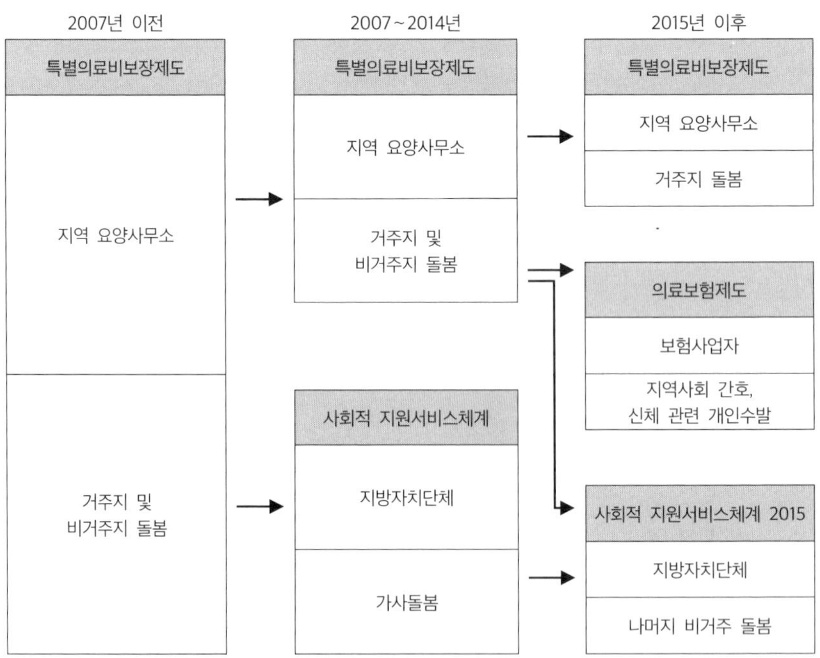

자료: Maarse & Jeurissen(2016: 241~245).

제공한다. 과거의 지원서비스는 외출이나 쇼핑, 교회에 나가는 등의 사회 참여활동을 개선하기 위한 것이었지만, 현재는 독립적으로 거주할 수 있도록 돕는 데에 주된 목적이 있다.

가사도움서비스(*domestic help*)가 특별의료비보장제도에서 제공되다가 2007년에 사회적 지원서비스체계로 이전되어, 지금은 지역단위에서 서비스가 제공된다. 〈표 13-1〉에서와 같이 현재 장기요양서비스는 6가지 유형으로 제공되며, 여기에서 임시거주서비스 이용자를 제외하고 현물급여 또는 현금급여(또는 두 가지 조합)의 형태를 선택할 수 있다.

네덜란드는 2015년에 노인장기요양제도를 개혁하여 비용증가에 대한 안전장치를 마련하고 재정적 지속가능성을 확보하며, 동시에 장기요양서비스의 질을 향상시켜 수요자에 적합한 서비스를 마련하고자 하였다.

2. 노인장기요양제도 개정(2015년) 이전의 구조

1) 특별의료비보장제도의 구조

특별의료비보장제도는 공적보험이므로 장기요양서비스는 모든 국민을 대상으로 보호가 필요한 사람을 포괄한다. 실제로 중앙정부는 예산 내에서 특별의료비보장제도의 지출을 유지하려고 노력한다. 새로운 정부가 출범할 때마다 다음 4년 동안의 장기요양 수요와 신정부의 정책을 고려하여 특별의료비보장에 필요한 예산을 예측한다. 네덜란드의 보건복지체육부는 해당 지출을 예산범위 내로 조정해야 하며, 이를 위하여 본인 부담을 증가시키거나 공급자에게 지출하는 급여를 삭감하는 방법을 활용한다. 정부는 제시된 예산보다 추가적인 지출을 의회에 요청할 수 있는데, 이 경우에는 비용억제조치가 지나치게 불이익을 초래함을 보여야 한다.

〈그림 13-2〉 특별의료비보장제도 급여의 구조

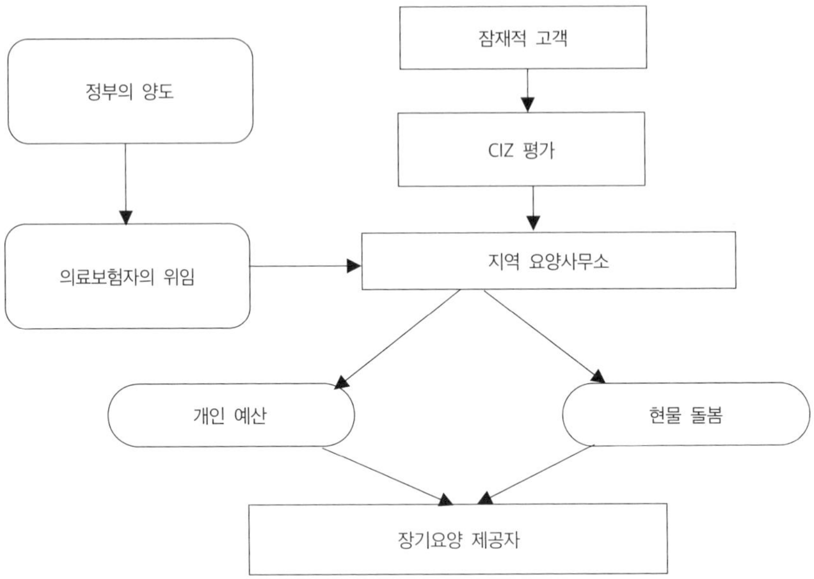

자료: Mot et al.(2010).

사회적 지원서비스체제는 보험체계 내에 있으므로 사회서비스 공급과 관련이 있다. 사회서비스는 가용재원에 영향을 받는데, 지역위원회(*local council*)는 목적세가 아닌 일반세 형태로 예산을 받는다. 지원서비스체제는 각 개인의 사회참여 권리를 보호하기 위해 가구 운영, 거주지 내외의 이동, 교통수단을 활용한 지역 내외의 이동, 외부 사람과의 교류 및 사회관계 유지 등을 지원해야 한다.

네덜란드 중앙정부는 장기요양보험제도의 전반적 책임을 맡아 시스템이 원활히 운영될 수 있는 환경을 만들어 가야 한다. 일반적인 시스템을 수립할 의무가 중앙정부에 있다면, 민간의 의료 공급자에게는 미시적 수준에서 양질의 서비스를 제공할 의무가 부여된다. 네덜란드 보건의료감독관은 서비스의 질뿐만 아니라 정부의 요구에 따르는지 여부도 감독한다. 네덜란드 보건의료국은 장기요양과 관련된 시장의 기능을 감시·감독한다.

특별의료비보장제도에서 드러나는 장기요양제도에 대한 기본 철학은 네덜란드 내에 거주하는 모든 사람이 필수의료에 따른 고비용으로부터 보호받아야 한다는 것이다. 특정인에게 본인 부담으로 해결할 수 없는 고비용 지출을 보장하려는 목적이 제도 전반적으로 드러나지만, 실제로는 과부담 지출이나 민간 부담으로 설정된 서비스와 관련하여 회색지대(*grey area*)가 존재할 수 있다.

한편 사회적 지원서비스는 이와는 다른 철학을 보여 준다. 이 철학에 따른 이상은 시민들이 사회적 지원(예를 들어, 비공식적 돌봄)에 대하여 각 개인마다 스스로 책임을 지는 것이다. 그러나 개인적 책임으로 다 부담할 수 없을 경우에는 지역위원회에 지원을 요청할 수 있고, 지역위원회는 지역의 상황에 맞게 정책을 수립해 실행하게 된다.

〈그림 13-2〉은 특별의료비보장제도 내에서 지급되는 급여의 이동 경로를 제시한다.

2) 등급판정

특별의료비보장서비스 요청에 따른 등급판정(*assessment of needs*)은 CIZ(Centrum Indicatiestelling Zorg)라는 독립적인 평가기관이 수행한다. 객관적이고 통합된 평가를 위하여 CIZ의 의사결정에 따른 재정적 인센티브 등을 설정하지 않는 등 독립성을 보장한다. 평가 결과, 아래 중 하나 이상의 요소를 가졌다면 특별의료비보장서비스를 받을 자격이 부여될 수 있다.[1)]

- 육체적, 정신적, 노인 치매성 장애 및 제한
- 지적, 신체적, 감각기관 장애

1) 과거에는 사회심리적 문제를 가진 사람도 특별의료비보장서비스 자격 대상자였다.

평가절차는 현물급여와 현금급여서비스에서도 동일하게 적용된다. CIZ는 대상자가 한 가지 이상의 서비스를 제공받을 자격이 있는지 결정하기 위해 특정한 기준을 설정한다. 평가절차를 통해서 특별의료비보장제도가 제공하는 신체수발서비스, 간호서비스, 지원서비스, 치료서비스, 일시적 시설거주서비스 각각의 필요서비스 양이 결정된다.

특별의료비보장 대상으로 인정받은 사람은 급여형태를 현물 또는 현금 중에 선택할 수 있으나, 시설에 거주하는 경우에는 현금급여를 이용할 수 없다. 현금급여는 개인 계정(*personal budget*)의 형태로 제공된다.

CIZ는 몇 개의 단계로 구성된 '깔때기 모델'(*funnel model*)이라는 평가 모형을 활용한다. 첫 번째 단계에서 CIZ는 특별의료비보장 대상 인정자의 상황을 분석한다. 단순히 장애나 기능적 제한만 계산하는 것이 아니라 대상자 개인이 활동하는 주변 환경을 함께 고려한다. 여기에는 생계, 복지, 돌봄, 노동, 교육 등을 위해 앞서 제공받고 있는 서비스가 있는지, 일상적인 돌봄과 비공식적 돌봄을 받을 수 있는지 등이 포함된다. 장애와 제한에는 4점 척도로 점수가 부여된다.

두 번째 단계에서 CIZ는 서비스 대상자에게 돌봄이 가장 잘 제공될 수 있는 방법을 결정한다. CIZ는 장애로 인한 제한 완화, 환경의 보완, 의료용구 활용 등, 문제해결을 위한 다양한 형태의 개입유형을 우선적으로 확인한다. 이어서 일상적인 돌봄(*usual care*) 여부, 특별의료비보장서비스 이외의 다른 공공재원 서비스 이용 여부, 모든 국민이 이용할 수 있는 일반적인 서비스 이용 여부 등의 방향을 점검한다.

세 번째 단계에는 자발적 돌봄(*voluntary care*)의 역할을 고려한다. 가족 구성원들은 일상적인 돌봄을 공급하지만 그 이외의 것은 자발적이다. 즉, 일상적 돌봄을 벗어나는 비공식적 돌봄에 대해서는 특별의료비보장제도가 서비스를 제공한다. 급여자는 개인 계정을 요청하여 이를 비공식적 돌봄서비스를 받고 지불하는 데에 활용할 수 있다.

〈그림 13-3〉 CIZ의 평가를 위한 깔때기 모델

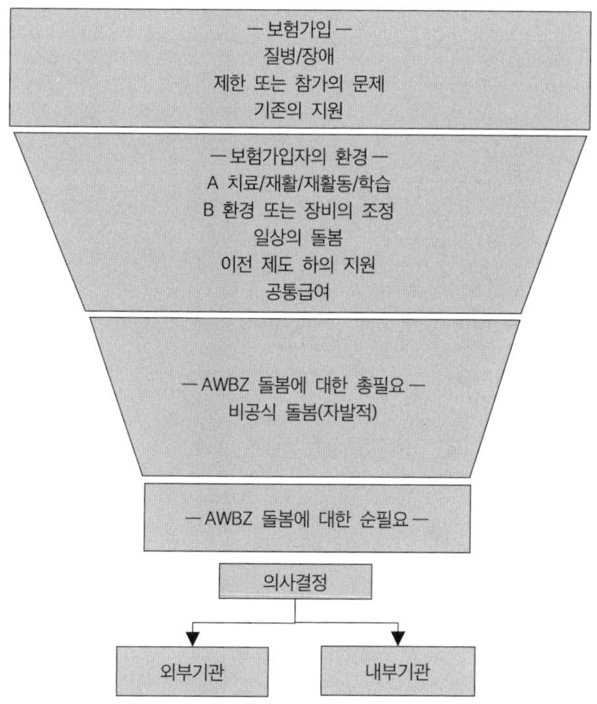

자료: Mot et al.(2010).

네 번째 단계에서는 CIZ가 시설돌봄서비스나 재가돌봄서비스에 관한 의사결정을 내린다. 대상자에게 거주 가능한 보호환경이 필요하다면 CIZ는 시설서비스를 제공하도록 결정하지만, 만약 대상자가 재가서비스를 더 선호한다면 비록 비용효율적이지 않은 상황이더라도 재가서비스를 제공하기로 결정하기도 한다.

마지막으로, 이와 같은 정교한 과정에 〈일반행정법안〉(Algemene Wet Bestuursrecht)을 의사결정의 근거로 삼는다.

3) 노인장기요양서비스 유형

네덜란드에서의 장기요양서비스는 크게 다음 내용으로 구성된다.

- 가정 내의 비공식적 돌봄
- 가정 내의 공식적 돌봄
- 시설 내의 공식적 돌봄

네덜란드의 노인 대상 비공식적 돌봄은 다른 유럽 국가와 비교할 때 상대적으로 비중이 적지만 여전히 상당한 역할을 한다. 돌봄 수요자 대비 비공식적 돌봄 제공자 수는 2007년에 350만 명이다. 비공식적 돌봄에 대해 급여가 지급되지는 않지만, 개인 계정으로 돌봄 제공자에게 일정 금액을 지불할 수 있다. 개인 계정 예산은 비공식적 돌봄뿐 아니라 전문적 돌봄서비스를 구매하는 데에도 사용할 수도 있다.

특별의료비보장제도가 포괄하는 가정 내에서의 공식적 돌봄서비스는 지원서비스, 신체수발서비스, 간호서비스 및 치료서비스 등이다. 사회적 지원서비스는 가사도움, 식사배달(*meals on wheels*), 가사 및 이동지원을 포괄한다.

시설 내 돌봄서비스는 다른 국가와 비교할 때 상대적으로 매우 중요하다. 2009년 이전에는 시설돌봄서비스가 간호서비스(*nursing home care*)와 거주돌봄서비스(*residential care*)로 구분되었다. 2009년부터는 돌봄단계별 패키지(zorgzwaartepakketten: ZZPs)로 언급되는 10가지의 유형의 서비스로 구분된다. 이 패키지는 돌봄 기능의 조합으로 구성되며, ZZP1(일부 돌봄이 포함된 시설서비스)부터 ZZP8(특정장애로 인해 돌봄과 간호가 강조된 집중케어가 포함된 시설서비스)까지의 범위에 이른다. 시설서비스 중에 숙박, 식사, 세탁 등이 특별의료비보장서비스에 포함되지만, 거주자는 소득에 비례해 요금을 지불해야 한다. 이러한 형태의 본인 부담은 충분한 지불능력을 가진 노인들에게 부과된다.

4) 노인장기요양서비스 제공 조직 및 관리

장기요양제도의 전반적인 관리는 중앙정부가 담당한다. 서비스 구매는 환자 개인이 자신의 개인 계정을 통해 직접 구매하거나 지역사무소(*regional care offices, zorgkantoren*)가 환자를 위해 현물서비스를 구매함으로써 이루어진다. 이처럼 환자는 현물급여 또는 현금급여 중에 선택할 수 있지만, 현금급여(개인 계정)는 현물급여보다 25% 적게 배정된다.

(1) 모니터링과 질 관리

서비스 질은 법으로 규제한다. 서비스 질에 대한 일차적 책임은 공급자에게 있고 보건의료감독관이 감독한다. 서비스 질과 관련해서는 다음의 법규에서 직접 명시한다.

- 돌봄조직의 질 관리 관련법(Kwaliteitswet, zorginstellingen: KWZ)
- 개인 보건의료에서의 인력 관련법(Wet op de Beroepen in de Individuele Gezondheidszorg: Wet BIG)

KWZ는 돌봄서비스를 전달하는 조직 및 단체와 관련된 법규이다. 예를 들어, 가정간호, 병원뿐 아니라 심리치료사와도 협력하는 그룹상담(*group practice*) 등에서도 양질의 서비스를 보장하기 위해 기관 내부에 서비스 질 관리체계를 가지고 있어야 하고 매년 서비스의 질 관련 보고서를 보건의료감독관에게 제출해야 한다는 등의 내용을 포함한다. 그러나 2009년 보건의료감독관 보고서에서는 모든 재가돌봄서비스 공급자가 보고서를 제출한 것은 아니며, 이를 모두 모니터링하는 데에 한계가 있다고 평가하였다.

BIG 법안은 의료서비스 제공자(의사, 치과의사, 약사, 임상심리치료사, 조산사, 간호사 등)의 교육자격을 명시한다. 서비스 제공자는 BIG체계에 등록해야 하고, 환자는 등록된 명단에서 제공자를 선택할 수 있다. 그러나 가사도우미는 BIG에 등록하지 않아도 된다. 개인돌봄 전문가는 BIG 법안의 기준을 충족시켜야 하는데, 이는 다소 엄격하다고 할 수 있다.

(2) 장기요양의 통합서비스

특별의료비보장제도가 포괄하는 서비스를 장기요양서비스로 볼 수 있으며, 그 외의 의료서비스 및 사회보장서비스는 다른 체계(의료보험제도 및 사회적 지원서비스)를 통해 규정 및 제공된다. 사회적 지원서비스는 가사지원, 이동지원, 식사배달, 장애아동지원, 비공식적 돌봄지원, 홈리스지원, 여성쉼터지원, 약물중독에 따른 응급지원 등 광범위한 영역을 포함한다. 한편 특별의료비보장서비스는 장기요양뿐 아니라 특정 치료서비스나 재활서비스를 포함한다.

〈표 13-2〉 장기요양과 관련된 서비스

구분	특별의료비보장제도	사회적 지원서비스	의료보험제도
장기요양서비스	· 보조 · 개인 돌봄 · 간병 · 치료 · 시설(기관) 거주 돌봄	· 가사지원	· 일부 의료장비
장기요양서비스 맥락에서의 사회서비스	-	· 식사 준비 · 가사도움 · 교통 지원	-
비장기요양서비스	· 산모 돌봄 · 시설 또는 자택에서의 재활 · 임시적 돌봄	· 여러 가지 사회서비스	· 보건의료

자료: SER(2008).

5) 재정구조

(1) 특별의료비보장제도

특별의료비보장제도의 재정은 2007년 기준으로 GDP의 약 4% (220억 유로) 를 차지한다. 이는 장기요양을 위한 지출뿐 아니라 단기적 치료서비스를 포함하는 금액이다. 순수하게 노인장기요양만을 대상으로 한 지출은 GDP의 2.5%에 미치지 못한다.

특별의료비보장서비스는 원칙적으로 사회보험료와 본인 부담으로 재원을 조달한다. 소득분위 중 상위 2분위일 경우에는 소득의 12.15%를 특별의료비보장서비스 보험료로 내야 한다. 반면 저소득층의 본인 부담은 매우 낮다(〈표 13-4〉 참조). 특별의료비보장의 보험료는 서비스의 전체비용을 감당할 만큼 충분히 높지 않으므로 서비스 지출의 일부는 조세로 조달된다. 2008년을 기준으로, 소득비례보험료가 특별의료비보장서비스의 전체 재원 중 약 68%, 본인 부담이 약 9%이며 나머지는 조세로 확충된다(〈표 13-5〉 참조).

(2) 사회적 지원서비스

지역위원회는 특별의료비보장제도에 의해 가사도움서비스 예산을 받는데, 2007년 예산은 12억 1,800만 유로였다. 이 중에서 약 1억 5천만 유로가 잉여금으로 처리되었으며 다른 목적으로 전용되어 자유롭게 활용되었다. 본인 부담으로는 약 2억 1,400만 유로를 징수하였다.

지역위원회의 예산은 네덜란드사회연구소(SCP)의 자문을 토대로 중앙정부에서 매년 결정하되, 이전 연도의 서비스 양과 가격을 분석, 조정하여 해당 연도의 예산 규모를 확정짓는다.

〈표 13-3〉 특별의료비보장서비스 지출

(단위: 백만 유로)

구분	2002	2003	2004	2005	2006	2007
정신보건	3,164.5	3,455.0	3,743.6	4,006.6	3,791.9	4,071.4
장애인 돌봄	3,974.6	4,386.2	4,594.4	4,887.6	5,058.2	5,169.5
노인 등을 위한 돌봄 및 간호	9,847.5	10,855.8	11,164.5	11,394.4	11,914.3	11,178.3
기타 돌봄	291.7	128.0	133.7	125.7	339.2	255.9
돌봄을 제외한 기타 특별의료비보장 지출	1,137.3	1,459.6	1,636.2	1,740.2	1,713.4	1,811.0
전체	18,415.6	20,284.6	21,272.4	22,154.5	22,817.0	22,486.1

자료: 의료보험협회(CVZ) 홈페이지. 2009.5.18. 인출.

〈표 13-4〉 조세 및 사회보험료(2009년)

(단위: 유로, %)

소득 별 구간(유로)	1구간: 17,878	2구간: 14,249	3구간: 22,649	4구간: open
세금	2.35	10.85	42	52
특별의료비보장	12.15	12.15	-	-
노령연금	17.9	17.9	-	-
유족연금	1.1	1.1	-	-
의료보험	6.9	6.9	-	-
의료보험 (고정액, 유로)	1,064	-	-	-

주: 의료보험에서, 2009년 기준으로 소득에 대한 최대 프리미엄은 32,369유로.
자료: CPB(2009).

〈표 13-5〉 특별의료비보장서비스 재원(2008년)

재원의 분류	금액(10억 유로)	재원 내 비중
소득비례보험료	13.1	68%
본인 부담	1.7	9%
주정부보조금(일반세)	4.96	24%
전체	19.3	100%

자료: SER(2008).

(3) 특별의료비보장제도와 사회적 지원서비스의 비용 분담

특별의료비보장서비스 및 사회적 지원서비스의 비용 분담(*cost-sharing*)은 시설서비스와 재가서비스 간에 차이가 있다. 시설 외부의 특별의료비보장 수급자는 시간당 돌봄서비스에 대해 최대 12.6유로를 지불하는데, 지불액은 소득, 가구 내 가구원 수, 가족 중 65세 이상의 고연령자가 있는지 여부 등을 고려하여 결정된다. 1인 거주 노인의 경우 연간 소득이 14,812유로보다 작다면 4주당 최대 분담금은 17.20유로로, 돌봄서비스의 시간당 가격보다 적다. 만약 4만 유로의 소득이 있다면 4주당 최대 307.83유로를 분담해야 한다.

사회적 지원서비스하에서 가사도움서비스비용 분담은 동일한 방식으로 구성된다. 단, 지역위원회는 비용 분담 최대금액이 특별의료비보장서비스 분담금 최대금액을 초과하지 못하도록 한다. 예를 들어, 지역위원회는 저소득가구의 비용 분담금 최대금액을 낮출 수 있다.

시설 내 돌봄서비스에 대하여, 비용 분담은 두 가지로 나뉜다. 처음 6개월 또는 특별한 상황에서는 낮은 수준의 비용 분담이 적용되는데, 최소 141.20유로에서 최대 741.20유로의 소득이 있다면 소득의 12.5%를 지급해야 한다. 그 외의 경우에 적용되는 높은 수준의 비용 분담은 매월 최대 1,838.60유로이다.

3. 개정된 노인장기요양제도의 내용

1) 노인장기요양제도 개혁 배경

〈그림 13-4〉는 개인보건의료비 지출 추이를 제시한다. 1972년부터 1982년 사이, GDP 대비 7.6%에서 9.8%로 개인의료비 지출이 증가하였고,

〈그림 13-4〉 네덜란드의 개인보건의료비 지출 추이(1972~2013년)

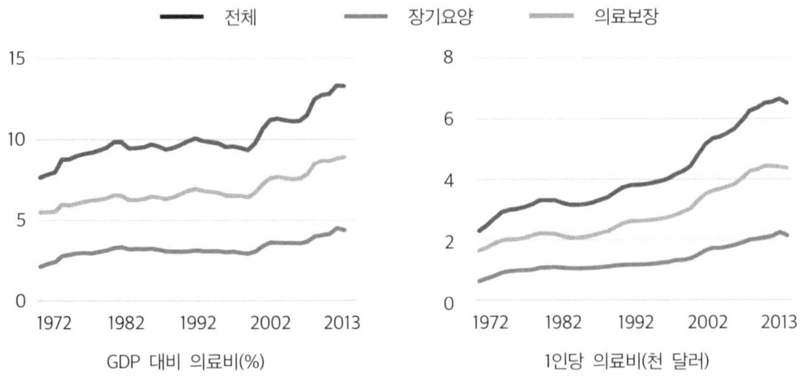

자료: Bakx, P., O'Donnell, O., & van Doorslaer, E.(2016).

2001년까지 증가세가 완화되다가 2013년에는 GDP 대비 13.3%로 증가하였다. 이는 미국을 제외하고는 가장 높은 수준의 지출이며, 2001년 이후 개인의료비 지출증가의 상당 부분이 새로운 의료기술 도입뿐 아니라 병원 치료 선호가 증가한 결과로 보인다. 장기요양 지출은 GDP의 약 4.4%(1인당 2,149달러) 정도를 차지한다. 이는 OECD 국가 중에 가장 높은 것으로, OECD 평균의 약 2.5배에 달한다(OECD, 2011).

정책을 수립하는 단계에서는 상충되는 목표에 직면할 수 있다. 예를 들어, 어떤 시점에서는 비용 절감을, 다른 어떤 시점에서는 시민들의 반응도(*responsiveness*)에 우선적 목표를 두게 되는 것이다. 1990년대에는 서비스의 적절한 가격(*affordability*)을 보장하는 데에 주된 목표를 두었다. 그러나 이로 인해 대기기간 및 대기목록이 길어지는 등의 문제가 발생하여 2003년에 특별의료비보장제도의 현대화를 추진하는 계기가 되었다. 이용자 중심 서비스를 제공하는 데에 초점을 맞춘 결과, 서비스 유형이 아닌 기능 중심으로 서비스가 제공되었고 소비자의 선택권 및 자율권도 확대되었다. 이렇게 장기요양제도 내의 고객 반응도는 개선되었으나, 다른 한편으로는 특별

〈표 13-6〉 유형별 개인보건의료비 지출(1998~2014년)

(단위: %)

구분	1998	2006	2014
유형에 따른 분류			
장기요양	33.0	33.5	34.2
병원 진료	29.8	29.9	32.5
외래 의약품	10.1	9.2	6.5
전문의 서비스	17.8	18.3	17.8
기타 보건의료	9.3	9.1	9.0
지출 주체에 따른 분류			
사회보험	69.1	80.1	81.6
민간 보험사업자	14.5	4.8	4.3
정부	6.3	7.2	7.8
본인 부담	7.5	5.6	4.6
기타	2.5	2.3	1.7
전체 개인보건의료 비용			
2014년 지출액(10억 달러)	62.1	90.0	106.2

자료: Bakx, P., O'Donnell, O., & van Doorslaer, E.(2016).

의료비보장서비스의 재정이 문제가 되었다. 2003년에 서비스 지출이 10% 증가하였으며 2004년에는 본인 부담의 비중도 증가하였다.

한편 네덜란드는 장기요양서비스를 통합하기 위해 지속적으로 노력하고 있다. 2007년에 가사도움서비스를 특별의료비보장서비스에서 사회적 지원서비스로 완전히 이관함으로써 재정의 지속성을 확보하고 서비스 이용자가 자신의 돌봄 문제를 해결하는 데에 좀더 책임을 갖도록 하는 동시에, 지역의 상황에도 적합한 서비스를 제공하도록 하였다. 2008년에는 급성정신과 치료와 관련된 서비스를 의료보험체계(ZVW)로 이관함으로써 특별의료비보장체계의 일관성을 개선하는 동시에, 급성정신과치료도 의료보험의 통합된 치료서비스 전달체계 내에서 각 가정에 좀더 쉽게 전달되도록 하였다(〈그림 13-5〉 참조).

2000년 이후부터 지속적으로 개혁을 단행하였음에도 불구하고 네덜란

〈그림 13-5〉 특별의료비보장제도의 변화

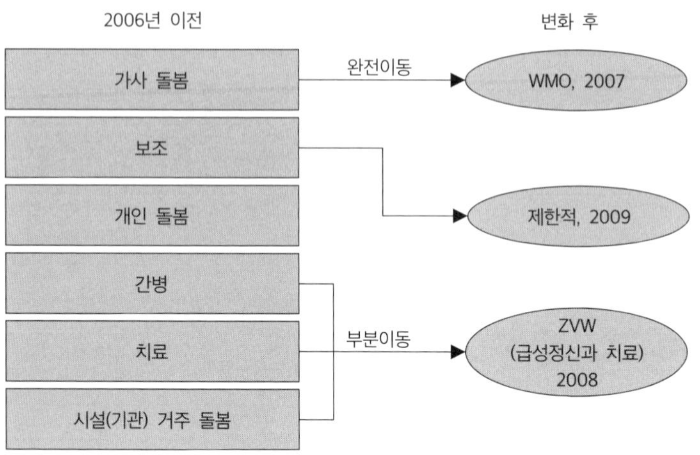

드의 장기요양제도와 관련하여 여러 문제점이 지적된다. 네덜란드는 특별의료비보장제도의 비용을 통제하기 위하여 관련 급여의 범위를 축소하고, 돌봄단계별 패키지 대상자 자격의 기준을 강화하며, 공급자에게는 급여 상환을 동결하거나 줄이고 있다. 그럼에도 불구하고 장기요양서비스 지출은 지속적으로 증가하여 재정지속성에 문제가 초래되고 있으며, 장기요양제도의 효율성과 관련된 인센티브의 부재, 인력 및 서비스의 질 확보의 문제 등이 계속 지적된다.

(1) 장기요양제도의 효율성 관련 인센티브

특별의료비보장제도는 서비스 공급에 효율성을 기하고 비용증가를 억제하기 위해 몇 가지 장치를 마련하였다. 지역사무소는 더 강력한 장기요양서비스 구매자 역할을 하게 되었고, 운영비용(*fixed budgets*)을 통제할 인센티브를 가지게 되었다. 지역사무소는 장기요양서비스를 구매할 수 있고 장기요양서비스 기금 관련 청구서를 허가할 수 있다. 2007년부터는 지역위원회가 가사도움서비스 구매자가 되어 비용 절감을 위해 노력하고 있다. 평가과정에도 효율성을 증진하기 위한 몇 가지 인센티브가 있다. 평가기관에서는 재정적 인센티브를 부여받지 않으며, 규정된 서비스 표준과 규약 등을 평가의 근거로 사용한다.

(2) 장기요양서비스 인력 확보 문제

돌봄 영역의 노동시장에서 특히 고령화로 인한 장기요양서비스 인력 수요가 증가할 것으로 예상된다. 하지만 돌봄서비스 제공자는 감소 추세이다. 노동시장의 수급균형 방안에 관심을 기울일 필요성이 제기된다.

(3) 서비스 질 확보 문제

서비스의 질적 수준 문제가 이전보다 부각된다. 2004년에 보건의료감독관은 가정간호의 20%만이 서비스 전달에 대한 최소기준을 만족시켰다고 보고하였다. 이 보고서는 치매와 관련한 가정간호의 3분의 2에 대해 지속적 감독이 부족하며 거주자의 물리적 제한이 우려된다고 보고하였다. 2009년 보건의료감독관의 보고에 따르면, 가정간호시장에서 신규 제공자의 질적 수준을 조사한 결과, 심각한 수준의 질적 문제가 발견되었다. 대표적 사례로는 직원의 전문성 결여, 간호 관련 가이드라인 및 서비스 표준 미숙지 · 비활용 등이 보고되었다.

2) 개정된 노인장기요양제도

2015년, 특별의료비보장제도가 포괄하던 3가지 서비스는 기존 3개의 법에 통합되었고, 나머지 서비스를 모아 하나의 새로운 법이 제정되었다. 〈그림 13-6〉에서 보여 주는 바와 같이 ① 가정에서 거주하는 것이 불가능할 경우에는 새 〈노인장기요양법〉(Wet langdruige zorg: Wlz)을 통하여 시설요양서비스를 받을 수 있다. ② 〈의료보험법〉(Zorgverzekeringswet: Zvw)

〈그림 13-6〉 노인장기요양 보험제도의 법적 변화

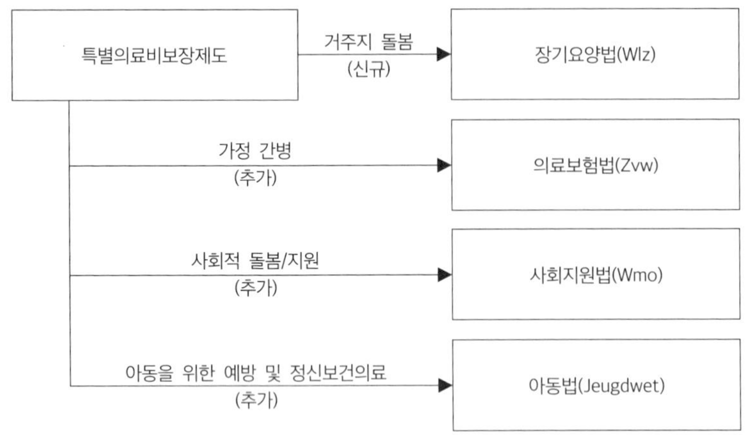

자료: van Ginneken, E., & Kroneman, M.(2015).

을 통해 보험가입자는 개인 요양(*personal care*)을 포함하여 홈너싱(*home nursing*)을 받을 수 있다. ③ 재가요양 이외의 장기요양은 〈사회서비스지원법〉(Wmo)에 의해 부가되며, ④ 아동을 위한 예방 및 정신보건의료 서비스는 〈청소년법〉(Jeugdwet)으로 이관되었다.

장기요양제도재정의 지속가능성에 대한 우려가 제기되자 네덜란드는 재정의 안정을 기하기 위하여 시설입소 대상자 수를 제한하고 있다. 〈노인장기요양법〉은 시설입소가 가능한 장기요양 대상자를 24시간 돌봄이 필요하거나 영구적 관리(*permanent supervision*)가 필요한 경우로 제한한다. 또한 시설입소 대상 장기요양환자가 재가서비스를 선호하는 경우는 개인 계정으로 관리를 받을 수 있도록 하였다.

홈너싱(*home nursing*)은 〈의료보험법〉에 이관되어 일차의료와 유사한 형태로 제공된다. 이를 통해 〈의료보험법〉하에서 홈너싱부터 전문의료서비스에 이르기까지 통합된 의료가 제공되도록 재구성된 것이다. 지역사회의 간호사가 가정을 방문하여 예방, 돌봄, 가정간호 등의 통합된 서비스를 제공한다.

〈표 13-7〉 의료보험 및 장기요양보험의 재정구조(2015년)

구분	의료보험	장기요양보험
소득비례보험료 및 민간 보험사 프리미엄	83.5%	73.4%
정부보조금	9.6%	17.6%
분담금	7.1%	9.0%

자료: Bakx, P., O'Donnell, O., & van Doorslaer, E.(2016).

치료서비스를 위한 의료보험재정은 주로 소득비례보험료(2015년 기준 47%)와 지역의 민간 보험사에 의한 의료보험계획 프리미엄(36%)으로 충당한다. 나머지 예산은 분담금(7%)과 정부의 보조금(10%)으로 채워진다. 장기요양보험재정은 소득비례보험료(73.4%), 정부보조금(17.6%), 분담금(9.0%)으로 구성된다.

4. 장기요양보험의 수요와 공급

1) 비공식적 돌봄의 공급과 수요

(1) 비공식적 돌봄의 공급

2007년에 비공식적 돌봄을 받은 사람 중 절반 이상(57%)이 65세 이상이었으며(80세 이상 31%), 돌봄을 받는 사람 3분의 2가 여성(65%)이었다. 비공식적 돌봄 제공자의 40%는 부모 또는 시부모를, 11%는 친구, 20%는 파트너를 돌보았으며, 다수의 비공식적 돌봄 제공자가 자신의 가구 외부의 사람을 도왔다.

(2) 비공식적 돌봄 수요

대부분의 연구가 비공식적 돌봄 제공자와 이들의 특성, 부담 수준에 관한 내용에 집중되어 비공식적 돌봄을 제공받는 대상에 대하여는 자료가 부족한 실정이다. 네덜란드사회연구소는 30세 이상 25만 명, 노인은 약 16만 명이 시설 외부에서 비공식적 돌봄을 받는다고 보고하였다.

〈표 13-8〉 비공식적 돌봄 제공자의 특성

(단위: %)

특성 구분		비공식 돌봄 제공자	18세 이상 인구
성별	남	39	48
	여	61	52
연령	18~34세	12	20
	35~44세	20	22
	45~54세	27	20
	55~64세	24	18
	65세 이상	17	19
자신의 건강상태	좋음	81	83
	나쁨	19	17
가구 구성	1인 가구	21	23
	성인 2인(아이 없음)	39	38
	성인 2인(아이 있음)	35	35
	한부모	5	4

자료: De Boer et al.(2009).

〈표 13-9〉 비공식적 돌봄 이용자 수(2005년)

구분		인구 수(천 명)	인구 비율(%)
비공식 돌봄을 받는 전체 인구		247	-
비공식 돌봄만 받는 인구		146	-
65세 미만	남성	52	21
	여성	38	15
65세 이상	남성	82	33
	여성	75	30

자료: Eggink et al. (2009).

2) 공식적 돌봄의 공급과 수요

특별의료비보장제도하의 공식적 돌봄은 노인만 대상으로 한 것이 아니며, 다음의 세 개의 영역으로 나누어진다.

- 돌봄 및 간호
- 장애인을 위한 돌봄
- 정신적 문제(*mental healthcare*)

즉, 노인장기요양 관련 돌봄서비스뿐 아니라 65세 이하의 만성질환, 급성치료, 정신적 장애치료를 포함한 것이다.

2007년 말 특별의료비보장제도 이용자는 58만 8천 명이며 전체 인구의 3.6%이다. 이 중에서 현물급여 이용자는 50만 명, 현금급여 이용자는 7만 명, 현물급여와 현금급여를 다 이용하는 경우는 1만 8천 명이다.

특별의료비보장제도 이용자 중 3분의 2가 고령자이며, 이 중 42%는 시설서비스를 받았다. 또한 고령 이용자 중 82%는 신체적 문제, 나머지 18%는 치매(*dementia*)로 인해 서비스를 이용하였다.

〈표 13-10〉 특별의료비보장제도 이용자 수(2007년)

(단위: 천 명)

구분		시설	재가	총계
노인	신체적 문제	109	210	319
	치매	55	17	72
	총계	164	227	391
신체적 장애		66	47	113
정신적 장애		23	61	84
총계		253	335	588

주: 가사도움 이용자는 제외.
자료: Netherlands Government(2009).

〈표 13-11〉 공식적 장기요양서비스 이용자 수(2006년)

(단위: 명)

연령	시설(연말)	시설	재가
65~70 미만	4,615	8,080	41,300
70~75 미만	9,870	16,895	70,235
75~80 미만	21,625	34,650	114,320
80~85 미만	37,885	56,770	134,685
85~90 미만	42,470	61,230	90,960
90~95 미만	27,130	39,460	33,610
95 이상	8,860	13,930	7,015
총계(65세 이상)	152,455	231,015	492,125
총계(18세 이상)	160,190	243,910	607,575

주: 시설의 경우에는 장애자 및 정신질환 환자를 제외.
자료: 네덜란드 통계청.

18세 이상 인구 중 공식적 장기요양서비스 이용자 수는 16만 명(2006년말)이었으며, 재가돌봄서비스 이용자는 약 60만 8천 명이었다. 네덜란드 통계청에 의하면 2004년과 2007년 사이에 재가서비스 수요는 1인당 연간 3.2%, 시간당 연간 8.6% 증가하였다.

5. 맺음말: 쟁점과 함의

네덜란드 장기요양보험제도의 장점은 네덜란드에 거주하는 모든 시민이 재난적 지출(*catastrophic expenses*)로부터 보호받을 수 있다는 것이다. 장기요양을 필요로 하는 사람은 위험을 보험 가입자에게 전가시키려는 경향을 보이는 민간 보험사와 대립할 필요 없이 서비스를 이용할 수 있다.

그러나 네덜란드 장기요양보험제도에는 몇 가지 약점이 있다. 첫째, 서비스를 받을 자격을 결정하기 위한 명확한 기준이 확립되어 있지 않다. 예를 들어 가정간호와 같은 활동이 어떠한 경우에 제공되어야 하는지 기준이 모호하다. 이는 비용증가와도 연계된다.

둘째, 효율성을 위한 인센티브가 부족하다. 제도 내의 비용증가는 통제하기 어렵고 향후 재정 지속성에 있어 많은 문제가 발생할 수 있다. 가사도움서비스를 사회 지원서비스로 이동한 것은 효율성을 증가시키기 위한 방안이었으나, 또 하나의 조직관리비용 증가를 초래하였다.

셋째, 시장의 공급 측면에 문제가 있다. 특히 재가서비스시장이 소수 공급자에 의해 지배되는 집중화 현상이 나타나는 것이다. 2008년 네덜란드 보건의료국의 보고에 의하면, 소규모의 시장 참여자가 시장에 진입하는 데에는 한계가 있으며, 지역사무소가 돌봄서비스를 구매하는 방식으로는 시장의 독과점화를 변화시키기 어렵다고 예상된다.

넷째, 장기요양서비스 현금급여가 증가하는 추세이다. 현금급여는 이점과 단점을 모두 지닌다. 특히 의도와는 다른 이용(*unintended use*), 환자의 직접 구매에 따른 서비스 질에 대한 감시 기능 저하 등이 두드러진 약점으로서 문제시된다.

다섯째, 장기요양서비스 지출비가 인구고령화로 설명할 수 있는 것 이상으로 급격히 상승하는 추세이다. 최근 네덜란드 정부는 장기요양 지출을 통제하기 위해 급여 축소, 본임 부담 확대, 효율성 제고 등의 방안을 적용하여 왔다. 하지만 장기요양체계 내의 효율성에 대한 인센티브는 여전히 취약하다. 효율성을 향상시키기 위해서는 접근성 또는 서비스의 질을 희생해야 하는 경우도 많다. 효율성에 최적화된 인센티브를 구축하려면 개인의 위험 보장과 사회적 연대(*solidarity*)가 약화될 위험이 존재하므로, 정치적으로 선택을 내리기 매우 어려운 문제이다.

네덜란드 정부는 2015년 장기요양제도 개혁을 단행하면서, 장기요양보험 이용 대상자에 관한 규정을 강화하였는데, 그 결과 서비스 접근성이 위축될 수 있다는 우려가 제기된다. 또한 새로운 법안이 시행되기까지 관련 제도를 정비하고 준비하는 과정이 매우 짧았으므로, 이로 인한 부담도 지적된다. 한편 기존에 시설서비스를 이용해 온 환자 중 새로운 자격 요건을 만족시키지 못하는 이들을 어떻게 해야 하는지, 또는 새롭게 장기요양서비스의 실행 주체가 된 지자체 및 민간 보험사의 전문성이나 문제 해결능력은 어떻게 확보, 보장할 것인지 등도 중요한 우려 대상이다. (van Ginneken & Kroneman, 2015). 향후 장기요양보험제도와 관련해서 해결해야 할 과제로 다음과 같은 이슈가 지속적으로 제기될 것으로 예상된다(Mot et al., 2010).

- 장기요양서비스 제도의 기능과 범위
- 사회적 연대와 관련한 정치적 선택: 사회적 책임과 개인적 책임의 분배
- 평가과정에서의 정치적 선택: 재정적 고려를 위한 역할의 수준
- 제도 내 효율성 인센티브의 적정성
- 서비스 질적 수준에 대한 정보 제공
- 공공제도하에서 제공되어야 하는 서비스의 질적 수준
- 민간보험의 역할

■ 참고문헌

국내 문헌

한국보건사회연구원(2012). 《주요국의 사회보장제도: 네덜란드》.

해외 문헌

Bakx, P., O'Donnell, O., & van Doorslaer, E. (2016). Spending on health care in the Netherlands: Not going so Dutch. Tinbergen Institute Discussion Paper.

CPB(2009). *Centraal Economisch Plan 2009*. https://www.cpb.nl/publicatie/centraal-economisch-plan-2009. 2017. 4. 5. 인출.

de Boer, A., van Groenou, M., & Timmermans, J. (2009). (ed.). *Mantelzorg, Een overzicht van de steun van en aan mantelzorgers in 2007*. The Hague: SCP.

Eggink, E., Woittiez, I., Jonker, J., & Sadiraj, K. (2009). *VeVeRa-III: Ramingen verpleging en verzorging 2005-2030, modelbeschrijving*. SCP.

Gleckman, H. (2010). Long-term care financing reform: Lessons from the U.S. and abroad. The Urban Institute, Commonwealth Fund, pub. no. 1368.

Glendinning, C., & Moran, N. (2009). Reforming long-term care: Recent lessons from other countries. Social Policy Research Unit, Working paper no. DHP 2318.

Netherlands Government(2009). Letter to the chairperson of Parliament, from the Assistant Secretary of VWS. January 29, 2009.

Maarse, J., & Jeurissen, P. (2016). The policy and politics of the 2015 long-term care reform in the Netherlands. *Health Policy*, 120, 241~245.

Mot, E. et al. (2010). *The Dutch System of Long-term Care*. European Network of Economic Policy Research Institutes, ENEPRI research report no. 90.

OECD(2011). *Help Wanted? Providing and Paying for Long-term Care*. Paris: OECD.

Poerstamper, R. J. et al. (2007). *Benchmarking in Dutch Healthcare: Towards an Exellent Organisation*. Amsterdam: PricewaterhouseCoopers.

Pommer, E., Woittiez, I., & Stevens, J. (2007). *Comparing Care, The Care of the Elderly in Ten EU-countries*. The Hague: SCP.

RIVM(2008). *Dutch Health Care Performance Report 2008*. Bilthoven: RIVM.

SER(2008). *Langdurige zorg verzekerd: Over de toekomst van de AWBZ, Uitgebracht aan de Staatssecretaris van Volksgezondheid, Welzijn en Sport*. Advice no. 2008. 03.

Tjadens, F. et al.(2008). *Long-term Care in Other Countries: Lessons for the Netherlands*? Netherlands Institute for Care and Welfare International Centre.

van Ginneken, E., & Kroneman, M.(2015). Long-term care reform in the Netherlands: Too large to handle? *Eurohealth Incorporating Euro Observer*, *21*(3), 47~50.

기타 자료

의료보험협회(CVZ) 홈페이지. www. cvz. nl.

네덜란드 통계청 홈페이지. http://statline. cbs. nl.

14
아동 및 보육서비스*

1. 머리말

아동 및 보육서비스(*early childhood education and care*: ECEC)는 0~6세 사이의 영유아기와 보육기를 포함하는 학령 전 아동의 발달, 보호, 교육을 목표로 제공되는 모든 형태의 보육서비스를 의미한다. 따라서 아동 및 보육서비스는 양육과 교육의 개념을 함께 포함한다. 아동 및 보육서비스는 협의의 개념과 광의의 개념으로 구분할 수 있는데, 협의로는 아동의 양육과 교육을 제공하는 직접적인 보육서비스를 의미하며 세부적으로는 시설보육, 가정보육, 유치원 등의 유형이 있다. 광의의 개념에는 아동의 전인적 발달을 지원하기 위하여 제공되는 부모의 양육 기능 강화, 출산휴가와 육아휴직제도, 가족친화정책, 영유아 건강서비스, 아동빈곤 감축정책 등 여러 영역이 포함된다.

* 이 글은 2012년 《주요국의 사회보장제도: 네덜란드》(한국보건사회연구원, 2012)에서 필자가 작성한 "제 1부 제 4장 아동 및 보육서비스"를 수정 보완한 것이다.

아동 및 보육서비스는 아동의 건강, 복지, 교육에 미치는 빈곤의 악영향을 감소시킬 수 있는 이론적 및 경험적 결과를 바탕으로 마련된다. 아동 및 보육서비스로부터 얻는 효과는 크게 두 가지인데, 첫째는 경제적 이득 및 노동시장의 반사이득, 둘째는 교육적 반사이득이다. 아동 및 보육서비스는 사회정책, 성평등, 생산경제 등에 미치는 파급효과가 매우 크기 때문에 개별 아동뿐만 아니라 사회 전체에서도 긍정적인 반사효과를 거둘 수 있다. 무엇보다도 아동 및 보육서비스는 아동에 대한 장기적 미래투자로서 가장 중요한 기여를 한다고 평가된다.

국가적 차원에서 아동 및 보육서비스가 요구되는 시대적 및 사회적 배경은 대체로 다음의 세 가지인데, ① 여성의 사회경제적 역할 변화, ② 인구구조의 변화와 다양화, ③ 교육평등과 조기교육을 강조하는 새로운 교육사조 등장이다. 우선, 아동 및 보육서비스 확대가 요구되는 데에 여성의 사회경제적 역할 변화가 결정적이라고 할 수 있다. 전 세계적으로 여성의 학력이 상승하였고, 산업구조의 변화와 맞물려 여성의 경제활동 참여율도 급증하고 있으며 앞으로도 계속 늘어날 것으로 예측된다. 여성의 경제활동 참여는 정부의 강력한 사회서비스 지원정책이 없을 경우 아동양육 및 보육과 충돌할 수밖에 없는데, 가족이나 친척을 통한 비공식적 방식으로는 아동양육 및 보육의 질, 안정성, 지속성 등을 확보하는 적절한 해결책이 되지 못하기 때문이다.

한편 여성의 경제활동 참여는 육아 부담 외에 가사 분담 문제도 야기한다. 성공평(*gender equality*)이란 여성의 취업, 고용, 임금, 승진 등 직업과 관련된 영역에서의 평등한 처우를 말한다. 반면 성평등(*gender equity*)은 가정에서 아동양육과 가사 분담의 평등까지도 포함한다(Bennett, 2008: 26). OECD 각 국가에서 경제활동에 종사하는 기혼여성들은 남편들에 비해 육아와 가사에 여전히 더 많은 시간을 할애한다(OECD Family Database, 2016). 이는 일과 가정의 조화로운 양립을 가능치 못하게 하여 여성의 경력이 단절되거나 육아와 가사 부담으로 인하여 경제활동의 질이 저하되는 원인이 된다.

둘째, 아동 및 보육서비스 확대의 근거를 인구구조의 변화와 다양화에서 찾을 수도 있다. 저출산 문제가 심각한 것은 비단 한국뿐만 아니라 네덜란드를 포함한 OECD 각국에서도 마찬가지이다(OECD Family Database, 2016). 저출산이 내포한 심각한 문제는 출산율이 인구대체수준 이하로 떨어져 노동력 공급에 차질이 발생하면서 지속적인 경제성장을 저해한다는 것이다. 아동양육 및 보육에 소요되는 직접비용 증가가 저출산의 가장 큰 원인으로 지적되지만, 여성의 경제활동 참여로 인한 기회비용 등의 간접비용 증가도 출산을 막는 원인으로 작용한다. 학력 취득기간의 연장과 고용시장 불안정성에 따른 실업 및 임시직・시간제 고용의 증가도 미혼남녀의 혼인기피, 만혼현상과 더불어 저출산의 원인이 된다.

또한 결혼이민자와 이주노동자 증가에 따른 다문화가정 아동의 증가는 인구구조 및 특성에 변화를 가져온다. 다문화가정 아동의 증가는 장기적으로 볼 때 사회와 교육 영역에서 새로운 문제를 부각시킨다. 다문화가정 아동은 다른 아동에 비해 학업성취도가 낮고 학교적응이 어려운 것으로 분석된다(Yu & Patterson, 2010). 이 아동들이 성장하는 동안 청소년 문제와 사회부적응 문제를 노출할 수 있다. 장기적인 사회통합을 위하여 아동 및 보육서비스를 제공해야 할 근거가 되는 것이다.

셋째, 아동에 대한 사회서비스 투자의 당위성 가운데 하나가 미래 인재양성을 위한 조기교육의 중요성과 교육평등의 실현을 위하여서이다. 취학 전 질 좋은 조기교육을 경험한 아동은 학령기와 청소년기의 학업에서도 성취도가 높다는 사실이 입증되고 있다. 뿐만 아니라 건강과 보건상태, 사회적 기능, 정신적 및 행동적 소양을 갖추는 것도 영유아기부터 가능하며, 한번 고착되면 수정하기 어렵다(Reynolds et al., 2007). 따라서 조기교육은 아동의 건전하고 건강한 전인적 발달에 실효성 있는 기여를 하는 것으로 평가받는다.

경험적 연구에 의하면 빈곤은 성장기 아동의 사회적 및 교육적 발달에 부정적인 영향을 미치며, 이러한 영향은 인적자본 투자에 대한 회수율이 가장 높은 아동기, 특히 영유아기에 극대화된다(Brooks-Gunn & Duncan, 1997). 헤드스타트(Head Start)와 같은 취학 전 조기교육 프로그램에 빈곤의 영향을 줄이는 효과가 있음이 밝혀지고 있듯이, 아동 및 보육서비스는 교육의 평등을 실현하는 데 일조할 수 있는 것이다(Love et al., 2005).

이상과 같이 여성의 경제활동 변화, 인구구성의 변화 및 다양화와 함께 아동 및 보육서비스의 필요성과 중요성은 갈수록 증대되며, 국가가 적극 개입해야 할 당위성이 강조된다. 대부분의 국가에서는 아동 및 보육서비스 제공을 위한 법제도적인 기반을 갖추고 복지재정의 상당한 부분을 아동분야 사회서비스에 투자한다. 제 14장에서는 네덜란드의 아동 및 보육서비스의 정책적 발전과 제도 현황을 살펴본 후 한국사회에 미치는 함의를 찾고자 한다.

2. 제도적 기반

1) 역사적 발달

(1) 법제도적 발달

네덜란드의 아동 및 보육서비스 관련 법제도의 발달 역사는 오래된 편이며 보육지원제도의 발달, 조기교육제도의 발달, 보육서비스 발달로 나누어 살펴볼 수 있다. 우선 보육지원제도를 보면, 1930년 제정된 〈상병급여법〉은 12주의 임신 및 출산휴가가 도입되는 최초의 법적 근거가 되었다. 그러나 1990년에 와서야 12주의 출산휴가가 16주로 늘어났다. 다음해인

1991년에는 육아휴직제도가 도입되었으며, 1997년에는 출산여성의 배우자를 위한 출산휴가가 도입되었다. 2001년에 제정된 〈일 및 보육법〉을 바탕으로 네덜란드의 보육지원제도는 하나의 틀을 구성하게 된다.

조기교육과 관련하여서는, 1956년에 제정된 〈조기교육법〉이 4~5세 아동을 대상으로 유치원(*kleuterschool*)을 통한 조기교육을 실시하는 법적 근거가 되었다. 〈조기교육법〉은 아동의 전인적 발달에 초점을 두면서 1974년에 대폭 개정되었으며, 1985년에는 4~5세 유치원 연령과 6~12세 초등학교 연령을 합쳐 4~12세 아동을 포함하는 새로운 초등교육제도로 통합되었다.

보육서비스에 대한 직접적 법이 제정된 것은 2000년대에 이르러서였다. 2004년에 〈아동보육 및 질 표준법〉(Wet Kinderopvang en kwaliteitseisen peuterspeelzalen)이 제정되었으며, 2005년에는 〈아동보육법〉(Wet op de Kinderopvang)이 제정되어 포괄적인 법제도적 기틀이 마련되었다.

(2) 서비스 발달

네덜란드의 역사를 살펴보면 19세기 후반 빈곤가정 아동을 위하여 최초의 탁아소(*kinderdagverblijf*)가 설립되었다. 범죄를 예방하고 여성에게 근로기회를 제공하는 것이 탁아소 설립의 가장 큰 목적이었다. 이후 보육서비스의 주요 형태는 빈곤가정 아동을 위한 탁아소가 중심을 이룬다.

20세기로 들어서며 아동 및 보육서비스 제공에 정부가 본격적으로 개입하기 시작한다. 1965년에 보육아동을 위한 놀이시설(*peuterspeelzaal*)이 최초로 출현하였는데, 이는 근로하는 부모를 위한 것이 아니라 아동보육에 초점을 둔 아동 중심 시설서비스였다. 1970년대에 놀이시설은 그 수가 현저히 늘어났으며 놀이시설 이외의 보육서비스 유형도 출현하였는데 보육시설, 가정보육(*gastouderopvang*), 방과후돌봄(*buitenschoolse opvang*) 등이 대표적이다. 그러나 1990년까지 이러한 유형의 서비스는 제한적이었다.

2) 정책적 변화

(1) 지방분권화와 규제완화

1980년대 경제침체와 더불어 네덜란드의 정책은 지방분권화와 규제완화로 선회하였다. 1980년대 중반부터 복지정책의 지방분권화가 시작됨에 따라 예산은 총괄보조금 방식을 통해 중앙으로부터 지방의 복지재정으로 이전되었으며, 일부 예산은 특정 프로그램이나 특별 정책에만 사용하도록 규정되었다. 지방분권화와 더불어 지방자치단체는 아동 및 보육서비스 제공에서 어느 때보다 더 중요한 역할을 담당한다. 중앙정부의 책임이 지방정부로 이관되는 분권화는 계속 진행 중이다.

분권화 정책의 실행은 규제완화와 맞물려 비정부 영역의 책임과 영향을 강화하는 추세를 낳았다. 보육서비스 영역에서도 고용주의 역할이 어느 때보다 부각되었으며, 부모단체, 노동조합, 지원기관 등도 의사결정에 직접적으로 참여하게 되었다. 이처럼, 네덜란드 정부의 목표는 규제완화와 더불어 아동 및 보육서비스에 직접적으로 관련된 제공자 측과 보육서비스를 받는 수요자 측 모두에게 책임을 묻겠다는 것이다.

중앙정부와 지방자치단체의 상호협력을 도모하기 위한 괄목할 만한 계기는 1998년 체결된 '신형동반자협약'(New Style Partnership Agreements, Bestuursaccoorden Neiuwe Stijl: BANS)이다. 이 협약을 통해 중앙정부와 지자체는 함께 모여 관련 영역의 정책적 목표, 계획, 협력을 명시하면서 정책개발과 수행에 대한 공통된 관점을 교류한다. 이 협상의 관련 영역 가운데 하나가 아동청소년정책이며 특히 0~6세 아동에게 우선순위를 부여한 바 있다.

(2) 사회적 배경

2000년대 들어서 네덜란드의 아동 및 보육서비스 정책에 큰 변화가 나타났다. 아동을 위해서뿐만 아니라 사회적 · 경제적으로 지속가능한 성장을 이어가기 위해서라도 아동에 대한 투자를 확대하여야 한다는 정치적 인식이 커지게 된 까닭이다. 이러한 인식이 확대되자 아동 및 가족정책의 변화를 요구하는 목소리가 커졌고, 특히 풍부한 양질의 아동 및 보육서비스를 강조하는 경향이 강화되었다.

아동 및 보육서비스에 대해 네덜란드의 대중적 및 정치적 관심이 모이게 된 사회적 배경은 다음의 세 가지이다. 우선 주목해야 할 것은 네덜란드의 노동시장이 고도의 전문적 정보사회로 변하고 있다는 점이다. 이는 현재와 미래 노동시장의 수급뿐만 아니라 교육정책에도 중대한 함의를 가진다. 이러한 맥락에서 보육 및 조기교육은 아동청소년이 충분한 훈련을 받고 노동시장에 진입할 수 있도록 학업중단을 방지하는 것을 주요 목표로 삼는다.

둘째, 네덜란드에는 결혼이주여성의 증가와 함께 다문화가정 아동이 급격하게 증가하였다. 다문화가정 아동의 급증은 교육제도와 보육서비스 수급에 중대한 영향을 미친다. 다문화가정의 대부분이 사회경제적 하층에 속해 있어 이들 가정의 아동은 교육기회에서 불리할 수밖에 없다. 다문화가정 아동청소년의 교육적 배제에 대처하기 위해서는 특별한 노력이 필요하며, 초기 연령부터 아동을 적극적으로 통합하는 교육 프로그램의 필요성이 강조된다.

셋째, 일하는 여성, 특히 출산 후에도 일을 계속하거나 보육아동을 두고 일을 시작하는 여성의 수가 늘어났다. 이는 기혼여성의 고용을 촉진하고 시간제 고용을 전일제 고용으로 전환하려는 네덜란드 정부의 정책적 기조와 맞물린 것이다. 그 결과, 보육기 아동을 위한 시설이나 학령기 아동을 위한 방과후돌봄에 대한 욕구가 커졌다고 할 수 있다. 이상과 같은 사회적 변화는 2005년 〈아동보육법〉을 제정하게 된 배경으로 작용하였다.

(3) 정책방향

변화하게 된 네덜란드의 아동 및 보육서비스 정책은 다음과 같은 방향을 지향한다. 첫째, 위기아동에 좀더 많은 투자를 하는 쪽으로 선회하였다. 위기가정 아동은 다문화가정 아동, 저소득층 아동, 장애아동을 포함한다. 실제로 위기아동 가운데 다문화가정의 아동은 일반아동에 비해 보육시설에 다니는 비율이 낮다. 따라서 정부와 지방자치단체는 이들 아동의 사회통합과 교육서비스에 상당한 투자를 하는 상황이다. 그리고 장애아동을 위한 특수보육에 대한 인식이 확산되면서 많은 장애아동이 일반 보육서비스에 통합되는 추세이다. 또한 저소득층 아동을 위한 보육지원이 강화되어야 한다는 인식도 강화되고 있다.

둘째, 모든 0~6세 아동을 대상으로 전통적인 교육, 사회복지, 건강 및 보건의료를 아우르는 통합적 서비스를 제공하려는 동향을 보인다. 이와 더불어 아동 및 보육서비스와 관련해서는 더 혁신적인 프로그램을 도입하였다. 조기집중교육 프로그램은 연구에 의해 그 효과가 입증되었으며, 정치적 차원에서도 가치 있는 것으로 인식되어 현재 학교 안팎에서 아동권익을 위한 주류 정책으로 편승되는 상황이다. 이와 더불어 정부는 제도적 장치를 마련하고 보육교사의 훈련제도와 질 관리를 위해 많은 노력을 투여한다. 결과적으로 국가 표준과 목표량이 개선되고 있다.

셋째, 아동 및 보육서비스 제공에 있어서 부모의 적극적 참여를 요구한다. 네덜란드는 부모의 공식적 참여와 영향력 행사를 법규로 정하였다. 특히 1999년 〈교육의 질 법〉(Act on Educational Quality) 제정과 함께 부모의 역할이 가일층 강조되었다. 모든 학교는 학교 안내서와 계획서를 작성하여 학교의 정책과 교육서비스의 질을 부모에게 설명하도록 규정된다. 그러나 모든 부모의 참여가 효과적으로 이루어지지는 않은 것으로 나타나는데, 특히 일하는 부모는 시간을 확보하기 어렵고, 다문화가정의 부모는 언어의 장벽으로 참여가 어렵기 때문이다.

2005년, 네덜란드는 획기적인 〈아동보육법〉을 제정하게 된다. 오늘날 네덜란드의 아동 및 보육서비스는 〈아동보육법〉을 근간으로 한다.[1] 이 법은 조기교육을 강조하던 기존의 정책과는 달리 일하는 부모를 위한 보육서비스 제공을 우선시한다. 이는 교육적 목표보다는 노동시장의 상황이 제도 및 정책의 주요 동인으로 작용하였음을 보여 준다. 2005년 이후, 이 법을 바탕으로 시장의 개입과 함께 아동보육비용 부담이 수요자 중심으로 개편되면서 공공과 민간의 협업을 목표로 하는 정책이 마련되었으며 공적 지원 아동보육서비스는 사라지게 된다.

3) 육아지원제도

네덜란드의 여성 경제활동 참여율은 OECD 국가 가운데서도 비교적 높은 편이다. 2011년, 여성의 71.4%가 경제활동에 참여하였으며, 60.5%는 시간제로 근무하였다. 20~64세 연령대의 전체 고용률은 77%인데, 남성은 82.6%인 반면 여성은 71.4%이다. 네덜란드는 OECD 국가 가운데 시간제 고용의 비중이 가장 높은 나라이며 특히 여성의 경우에는 60.5%에 달한다. 6세 미만의 아동을 둔 어머니의 고용률은 76.1%인데 반해 아버지의 고용률은 94.1%에 이른다(〈표 14-1〉 참조).

네덜란드는 육아지원에 대한 국가적 책임을 법으로 명시하며 근로와 보육의 양립정책을 실행하고 있다. 양립정책의 내용을 살펴보면 크게 네 가지로 구성되는데 시간제 근로, 출산휴가와 육아휴직, 세금공제, 보조금지원이 그것이다. 이 가운데 아동 및 보육서비스와 직접적으로 관련이 있는 출산휴가(*bevallingsverlof*)와 육아휴직(*ouderschapsverlof*) 제도를 살펴보기로 한다.

---

1) 〈아동보육법〉은 2010년과 2012년, 두 차례의 개정을 거쳤다.

〈표 14-1〉 네덜란드 고용률 개요

총고용률		77%
총실업률		4.4%
고용률	여성	71.4%
	남성	82.6%
6세 미만 아동을 둔 부모의 고용률	모	76.1%
	부	94.1%
시간제 고용률	남성	17.1%
	여성	60.5%

출처: Naumann et al.(2013: 127).

〈표 14-2〉 네덜란드 육아지원제도 개요

구분	내용	소득보전	활용률
출산휴가(출산여성)	16주, 산전 6주 + 산후 10주, 산후 10주는 필수.	소득의 100% (상한선 없음)	100%
출산휴가(배우자)	2일.	소득의 100% (상한선 없음)	100%
육아휴직	주당 근로시간의 26배 기간, 아동 연령 8세까지.	세금감면 방식	23~43%

네덜란드는 1989년 출산휴가와 육아휴직을 법으로 규정하였다. 임신여성은 출산 예정일 4주 전부터 출산 후 6주까지는 절대 일을 할 수 없도록 정하였다. 출산휴가(*maternity leave*) 제도를 살펴보면 일하는 여성은 출산을 위하여 16주의 유급 출산휴가(산전 6주+산후 10주)를 사용할 수 있으며, 6개월까지 분할 사용이 가능하다. 또한 〈상병급여법〉을 근거로 임금은 100% 보전된다. 자영업에 종사하는 여성도 16주 출산휴가를 사용할 수 있으며 〈자영인장애급여법〉(Self-employed Persons Disablement Benefits Act)에 따라 본인의 소득 규모에 준하는, 또는 최저임금 100% 수준의 지원을 받는다. 한편 출산 후 4주 내에 출산여성의 배우자는 2일의 유급휴가를 받을 수 있다(*paternity leave*). 배우자 출산휴가는 법적으로 보장되므로 때문에 활용률은 100%에 달한다.

네덜란드에서 육아휴직은 1991년에 도입되었다. 주당 근로시간의 26배에 해당하는 기간을 아동의 만 8세 생일까지 육아휴직으로 이용할 수 있다. 시간제와 분할제가 다 가능하며, 쌍둥이를 출산하면 육아휴직이 연장된다. 육아휴직을 받기 위해서는 일주일에 적어도 20시간 이상 근무해야 한다고 규정되며, 출산휴가는 임금의 100%를 보전해 주는 반면 육아휴직은 세금감면 방식으로 임금을 보전해 준다. 출산여성의 43%, 배우자 남성의 23%가 육아휴직을 활용한 것으로 나타난다(Naumann et al., 2013).

4) 아동 및 보육서비스 구조

네덜란드의 아동 및 보육서비스는 일반지원서비스, 가족개입서비스, 특별지원서비스의 세 가지 구조로 이루어진다. 첫 번째 일반지원서비스는 0~6세 아동을 주요 대상으로 제공되지만 연령대에 따라 유형을 달리하며, 놀이방(2~3세), 시설보육(0~3세), 방과후센터(4~12세), 초등교육(4~12세), 보건의료서비스(0~18세)로 구성된다.

가족개입서비스는 빈곤가정과 같이 주류에서 낙오된 아동 및 가족을 위

〈그림 14-1〉 네덜란드의 아동 및 보육서비스 구조

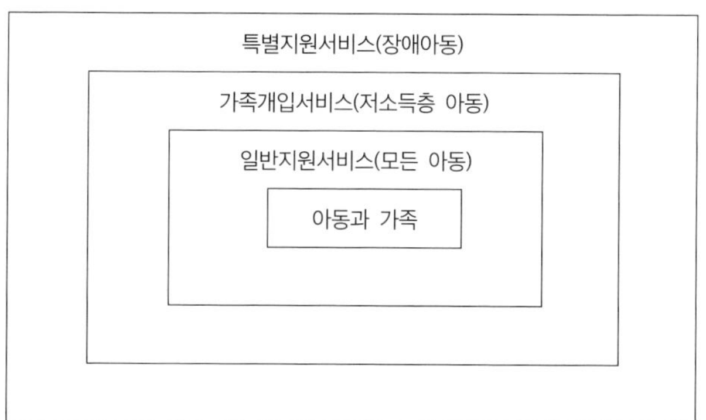

출처: VWS & OCenW(2000: 27).

〈표 14-3〉 네덜란드의 아동보육 및 조기교육체계

아동 연령	0~2.5세	조기교육	초등교육	
		2.5~3세	4~5세	6~12세
내용	보육서비스 조기교육 준비	놀이방	1~2학년 (기존 유치원 교육)	3~8학년 (정식 초등교육)
		보육 및 조기교육		

출처: OECD(2015: 33).

해 추가적 지원을 함으로써 이들이 사회에 편승할 수 있도록 제공되는 서비스이다. 아동발달 프로그램이나 부모지원 프로그램이 대표적 예이다.

특수지원서비스는 특수교육 욕구가 있거나 심각한 문제를 지닌 아동 및 가정에 대한 집중적 지원서비스로 장애아동 특수교육서비스, 학대아동 아동보호서비스, 심리적 및 법적 보호조치서비스 등이 포함된다. 이처럼 각 서비스는 아동 및 가족 특성에 따라 서비스를 한 층씩 늘려 가는 방식으로 제공된다(〈그림 14-1〉 참조).

아동 및 보육서비스의 가장 큰 틀에는 4~12세 아동을 위한 초등교육이 포함된다. 네덜란드의 의무교육은 5세에서 시작된다. 그러나 4세 아동도 초등학교에 다닐 수 있으며 실제로는 4세 아동의 95 ~98%가 초등학교에 진학하는 것으로 나타난다. 5세 이상 아동의 학교 출석은 엄격하게 규정되어 지켜지기 때문에 5~16세 아동의 출석률은 거의 100%에 이른다. 초등학교의 3분의 2는 사립이나 모든 학교에 대해 공적 지원이 이루어지며, 4~5세 아동을 위한 조기교육(기존의 유치원 교육)은 무료이다.

5) 전달체계

네덜란드의 중앙정부와 지방자치단체는 아동 및 보육정책을 수립하고 서비스를 제공하는 공동의 책임을 진다. 중앙정부는 법규 제정, 정책 틀 개발, 국가 표준과 목표량 구성, 개혁 추진, 서비스의 질 모니터링과 같은 주

〈표 14-4〉 네덜란드 아동 및 보육서비스 담당 중앙부처

중앙정부 부처	담당 주요 업무
보건복지체육부(Ministerie van Volksgezondheid, Welzijn en Sport: VWS)	보육서비스, 부모지원, 아동발달 프로그램, 보건의료, 특수아동, 청소년정책
교육문화과학부(Ministerie van Onderwijs, Cultuur en Wetenschappen: OCenW)	일반교육, 특수교육, 조기교육, 교육소외정책
법무치안부(Ministerie van Justitie en Veiligheid: JenV)	아동보호, 위탁, 범죄예방대책
사회고용부(Ministerie van Sociale Zaken en Werkgelegenheid: SZW)	근로와 양육의 양립정책
내무부(Ministerie van Binnenlandse Zaken en Koninkrijksrelaties: BZK)	소수민족 통합정책, 도시융합정책(Greater Cities Policy: GSB)

요 책임을 맡는다. 아동 및 보육서비스와 관련된 중앙정부 부처는 〈표 14-4〉의 다섯 개 기관이며, 이 중 보건복지체육부와 교육문화과학부가 오랫동안 핵심적 역할을 담당하였다. 보건복지체육부는 취학 전 놀이시설을 포함한 복지, 아동보육서비스, 부모지원, 사회교육활동, 아동보육지원과 관리감독을 담당하고, 교육문화과학부는 4세 이상의 아동을 위한 교육서비스를 담당해 왔다. 그러나 지난 2011년, 40년 이상 보건복지체육부가 담당하였던 아동 및 보육서비스 중 보육서비스 업무는 사회고용부로 인계되었으며, 조기교육과 관련한 업무 또한 교육문화과학부로 이관되었다.

네덜란드의 아동 및 보육서비스 제도의 마련과 제공에는 중앙정부, 지방정부, 지역사회가 책임을 분담하여 왔다. 법의 제정은 여전히 중앙정부의 책임으로 남아 있지만 실제로 아동 및 보육정책의 수행과 의사결정을 하는 데 있어 중앙정부 부처 외에도 지방자치단체, 부모, 보육기관, 보육사, 노동조합 등도 주요한 역할을 담당하는 것으로 알려져 있다. 이는 2005년 제정된 〈아동보육법〉의 영향이 적지 않다. 〈아동보육법〉에 의해 특히 지방자치단체는 2~3세 아동의 놀이시설 등 취학 전 아동의 보육을 책임지는 공공주체의 역할을 맡는다. 4~5세 아동을 위한 초등학교 저학년의 유치원 교육은 초등학교 이사회가 의사결정을 주도한다.

3. 아동 및 보육서비스 현황

1) 보육아동인구 현황

1998년, 네덜란드의 0~6세 보육아동은 136만 9천 명으로 추산되었으며 이는 전체 인구의 8.7%였다. 2010년, 0~6세 보육아동의 수는 124만 6천 명으로 줄어들었으며 구성비로 볼 때에도 전체 인구(1,647만 명)의 7.6%로 줄어들었다. 합계출산력은 1.78명, 첫째 아이 출산 시 출산모의 평균 연령은 29.4세이다. 한 가정 당 평균 아동 수는 2.1명이고 다문화가정의 아동 수는 3.7명으로 최근 급격하게 증가하는 추세이다.

2011년 기준으로 대부분의 아동이 양친(친부모 및 동거부모 포함)에 의하여 양육되나, 9%는 한부모가정에서 자라는 것으로 나타났다. 네덜란드 국가통계에 의하면 전체 아동 가운데 85~90%는 일반 아동 및 보육서비스 대상이 되지만 나머지 10~15%는 학대, 빈곤 등 특수욕구를 가진 위기아동으로 분류된다. 특히 이 가운데 2~3%는 범죄와 마약과 같은 심각한 사회 문제를 가진 아동으로 파악된다. 2011년의 빈곤아동은 13.7%로 추산되었다.

〈표 14-5〉 네덜란드 보육아동 관련 통계

보육아동 수	124만 6천명
합계출산력	1.78명
20세 미만 여성 출산아 수	천 명당 3.5명
한 가정 당 평균 아동 수	2.1명
첫째 아이 출산 시 출산모의 평균 연령	29.4세
14세 이하 아동인구 구성비	17.5%
한부모가정 아동 비율	9%

출처: Naumann et al.(2013: 126).

2) 보육서비스 현황

(1) 보육서비스 유형

네덜란드의 아동 및 보육서비스는 공식적 보육서비스(*formal child care*)와 비공식적 보육서비스(*informal child care*)의 두 가지로 분류한다. 공식적 보육서비스는 대표적으로 다음의 4가지 유형이 있다.

① 보육시설 혹은 보육센터(daycare center, day nurseries, kinderdagverblijf)

대표적인 시설보육의 형태이며 생후 6~8주에서부터 4세까지의 아동이 이용할 수 있다. 이용시간은 매일 아침 8시에서 오후 6시까지이다. 통상 한 주에 5일, 하루에 11시간까지 제공될 수 있다. 영리기관이나 비영리기관 모두 운영할 수 있으며 일부는 대기업의 연쇄점으로 운영되기도 한다. 보육비용은 정부지원금으로부터 세금감면 방식으로 환급받으며, 일부는 고용주가 지불한다. 일하지 않는 부모는 이러한 혜택을 받을 수 없다. 보육센터는 주로 일하는 맞벌이부모에 초점을 둔 시설이므로 시간제 근로부모에게도 제공된다.

② 놀이시설

2~4세 아동이 주된 대상이다. 아동은 한 주에 두 번, 아침반이나 오후반을 이용할 수 있다. 2~4세 아동은 통상적으로 주당 10시간을 이용한다. 놀이시설 등록과 감독은 지방자치단체에게 책임이 있다. 아동이 '위기' 상태이거나 '긴급' 상황인 경우를 제외하고 놀이시설을 이용하는 비용에는 별도의 세금감면 혜택이 없다.

③ 방과후돌봄

초등학교에 재학 중인 4~12세 아동이 대상이다. 2007년 이후 모든 초등

〈표 14-6〉 보육서비스 유형 요약

구분	장소	시간	대상아동 연령	보육인력
보육시설	시설	오전 8:00~오후 6:00	6주~4세	보육교사
놀이시설	시설	오전 혹은 오후 주당 2회	2~4세	보육교사
방과후돌봄	학교	오전 7:30~오후 6:30	4~12세	교사
가정보육	가정	오전 8:00~오후 6:00	6주~12세	가정보육교사

출처: Naumann et al.(2013: 131~133).

학교 이사회는 방과후 혹은 수업 전의 돌봄서비스를 제공해야 한다고 법으로 규정되었다. 교사훈련기간이나 학교 휴일 등 교사가 없는 날에도 등교 전・방과후에 돌봄서비스를 제공한다. 이용시간은 아침 7시 반부터 저녁 6시 반까지이다.

④ 가정보육

생후 6주부터 12세까지 아동을 대상으로 한다. 일반가정에서 가정보육교사(*childminders*)가 서비스를 제공하는 형태이며 시간 운영에 있어서 융통성이 있다. 부모와 보육센터 및 보육가정을 서로 연결해 주는 아동보육중개소(*gastouderbureaus*)가 있다.

(2) 운영체계

현재 네덜란드의 공식적 보육서비스 체계는 수요자 중심으로 이루어져 있으며, 1990년대까지는 시장과 복지라는 2중적 체계로 접근이 이루어졌다. 맞벌이부모는 민간 보육서비스를 구매하거나, 놀이시설 또는 가정보육을 이용하거나, 아니면 친척 등 비공식적 보육서비스를 활용하기도 하였다. 2000년에 비공식적 보육서비스 이용률은 60%에 달했다. 이와 함께 비영리기관의 비중이 컸던 서비스 제공자는 대폭 줄어들었다. 통계에 의하면 2003년 60% 수준이던 비영리기관의 비중이 2010년에는 30%선으로 줄어들었다.

또한 고용주의 지원을 통한 직장보육시설이 점차 늘어나는 추세이기도 하다. 지방자치단체는 사회경제적 욕구를 가진 아동을 참여시키는 공식적 보육서비스 제공자에게 지원금을 배정하였다. 이러한 기관의 대부분은 자선단체가 운영하는 놀이시설이나 보육시설로서 비영리기관이다. 공식적 보육서비스 제공기관의 70%는 정부로부터 지원금을 받는 시설이다.

네덜란드의 공식적 보육서비스는 제공하는 주체라는 측면에서 공공과 민간, 2개의 체계로 운영된다고 볼 수 있다. 민간의 서비스는 영리 및 비영리를 포함하는 민간 기반 보육시설이며 공공의 서비스는 공적 지원 놀이시설이다. 2005년에 제정된 〈아동보육법〉의 주요 목표는 맞벌이부모의 경제활동 참여를 활성화하는 것이었다. 그러한 맥락에서 보육시설, 방과후 돌봄, 가정보육이 확대되었다. 그 결과 놀이시설을 제외한 정부지원 보육서비스는 사라지게 되었다.

2~3세 아동의 62.5%는 보육시설을 이용하지만 그 나머지 아동들은 놀이시설을 이용한다. 놀이시설은 부모의 근로 여부를 떠나 지방자치단체가 2~4세 아동의 보육을 책임지는 시설이다. 출산력 저하와 형제자매 부재의 결과를 우려하여 아동이 또래와 놀면서 사회성이 발달하도록 돕고자 하는 것이 놀이시설 설립의 배경이다. 따라서 초기에 놀이시설을 설립하고 운영한 주체는 부모들이었다. 또 다른 유형은 지역복지기관이 주체가 되어 위기가정 혹은 사회적 취약계층의 아동을 대상으로 조직적으로 운영하는 놀이시설이다. 따라서 놀이시설에는 보모나 부모 혹은 자원봉사자를 인력으로 활용하는 비공식적이며 덜 전문적인 놀이시설과 조기교육을 강조하는 더 전문적인 놀이시설, 2가지 유형이 존재한다. 이러한 놀이시설을 이용하는 아동은 주로 저소득가정이나 취약계층 혹은 다문화가정 아동이다. 전자의 경우 대도시보다 작은 소도시 혹은 지역사회에서 이용률이 더 높다. 놀이방은 주로 독립적 사립재단으로 설립되어 다른 전국규모의 조직이나 복지단체에 소속된다.

아동은 일주일에 평균 2~3회, 매회 2.5~4시간 놀이시설을 이용한다. 놀이도구 등 물품은 지방정부의 보조금으로 충당되나 부모의 소득에 따른 기여도 요구되는 형편이다. 지방자치단체에 따라 지역적 교육 및 복지정책의 큰 틀에서 놀이시설 확대를 위해 노력하기도 한다.

(3) 보육아동 현황

네덜란드의 보육아동 현황을 살펴보면 2005년 〈아동보육법〉이 제정된 이후 보육서비스 이용 아동은 급격하게 증가한 것으로 나타난다. 2004년에는 2~4세 아동의 30% 미만이 보육시설을 이용하였으나, 그 비율은 2009년에 60%로 증가하였다. 2006년, 4~12세 아동의 5%만이 방과후돌봄서비스를 받았으나 2009년에는 16%로 증가하였다. 이와 함께 보육시설의 수도 크게 확대되어, 2003년에는 10만 개였으나 2010년 18만 개로 증가하였으며, 2003년 6만 개에 불과하던 방과후돌봄시설은 2010년 21만 개로 대폭 증가하였다. 정부는 이러한 증가가 2007년 〈아동보육법〉의 개정에 힘입은 것이라고 평가한다. 개정된 법에 따르면 초등학교는 부모의 요청에 의해 방과후돌봄서비스를 제공해야 하기 때문이다. 2009년에는 놀이시설 5만 4천 개가 제공되었으며 4만 8천 명의 아동이 이를 이용하였다. 2010년 이후로 지방자치단체는 학령 전 의무교육을 제공할 책임을 부여받았으며, 2011년의 조사에서는 80%의 수요를 충족시킨 것으로 나타났다.

그러나 보육아동의 수는 2011년을 기점으로 점차 줄어들었다. 네덜란드 통계청이 공표한 자료에 의하면 2012년에 공식적 보육시설을 이용한 보육아동은 전체 82만 7천 명이었으나 2014년에는 75만 4천 명으로 7만 2천 명이 줄어들었다. 같은 기간 동안 보육시설을 이용한 아동은 5만 명 가까이 줄어들어 이용률은 11%가 하락하였으며, 그 결과 방과후돌봄서비스를 받은 아동과 그 수와 비슷해졌다. 공식적 보육서비스를 받는 아동이 줄어든 것은 전체 보육아동 수의 감소와 2013년에 변경된 보육서비스지원 규정에

〈표 14-7〉 네덜란드 아동의 연령대별 공식적 보육서비스 이용률(2005~2014년)

(단위: %)

연령대	주당 보육시간	2005	2006	2007	2008	2009	2010	2011	2012	2013	2014
0~2세	1~29시간	36	41	39	41	43	44	46	39	40	38.5
	30시간 이상	4	4	4	6	6	6	6	7	6	6.1
3~4세	1~29시간	82	82	80	77	75	76	76	75	71	73.7
	30시간 이상	7	7	11	12	12	15	13	14	15	13.5

출처: Eurostat(2017).

〈표 14-8〉 연도별 공식적 보육서비스를 받은 아동의 수(2007~2014년)

(단위: 천 명)

구분	2007	2008	2009	2010	2011	2012	2013	2014
전체*	573	709	782	804	834	827	780	754
보육시설	357	418	440	450	458	450	419	401
방과후돌봄	253	340	396	411	430	429	410	402

* 보육시설에서 방과후돌봄으로 옮겨간 4세 아동을 포함하였기 때문에 전체 보육서비스 아동 수가 보육시설 아동과 방과후돌봄 아동을 합친 수보다 적음.

출처: Statistics Netherlands(2017).

〈그림 14-2〉 연도별 공식적 보육서비스를 받은 아동의 수 추이(2007~2014)

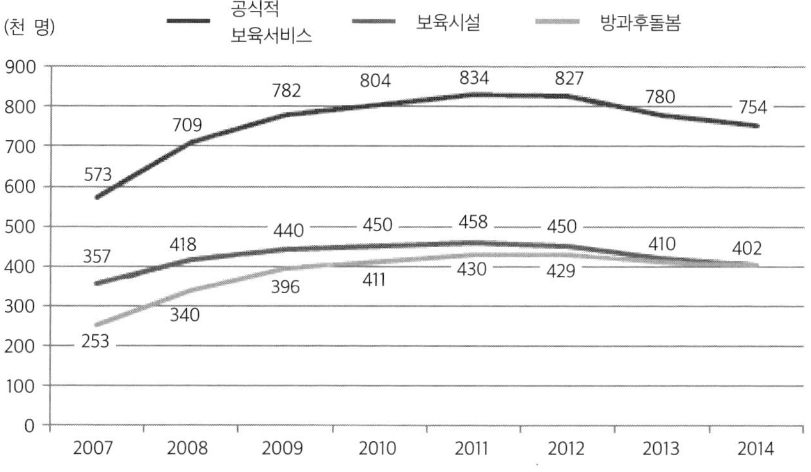

서 그 원인을 찾을 수 있다. 2012년에서 2014년까지 네덜란드의 아동인구는 2.5% 감소하였다. 또한 경제적 침체와 함께 실업이 증가한 것도 보육에 대한 수요를 떨어뜨린 원인으로 작용하였다. 여기에 긴축정책을 바탕으로 보육서비스지원 규정이 엄격해짐에 따라 2013년에는 보육수당을 받는 부모의 수가 급감하게 된 것이다.[2] 2014년 기준, 3세 이하 아동의 45%는 보육시설이나 놀이시설을 이용하였으며, 64%는 친인척, 가정보육교사, 아이돌보미 등에 의해 비공식적 보육서비스를 받는 것으로 나타났다. 또한 3세 이하 아동의 77%가 공식적 또는 비공식적 보육서비스를 받는 것으로 나타났다.

3) 보육인력 현황

보육교사는 보육서비스 유형에 따라 호칭이 다르다. 보육시설의 보육인력은 보육사 혹은 보육교사(*child carer*), 놀이시설에서는 놀이교사(*playgroup leader*), 가정보육에서의 인력은 가정보육사(*official childminder*)라고 부른다. 일반적으로 보육시설에는 보육교사 이외에 시설장(*head*)과 보조교사(*assistant*)가 있다. 대부분 보육교사가 되기 위한 최소한의 자격 요건은 고등학교 졸업이다. 그러나 전문성을 확보하기 위하여서는 자격취득이 요구되며 3등급(Level 3)의 보육교사가 되기 위하여서는 2년제 대학을 졸업해야 한다. 2008년에는 보육교사 가운데 44% 이상이 전문대학 이상의 자격을 갖춘 것으로 나타났으며 이후 최근의 통계는 발표되지 않았다(Naumann et al., 2013).

방과후돌봄이나 놀이시설의 보육교사들은 근무 중 직무연수를 반드시 받아야 하며 이는 채용 요건 혹은 임금협약에 포함된다. 일부 놀이시설에

---

2) 2013년 보육서비스 지원 규정이 바뀜에 따라 2013년과 직접 비교가 불가능하다.

〈표 14-9〉 보육교사 1인당 담당하도록 규정된 연령대별 아동 수

아동 연령(세)	0~1	1~2	2~3	3~4	4~12
아동 수(명)	4	5	6	8	10

자료: OECD Family Database(2016).

서는 무급 자원봉사자나 인턴을 고용하기도 하며, 일반적으로 아동과 관련된 직업 가운데 보육시설이나 놀이시설에 근무하는 보육교사직은 고급 직종으로 치부되지 않으나 최근에는 보육시설과 놀이시설 보육교사들의 임금이 상승되었다. 대부분의 보육교사는 여성으로 구성된다.

보육서비스의 질 관리 상황을 보여 주는 대표적인 지표가 아동 대 보육교사의 비율이다. 네덜란드의 〈아동보육 및 질 표준법〉은 보육교사 1인당 아동의 수를 규정하되, 아동의 각 연령대에 맞추어 정하였다. 0~1세는 아동 4명당 1인, 1~2세는 아동 5명당 1인, 2~3세는 아동 6명당 1인, 3~4세는 아동 8명당 1인, 4~12세는 아동 10명당 1인이다.

4) 보육서비스의 비용

보육서비스를 사용한 비용은 영리와 비영리를 불문하고 부모가 부담하는 것을 원칙으로 하되 정부, 고용주, 부모의 3자 부담으로 이루어진다. 2005년 〈아동보육법〉의 제정과 함께 정부지원은 부모를 대상으로 직접 이루어진다.3)

부모는 12세 미만의 아동에게 사용한 비용의 3분의 1을 고용주로부터 환급받는다. 맞벌이부모는 각자 6분의 1씩 받는다고 볼 수 있다. 정부의 보

3) 2007년부터 네덜란드에서는 자녀 유무에 상관없이 모든 고용인들은 임금에서 일정부분을 아동보육비용으로 내고 있다. 2011년의 경우 총임금의 0.34%에 해당하는 금액을 지불하였다(Naumann et al., 2013: 133).

육비용 부담이 커지자 네덜란드는 2012년 1월을 기점으로 양 부모 가운데 더 적게 일하는 측의 노동시간에 맞추어 지원금액을 정한다. 대체로 보육시설 이용 시에는 비용의 1.4배, 방과후돌봄 이용 시에는 비용의 0.7배로 정한다. 부모의 양육비용 부담률은 소득에 따라 3.5%에서 많게는 66.6%에까지 이른다.

2005년 〈아동보육법〉의 시행과 함께 그동안 시행되었던 정부의 교부금 지원 방식이 세금환급으로 바뀌었다. 이에 따라 아이를 양육하는 부모는 어떤 형태의 공식적 보육서비스를 선택하든지 지원금은 나중에 환급 방식으로 받게 되었고, 서비스 제공자(센터 등)를 대상으로 한 지원금은 사라졌다. 양육서비스는 주로 맞벌이부모를 대상으로 한 것인데, 제공자들은 임의로 가격을 정할 수 있으나 정부가 상한가격을 정하며, 2012년 기준 상한은 시간당 6~7유로이다. 놀이시설의 비용은 지방자치단체에 따라 다르며, 부모는 각자 소득 수준에 따라 기여하게 된다. 근로부모를 대상으로 한 것이 아니므로 고용주로부터의 기여는 받지 않는다.

부모가 일하는 동안 가정 외부에서 아동보육을 위해 지불하는 비용에 대해서는 아동양육수당(*kinderopvangtoeslag*)이 지급된다. 지급액은 가구의 구성, 서비스의 유형 및 비용, 특히 부모의 소득 수준에 따라 달라진다. 정부는 수당의 상한선을 정하는데, 2012년에는 아동보육센터에 대하여 시간당 평균 6.36유로, 방과후돌봄에 대하여는 시간당 5.93유로를 상한선으로 지정하였다. 그러나 실제 시간 당 보육비용은 더 올라갈 수도 있으며 지역에 따라 다소간 격차가 나타나기도 한다.

네덜란드는 2011년에 총 GDP의 51.2%를 정부의 공적 지출에 사용하였다. 사회보장에는 GDP의 31.6%를 지출하였으며, GDP의 2.84%를 아동 및 가족에게 직접 투자하였다. GDP의 0.38%를 조기교육에 투자하였고, GDP의 0.3%는 아동보육서비스에 지출하였다.

정부는 공식적 아동보육서비스 지원금으로 2005년에 7억 유로를 지급하였으나 2011년에 이는 32억 유로로 증가하였다. 이 가운데 40%는 고용주에게서 충당된다. 지원금재정의 상승 원인으로는 보육아동의 증가, 보육시간의 증가 그리고 등록된 보육교사의 증가를 들 수 있다. 지방자치단체는 놀이시설과 조기교육(유치원)에 지원금을 제공하는데, 지원을 시작한 2009년부터 2012년까지 2천만 유로를 지원하였으며 그 이상의 재정을 중앙정부로부터 지원받았다. 놀이시설의 경우, 부모에 대한 보육비용 지원금은 없다. 네덜란드 정부는 4세 미만 아동은 부모가 돌보아야 한다는 정책적 방향을 견지하여 조기교육만 무료로 실시하기 때문이다.

4. 맺음말: 시사점과 제언

1) 시사점

네덜란드의 아동 및 보육서비스의 특성을 다음과 같이 요약할 수 있다. 첫째, 일하는 부모를 지원하는 가족친화적 노동정책을 기반으로 하며 보육재정의 지방분권화와 규제완화를 지향하고 있다. 네덜란드의 아동 및 보육서비스비용의 상당 부분은 부모가 담당한다. 특히 보육비, 기회비용, 시간비용 등의 대부분은 부모가 직접 감당해야 한다. 그러나 네덜란드 정부는 출산휴가, 육아휴직, 보육서비스 제공과 더불어 세금감면을 통하여 부모가 지는 부담을 경감하기 위하여 상당한 노력을 투입하고 있다.

둘째, 네덜란드의 아동 및 보육서비스 제공에서 가장 두드러진 특징은 공적 지원 놀이시설과 민간 기반 보육시설을 이원화하여 체계를 구성한 것이다. 즉, 맞벌이부모 등 보육서비스비용을 지불할 수 있는 부모와 위기가정 및 취약계층가정, 특히 증가 추세의 다문화가정 등 보육비용을 감당할 수 없는 부모를 분류한 후, 맞벌이부모를 위하여서는 다양한 유형의 보육서비스를 마련하여 수요를 충족시키고, 취약계층 가정 등에는 공적 지원 놀이시설을 마련하여 아동의 조기교육을 충실하게 담당한다.

셋째, 지방분권화가 진행되는 가운데 운영, 인력훈련, 보육서비스 접근성, 질 관리 등을 통하여 정부는 제도의 조정과 집중을 획득하고자 한다. 그러나 네덜란드 아동 및 보육서비스의 문제점으로 지적된 부분이 바로 보육교사의 부족이었으며 이는 보육교사의 사회경제적 지위가 낮기 때문이었다. 따라서 정부는 정책적 관심을 투입하여 최근에는 보육교사의 임금이 상승하기도 하였다.

2) 제언

네덜란드 아동 및 보육서비스 현황과 시사점을 바탕으로 한국의 아동 및 보육서비스 제도 확충을 위한 정책적 제언을 몇 가지 거론하고자 한다.

첫째, 보육시설의 확충이 가장 먼저 강조된다. 보육서비스의 비용이 저렴하고 질은 뛰어난 국공립 보육시설의 수요가 가장 높다. 정부의 재정지원을 바탕으로 이러한 시설을 확충하는 것이 가장 바람직하다. 또한 직장 보육시설의 확충도 도모하여야 할 것이다. 특히 맞벌이부부의 경우에는 보육아동을 일하는 장소에서 같이 돌볼 수 있는 것을 가장 많이 희망한다. 따라서 일정 수 이상의 여성 근로자가 근무하는 사업장이나 직장에서는 보육시설을 만들거나 보육서비스를 제공하는 시설을 마련해 주도록 법으로 정하여야 할 것이다. 이와 함께 다양한 아동 및 보육서비스 유형을 마련해야 한다. 네덜란드의 아동 및 보육서비스 유형을 살펴보면 시설에서 전일제 외에 반일제 보육서비스도 제공하며, 점심시간, 방과후, 주말 등 이용 가능한 시간대도 다양함을 알 수 있다. 다양한 보육서비스 유형 및 시간대 활용은 맞벌이부부의 근로를 장려하는 효과를 줄 수 있을 것이다. 장기적으로 볼 때는 우리나라가 심각하게 겪는 출산율 저하를 완화하는 데에도 일익을 담당할 것으로 기대된다.

둘째, 한국에서도 다문화가정 아동의 수가 급격하게 증가하는 상황을 고려하여 다문화가정 아동을 위한 보육 및 조기교육서비스 확충을 고려해야 할 것이다. 다문화가정 아동의 수적 증가는 아동인구 구성을 변화시킬 뿐만 아니라 아동의 보육 및 조기교육에 미치는 영향도 매우 크다. 우선 다문화가정의 구성을 볼 때, 농어촌 거주 비율과 사회경제적으로 저소득층에 속하는 비율이 높다. 또한 결혼이주여성과 한국인 남성 간의 가정이 다른 유형의 다문화가정에 비해 상대적으로 많은데, 이러한 다문화가정의 아동은 결혼이주여성인 모친이 한국어 및 한국문화를 완전하게 습득하지 못한 결과로 가정 내 보육 및 조기교육을 충실하게 받지 못할 가능성이 상대적으로 높다. 이들 아동은 교육기회에서 더 불리할 수밖에 없는 것이다.

따라서 다문화가정 아동의 교육적 배제를 조기에 차단하고 효과적으로 대처하기 위해 특별한 제도적 노력이 필요하다. 아동의 초기 연령부터 다문화가정을 적극적으로 참여시키는 아동 및 보육서비스를 마련하여야 할 것이다. 다문화가정 아동 및 위기가정 아동을 위한 보육서비스는 아동권리를 증진시키는 측면에서도 강조되어야 할 것이다.

셋째, 양질의 풍부한 아동 및 보육서비스를 제공하는 데에 있어서 또 하나의 관건은 자격을 갖춘 보육교사 혹은 보육사의 공급이다. 네덜란드의 아동 및 보육서비스 제도로부터 얻을 수 있는 정책적 시사점 가운데 하나는 네덜란드가 보육교사의 훈련 및 질 관리를 위해 많은 노력을 투여하고 있다는 점이다. 따라서 보육시설을 확충하고 서비스를 제공하기 위한 계획에 발맞추어 장·단기적 보육서비스 인력의 수급을 추계하고 이를 바탕으로 공급계획을 수립하면서 목표치를 책정하는 것을 고려해야 할 것이다. 우리나라에는 보육교사를 포함한 보육인력을 둘러싸고 여러 가지 문제가 제기된다. 직종에 대한 낮은 사회적 인식, 임금의 수준과 근로시간, 근무환경 등 보육교사의 열악한 처우 등에 대해 충분한 논의를 거쳐 방책이 마련되어야 한다. 이를 통해 정부의 재정적 지원이 이루어질 수 있는 효과적 방식을 찾아야 할 것이다.

■ 참고문헌

국내 문헌

한국보건사회연구원(2012). 《주요국의 사회보장제도: 네덜란드》.

해외 문헌

Akgündüz, Y. E., & Plantenga, J. (2012). Equal access to high quality child care in the Netherlands. Paper at the conference on equal access to child care: Providing quality early years education and care to disadvantaged familie, Utrecht University School of Economics.

Bennett, J. (2008). Early childhood services in the OECD countries: Review of the literature and current policy in the early childhood field. Innocenti Working Paper 2008-01, UNICEF/Innocenti Research Centre.

Broekhof, K. (2006). Preschool education in the Netherlands. Sardes Educational Services.

Brooks-Gunn, J., & Duncan, G. J. (1997). The effects of poverty on children. *The Future of Children*, *7*(2), 54~71.

Love, J. M. et al. (2005). The effectiveness of Early Head Start for 3-year-old children and their parents: Lessons for policy and programs. *Developmental Psychology*, *41*(6), 885~901.

VWS & OCenW(2000). Early childhood education and care policy in the Netherlands. Background report to the OECD-project.

Naumann, I., Mclean, C., Koslowski, A., & Tisdall, K. (2013). *Early Childhood Education and Care Provision: International Review of Policy, Delivery and Funding*. Final Report, Scottish Government Social Research.

OECD(2015). *Starting Strong IV: Monitoring Quality in Early Childhood Education and Care.*

Plantenga, J., & Remery, C.(2009). *The Provision of Childcare Services. A Comparative Review of 30 European Countries.* European Commission's Directorate-General for Employment, Social Affairs and Equal Opportunities.

Reynolds, A. J. et al.(2007). Effects of a school-based, early childhood intervention on adult health and well-being: A 19-year follow-up of low-income families. *Archives of Pediatrics and Adolescent Medicine*, *161*(8), 730~739.

Yu, F., & Patterson, D.(2010). Examining adolescent academic achievement: A cross-cultural review. *The Family Journal*, *18*(3), 324~327.

기타 자료

네덜란드 통계청. https://www.cbs.nl/en-gb. 2017. 5. 9 인출.

Eurostat. http://ec.europa.eu/eurostat/data/database. 2017. 3. 인출.

OECD Family Database. http://www.oecd.org/els/family/database.htm. 2016. 12. 1. 인출.

15
주택 및 주거서비스

1. 머리말

네덜란드는 사회주택 재고율이 세계에서 가장 높은 나라로 우리에게 알려져 있다. 전성기 45%에 이르렀던 사회주택 비중은 최근의 자가소유 장려정책 등의 결과 2016년 31% 수준으로 떨어졌으나, 여전히 세계 1위를 지키고 있다. 약 240만 호라는 절대량도 세계 3위의 수준으로, 세계 1, 2위가 네덜란드에 비해 인구가 3~4배 많은 영국과 프랑스임을 감안하면 사회주택부문에서 네덜란드의 사례가 주는 의의가 얼마나 큰지 알 수 있다. 분양전환에 대한 부담 없이 장기적 거주가 가능한 공공임대주택 재고율이 2015년 6%에 못 미치는 우리나라의 현실에서 네덜란드는 부러움 내지 경이의 대상이었다.

그러나 사회주택은 네덜란드의 주택 및 주거서비스를 구성하는 하나의 요소일 뿐이다. 네덜란드에서는 사회주택뿐만 아니라, 임대료지원과 각종 자가소유 및 '사회적 소유' 지원정책이 함께 시행되기 때문이다. 따라서 네덜란드의 다양한 주택 및 주거서비스에 대해 전반적 이해를 도모할 필요가 있다.

최근 한국에서도 사회주택(서울시), 사회적 주택(LH공사)이라는 이름으로 사회적 경제주체에 의한 주택 공급이 시작되는 등, 네덜란드의 주택부문과 유사한 성격의 발전이 나타나기 시작했다. 그러나 주택점수-임대료 연동제나 전면적인 주거보조비 지급 등이 시행되는 네덜란드의 상황과는 차이가 크다. 이를 감안하여 네덜란드의 전반적인 주택·주거서비스가 한국의 주택정책에 주는 시사점을 모색하는 것이 제 14장의 목적이다. 이를 위해 우선 네덜란드 주택시장 및 주거실태를 간략히 조망하고, 사회주택, 임대료 보조, 자가소유 지원 등 정책수단별로 살펴볼 것이다. 결론으로는 네덜란드 주택·주거서비스가 우리에게 주는 시사점을 짚어 본다.

2. 주택부문 및 주거실태

네덜란드의 주택부문은 57%를 차지하는 자가 거주부문과 43%에 이르는 임대부문으로 나뉜다. 특기할 부분은 임대부문의 90%가 임대료 규제의 대상이라는 점이다. 또한 주택협회(*Woningcorporatie*)가 공급 및 관리를 맡는 사회주택(*social housing*, *sociale huurwoning*)이 임대부문의 73%(전체 주택 대비 31.4%)에 달한다. 이렇게 시장에 의해 배분되지 않는 주택의 물량이 상당하기에 네덜란드의 주택부문을 '주택시장'이 아닌 '주택부문'이라 부른다. 이 사회주택부문, 즉 비영리부문은 큰 틀에서 민간부문으로 분류된다. 개인이나 기관투자자들이 영리를 목적으로 주택을 임대하는 부문(*private rental sector*) 역시 민간부문에 속하므로, 같은 민간부문 내에서 영리부문은 비영리부문과 구분하여 '민간 임대'가 아닌 '사적 임대'라고 번역하는 것이 적절하다(〈그림 15-1〉 참조). 실제로 네덜란드에서는 임대부문을 일반적으로 사회주택(*social housing*)과 시장주택(*market housing*)으로 구

〈그림 15-1〉 주택부문의 구조와 민간부문의 광의 및 협의

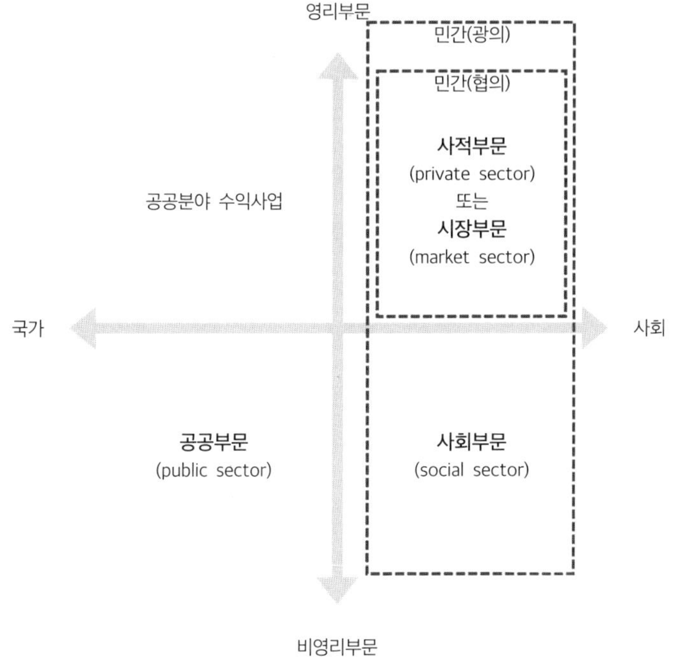

별하여 부른다. 따라서 '시장'이라는 표현으로 '사회부문'과 '시장부문'을 아우르는 것은 부적절하며, 공공부문까지 포괄할 수 있는 '주택부문'으로 통칭하여야 한다.

네덜란드의 주택부문의 구성을 살펴보면, 2015년 기준으로 자가의 비중이 57%, 임대의 비중이 43%이며 여타 유럽 복지국가의 일반적 상황과 크게 다르지 않다. 그러나 임대부문의 세부적 구성을 살펴보면 네덜란드 특유의 주택협회의 역할과 단일임대시장으로서의 특성이 두드러진다. 네덜란드의 경우 임대부문의 90%가 규제부문(2015년 7월 기준, 월 임대료 710유로 이하의 주택)으로, 사회주택과 동일한 조건에서 경쟁한다. 이는 '비영리 임대부문과 사적 임대부문이 사회적 시장(*social market*)이라는 하나의 임대시장으로 통합된다'는 특성을 일컫는 케메니의 '단일임대시장' 모형에 부합

〈표 15-1〉 네덜란드 주택부문의 구성

<table>
<tr><td colspan="5">전체(100%) 760만 호</td></tr>
<tr><td colspan="4">임대(43%) 330만 호, 90% 규제부문, 10% 비규제부문</td><td rowspan="3">자가(57%)
430만 호</td></tr>
<tr><td colspan="2">투자자(7.7%) 약 60만 호</td><td rowspan="2">주택협회(31.4%)
약 240만 호

94% 규제부문
6% 비규제부문</td><td rowspan="2">기타(3.9%)
약 29만 호</td></tr>
<tr><td>개인(5.9%)

75% 규제부문
25% 비규제부문</td><td>기관(1.8%)

45% 규제부문
55% 비규제부문</td></tr>
</table>

자료: Capital Value(2016)에서 CBS(네덜란드 통계청), Aedes CiP 2015, IVBN을 토대로 집계한 그림을 표로 재구성.

하는 사례라 할 수 있다(Kemeny, 1995). 공급주체별로 살펴보면 비영리기관인 주택협회가 약 31%(임대주택 중에서는 73%), 영리 목적의 투자자 등이 약 8%(임대주택 중에서는 18%), 기타 4%(임대주택 중에서는 9%)이다. 주택협회 소유분인 약 240만 호 중에서 다시 94%가 규제부문에 속하고, 6%가 임대료 통제를 받지 않는 비규제부문이다. 자세한 내용은 〈표 15-1〉과 같다.

흔히 우리나라의 민간 임대주택의 개념에 해당하는, 1가구 2~3주택 소유자가 여유분 주택을 전세 등으로 임대하는 경우는 약 6%이다. 우리나라의 민간 임대와 공공 임대의 비중이 네덜란드에서는 역전된다 할 수 있다. 〈표 15-1〉에서 보듯 사적 임대부문 내에서도 규제부문이 4분의 3을 차지하는 등 앞서 말한 '단일임대시장'의 특성이 강하게 드러난다.

시장부문의 주택가격은 1990년대 이후 지속적인 상승세를 보였는데, 특히 1990년대 후반에 급상승하여 2000년의 평균적인 주택가격은 1990년에 비해 2.5배까지 상승하였다(Scanlon & Whitehead, 2004). 2003년 이후 명목 주택가격 성장률은 연간 4% 수준으로, 물가상승률을 고려할 때 실질가격상 꾸준히 안정된 추세를 보여 주었으나(Ball, 2011), 글로벌 금융위기로 인하여 2008~2013년간 주택가격이 20% 하락하였다(Capital Value, 2016). 그러나 금융위기가 잦아든 2013년 이후로 주택가격은 다시 상승하

〈그림 15-2〉 네덜란드 평균 주택가격 추이(출처: Calcasa, 2016)

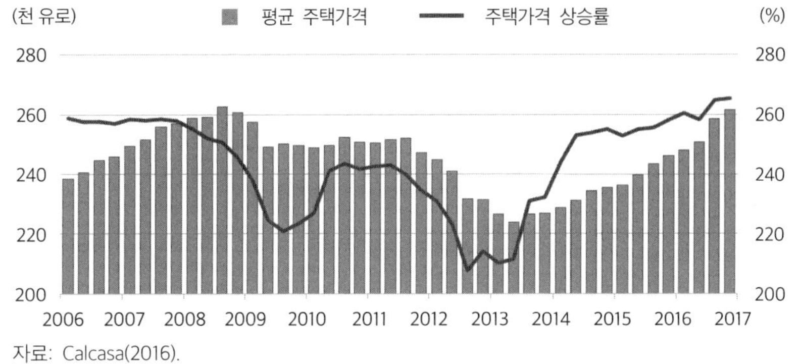

자료: Calcasa(2016).

기 시작하여 2013년 0.24%, 2014년 3.65%, 2015년 5.15%의 명목상승률을 보였다(CBS, 2016). 2016년 4사분기 기준을 보면 주택가격은 2009년의 수준을 회복한 상태이다(〈그림 15-2〉 참조).

한편 임대부문은 부분적으로 정부의 통제하에 놓여 있음에도, 임대료는 1970년대 이후 꾸준히 상승하였다. 주택가격 상승에 비해 임대료 상승도 낮은 수준은 아니었다(Toussaint & Elsinga, 2007). 그러나 네덜란드 임대부문(사회 임대와 시장 임대를 합하여 전체 주택의 43%)의 90%는 임대료 규제부문에 속하여, 정부의 통제하에 놓여 있다. 규제부문의 임대료 상승 상한선은 2015년에는 2.5%로 고시된 바 있으며, 매년 7월 1일을 기준으로 새롭게 고시된다. 실제 임대료 상승률은 2016년의 경우, 임대료 규제부문은 1.6%, 자유(비규제) 부문은 2.2%였다(Statista, 2016).

한편, 네덜란드 국민들은 유럽 전체와 비교하여 대체로 넓은 집에서 산다. 1인당 주거면적은 41제곱미터(2000년)이며, 호당 주거면적은 98제곱미터(2000년)로, 벨기에, 프랑스, 영국 등의 주거면적에 비해 약 10% 더 넓다(Ball, 2011). 또한 주택 당 방 수는 평균 4.3개(2009년), 평균 가구원 수는 2.4명(2008년)이다.[1] 저소득가구로 간주되는 중위소득 60% 이하 가구 중 과밀가구는 6.3%(2008년)로 몰타(Malta), 키프로스(Cyprus) 등

작은 도서 국가에 이어 유럽에서 가장 낮은 수준이며, 가구의 소비에서 주거비가 차지하는 비중은 23.2%(2005년)로 EU 평균인 21.2%보다 약간 높은 수준이다(Dol & Haffner, 2010; Czischke & Pittini, 2007). 1천 명당 주택 수는 445호(2014년), 공가율은 전체 주택 재고 대비 2.5%로 국가 전체적인 차원에서 양적인 주택 부족 문제는 없으나, 대도시가 몰린 서부지역에서 주택이 다소 부족하며 동부지역 등 농촌지역에서는 주택 부족 문제가 대두되지 않는다.[2)]

주택점유형태의 변화 추이를 살펴보면, 〈그림 15-3〉에서 보는 바와 같이 1980년대의 전성기에는 사회주택 거주가 45%에 육박했을 정도로 사회주택의 공급이 활발하게 이루어졌다. 제2차 세계대전 직후에는 사적 임대주택의 비중이 제일 컸으나, 전후 복구과정에서 정부가 적극 개입하여 사회주택의 공급을 지원하고 장려한 결과였다.

제2차 세계대전 이후를 놓고 보면 자가거주율은 지속적으로 증가했다. 최근에는 새로 도입된 BAG방식 집계에 따라 일부 공동체주택 등의 경우 분류 방식이 변경되어 자가거주율이 과거보다 적게 집계되었지만, 실제 재고량에 변동이 있는 것은 아니다(〈그림 15-4〉 참조). 1947년의 자가소유율은 28%였으나 주로 사적 임대부문의 물량을 흡수하며 2008년에는 58%까지 늘어났으며, 2000년대 이후 지속적으로 감소한 사회주택과 비교하면 격차가 더욱 크게 벌어졌다. 특히 자가율은 2000년대로 접어들면서 크게 증가했다. 정부의 정책적 기조가 자가소유 촉진에 맞춰졌고, 이에 따라 담

1) 우리나라의 2010년 1인당 주거면적은 25㎡, 호당 주거면적은 67.4㎡이며, 평균 가구원수는 2.69명이다(통계청, 2011). 2015년에 평균 가구원수는 2.5로 감소하였으나 호당 주거면적은 68.4㎡, 1인당 주거면적은 26.9㎡로 늘어났다.

2) 우리나라의 1천 명당 주택 수는 2010년 356.8호에서 2015년 383호로 증가했다. 외국의 경우는 미국 409.8호(2010년), 영국 438.7호(2009년), 일본 450.7호(2005년)이다(통계청, 2011).

〈그림 15-3〉 네덜란드 주거점유형태의 변화(제 2차 세계대전 이후)

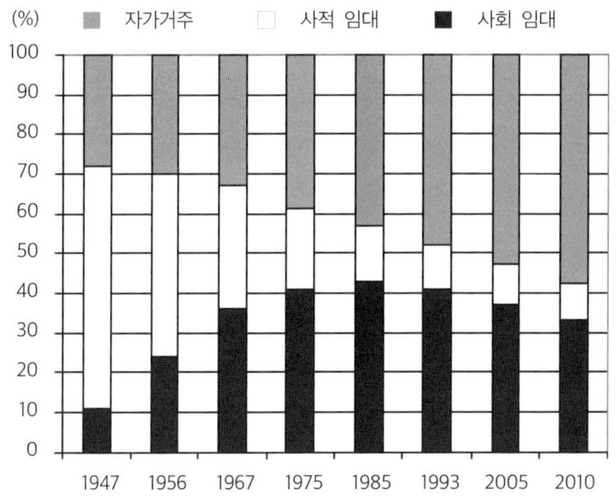

자료: Elsinga & Wassenberg(2013) 등; 최경호(2013)에서 재인용.

〈그림 15-4〉 1998년 이후 네덜란드 주거점유형태 변화(BAG방식 집계)

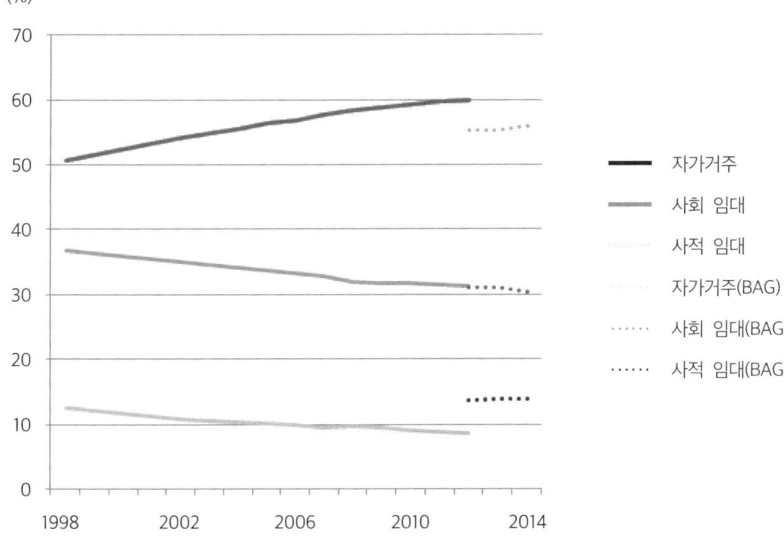

자료: http://syswov.datawonen.nl

보대출이자 감면 등 자가소유 지원제도를 정비하고 사회주택을 매각하거나 신규 건설 시에는 물량을 제한하는 정책 등을 병행하여 추진한 것이 주요하게 작용하였다(Scanlon & Whitehead, 2004). 이러한 흐름에 대해서는 사회주택 거주자 중 소득 수준이 높은 계층에 비하면 담보대출로 자가를 소유하게 된 계층에게 역진적 소득재분배가 이루어진 것이라는 비판의 여지도 있다.

3. 정책수단별 지원제도

1) 사회주택 공급

(1) 사회주택의 전통적 지위

유럽에서 네덜란드만큼 주택부문에서 사회(임대)주택이 지배적인 국가는 없다. 사회주택의 비중이 세계 1위, 절대량으로도 세계 3위라는 점은 앞서 이야기한 바 있다. 아울러 슬럼화 문제가 복지국가 중에서 상대적으로 제일 적게 발생하는 등 양적·질적 측면 모두에서 세계 최고의 사회주택 선진국이라 이야기할 수 있다.

사회주택은 모두 비영리 민간조직인 주택협회가 공급 및 관리한다.[3] 지자체가 공급 및 운영하는 공공주택도 일부 있으나 수가 적어 통계적으로 무의미할 정도이다. 주택협회는 자력으로는 시장에서 부담가능한 수준의 주택을 마련하기어려운 가구의 주거 소요를 충족시킬 책임과 의무라는 '사회적 취지를 가진 민간조직'으로서 위상을 가진다. 이와 같은 사회주택제

3) 네덜란드어로 '보닝코포라시'(*Woningcorporatie*)는 주택(*woning*) 회사(*corporatie*)를 의미하나, 영어로 옮기면서 '결사체'의 의미를 강조하여 'Housing Association'으로 굳어졌고, 한국에 소개될 때에도 '주택협회'로 알려졌다.

〈표 15-2〉 사회주택 매각 및 철거 물량 변화 추이

(단위: 호)

연도	전체 주택 (천 호)	사회 임대주택 (천 호)	전체 신규 건설	사회주택		
				신규 건설	매각	철거
1995	6,195	2,432	93,836	29,090	8,158	13,691
1996	6,283	2,442	88,934	31,079	13,108	11,513
1997	6,366	2,410	92,315	25,876	16,511	12,527
1998	6,441	2,434	90,516	21,454	18,214	13,098
1999	6,522	2,475	78,625	17,651	15,880	14,354
2000	6,590	2,439	70,650	15,209	12,789	13,528
2001	6,649	2,440	72,958	14,089	11,395	15,555
2002	6,710	2,436	66,704	12,654	14,057	12,738
2003	6,764	2,420	59,629	12,974	15,795	12,633
2004	6,810	2,412	65,314	14,140	15,103	15,910
2005	6,859	-	67,016	17,000	-	13,907

자료: Elsinga & Wassenberg(2007: 137); 한국보건사회연구원(2012: 375)에서 재인용.

도의 법적 토대가 마련된 첫 단추는 1901년 〈주택법〉(Housing Act)이었다. 그러나 처음부터 사회주택이 대규모로 공급되었던 것은 아니다. 1920년대 이후, 특히 1945년 이후 전후 복구기로부터 1990년 사이에 대부분의 사회주택이 건설되었다. 제 2차 세계대전 이후 주택이 부족해지고 민간 역량은 약화된 상황에서 주택공급은 주로 정부의 몫이었다. 1970년대 초반에는 대규모 주택건설이 정점에 달했다. 1990년대부터는 주택의 공급이 확연히 감소하기 시작했고, 이에 따라 사회주택의 신규 건설 또한 감소하였다. 이 과정에서 매입 또는 신축을 통해 확보된 사회주택 물량이 매각 및 철거 물량과 매년 거의 비슷하여 1995~2015년간 약 240만 호 선이 유지된다. 1998~2002년의 5년간 사회주택의 신규 공급 물량은 14만 호였으며(8만 호 건설, 6만 호 매입), 매각 및 철거된 물량도 14만 호였다(한국보건사회연구원, 2012: 375에서 재인용, 〈표 15-2〉 참조).

한편 1995년의 브루터링 조치와 2005년의 EU 권고안, 2015년의 〈신주택법〉 제정을 거치며 전체 주택 중에 사회주택이 차지하는 비중이 줄어들

었을 뿐만 아니라 '보편적 복지'의 수단으로서 사회주택의 위상에 변화가 일어나기 시작했다. 2005년의 유럽연합 권고안은 이른바 도르말-마리노(Dormal-Marino) 행정서신으로서, 유럽연합 집행위원회의 네트워크 산업 및 자유화부문 서비스분과 집행위원장이 네덜란드 주택부장관에게 직접 보낸 것이다. 네덜란드 주택부문이 시장 불공정경쟁을 야기하고 있음을 지적하고 이의 시정을 요구함으로써 네덜란드 주택정책에 큰 영향을 주었다.

(2) 주택협회와 정부의 지원

가장 많을 때는 1천여 개가 넘었던 주택협회의 수는 1990년대 초를 정점으로 점차 줄어들었다. 이는 관리의 효율성 및 규모의 경제를 추구한 결과였다. 이에 따라 2005년에는 500여 개, 2016년에는 350여 개까지 줄어들었다. 평균적으로 주택협회당 약 7천 호를 보유·관리하고 있으며, 페스티아, 로쉬데일, 본브론 등 이른바 주요 주택협회들은 5만~8만 호를 보유하였다. 2014년 주택협회의 직원은 24,651명(전일근로 기준)이며, 주택협회가 소유한 주택자산의 가치는 1,227억 유로, 기타 자산 포함 시 주택협회의 총자산은 1,428억 유로에 달한다. 2007~2014년 사이의 주택협회 직원 및 보유물량의 변천과정은 〈표 15-3〉과 같다.

주택협회의 역할과 책임은 〈주택법〉의 실행령에 해당하는 〈사회 임대

〈표 15-3〉 네덜란드 주택협회의 규모 추이

연도	2007	2008	2009	2010	2011	2012	2013	2014
협회 수(개)	455	430	418	401	389	381	375	363
직원 수(전일제)	25,967	26,595	28,007	28,368	28,323	27,824	26,264	24,651
보유 주택 수(천 호)	2,408	2,403	2,406	2,411	2,415	2,414	2,418	2,423
매각 물량(호)	15,000	14,200	13,400	15,500	16,700	13,900	14,700	22,900
신축 물량(호)	32,354	31,944	40,500	36,500	35,300	31,100	33,000	17,200
월 평균 임대료(유로)	393	402	411	422	440	447	470	497

자료: Aedes(2013) 및 웹사이트에 공개된 통계를 토대로 재작성.

부문 관리에 관한 법령〉(Decree on Management of Social Rental Sector)에 의해 규정된다. 이 법령에 따라 주택협회는 ① 적절한 주거를 확보할 수 없는 사람들을 위한 주택 공급, ② 양질의 주택 관리, ④ 임차인 참여 보장, ⑤ 책임감 있는 재정운용, ③ 활기찬 근린 형성, ⑥ 노인 및 장애인을 위한 주택 공급 등을 실현해야 한다(한국보건사회연구원, 2012: 375). 더불어 주택협회가 수행하는 업무들은 정부와의 협의가 필요하다.

이러한 의무를 수행하는 전제로 주택협회는 정부로부터 다양한 지원을 받을 수 있다. 재정적으로 법인세를 면제받는 것은 물론, 사회주택건설보증기금(Waarborgfonds Sociale Woningbouw: WSW)의 보증을 바탕으로 일반 자본시장에서 저금리 장기대출을 받을 수도 있었다. 사회주택건설보증기금은 주택협회들이 상호연대 정신으로 1983년에 설립하여, 정부로부터 독자적으로 재원을 마련하여 개별 회원사의 신용을 지원하는 기금이다. 또한 주택협회들은 사회주택 공급을 위해 지자체와의 협의를 거쳐 공공택지를 할인가로 구입했다. 부도 등 금융상의 심각한 어려움에 처한 주택협회는 1988년에 설립된 중앙사회주택기금(Centraal Fonds Volkshuisvesting: CFV)을 통해 재정적 지원을 받을 수도 있었다. 신규주택 건설에 대한 일반보조금, 즉 직접적인 건설보조금을 지원하기도 하였으나, 이 제도는 1995년에 폐지되었다.

1995년은 네덜란드 사회주택의 역사에서 가장 큰 전기라고 할 수 있다. 이른바 '브루터링(Brutering) 조치'를 시행한 것이다. 이 조치를 통해 부채와 보조금이 총합 상계됨에 따라(*grossing and balancing*) 주택협회는 정부로부터 재정적으로 독립하게 되었다. 그 결과, 주택협회는 사회주택을 통한 임대료 수입이 충분하지 않은 경우 보유자산을 매각하는 등 자체적인 노력을 통하여 필요한 재원을 확보해야 하는 형편이 되었다. 정부가 직접 임대료를 정하던 방식도 변화하였다. 임대료-주택점수 연동제(*puntensystem*)에 따른 허용치 내에서 자유롭게 임대료 인상이 가능해졌고, 지방정부의

〈그림 15-6〉 2015년 이전 사회주택 금융지원체계

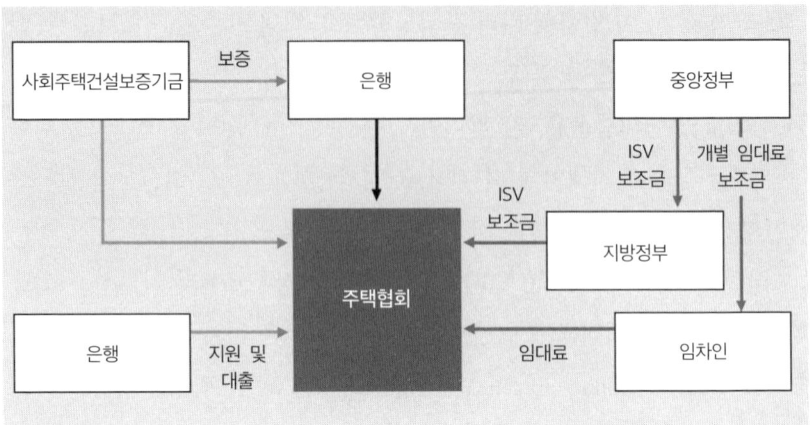

자료: Ouwehand & van Daalen(2002: 83)를 재구성.

보조금 등을 통합한 도시재생투자기금(ISV)이 조성되어 제한적으로나마 주택협회를 지원하였다. 브루터링 조치 이후 정부의 직접지원은 중단되었으나, 중앙사회주택기금을 통해 사회주택건설보증기금 및 이에 참여하지 못하는 주택협회를 지원하는 '간접지원'은 계속되었다. 간접지원은 정부의 보증을 통해 주택협회가 은행의 저금리 장기대출을 받을 수 있게 하는 방식이다(〈그림 15-6〉 참조).

2015년에는 또 한 번의 큰 변화가 찾아왔다. 2007~2008년의 글로벌 금융위기를 거치며 주택협회를 대상으로 한 강도 높은 개혁안이 의회를 통과하여, 주택협회에 대한 감독이 강화되고 주택협회의 재정적 의무도 강화된 것이다.

중앙사회주택기금은 2015년 〈신주택법〉에 따라 폐지되고 관련 업무는 주택협회감독청(Autoriteit Woningcorporaties: Aw)으로 이관되었다. 주택협회감독청은 인프라환경부 산하 환경교통감독청(ILT) 소속으로, 사회주택건설보증기금 및 개별 주택협회의 재무건전성을 감독하는 역할을 맡았다. 또한 구조조정 분담금을 강제하는 권한이 있었으나 이를 사회주택건설

〈그림 15-7〉 2015년 이후 네덜란드 사회주택 금융의 3중 위험관리체계

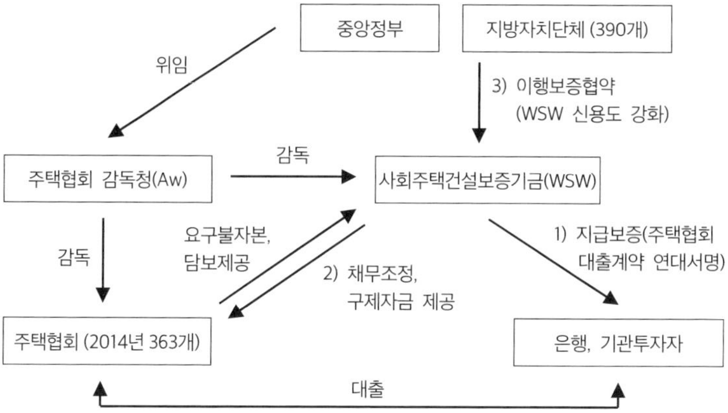

자료: 사회주택건설보증기금 기관소개 인터뷰 자료를 토대로 강빛나래(2016)가 재작성.

보증기금에 위임하였다. 따라서 오늘날 사회주택건설보증기금은 재정적 어려움에 봉착한 개별 주택협회에 금융지원을 할 수 있는 동시에, 구조조정 분담금을 부과할 수도 있게 되었다. 정부의 보증을 통한 간접지원 방식은 이어져서, 정부(지자체), 주택협회감독청, 사회주택건설보증기금, 은행을 거치는 3중 위험관리체계로 운영된다(〈그림 15-7〉 참조).

주택협회의 법인세 면세제도는 2011년에 완전히 폐지되었으며, 이제 주택협회는 토지주로서의 분담금(*landlord levy*)도 부담해야 하는 처지가 되었다. 이는 금융위기 시에 불거졌던 도덕적 해이 등의 문제에 대한 비판적 여론이 반영된 결과이다. 그러나 과거 보조금을 받다가 폐지된 데에 더하여 법인세까지 내야 하는 상황에서 토지주 분담금마저 부담하게 된 주택협회들로서는 정부가 재정난을 타개하기 위해 지나치게 가혹한 조건을 주택협회들에게 강제하는 것이 아니냐고 하소연하고 있다.

(3) 주택 배분 및 임대료

사회주택의 배분은 1947년 〈주택배분법〉(Housing Allocation Act)에 규정

된 방식을 따른다. 초기에는 점수에 따라 우선순위를 부여하는 방식이었다. 대기기간과 주거 소요(*housing needs*)에 따라 입주 신청자들의 점수를 매기고, 이 점수에 따라 입주순위를 결정한 것이다. 그런데 입주 경쟁률이 높아지자 청탁이나 부정행위가 발생하였다. 또한 미래에 주택이 필요할 상황을 대비해 미리 등록했던 입주 신청자가 자신의 차례에 배정된 주택이 마음에 들지 않는다는 이유로 신청을 취소하는 경우도 자주 발생하였다. 결과적으로 주택 배분계획이 자주 수정되면서 절차와 과정의 공정성에 불신이 커졌고, 비효율성 문제도 심각한 수준에 이르렀다. 초기에는 선착순 대기 방식에 따라 주택을 배분하였으나, 대기자 명단이 길어짐에 따라 허수 지원자가 많아지고, 대기기간 중에 집을 구한 이들의 입주의사를 일일이 확인해야 하는 등 행정비용이 증가한 것이다. 이를 극복하기 위해 선택기반 배정 방식이 도입된다(최경호, 2013).

1991년, 약 10만 명이 거주하는 델프트(Delft) 시와 시의 주택협회들은 지방에서 관리하던 대기자 명부를 폐기하고 새로운 배분체계를 도입했다(Ouwehand & van Daalen, 2002). 새로운 체계는 선택에 기초한(*choice-based*) 배분체계, 또는 공고 방식(*advertisement model*)이라고도 일컬어진다. 공가에 대한 자세한 설명을 잡지나 신문에 게재하고, 공고를 통해 제시되는 입주 기준을 충족하는 사람들이 신청을 하는 방식인 것이다.

공고 방식을 통한 주택 배분과정은 다음과 같이 요약할 수 있다. 매주 신문, 인터넷, 지방 케이블방송 등의 매체에 빈집의 정보, 소득 수준이나 가구 규모 등 입주 신청자의 요건, 신청 시 지켜야 할 규칙과 절차 등이 신청용지와 함께 자세히 공고된다. 입주 희망자들이 공고에 따라 신청을 하면, 주택협회는 신청 내용과 신청자의 정보를 데이터베이스로 정리한다. 입주 신청자는 대기기간이나 연령, 현재 거주지에서의 거주기간과 같은 객관적인 기준에 따라 순위를 부여받는다(Ouwehand & van Daalen, 2002).

시범사업이 성공한 후, 델프트시의 새로운 체계는 신속히 전국으로 확산되었다. 한편, 주택협회의 설립 취지에 따라 특정 계층 우선 지원이나 응급 주거 소요를 위해 일부 물량을 공실로 확보해야 한다는 원칙이 적용되는 경우도 있다. 이는 지자체와의 수행협약(Performance Agreement)을 통해 정해진다. 다양한 입주자 배정 방식의 예는 다음과 같다(기호영 외, 2013: 110).

- 선택기반 배정(CBL) 방식
- 선착순의 대기명단(*waiting list*) 방식
- 협회의 설립 취지에 따른 장애인, 학생, 노년층 등 입주 자격별 할당제도
- 무작위 추첨 방식
- 응급 수요자(이혼, 출산 등의 사유)에 대한 할당 혹은 우선순위 부여

한편, 사회주택 임차인들은 가구원의 수가 적거나 가구원 연령이 많은 가구, 소득이 낮고 고용이 불안정한 가구 등의 비중이 높다. 특히 사회주택 임차가구의 34%는 해외에서 태어났거나 부모 중 한 사람 이상이 외국인인 가구이다. 그러나 단지 수준에서 계층혼합(*social mix*)을 추구한 도시계획의 결과, 단위 사회주택에 저소득층이 사는 경우가 많음에도 불구하고 다른 유럽 국가와 같은 슬럼화 현상은 나타나지 않는다(〈표 15-4〉 참조). 사회주택 거주에 따르는 낙인효과(*stigma*)는 네덜란드에서는 거의 찾아볼 수 없다.

임대료는 제 2차 세계대전 직후부터 정부가 직접 통제하였다. 1975년에 통제를 일부 완화하면서, 정부는 입주자를 대상으로 임대료 보조제도를 도입하였다. 그러나 임대료 규제부문에서는 여전히 임대료-주택점수 연동제를 통해 임대료가 통제된다. 2005년은 전체 임대주택 재고의 95%(월 615유로 이하)가 규제부문에 속했다. 2008년 자유주의 정부는 임대료 규제를 완화하려 시도하였으나 임차인조직 및 야당의 반대에 부딪혔다. 이에

〈표 15-4〉 사회주택 거주민의 인구사회학적 특성

(단위: 명, %)

구분	사회주택부문	전체 주택부문
평균 가구원의 수(명)	1.9	2.3
1인 가구 비율	50	33
아동부양가구 비율	25	36
완결가족* 비율	14	29
65세 이상 인구 비율	31	24
노동인구** 비율	49	66
부업/겸업가구 비율	21	44
연금 등 수당 의존율	51	34
소득분위 상위 1, 2분위*** 가구 비율	40	20
이주민**** 비율	31	23

* 부모와 아동으로 구성된 가구('아동부양가구' 항목에는 부모가 아닌 조부모가 부양자이거나 부양자가 1인인 경우가 포함).

** 부양자(1인 혹은 2인)가 합계 주당 12시간 이상 노동하는 가구.

*** 연간 수입 약 1만 4천 유로 이하인 가구.

**** 네덜란드 통계청(CBS) 분류상 본인이 외국에서 태어났거나 부모 중 1인 혹은 모두가 외국에서 태어난 경우.

출처: 엘싱하 & 최경호(2012)에서 재인용.

따라, 전체 주택 중 상대적으로 고급에 해당하는 상위 25%의 주택에 대하여서만 임대료 상승률 제한을 완화하는 방향의 절충안이 통과되었다. 결과적으로 규제부문이 축소되어, 2015년에는 전체 임대부문의 90% (월 710유로 이하) 가 규제부문에 속했다.

임대료 수준을 살펴보면, 2005년 사회주택의 평균 임대료는 353유로, 사적 임대주택은 416유로로, 사회주택의 임대료가 약 17.8% 저렴한 편이었다. 그러나 자가부문과 비교하면 임대부문의 가구가 여전히 불리한 처지이다. 2014년 기준 임대가구의 소득 대비 임대료는 26.5%였으나, 자가점유가구의 소득 대비 주거비는 17.7%에 불과했다. 사회주택의 임대료 평균은 495유로로 2005년에 비해 40%나 상승했으며 소득 대비 임대료가 40%를 넘는 가구의 비중은 전체 가구의 9%에 이르기도 했다. 이 수치들은 2000년대 이후의 자가소유 촉진정책이 소득역진적 결과로 이어졌음을 시사하는 근거로 자주 사용된다.

네덜란드의 주택부문 시스템에서 또 한 가지 특기할 점은 임대료-점수 연동제(*puntensystem*)이다. 일종의 주택등급제로서 정성적, 정량적 지표를 아우르는 객관적 지표로 주택에 점수(*punten*)를 매기는 '주택점수제'가 운영되며, 각 점수에 대한 임대료 상한선이 매년 고시된다. 물론 이는 규제부문에만 해당되며, 고급 주택으로서 월 임대료가 710유로(2016년 기준) 이상인 비규제부문의 사적 임대주택은 상한선에 구애받지 않은 채 자유롭게 임대료를 책정할 수 있다. 그해 고시되는 임대료 상한선과 함께, 자신의 주택이 몇 점인지, 그해 해당 점수대 주택의 임대료 상한선이 얼마인지 등은 세입자가 직접 임대료위원회 웹사이트[4]에서 조회 혹은 계산하는 것이 가능하다.

(4) 주요 이슈

이상에서 네덜란드의 사회주택 운영체계를 살펴보았다. 시대에 따라 정책이 변화하면서 주택협회와 정부 간에는 일정 정도의 긴장관계가 존재한다(Oxley & Smith, 1996; Elsinga & Wassenberg, 2007).

첫째, 건설보조금 등 공급자를 대상으로 한 직접적인 보조가 폐지됨에 따라 주택협회는 전적으로 자본시장에 의존하여 자금을 조달해야 하는 상황에 처하였다. 이로 인해 주택협회가 공익성보다 사업의 수익성을 추구하게 될 유인이 강해졌으며, 주택의 신규 건설에도 더 많은 위험이 수반될 우려가 있다. 시장 원리에 따를 경우, 결과적으로는 해당 지역의 주거 소요에 충족하는 주택 물량의 공급이 부족해지고, 장기적으로는 사회주택 및 주택부문 전체에서도 부담가능한 가격의 주택 공급이 위축될 가능성이 커질 것이다. 이에 따라 정부의 감독과 감시 기능을 정비하여 주택협회의 공

---

4) https://www.huurcommissie.nl.

적 의무와 책임을 담보할 필요가 제기되었다.

둘째, 2007~2008년의 글로벌 금융위기를 거쳐 2015년 〈신주택법〉이 발효되면서 주택협회에 대한 정부의 감독과 주택협회가 부담해야 할 각종 비용이 증가하였다. 주택협회의 재정구조가 유지되었던 배경에는 낮은 이자율이나 자산가치의 지속적 상승이 일정한 몫을 해 왔다. 그런데 금융위기 당시 일부 주택협회의 도덕적 해이와 회전기금 운용 실패의 사례가 불거지자, 의회 조사가 진행되는 한편 기존의 재정구조에 대한 비판적 여론이 비등했다. 나아가, 정부와 정치권에서는 주택협회의 재정력을 활용하기를 원하고 있다. 주택협회로부터 토지주 부담금 등을 받아서 주거보조비, 사회적 약자를 위한 주거서비스, 기반시설 설치 등에 필요한 비용을 충당하려는 것이다. 그 결과, 주택협회로서는 과거보다 많이 불리해진 재무환경에서 경영혁신까지 이뤄야 한다는 압박을 받고 있다.

셋째, 기존 주택 재고의 활용 문제이다. 도시재생과 관련한 재고 활용을 위해 리모델링, 재건축 등 다양한 방법이 있지만 그 비용이 만만치 않다. 이미 대규모로 사회주택이 들어서 있는 단지를 계층혼합형 단지로 조성하고자 할 경우에는 사회주택의 비중이 줄어들게 된다. 한편 자가소유를 장려했던 자유주의 정부는 이러한 혼합형 단지를 통해 시민들에게 근린의 주택을 구입할 수 있는 기회를 제공하는 것을 정책 방향으로 삼았다. 그러나 글로벌 금융위기를 거치면서 주택시장이 얼어붙고 주택가격이 하락하면서 차질이 빚어졌으며 많은 논쟁도 일어났다. 또한 재정구조와 사업 역량 등을 고려할 때 주택협회가 도시재생 프로그램에서 주도적인 역할을 해야 한다는 의견이 지지를 얻고 있지만, 마찬가지로 이와 관련한 논의의 여지는 많이 남아 있다.

넷째, 앞서 2005년의 도르말-마리노 행정서신에서 나타난 것처럼, EU는 회원국의 주택사업 대상 재정지원을 원천적으로 금지하지는 않으나, 주택협회의 모든 활동을 지원하는 것은 적절하지 않다고 간주하였다. 이에

2005년 주택부장관은 사회주택의 목표집단(*target group*)을 일정한 소득 이하의 가구로 더 좁게 정의할 것을 주장하였으며 주택협회의 활동 중에서 '목표집단을 위한 주택 제공'과 '시장에서의 일반적 사업'을 구분하도록 조치했다. 대출 보증이나 세제혜택 등 정부의 지원을 일반 시장의 사업에도 활용하는 것은 공정한 시장경쟁의 원칙에 어긋난다는 관점에서 이를 방지하기 위한 것이다. 그러나 주택협회는 이러한 조치가 그동안 부담가능한 임대료의 사회주택을 공급할 수 있도록 해 온 교차보조(*cross subsidy*)의 원리를 더 이상 작동할 수 없도록 만들 것이라 보고 비판적인 입장을 취하고 있다. 또한 시장과 효율을 중시하는 자유민주당을 제외한 중도우파(기독교민주당)와 중도좌파(노동당) 및 좌파(사회당, 녹색좌파당) 모두 사회주택 시스템에 호의적인 것이 2016년 최근의 네덜란드의 정치적 지형이다. 이러한 분위기에서 사회주택을 '시장의 자유경쟁 촉진'을 추구하는 경제정책의 프레임에서 바라볼 것이 아니라, 슬럼 방지 등 사회통합에 기여하기 위한 사회정책의 프레임으로 접근해야 한다는 주장 역시 여론의 지지를 받고 있다. 따라서 사회주택의 위상은 현재의 상태에서 크게 더 후퇴하지는 않을 것으로 보인다.

2) 임대료 보조[5)]

(1) 도입배경

제 2차 세계대전 이후 네덜란드는 임대료가 엄격히 규제되는 사회주택을 부담가능한 주택의 공급을 위한 핵심 수단으로 삼았다. 그러나 1960년대 이후 전후 복구가 일단락되고 경기가 활성화되면서, 임대료 통제가 주택

5) 임대료 보조제도에 대한 내용은 진미윤 · 남원석 외(2007)를 토대로 보완해 작성하였다. 이 제도 자체는 2000년대 이후 큰 변화를 겪지 않았으며 수혜계층의 범위도 비슷하다.

소비자의 원활한 주거이동을 제약하고, 사회주택은 시장을 왜곡하며 정부 재정지출에도 부담이 된다는 지적이 제기되기 시작하였다.

이에 따라 정책의 초점이 규제완화와 재정지출 축소에 맞춰지게 되었고, 임대료 통제 완화에 따른 주거비 부담의 증가에 대응하기 위한 소득비례 주거지원의 일환으로 임대료 보조(*housing allowance*) 제도가 검토되기 시작했다. 규제완화로 의해 임대료가 인상되더라도 임차인이 부담해야 하는 주거비의 상승은 최소화하기 위함이었다. 그리하여 1970년에 임대료 보조제도가 도입되었다.

제도 시행 초기에는 임차인들이 급격히 상승한 임대료에 적응하도록 지원하는 차원에서 한시적으로만 보조금을 지급할 예정이었다. 그러나 두 차례의 석유파동을 거치며 저소득층의 주거비 부담 문제가 개선되기는커녕 더 심화되자 1975년부터 임대료 보조제도를 본격적으로 추진하였다. 1984년에는 〈주거비보조법〉(Housing Allowance Act)을 제정하여 지속적 제도 운영의 근거를 마련하였다.

도입 당시 제도의 원칙은 다음과 같았다. 첫째, 주거비 지출이 많고 소득이 평균 이하인 가구가 보조금을 신청하면 정부는 예산의 제약 없이 지원이 가능했다. 둘째, 입주자의 상황을 기준으로 삼았기에 거주하는 곳이 사회주택인지 사적 임대주택인지와는 무관했다. 셋째, 수급자는 매년 자신의 소득 등 수급 기준을 새롭게 반영하여 임대료 보조를 다시 신청해야 했다. 넷째, 임대료 보조금의 수준은 임대료 및 가구의 소득에 따라 결정되었다.

처음에는 부담가능성(*affordability*)을 보장하려는 취지로 도입되었으나 1970~1980년대의 신도시 및 도심 재개발에서 계층분리(*segregation*) 경향이 나타나자, 이를 방지하려는 공간정책상의 통합성 제고가 정책적 과제로 등장하여, 1997년에는 제 2의 정책 목표로 추가되었다.

(2) 제도 운용 방식

주거비가 가구의 소득으로 부담가능하지 않다면 임대료 보조를 신청할 수 있으나, 〈표 15-5〉와 같이 가구의 규모에 따라 적용되는 소득 및 자산 기준을 충족시켜야 한다. 가구주가 65세 이상인 경우에는 별도의 기준을 적용한다.

지원 대상 주택은 가구 구성에 따라 상이했으나, 현재는 단일한 기준을 적용한다. 2004년 기준으로 가구주가 23세 이하인 가구는 월 임대료 325.91유로, 1인 가구 및 고령자가구는 597.54유로, 2인 가구는 466.48유로, 3인 이상 가구는 499.92유로 이하인 주택에 대하여 지원이 가능하였다. 서비스 이용료(승강기, 상하수도, 공동전기, 공용공간 청소, 경비 등)는 임대료에 포함된 것으로 보았지만 주차장 이용료는 제외되었다. 그러나 이러한 가구 구성에 따른 세부 구분은 폐지되어, 2015년부터는 임대료 규제 부문에 속한 주택(월 임대료 710유로 이하)에만 적용된다.

소득 규정은 매년 조정, 고시된다. 2015년의 임대료 보조금 지급 대상의 소득 규정은 1인 가구의 경우 연소득 21,950유로 이하, 2인 가구의 경우 29,800유로 이하였다. 임대료 보조 지원액은 해당 가구가 지불가능한 수준을 산정한 기준임대료를 실제 임대료에서 차감한 액수에 대해 가구별 임대료 수준에 따라 50%, 75%, 100%의 요율을 정하여 산정된다. 〈그림 15-8〉에서 보듯이, 가구주가 젊은 계층(23세 이하)인 가구가 월 임대료가 325.91유로 이하의 주택에 거주한다면 기준임대료와 실제 임대료의 차액을 전액 지원받을 수 있다. 1인 가구와 고령자가구가 325.91유로 이하의 주택에서 거주하는 경우에는 차액 전액을, 466.48유로 이하의 주택에서 거주할 때에는 75%, 597.54유로 이하의 주택이라면 차액의 50%를 지원받을 수 있다. 2인 가구와 3인 가구의 경우 임대료에 따른 지급률은 1인 가구 및 고령자가구와 유사하다. 그러나 거주하는 주택의 임대료가 각각 466.48유로, 499.92유로를 초과하는 경우에는 보조를 받을 수 없다.

〈표 15-5〉 임대료 보조 수급자의 소득 및 자산 기준(2004년)

(단위: 유로)

구 분		소득(세전)	자산
65세 미만	1인 가구	18,700	20,300
	2인 이상 가구	25,075	37,600
65세 이상	1인 가구	16,625	34,725
	2인 이상 가구	21,675	48,050

자료: Priemus & Elsinga, 2007: 197.

〈그림 15-8〉 월 임대료에서 차지하는 임대료 보조 지급액 비율

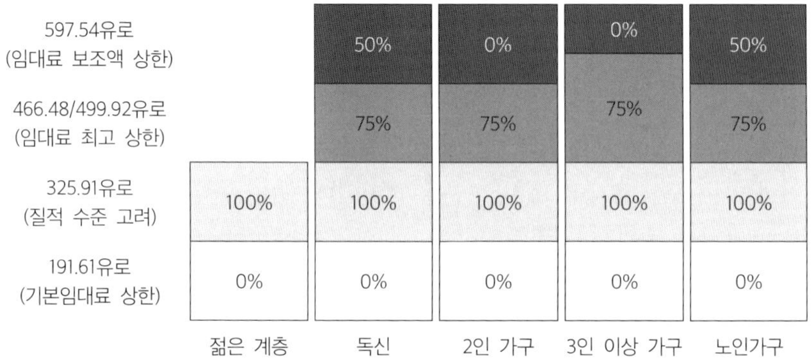

	젊은 계층	독신	2인 가구	3인 이상 가구	노인가구
597.54유로 (임대료 보조액 상한)		50%	0%	0%	50%
466.48/499.92유로 (임대료 최고 상한)		75%	75%	75%	75%
325.91유로 (질적 수준 고려)	100%	100%	100%	100%	100%
191.61유로 (기본임대료 상한)	0%	0%	0%	0%	0%

자료: 진미윤 · 남원석 외(2007: 250); Priemus & Kemp(2004: 658).

〈표 15-6〉 평균 월 임대료 보조액

(단위: 유로)

총임대료(A)	임대료 보조액(B)	순임대료(A－B)
200	8	192
300	108	192
400	189	211
500	239	261
600	0	600

자료: Priemus & Elsinga(2007: 197).

〈표 15-7〉 임대료 보조 수급가구 및 지원액 추이

구분	1975	1980	1985	1990	1995	2000	2001
수급가구 수(가구)	348,320	455,864	777,692	953,000	922,300	991,622	962,817
임대주택 재고 수(호)	2,694,614	2,809,976	3,033,305	3,168,153	3,189,469	3,119,397	3,097,670
수급가구 비중(%)	12.9	16.2	25.6	30.1	28.9	31.8	31.1
가구당 지원금액(유로)	442.7	627.3	786	1,044	1,260	1,728	1,622
총지원금액(백만 유로)	154.5	285.9	611.6	807.3	997.9	1,551.4	1,561.7
GDP 대비 비중(%)	0.15	0.18	0.31	0.33	0.33	0.39	0.35

자료: Priemus & Elsinga(2007: 200).

이와 같은 임대료 산정 방식으로 계산할 경우, 〈표 15-6〉에서 볼 수 있듯이, 월 총임대료가 낮은 주택(200~400유로)의 임차가구 간에는 임대료 보조의 효과에 의해 실제 주거비 부담이 크게 차이나지 않는다. 그러나 총임대료가 커지면 임차가구가 부담해야 하는 순임대료가 크게 늘어난다. 이는 상대적으로 저소득층의 주거비 부담을 줄여 주는 한편 주거 과소비를 막기 위하여 지급요율을 차등화한 결과이다.

한편, 임차가구가 임대료 보조를 신청하여 지급받는 방법은 거주하는 주택이 사회주택인지 사적 임대주택인지에 따라 두 가지 유형으로 구분된다. 사회주택 임차가구의 경우에는 임대사업자인 주택협회에 수급을 신청한다. 주택협회는 보조금을 국가로부터 수령한 후 임차가구에게는 보조금 액수를 제외한 금액만 임대료로 청구한다. 사적 임대주택 임차가구의 경우에는 임차가구가 지방정부에 직접 임대료 보조를 신청하여 보조금을 수령하며, 임대사업자에게는 임대료 전액을 그대로 지불한다.

1975~2001년간 보조금 수급가구 수는 34.8만 가구에서 96.3만 가구로 2.8배 늘어났다. 전체 임대주택 거주가구 중 수급가구의 비율은 전체 임차가구 중 30% 내외이다(〈표 15-7〉 참조). 전체 가구 수를 기준으로는 2008년에 15.4%의 가구가 임대료 보조를 받았다(Dol & Haffner, 2010).

임대료 보조에 따른 재정지원 규모는 〈표 15-7〉과 같다. 가구당 지원

규모가 10배 정도 증가하였지만 같은 기간에 GDP 역시 크게 성장하여, 임대료 보조의 재정지출 비중 증가는 3배를 넘지 않았다. 전체 주택예산 중 임대료 보조의 비중은 2006년 약 56% (약 34억 유로 중 19억 유로) 였다.

(3) 주요 이슈

네덜란드에서 임대료 보조제도는 저소득가구의 주거를 안정시키는 데에 크게 기여했다는 평가를 받는다. 임대료 보조제도 덕분에 1981년 소득 대비 주거비 비율은 25.7%에서 17.7%로 감소했다. 2002년에는 36.3%에서 23.5%로 감소하였다. 하지만 임대료 자체의 상승으로 인해 소득대비 주거비 비중은 시간이 갈수록 증가해 왔으며, 이 추세는 2007년의 금융위기 이후로도 계속되고 있다(〈표 15-8〉 참조). 이는 1970년대 이후 시행된 임대료 통제 완화와 1990년대의 사회주택 건설보조금 폐지로 인해 임대료 보조에 대한 의존도가 증가한 결과라고 해석하는 견해가 제기된다.

또한 저소득층의 소득 대비 주거비 부담이 증가하는 경향은 임대료 보조 예산에도 부담을 주고 있다. 앞에서 언급했듯이 네덜란드의 임대료 보조제도는 수급할 자격을 갖춘 가구가 신청을 하면 무조건적으로 임대료를 지원한다. 따라서 저소득층의 보조금에 대한 의존성이 높아질 경우 재정지출이 큰 폭으로 증가시킬 위험이 있다. 실제로 1990년대에는 과도한 재정지출이 쟁점이 되기도 했다.

〈표 15-8〉 암스테르담 임대부문 입주민의 평균 월 소득 및 월 임대료

(단위: 유로, 괄호 안은 %)

구분	평균 월 임대료(괄호 안은 소득대비 비율)			
	2007	2009	2011	2013
임대부문 전체	394(22.7)	426(23.3)	461(25.1)	523(27.3)
사회 임대	361(23.1)	385(23.4)	410(25.8)	453(27.7)
사적 임대	474(22.1)	517(22.7)	593(24.9)	690(27.4)

출처: AFWC(2013).

2000년에 중앙정부가 발표한 〈보고서: 국민들은 무엇을 원하고 어디에 사는가〉(Memorandum: What people want, Where people live)에서는 이러한 문제의식에 따라 기존 임대료 보조제도를 미국의 주택 바우처 방식으로 전환하는 방안을 검토하기도 했다. 또한 형평성을 고려하여 일부 자가소유가구를 대상으로도 지원을 해야 한다는 주장이 제기되었고, 임차가구 대상 지원에서도 임대료보다는 가구소득에 좀더 초점을 맞춰 지원액수를 산출하되, 예산할당 방식(*cash-limited*)을 통해 지출의 상한선을 설정하고 재정지출의 예측가능성을 제고하자는 제안도 있었다.

또한 보조제도가 저소득가구를 빈곤의 덫(*poverty trap*)에 빠트리고 있다는 비판도 가해졌다. 경기가 호전되며 전체 네덜란드의 가구소득이 증가할 때에도 보조금 수급가구의 실소득에는 큰 변화가 없었다는 조사결과가 발표되었는데, 이는 기존의 보조제도가 수혜자격을 유지하기 위한 자발적 실업 등 근로의욕 저하를 유발한다는 지적의 근거가 된다. 심지어 사적 임대시장에서는 임대사업자와 임차인이 더 많은 정부지출을 받기 위하여 허위신고를 하는 등 도덕적 해이 현상도 일부 나타난다.

3) 자가소유 지원

(1) 정책기조 변화

1945~2000년간 자가거주율은 28%에서 51%로 완만하게 증가하였으나, 2000년대 이후에는 증가세가 늘어서 2010년에는 59%에 이르렀다(최경호, 2013). 그러나 2015년에는 57%로 하락하였는데, 이는 글로벌 금융위기의 여파로 보인다.

과거 네덜란드 정부는 임대주택부문에 비해 자가소유시장에 대한 개입을 상대적으로 적게 하였다. 자가 수급은 시장을 통해 해결되도록 하는 것이 기본 입장이었기 때문이다. 그러나 1970년대에 들어오면서 정부의 정책적 목표가 새로이 제시되기 시작하였고, 이후 자가소유 지원정책은 급격한 변화를 맞이하였다(Boelhouwer & Neuteboom, 2003). 1974년 〈임대 및 보조금정책 보고서〉(Rental and Subsidy Policy Memorandum)는 '자가소유 촉진'을 주요 정책적 목표 중 하나로 제시하였으며, 누구나 소득과 무관하게 자가소유 여부나 사회주택 거주 여부를 자유롭게 선택할 수 있어야 함을 강조하였다. 1973~1978년의 경제호황기를 지나며 자기 주택을 마련하려는 자가소유 수요가 크게 증가했다. 그러나 1980년대 들어서서 석유파동과 경제침체로 인해 자가소유 증가세는 둔화되었다.

1983년에 〈자가소유 보고서〉(Homeownership Memorandum)를 통해 자가소유가 정책 목표로서 다시 등장했다. 당시의 정책적 방향은 자가소유시장의 회복에 맞춰졌으며, 이를 위해 부담가능한 수준의 주택의 공급 확대, 대출 등으로 주택자금을 마련한 가구의 재정건전성을 확보하기 위한 정부 보조 등을 강조하였다.

1989년의 〈1990년대 주택 보고서〉(Housing in the 1990s Memorandum)는 사회주택부문의 자율성 제고와 주택정책 분권화를 핵심주제로 내걸었다. 여기에서도 자가소유는 주요한 정책적 우선순위에 포함되었는데, 자가소유율을 50%에서 2000년 55%까지 확대하겠다는 목표도 제시되었다. 이전까지 '가치재'로 취급되어 온 주택을 '일반 소비재'로 간주하는 큰 변화가 정책의 기조에서 일어난 것이다.

1993년 주택부장관이 의회에 제출한 문서에서는 자가소유를 확대하려는 관점이 더욱 강조되었다. 이 문서는 주택소비자인 각 개인의 책임을 강화하고 선택의 자유를 보장하는 데에 초점을 맞추었다. 그리고 자가소유를 지원하는 정책이 주택의 품질 향상을 도모하고, 동시에 사회주택에 거주하는 일부 고소득층의 이주를 장려하여 효율적이고 형평성 있게 자원이 배분되도록 하는 바람직한 정책이라고 간주하였다.

2000년의 〈보고서: 국민들은 무엇을 원하고 어디에 사는가〉에서는 선택의 자유를 강조하는 정책기조가 더욱 확고하게 나타난다. 주택의 공급과 관리, 거주환경의 품질 유지에 시민의 참여를 더욱 확대한다는 목표하에 자가거주율을 2010년까지 65%로 끌어올린다는 계획이 발표되었다. 여기에는 향후 10년간 약 70만 호의 사회주택을 매각하여 자가거주율 진흥을 뒷받침하는 방안도 포함되었다. 구체적으로는 ① 네덜란드의 자가소유율이 상대적으로 낮음, ② 시민들 스스로가 주거환경을 통제하는 것이 바람직함, ③ 탈규제와 사유화라는 정부정책 기조에 부합, ④ 개인 자산형성 지원이라는 사회적 목표에도 기여한다는 4가지 논리를 자가소유의 필요성 혹은 장점으로 내세우며, 사적 임대부문에서 16만 2천 호, 사회 임대부문에서 53만 8천 호를 자가로 전환하고자 하였다.

그러나 실제 결과를 살펴보면, 정책의 의도와는 달리 기존 임대주택의 매각은 활발하지 않았다. 우선 기존 입주자의 주거권 보장을 위해, 입주자가 이사를 갈 경우 혹은 매수를 희망할 경우에만 임대주택의 매각이 이루어졌다. 또한 입주자나 주택협회 쌍방 모두에게 상대의 매도 및 매수 요구에 응할 의무가 없었다. 영국식 정책이 '구매할 권리'(*Right to buy*)였다면 네덜란드의 정책은 '구매 권유'(*Offer to buy*)로서 누군가에게 권리나 의무를 부여하기보다는 제안 및 권유를 하는 수준에 머물렀던 것이다. 또한 1995년의 브루터링 조치 이후 주택협회의 자율성이 보장되면서 정부정책을 강제할 수단이 마땅치 않게 되었고, 합의를 중요시하는 네덜란드 특유의 거버넌스 문화도 영향을 미쳤다. 그 결과, 사회주택의 비중은 1990년대보다 줄어들었으나 절대량은 계속해서 증가하였다. 이러한 경향은 글로벌 금융위기 이후 주택시장이 얼어붙은 2010년대에도 지속되었다.

경제위기와 주택가격 하락 등으로 부동산시장이 얼어붙은 상황에서 '환매보증부 주택(Koopgarant) 제도'가 도입되었다. 사회적 자가소유제(*social homeownership*)로도 볼 수 있는 환매보증부 주택제도에 따른 주택 매매는 처음 도입되었던 2007년에는 전체 매매의 13%에 불과했으나, 2011년에

〈표 15-9〉 환매보증부 주택분양의 예

항목	매입 시점	매각 시점
주택 감정가	1,000	900
실제 납부액(75%인 경우)(a)	750	-
주택가치 상승에 대한 거주자(소유자)의 기여분(b)	-	50
주택가격 인상폭(c)	-	-100
환매 시 소유자의 수령액	-	(a)+(b)+0.5*(c) = 800-50 = 750

* 인상폭 1:1 분담 시의 상수. 분담 비율이 다른 경우, 이에 따른 상수를 적용.

는 31%로 대폭 상승하였다. 이 제도의 핵심 취지는 가격을 할인해 주되 위험도와 이익을 분점하고, 환매는 매도·매수자 모두의 의무라는 것이다. 즉, 주택협회가 주택을 저렴하게 판매하여 구매 시점에서의 구매자의 자금 부담을 덜어 주는 대신 구매자는 이후 주택을 매각할 때에 시중이 아닌 주택협회에 되팔아야 하며(환매 조건), 주택협회는 이를 반드시 되사야 한다(환매 보증). 주택가격 변화에 따른 이익이나 손해는 구매자와 주택협회가 분점한다(〈표 15-9〉 참조). 이렇듯 쌍방이 의무를 지지만, 도입 당시의 취지가 '주택가격 하락에 따른 향후 처분가능성에 대한 우려'를 불식시켜 자가소유를 확대하기 위한 것이었으므로, 환매를 보증하는 주택협회의 의무가 강조되었다.

(2) 정책수단

자가소유를 지원하는 정책수단은 크게 주택수당, 주택담보(*mortgage*)에 대한 보증지원 그리고 세제혜택이 있다.

주택수당은 자가소유자를 위한 직접보조금의 성격을 지닌다. 1970년대에 도입되었으나 활성화되지는 않았다. 이후, 자가소유를 장려하는 정책기조에 따라 저소득층의 자가소유를 지원하기 위한 맞춤형 지원정책의 필요성이 대두되자, 주택수당제도를 강화한 〈자가소유촉진법〉(Promotion of

〈표 15-10〉 자가소유 지원을 위한 정책수단

구 분	주요 내용	정부지출(2005년)
세제혜택	주택담보대출 이자에 대한 소득공제 (단, 주택가격의 0.8%를 귀속임대료로 부과)	90억 유로 (귀속임대료 수입 15억 유로)
주택담보대출 보증	소득 대비 대출 비율이 높은 가구를 보증 및 이자율 할인	보증기구의 안전망 역할 담당
자가소유 수당	자가소유가구의 소득 수준에 따른 보조금 지급	140만 유로

자료: Toussaint & Elsinga(2007: 181); 한국보건사회연구원(2012)에서 재인용.

Owner-occupied Housing Act)이 2001년에 제정되었다. 이 법에 의하면 저소득층이 주택을 구입할 경우 담보대출 상환기간(30년) 동안 주거비 부담을 줄여주기 위해가구 소득 수준에 따라 정부가 직접 보조금을 제공하게 된다. 더불어 주택협회가 사회주택 재고를 기존 임차인에게 매각할 경우 시세보다 할인해 줄 수 있도록 하였다.

주택담보대출 보증제도(National Mortgage Guarantee) 또한 저소득층의 자가소유를 장려하기 위한 정책으로, 1973년의 지자체 보증제도에서 유래하였다. 주택수당과 마찬가지로 저소득가구의 자가소유를 지원하는 것이 목적이다. 1995년에 민영화되어, 현재는 자가소유기금(Home Ownership Fund)을 통해 보증이 이루어진다. 이 기금은 재정상 독립적이지만, 운영 중 재정적 문제가 발생하였을 때에는 사회주택건설보증기금과 마찬가지로 중앙정부와 지방정부의 지원을 받을 수 있다. 상환에 어려움을 겪는 주택담보대출 차입가구는 주택담보대출 보증제도를 통해 0.2~0.5%의 이자율 할인을 받을 수 있다. 그러나 대출 금액이 일정액(2012년 기준 20만 유로) 이하인 경우에만 이러한 지원을 받을 수 있다.

네덜란드의 자가소유 지원 정책수단의 주요 내용을 정부지출액과 함께 정리하면 〈표 15-10〉과 같다.

(3) 주요 이슈

네덜란드 정부는 다양한 수단을 동원하여 자가소유를 지원하나 정책의 효과성 등과 관련하여 몇 가지 이슈가 존재한다(Boelhouwer & Neuteboom, 2003; Toussaint & Elsinga, 2007).

우선, 자가소유 지원의 핵심수단인 담보대출 이자에 대한 세제혜택은 자가소유에 따르는 주거비 부담을 크게 완화함으로써 자가소유를 장려하는 정책기조를 성공적으로 뒷받침하였다고 평가할 수 있다. 그러나 적용기간 등의 측면에서 지원 폭이 너무 크다는 문제가 있다. 이는 약간의 정책적 변화도 곧바로 정책 대상에게 영향을 미치도록 하기 때문에 정부의 유연한 정책운용에 제약을 가할 수 있다. 더불어 소득공제 혜택은 대상자의 소득이 적을수록 효과가 감소하므로 소득역진적이다. 따라서 사회주택 거주자 중 가장 비싼 임대료를 내는 계층과 더불어, 주로 자가소유자 중 최하위계층인 생애최초 구입자가 정부의 보조정책에서 가장 불리해지는 것이다.

둘째, 주택수당은 적용 대상이 너무 제한적이다. 주택담보대출이 9.6만 유로 이하, 담보주택 가격은 20만 유로 이하인 경우(2012년 기준)에만 적용되기 때문이다. 또한 저소득층에게는 먼 미래의 매매차익이나 자산형성에 대한 기대보다는 당장의 주거비 부담이 더 크게 다가오므로, 지원의 규모가 크지 않으면 저소득층의 주택구입을 장려하는 데에는 분명한 한계가 있다. 한편 자가소유를 위한 보증기금을 대상으로 정부가 굳이 이차 보증에 나서야 하는지도 논쟁거리이다.

현 시점에서 정부가 계획했던 자가거주율은 달성되지 않았다. 글로벌 금융위기 이후 이를 극복하는 과정에서 논의의 초점은 자가거주율 자체보다는 주택협회와 사회주택부문의 역할, 연기금의 활용 및 자가점유를 통한 '자산기반 복지'(*asset based welfare*)로 옮겨 갔다. 2000년 당시 정부는 2010년까지 65%의 자가거주율을 달성한다는 목표를 제시하였다. 그러나 2008년 기준 자가거주율은 58%였으며, 2007~2008년의 글로벌 경제위기 이후 주택가격이 하락하자 주택의 거래량 자체가 급감하였다(Dol & Haffner, 2010). 그 결과, 2015년의 자가거주율은 2010년의 59%보다 오히려 하락한 57% 수준에 그쳤다. 앞서 말했듯 정부는 주택협회로 하여금 70만 호의 사회주택을 매각할 때 시세보다 최대 30%까지 할인할 수 있도록 하였으나, 주택협회는 보유한 양질의 사회주택을 매각하려 하지 않는다. 주택협회로서는 자산가치가 높은 주택을 계속 보유하려 하기 때문이다. 그러므로 기존 사회주택을 매입하여 자가거주를 확대하는 것은 쉽지 않아 보인다.

4. 맺음말

이상으로 주택・주거서비스와 관련한 네덜란드의 주요 정책수단을 살펴보았다.

이를 바탕으로 네덜란드 주택 및 주거서비스 정책의 성격을 요약하자면 '주택점유형태의 중립성'(*tenure-neutrality*)을 추구하는 것이라 할 수 있다. 주택점유형태의 중립성이란 정부지원의 혜택이나 효과가 가구별 주택점유의 형태에 따라 큰 차이가 없어야 함을 의미한다. 결과적으로 자가에 거주할지 사회주택이나 사적 임대주택에 거주할지 정할 수 있는 선택권을 누리는 데에 소득 수준이 큰 영향을 주지 않게 된다. 즉, 자가소유는 부유한 계층의 전유물이 되고 저소득계층은 평생 임대주택에서 거주해야 하는 상황이 고착화되는 것이 아니라, 소득 수준과 무관하게 자신이 원하는 주택 점유형태를 선택할 수 있는 폭이 상대적으로 넓게 보장되는 것이다.

물론 연구자에 따라서는 네덜란드의 주거중립성이 실제로는 충분히 실현되지 못하고 있다는 비판을 제기하기도 한다(Priemus, 2001). 그러나 주택 및 주거서비스가 상대적으로 발달하지 못한 국가의 입장에서는 네덜란드의 사례가 주택점유형태의 중립성을 현실에서 어떻게 실현할 수 있는지 잘 보여 주는 사례라 표현해도 지나치지 않을 것이다. 한국 사회에서는 '내 집 마련'의 소망이 강력한 이데올로기나 열망 수준으로 작동하며, 임대부문 거주자들은 임대료 인상이나 계약 해지의 불안감에 시달려야 한다. 그러므로 주택소비자의 선택권을 보장하고 주택 및 주거서비스의 효과가 주택점유형태의 구분 없이 고르게 배분될 수 있도록 '주택점유형태의 중립성'에 대한 진지한 고민과 사회적 관심이 필요한 시점이다. 이상의 총평을 바탕으로 구체적인 정책수단별 시사점을 살펴보면 다음과 같다.

우선 사회주택을 살펴보자. 네덜란드 주택 및 주거서비스의 가장 큰 특징은 민간부문이 공급하는 사회주택이 비영리 임대부문을 거의 전담할 뿐만 아니라 전체 임대시장 또한 주도한다는 점이다. 앞서 네덜란드의 주택부문을 단일모델(*unitary model*)의 대표사례로 언급한 이유이다. 단일모델에 대비되는 이원모델(*dualistic model*)에서는 비영리 임대부문과 사적 임대부문의 위상이 확연히 구분되는데, 비영리 임대부문은 대체로 공공부문이 공급하는 공공 임대주택이 중심이 되어 빈곤층이 '잔여화'되는 경향이 있다. 또한 비영리 임대부문의 비중이 크지 않으므로 상당수의 중저소득계층은 임대료가 높은 사적 임대주택에 거주할 수밖에 없다.

위의 구분에 따르면 우리나라의 주택부문은 이원모델에 속한다고 할 수 있다. 지금까지 한국의 비영리 임대주택은 공공 임대주택이라는 이름으로 공기업이 직접 공급하고, 민간부문의 참여는 사실상 전무하다. 또한 공공 임대주택의 재고가 6% 수준에 그치기 때문에 민간 임대주택시장에 미치는 영향도 미미하다. 2015년 서울특별시 사회주택활성화 지원 등에 관한 조례가 제정되고 '사회주택협회'가 결성되어 사회주택이 공급되고 있으며, 한국토지주택공사(LH)나 서울주택도시공사(SH)에서 기존 공공 임대주택의 틀을 벗어난 다양한 방식의 민관협력을 시도하고 있다. 그러나 2016년 기준으로는 아직 실험적인 단계에 불과하다.

대한민국의 주택 및 주거서비스가 네덜란드의 모델과 비슷한 방향으로 발전할 수 있다 하더라도, 이를 단기간에 달성하기는 현실적으로 어렵다. 수요자의 입장에서는 이원모델보다 단일모델을 더 선호할 수 있겠으나, 수십 년에 걸쳐 경로의존적으로 형성된 시스템을 일시에 변화시키기는 어려울 것이다. 따라서 단기적으로는 가능한 범위 내에서 현재 시행되는 정책의 형평성을 제고하고, 중장기적으로 주거중립성을 추구하되 한국의 상황에 적합한 여러 제도의 연결망을 구축해 나갈 필요가 있다.

크게 두 가지 방향을 고려할 수 있다. 그중 하나는 양적 측면으로, 공공 임대주택 재고율을 가능한 수준 내에서 최대한 끌어올리기 위한 노력을 기울이는 것이다.[6] 우리나라의 자가(소유)율은 2015년 기준 56%로, 사적 임대주택과 공공 임대주택에 거주하는 가구가 전체 가구의 44%에 이른다. 그러나 임대부문에서 공공 장기임대주택이 차지하는 비중은 6%에도 못 미친다. 임대부문의 주거선택권을 신장하기 위한 기초를 마련하려면 공공부문이 적어도 임대부문 4분의 1가량(전체 가구의 약 10%) 정도를 흡수할 수 있어야 할 것이다. 이러한 물량은 기존의 5년 이하 단기임대주택 물량을 장기임대로 전환함으로써 어느 정도 확보할 수 있다.

다른 하나는 공급주체를 더 다양화하는 것, 예컨대 '사회주택'을 활성화하는 것이다. 공공부문 중심의 공급체계는 자칫 물량 위주의 공급 목표를 달성하는 데에만 치우쳐 다변화되는 주거 소요에 유연하고 효과적으로 대응하지 못할 수 있다. 공공부문에는 필연적으로 경직된 의사결정체계와 관료주의의 한계가 다소간 존재하기 때문이다. 실제로 과거에 물량 측면에서는 성공적으로 목표를 달성했으나 전달체계 등을 고려하지 않아 실수요 계층의 주거 문제를 해결하기보다는 소유가 편중되는 결과를 낳았던 실패가 유사하게 반복될 수도 있다. 이런 점에서 민간 비영리조직 혹은 사회적 경

6) 이원모델, 단일모델의 구분을 떠나서 주요 선진국들의 공공 임대주택(사회주택) 재고율은 대개 10%를 상회한다. OECD 평균이 11.5%이며 EU 평균은 13% 수준, 프랑스 17%, 영국 18%, 스웨덴 20% 등이다(김종림·진미윤 외, 2007).

제주체가 부담가능한 주택을 공급할 수 있도록 제도로 뒷받침하여 직접 주택 공급에 나서도록 하되, 임대 운영과 관리를 함께 담당하여 노숙인, 장애인, 고령자, 비주택 거주자 등 주거취약계층의 문제도 보완하고자 하는 현재 사회주택 공급자들의 노력을 지원해야 한다. 비영리 민간조직 및 사회적 경제주체들은 대체로 지역을 기반으로 활동하며 주거 소요 등 해당 지역의 현황에 밝다. 최근의 인구학적 변화를 보면, 고용불안에 시달리는 청년층이 선뜻 자가구입에 나서지 못하고 1인 가구의 비중이 커지는 등 '자가소유'를 위한 구매력이 약해지는 추세이다. 따라서 이들 계층의 주거 문제를 해결하는 것은 사회통합은 물론, 출산율 등 인구학적 문제의 해결에도 기여할 것이다. 이러한 활동이 지속적으로 축적되면 지역 내 사적 임대시장을 안정화하는 데에도 어느 정도 영향을 미칠 수 있을 것이다.

네덜란드의 임대료 보조제도를 시행함으로써 사적 임대주택에서 생활하더라도 사회주택과 마찬가지로 주거비 지출에 과도한 부담을 경험하지 않고 생활을 유지할 수 있다는 점 또한 특기할 부분이다. 네덜란드의 사회주택 재고율이 2000년대 이후 점차 줄어들고 있음에도 그에 따른 부정적 효과가 크지 않은 것도 사회주택이나 사적 임대주택을 막론하고 혜택을 제공하는 임대료 보조제도가 있기 때문일 것이다.

반면 대한민국의 임대료 보조제도는 아직 걸음마 단계다. 2006년에 공공 임대주택 공급의 경직성, 소비자의 선택권 보장 등을 근거로 미국식 주택 바우처(*housing voucher*)의 도입 필요성이 제기된 이후 여러 차례에 걸쳐 연구가 진행되고 사업계획 수립도 추진되었다. 하지만 재원이 확보되지 않아 본격적인 시행이 미뤄지다가 2015년 7월에 이르러서야 기초생활보장제도 내 '주거급여'를 개편한 주거급여정책이 시작되었다. 서울시는 2010년부터 주거급여제도를 시행하고 있으나 실제 지급액은 4~6만 원으로 주거비 부담을 줄이기엔 미약한 수준에 그친다.

이미 언급했듯이 공공 임대주택 재고가 충분하지 않으면 소수의 입주자에게만 공공지출의 혜택이 돌아가는 상황이 벌어진다. 임대료 보조제도가 실질적으로 도입되지 않으면 공공 임대주택 입주자와 비슷한 형편임에도 사적 임대시장의 높은 임대료를 부담해야 하는 이들이 형평성 문제를 제기할 수 있는 것이다. 소득에 비해 과도한 주거비를 부담하는 저소득층은 더 나은 주택으로의 주거상향을 계획하기 어려울 것이며, 공공 임대주택 입주를 위한 경쟁은 치열해질 것이다. 따라서 임대료 보조제도는 주거복지정책의 수평적·수직적 형평성을 도모해야 하는 대한민국의 현실에 꼭 필요한 정책수단이다. 공공 임대주택이든 사회주택이든 일반 민간 임대주택이든, 같은 규모와 품질의 집에 사는 사람들은 같은 수준의 임대료를 부담하고(수평적 형평성), 소득 수준이나 가구 규모에 따라 가구의 형편에 맞는 주거비를 부담하도록 주거급여를 제공하여 사회경제적 상황에 따라 다른 수준의 주거비를 부담하는(수직적 형평성) 시스템을 마련해야 한다.

그러나 관련된 제도간의 조합을 세심히 살피지 않고 당위만 앞세워서는 안 된다. 임대료 보조제도의 시행을 위해서는 우선적으로 검토해야 할 사항이 많다. 우선 가구별 소득 및 지역별 임대료 수준을 정확히 파악하여 주택부문의 투명성을 보장하는 인프라를 갖추는 것이 급선무이다. 임대부문의 투명성 확보와 함께, 임대료 인상으로 인해 공공 재정지출의 효과가 반감되지 않도록 임대등록제나 인상률 규제 등의 제도가 뒷받침되어야 한다. 나아가 사회주택부문, 공공 임대주택부문, 일반 민간 임대부문 사이의 역할 분담, 주거급여뿐만 아니라 최저주거기준이나 주민등록제도 등 기존 정책이나 제도와의 연계도 검토가 필요하다.

마지막으로 주택담보대출 대상 세제혜택뿐만 아니라 주택수당, 담보대출 보증 등 다양한 방법을 통해 저소득층의 상환능력을 지원하는 네덜란드의 자가소유 지원정책은 중요한 시사점을 준다. 본래 자가소유 촉진이 주택정책의 주된 방향이었던 대한민국에서는 정작 이와 같은 정책이 미흡했다. 전후 복구와 경제개발시기 급속한 도시화를 겪으며 주택이 절대적으로 부족한 상황에서 단시일 내에 주택 절대량을 확충한 성과는 세계적으로도 훌륭한 건설 및 공급정책으로 평가 받을 수 있을 것이다. 그러나 분배 차원에서의 정책 마련 및 시행은 제대로 이루어지지 않았던 측면이 있다. 특히 주택보급률이 100%를 넘고 다양한 사회적 경제주체가 주택부문에 관심을 가진 지금은, 건설 자체보다는 임대 운영 관리 등 소프트웨어적인 측면과 공동체나 협동조합 등 거주생활 자체에 관심을 가진 풀뿌리 조직의 활동을 장려하고 지원해야 한다.

자가소유부문에서도 투기나 매매차익을 억제하고 실수요자, 그중에서도 상대적으로 형편이 어려운 계층을 지원하는 맞춤형 정책이 필요하다. 주택담보대출을 중심으로 한 기존 자가소유 장려책의 내용은 은행 입장에서의 안전성이나 거시지표상의 가계부채 등을 근거로 결정되었으며, 네덜란드에서처럼 실제 중저소득층의 상환능력을 강화하기 위한 세심한 요소는 부족하였다. 상환능력이 대출 여부를 결정하는 기준으로만 고려된 것이다. 우리나라 정부는 공공재정을 직접 투여하기보다는 청약제, 주택기금, 선분양제 등 민간의 자원을 활용하여 주택 공급을 위한 재원을 마련하고자 하였다. 한편 급격한 도시화를 배경으로, 민간부문에서는 장기적 임대수익보다는 단기적 개발이익을 최대화하고 빠르게 다음 가용토지를 확보하려는 전략이 주를 이루었다. 자가를 소유하지 못한 가구가 주택을 구매하기 위해서는 주택가격을 부담할 수 있을 만큼 자산이 충분하거나 주택담보대출 없이도 자금을 조달할 수 있을 정도로 신용도가 높아야 했기에, 대부분의 주택 실수요자들은 주택을 구매할 수 없었다. 반면 기존에 주택을 소유한 이들은 주택가격이 상승하자 자본이득(*capital gain*)을 통해 자산을 더 많이 축적할 수 있는 기회를 얻었기 때문에, 애초부터 자가소유 접근이 어려웠던 가구와의 경제적 격차는 더욱 커졌다.

물론 1990년대 후반에 한국주택금융공사(HF)를 설립하여 공적 주택담보대출을 도입하고, 2008년에 분양가의 분할 납부가 가능한 분납형 임대주택을 보금자리주택으로 공급하기 시작한 것은 자가소유정책이 고도화되어 가는 것을 보여 주는 중요한 예이다. 하지만 공급량 등을 감안할 때, 분납형 임대주택은 아직 보편화된 정책수단이라고 보기 어렵다. 또한 주택담보대출 가구를 지원하거나 이들의 상환능력을 강화하되 전체적인 형평성을 해치지 않는 다양한 방법을 민간부문을 포함하여 모색할 필요가 있다. 이를 위하여 해외의 다양한 자가소유 지원정책은 물론, '사회적 소유', '공유' 등 소유와 임대의 이분법을 벗어난 지분공유 방식(*equity share*)에도 관심을 기울여야 한다. 이러한 노력을 통하여 우리 사회의 주거중립성을 신장하며 주거약자의 주거선택권을 보장하기 위한 방안을 구체화해 나가야 할 것이다.

■ 참고문헌

국내 문헌

강빛나래(2016). "네덜란드의 주택정책". 주택산업연구원 내부원고, 1~32.

기호영 외(2013). 《임대주택 종합정보망 구축계획 연구》. 토지주택연구원.

김종림·진미윤 외(2007). 《공공임대주택 정책 로드맵 구상 연구》. 대한주택공사 주택도시연구원.

엘싱하·최경호(2012). "네덜란드". 최은희 외, 《장기공공임대주택 유형 통합방안 연구》, 토지주택연구원 2012-72.

진미윤·남원석 외(2007). 《주택바우처제도 도입방안 연구 I》. 건설교통부.

최경호(2013). "네덜란드". 김혜승 외, 《사회적 경제조직에 의한 주택공급방안 연구》, 국토연구원 2013-53.

통계청(2011). "2010년 인구주택총조사 가구·주택 전수집계결과". 보도자료.

한국보건사회연구원(2012). 《주요국의 사회보장제도: 네덜란드》.

해외 문헌

Aedes (2013). *Dutch Social Housing in a nutshell*. Brussels: Aedes.

AFWC (2013). *Wonen in Amsterdam 2013*. http://www.afwc.nl/uploads/tx_news/Wonen_in_Amsterdam_2013_Deel_1_stand_van_zaken.pdf. 2018. 5. 10. 인출.

Ball, M. (2011). *European Housing Review*. Brussels: RICS.

Boelhouwer, P. (2002). Trends in Dutch housing policy and the shifting position of the social rented sector. *Urban Studies*, *39*(2), 219~235.

Boelhouwer, P., & Neuteboom, P. (2003). The Netherlands. In Doling, J., & Ford, J. (ed.). *Globalisation & Homeownership*, Delft: DUP Science, 118~141.

Boelhouwer, P., van der Heijden, H., & Priemus, H. (1996). The Netherlands. In Balchin, P. (ed.). *Housing Policy in Europe*, London: Routledge, 84~98.

Capital Value (2016). *An Anlysis of the Dutch Residential (Investment) Market 2016*.

Czischke, D., & Pittini, A. (2007). *Housing Europe 2007*. Brussels: CECODHAS.

Dol, K., & Haffner, M. (2010). *Housing Statistics in the European Union*. The Hague: Ministry of the Interior and Kingdom Relations.

Elsinga, M., & Wassenberg, F. (2007). Social housing in the Netherlands. In Whitehead, C., & Scanlon, K. (ed.). *Social Housing in Europe*, London: LSE London, 130~147.

Housing Europe (2015). *State of Housing in the EU 2015*. Brussels: Housing Europe Review.

Kemeny, J. (1995). *From Public Housing to the Social Market*. London: Routledge.

Ouwehand, A., & van Daalen, G. (2002). *Dutch Housing Associations*. Delft: DUP Satellite.

Oxley, M., & Smith, J. (1996). *Housing Policy and Rented Housing in Europe*. London: E&FN SPON.

Priemus, H. (2001). Poverty and housing in the Netherlands: A plea for tenure-neutral public policy. *Housing Studies*, *16*(3), 277~289.

Priemus, H., & Elsinga, M. (2007). Housing allowances in the Netherlands: The struggle for budgetary controllability. In Kemp, P. A. (ed.). *Housing Allowances in Comparative Perspective*, Bristol: The Policy Press, 193~214.

Priemus, H., & Kemp, P. A. (2004). The present and future of income-related housing support. *Housing Studies*, *19*(4), 653~668.

Scanlon, K., & Whitehead, C. (2004). *International Trends in Housing Tenure and Mortgage Finance*. LSE.

Toussaint, J., & Elsinga, M. (2007). The Netherlands: Positive prospects and equity galore. In Elsinga, M. et al. (ed.). *Homeownership Beyond Asset and Security*, Amsterdam: IOS Press, 173~200.

기타 자료

Calcasa (2016). The WOX Quarterly Q4 2016. http://www.calcasa.co.uk.

CBS 홈페이지 (2016). Centraal Bureau voor de Statistiek. https://www.cbs.nl.

Statline.cbs.nl (2016). http://statline.cbs.nl.

Statista 홈페이지 (2016). https://www.statista.com.

주요 용어

A · B

• Algemene Bijstandswet (ABW)	일반사회부조법
• Algemene Kinderbijslagwet (AKW)	국가아동수당법
• Autoriteit Woningcorporities (Aw)	주택협회감독청
• Besluit Beheer Sociale Huursector (BBSH)	사회임대부문 관리에 관한 법
• Bestuursaccoorden Neiuwe Stijl (BANS)	신형동반자협약
• bevallingsverlof	출산휴가
• buitenschoolse opvang	방과후돌봄

C · G

• Centraal Fonds Volkshuisvesting (CFV)	중앙주택기금
• Centrum voor werk en inkomen (CWI)	근로소득센터
• gastouderbureaus	아동보육중개소
• gastouderopvang	가정보육

I · K

- Individuele Reintegratie Overeenkomst (IRO) 개인재통합협약
- kinderbijslag 아동수당
- kinderdagverblijf 보육센터, 탁아소
- kinderopvangtoeslag 아동양육수당, 아동보육법
- kindgebonden budget 아동부조
- kleuterschool 유치원
- koopgarant 환매보증, 환매보증부 주택
- Kortdurende uitkering 단기급여

L · M

- Loongerelateerde untkering 소득관련급여
- Ministerie van Binnenlandse Zaken en Koninkrijksrelaties (BZK) 내무부
- Ministerie van Justitie en Veiligheid (JenV) 법무치안부
- Ministerie van Onderwijs, Cultuur en Wetenschappen (OCenW) 교육문화과학부
- Ministerie van Sociale Zaken en Werkgelegenheid (SZW) 사회고용부
- Ministerie van Volksgezondheid, Welzijn en Sport (VWS) 보건복지체육부

O · P · R

- Ouderschapsverlof 육아휴직
- Participatiewet (PW) 참여법
- peuterspeelzaal 놀이시설

- puntensystem 임대료-주택점수 연동제
- Raad voor Werk en Inkomen (RWI) 근로소득위원회

T · U · V

- Toeslagenwet (TW) 부가급여법
- Uitvoeringsinstituut Werknemersverzekeringen (UWV) 피용자보험공단
- UWV WERKbedrijf 피용자보험공단 고용센터
- Vervolguitkering 후속급여

W

- Waarborgfonds Sociale Woningbouw (WSW) 사회주택건설보증기금
- Werkloosheidswet (WW) 실업보험법
- werkpleinen 고용광장
- Wet Kinderopvang en kwaliteitseisen peuterspeelzalen (WKO) 아동보육 및 질 표준법
- Wet op de Kinderopvang 아동보육법
- Wet Werk en Bijstand (WWB) 근로사회부조법
- Woningcorporatie (WC) 주택협회
- Wet Structuur Uitvoering Werk en Inkomen (SUWI) 근로소득실행구조법